幼儿素质教育

——21世纪人才的奠基工程

主编 李道佳 郭晓琴

辽宁师范大学出版社

主　编　李道佳　郭晓琴
副主编　罗英智　夏树梅
编　委：（以姓氏笔划为序）

尹东顺　王　鑫　刘立秋　江　莉　刘爱东
吕秀琴　房明之　柳凤岐　罗英智　张红瑾
郭晓琴　郭　宏　郭素琴　夏树梅　高明兰
董春月　程雪冰　董松艳　傅惠芳　谭桂芬

幼儿素质教育
李道佳　郭晓琴　主编

出版发行：辽宁师范大学出版社　社址：大连市黄河路850号
电话：(0411)4206854　邮编：116029
经销：新华书店　印刷：大连海事大学印刷厂
责任编辑：刘占华　责任校对：丽　荣
开本：850×1168　1/32　插图：魏　东
印张：19.125　字数：400千
版次：1997年4月第1版　印次：2000年10月第4次印刷

ISBN 7-81042－174－3/G·104　定价：22.00元

序

我有幸忝列辽宁省幼儿教育研究会理事长，参加了幼儿教育的一些科研工作和学术活动，在学习和工作中有许多收获，思想上也有两点切身的感受。一是幼教工作者踏实认真一丝不苟的工作态度和作风特别突出。在整个社会风气受到拜金主义、浮躁不实、铺张奢侈等污染的情况下，与幼教工作者在一起，真是如沐春风。二是幼教工作者努力学习，勇于探索的精神特别强，他们的科研水平不低。放在整个教育科研领域进行比较也并不逊色。这两点使我很受教育。《幼儿素质教育》即将付梓。本书作者让我写几句话，是我很乐意的事。

《幼儿素质教育》是中央教育科学研究所史慧中研究员主持的中华哲学社会科学基金“八五”研究项目——《适应我国国情，提高幼儿素质实验研究》在辽宁的分课题所取得的研究成果，包括基础理论、专题研究等几大部分，内容丰富，理论联系实际，具有很强的理论性、科学性和可操作性，既是对前几年研究成果的系统总结和集中展示，也可以作为提高广大幼教工作者综合素质特别是科研能力的教材，成为今后继续研究的坚实基础。

素质教育作为一种教育思想或教育思潮是针对以升学为目的的“应试教育”而提出和形成的。我国资金短缺，人均占有的资源不足，要实现社会主义现代化的宏伟目标，在未来的国际竞争中占据有利的战略地位，那就必须走提高全民族整个素质的道路。《中国教育改革和发展纲要》明确提出要全面提高学生的思想道德、科学文化、劳动技能和身心素质。素质教育要求教育者以符合教育规律的教育措施对新一代的素质按现代化社会的需要实现开发、完善、提高和再创造。有人说过：“少若成天性，习惯成自然。”说明素质教育要从小抓起。因此，在幼儿教育阶段如何实施素质教育就有许多值得认真研究和探讨的问题。这项研究所取得的一个重大突破就是在理论层面和《幼儿园工作规程》这个法规层面与实践层面之间构筑了桥梁，不仅使这一理论问题在指导实践中更加清晰，也使得国家的有关规定可以得到具体的贯彻实施，增加了可操作性。比如，素质教育思想、教育模式、教育原则、运行机制、操作方法、课程标准、教学方法及幼儿教师的素质结构与培养，等等，都从理论与实践的结合上进行了深入浅出的阐述，不仅内容是广大幼教工作者所亟需，而且也很适合幼教工作者阅读。我有幸先睹为快，愿意推荐给广大幼教工作者，希望与大家一起继续深化研究，勇敢探索、锐意改革、不断总结经验，开创幼儿教育的新局面，把幼儿素质教育推向一个新的阶段。

齐红深

1997 年 1 月 20 日

编者的话

随着我国改革、开放的步伐,基础教育面临由应试教育向素质教育转轨,幼儿教育领域也正在深入学习、贯彻《幼儿园工作规程》。我们在中央教科所史慧中研究员统一主持下开展了以落实《规程》为指导思想的幼儿素质教育研究,走过了1000多个日日夜夜。参加此项目研究的有辽宁省军区幼儿园、大连市教委甘井子幼儿园、大连市妇联“六·一”幼儿园、鞍山焦耐院幼儿园、鞍钢第一幼儿园、抚顺市幼儿园、本钢东明幼儿园、辽河油田兴采幼儿园等八所幼儿园。回忆起来,大家感触甚多。三年来,大家表现了忘我的投入,付出了辛勤的劳动。其间有看到孩子们扎扎实实地成长的愉悦,也有探不出路子时的迷惘。因为对幼儿全面实施素质教育这高、新、难的课题,在有了个基本方向和总目标后,如何来付之实现?这对我们尤其是第一线操作的同志们来说,的确是个新的课题。

三年的实践,使我们深刻地体会到,要落实方案的目标,至少要经过大约四个实质性的转化,即实验者首先必须由原有的意识与态度升华到一个新的更高的理性认识和奉献精神来领悟这一实验的指导思想、方案的总体目标与素质教育要求的深刻内涵,这是首要的,也是难度较大的转化,它需要贯穿实验的全过程;在此基础上建立与制定实施的全面方案,同时要将总的宏观目标分解为中观目标,建立一系列可操作的体系;第三步则是把中观目标再进一步转化为直接可行动的目标,如周、日计划,活动计划,把素质要求真正落实到幼儿身上,促进其在原有基础上有实效性的提高,以达到全体幼儿的全面发展的目的;最终还要通过对幼儿各种形式的观察与评价,反馈检验目标实现的层次与程度,从而对这一实验总体思想与要求进行再认识。

《幼儿素质教育》这本书就是记述了在某种程度上也提炼了一些我们在幼儿素质教育方面的理性认识与实践的探索。第一部分是对幼儿素质教育的理论探索；第二部分是各实验园的研究报告；第三部分是围绕素质教育的专题经验与研究；第四部分是教育计划选登与教师随笔；第五部分是三年实验班各年龄段的发展评价测查选题和所执行的小、中、大班的课程标准。

由于我们的水平和时间有限，加之文章类型多、作者多，可以说是我省幼儿素质教育集体的处女作，不当之处，望读者赐教。

编者

1997年1月28日

专家们对此项课题研究的鉴定

《提高幼儿素质实验研究》是中央教科所史慧中研究员主持的中华哲学社会科学基金“八·五”研究项目——《适应我国国情，提高幼儿素质实验研究》的子课题。自 1993 年 7 月至 1996 年 7 月，历时三年，全面完成了实验工作。

本课题研究积极响应了我国政府在 80 年代提出的要重视提高全民族素质的号召。同时有针对性地克服了幼教领域中长期存在着的形式主义、教材教育、技能技巧教育和应付教育等问题，立足于从转变教育的观念入手，加强与树立了改革意识、目标意识、素质意识、责任意识，认真落实《幼儿园工作规程》。三年来，实验工作者经过艰苦的努力，做了大量的观察、记录、实验、分析研究，积累了大量的资料。探索出一系列提高幼儿素质的教育模式，利用多种课程类型的优势，从教育目标、课程标准方面到具体活动的内容、形式、手段，充分利用一切可利用的社会、家庭及幼儿园室内外活动区的资源和力量。既重视幼儿的整体提高又注重不同水平幼儿的需要与教养，既运用统一的集体教学活动，又十分重视研究不同形式，不同性质的分组教学的形式和个别教育的形式，以达到整体与每个幼儿在原有基础上的发展与提高。教育实验过程中，教师们努力处理好师生和教与学的辩证关系，使教师的主导作用有利于充分调动与发挥幼儿主体的积极性、主动性，使幼儿能在和谐、民主的气氛中生活、游戏与学习。

该实验具有系统性、完整性、科学性、幼儿发展显示出整体素质的优势，说明实验是成功、有效的，予以验收。由于素质教育是一项长期有待不断深入研究的课题，建议在有条件的地区予以推广，扩大实验。

辽宁省教育科学规划领导小组
专家组鉴定成员

沈阳师范学院	教　授	李　放
辽宁教育研究院	研究员	齐红深
辽宁教育研究院	研究员	李道佳
辽宁省教育委员会	处　长	郭晓琴
沈阳师范学院	高级讲师	蒋岫芹
辽宁教育研究院	研究员	黄利群
辽宁教育研究院	副研究员	赵伟士

目 录

第一部分 幼儿素质教育的理论探索

第二部分 各实验园幼儿素质教育实验报告

第三部分 专题总结与研究

第四部分 活动计划与教师随笔

教师随笔

第五部分 附 录

第一部分

幼儿素质教育的理论探索

幼儿素质教育概论

李道佳

一、什么是素质

素质有狭义和广义的理解

狭义的理解"素质"，是指人生来具有的先天遗传的那些生理特点。是"事物本来的性质"（basic quality）。主要表现在感觉器官、运动器官，特别是神经系统、脑解剖生理特点，如有的婴儿生下来体重10斤，有的就只有四、五斤，有的身材很长，有的很短，有的新生儿对外界刺激敏感度强，有的就弱，有的抵抗疾病能力强，有的就差，有的好哭，有的安静，还有的生下来先天聋哑，有的听觉反映灵敏等等。这种种遗传素质是个体生理与心理发展的前提。这些前提条件的质量优劣或畸形与否都将会对今后的发展以直接的影响。造成新生儿素质不良或畸形的原因是很多的，其中近亲婚姻和地区的严重污染或某种营养成份的严重缺乏是大多数的原因。为此，提高人口这种先天素质的质量应从开展"优生"工作入手。多方面克服、控制、防止造成不良先天素质或畸形、生理缺陷产生的原因，同时积极有效地促进新生儿的健康。

广义的理解"素质"，是指个体在先天素质的基础上，通过环境和教育影响所形成和发展起来的稳定的基本品质结构，包括人的思想道德、知识、身体、心理品质等。我们所说的"人口素质"、"教师素质"、"儿童与青少年素质"、"干部素质"、"党员素质"、"领导者素质"、"文化素质"，以至于"民族素质"等等，都是运用素质的广义概念。简要地说，广义地理解素质，就是指人的质量，或人的身心发展水平。对人的素质的判断与评价从总体上看主要是以人适应环境和认识、改造世界能力为主要标志的。也就是说,一个人素质的高低,是对人适应环境(这里包含着大环境与周边环境,自然与社会环境等多领域而言)、认识和改造主观与客观世界的潜在能动作用的量度。由此可见,人的素质是一个开放的、发展的、有序的、分层次的、文化的身心系统,它具有无限的丰富性与多样性。有的专家从教育角度出发,把人的素质结构划分为品德素质、智慧素质、身体素质、审美素质、劳动素质、心理素质等六个部分;有的专家从职业劳动者、公民劳动者角度出发除以上六个部分外,加上一个职业技术(专业技术)素质分为七个部分。尽管专家们由于站在不同角度对人的素质构成进行不同的分类,但认为人的素质是由身心两大部分素质所组成,却是共识。

人的素质最基本的特点是:

内在性。即每个个体所形成并拥有的内在品质,是其生命有机组成部分,而非外在的社会性角色。即其对外在刺激选择的是那些被个体选择系统所选中的,在个体心理上能予以同化与领悟的结构因素。例如,一个信息出现了,不同个体反映、吸收的角度,程度就不是一样的。每个个体可以与其他个体有共同的外部社会性"外衣",如"学生"、"战士"、"大学生"、"干部"、"医生"、"教师"、"军官"、"科学家"等等,然而他们各自的内部素质却是很不一样的,甚至在素质上有很大的差异。

发展性。其涵意是,作为素质的这种内在品质是可以通过环境影响和教育、训练等来改变的。经科学研究,人的某些素质的形成在某一阶段有其最佳发展期,如,有声语言的口语能力在两岁至五岁是一个最佳发展期,如能在创设最优化的环境中训练,儿童可以有超出一般儿童的语言素质。又如,运动员的体力,耐力,动作灵敏性等等,都可在特殊的时期、年龄段在训练环境中提高。尤其是通过个体主动锐意进取,刻苦磨练,素质是可以有很大改变的。

整体效应性。这是指人的素质建立，发展的水平与过程具有各种因素的相互影响的效应。身体、体能、认知、能力、品德，审美等各种素质的形成并不是孤立、单方面发展，而是互相联系，甚至是互相制约的，只有诸多方面的潜能都得到充分和谐的发展，才能真正体现一个人身心发展有较高的素质。

稳定性。即个体内在的品质一旦形成后，它是以较为固定的思想倾向、智能特征、行为方式表现出来，并能长期地存在并为下一阶段更高层次素质的形成奠定稳定的基础。这种稳定性还表现在即使环境改变后，也会表现出迁移性，以其原有的素质基础去适应新的环境情况。如，一旦个体已具有优秀的人格素质，不论是在顺利的、优越的环境中还是在逆境、挫折的环境里都不会失去良好的道德行为。

基础性。是人自身具有的能够对人的一生主体性活动发生作用的品质结构。学龄前儿童所应形成的素质尤其具有基础性的特点。从出生至六七岁的幼儿是身心发展的最初阶段，也是个体发展各种素质结构的奠基阶段。基础素质形成的全面而优质，以后高层次素质建立才有可能。正如，建筑大厦，必须有结实而雄厚的地基、基石一样。又如，农田作物，只有苗壮，将来结的果实才会丰满。

学龄前幼儿的基础素质结构应包含以下内容：

(一)生理素质：

1. 身高、体重、骨骼及神经系统；

2. 生理机能：反应刺激的灵敏性、速度，负荷限度；

3. 对环境的适应性；

4. 营养状况。

(二)体能素质：

1. 普遍的抵抗力：抗寒、抗热、抗湿、抗疾病。

2. 初步的运动能力：走、跑、跳的能力，力量，耐力。

3. 协调力：各种动作的平衡力，柔韧性、速度、灵敏度。

（三）社会性素质：

1. 有初步的社会知识——家庭、家乡、本民族、国家的传统文化、现代文化、异国文化、好奇心、求知欲；

2. 亲社会性情感——初步的爱心、同情心、责任心、对待家人与周围的人、事与环境；

3. 有良好的卫生与文明礼貌的行为习惯，有初步的集体意识，规则意识，任务意识，自立意识；

4. 有良好的性格、与人交往的能力与良好的自我意识——自信、自尊、自立、自强、自律、自控、自爱（自我保护）；以及勤俭、谦让、诚实、勇敢、活泼开朗，积极进取的精神。

（四）才智素质：

1. 有初步的自然与科学知识；

2. 具有良好的认知能力——注意力、观察力、记忆力、想象力、思维能力、初步的创造能力；对新事物的敏感性；

3. 语言正确，具有一定的词汇量，词句基本正确；具有接受、理解、表达语言的能力；结合生活与实物认识一些汉字的能力；有阅读儿童读物的兴趣、习惯；

4. 养成一些初步解决问题的能力（综合性活动能力）、适应能力、合作能力、评价能力（评价自我、评价他人）、获取信息能力（看电视，打电话，与人交谈……）、辨别是非的能力、解决同伙伴间冲突的能力等。

（五）审美素质：

1. 初步体验，感受、理解与追求生活自然界、社会、艺术中美好的情感与事物；

2. 具有初步表现美的愿望与能力（唱歌、跳舞、绘画、泥塑、朗读等）；

3. 具有初步辨别美丑的能力（判断与选择的能力）。

二、什么是素质教育

从上述可知，个体素质是自然因素与后天因素的"合金"，是身心与社会性的有机结合。所以说，所谓素质教育，概括地说，就是通过科学的教育途径，充分发掘人的天赋条件，提高人的各种素质水平，并使其按照社会要求的目标，最大限度地使其得到全面、充分、和谐发展的教育。也是对受教育者进行全面发展的培养和补偿的有计划的活动。最基本的要义是面向全体学生，全面发展、主动发展。素质教育就是以提高教育对象基本素质为目标的教育。是与形式主义、技能技巧教育、应试教育、应付教育相悖的。

三、为什么要重视素质教育

全面提高人才素质为目标的教育是时代的需要，是提高我国综合国力的根本，也是基础教育深入改革的方向与核心。

世界充满了竞争。人类正加速地向前发展，向信息化的时代迈进。每个国家要想在世界竞争中立于不败之地，在 21 世纪占据应有的位置，最重要的是加强本国的综合国力。综合国力竞争性提高，不仅仅要求经济、政治的发展、文化社会的发展，归根到底是人的素质的提高。世界经济论坛受联合国的委托，出版世界竞争力的年度报告时提出了 8 个国力竞争的因素：1. 国内经济力量；2. 政府的水平；3. 基础设施；4. 科技；5. 国际化水平；6. 金融；7. 管理；8. 人的素质，国民的素质。为此，综合国力，整体化的竞争推动着各个国家的教育改革。从各国教育改革的趋势与特点看，不少国家都由面向少数，着力培养尖子的精英教育，转向面向全体，提高全员素质的教育；从只重视知识的传授转向重视德智体全面发展；从教育结构只重视高等教育转向重视基础教育。如，日本国会通过的面向21世纪培养的日本人应具备的素质，即人格教育培养目标有三点：第一点是“宽广的胸怀、健康的体魄、丰富的创造力”；第二点是“自由、自律和公共精神”；第三点是“面向世界的日本人”。这个面向世界的日本人有三个含意：一是要有“在广阔的国际视野和全人类视野上处理事务的知识和能力”；二是要有“能和各国文化沟通的语言能力、表达能力、国际礼仪知识和教养”；三是要有“在国际社会中能对日本的历史、传统、文化和社会做出有说服力的介绍能力。”美国的公民课规定他的公民必须具备17种品德。1. 自律，自我控制；2. 守信，讲究信誉；3. 诚实；4. 实现最佳自我，有勇气去抑制在集体中不当的压力；5. 利己但不损人；6. 勇于承认错误；7. 具有良好的运动员风格；8. 恭谦礼貌；9. 像希望他人对待自己一样地对待他人；10. 懂得没有一个人是孤立存在的道理；11. 具有在逆境中正确调控自我的理智；12. 努力做好本职工作；13. 尊重他人的财产权；14. 遵守纪律；15. 尊重自由；16. 养成各种有益于身心健康的习惯；17. 培养与家庭生活准则相一致的两性态度。除此，美国的教改纲领性文件——“2061计划”中主要讲如何提高全民族的科技素质。布什还有一个专门书面报告，其中有一段话批评了美国的幼儿教育抓得不够理想，说相当多的儿童入学时没做好迎接学习挑战的准备，因此要求到21世纪以前加强幼儿教育，不是数量，而是要提高质量，要使孩子到入学时要通过学前教育使他们做好迎接系统学习的挑战的必要准备。他还批评，在美国有相当多的儿童，没有在学前阶段完成他应该完成的任务。在“2061计划”中明确要从幼儿园抓起，抓素质教育，同时要抓科学素质。1995年2月，世界银行对俄罗斯现状的评价中批评俄罗斯对幼儿教育投资太少，认为这是不能容忍的，指出“整个教育都要靠学前教育打基础”。总之，要重视人才的素质，要重视基础教育，要重视学生的全面发展，这已是世界各国教育改革的重点。

邓小平同志早在八十年代就提出：“我们的国家国力的强弱，

经济发展的后劲大小，越来越取决于劳动者的素质”。江泽民同志也号召全党干部与党员，必须重视不断提高自身的素质以适应党在新时期的目标要求。中共中央国务院颁发的“中国教育改革和发展纲要”中明确指出：“基础教育是提高民族素质的奠基工程……”，“中、小学要由应试教育转向全面提高国民素质的轨道，面向全体学生，全面提高学生的品德、文化科学知识、劳动技能和身体心理素质，促进学生生动活泼地发展。”可见，作为未来劳动者素质形成的主战场的基础教育，必须真正地承担起培养一代又一代中华民族高素质人才的历史任务。国家教委颁发的《幼儿园工作规程》也明确指出：“幼儿园是对 3 周岁以上学龄前的幼儿实施保育和教育的机构，是基础教育的有机组成部分，是学校教育制度的基础阶段。”抓好教育转轨，加强素质教育必须从幼儿阶段开始，这是人才培养系统工程的第一个环节。

然而长期以来，基础教育由于受片面追求升学率的思想影响，往往以学生的“分数”高低作为评价人的优劣主要标准；同时学生分数高，“升学率”高又是评价教师，甚至是物质待遇不同的主要标准。这样就导致了教师只重视抓“分”与“率”而不去认真抓做人的教育。不少学生“高分低能”“有智无德”“有分无体”，人才中出现了“次品”、“废品”、“畸形品”，不能适应社会主义现代化建设全方位发展的需要，大批学生的潜力不能得到应有的重视与培养，致使国家对各级各类、各层次的人才需要得不到应有的保证。

以上这种违反人才素质教育的思想波及到学前教育领域，也存在着人才观和教育观上的问题：①对幼儿的教育“重智育轻德育”，“重知识轻能力”，有的“重保不重教”，有的“重教不重保”不能做到“保教并重”，有的仅满足幼儿在技能技巧上的提高；②教师喜爱聪明、伶俐、好看的、听老师话的孩子；厌烦好动、好问、勇敢、大胆的孩子；有的只关注与幼儿园、与老师有“特别关系”的，或对幼儿园“有贡献”的家庭的孩子，而忽视那些不会向幼儿园或教师做

“贡献”的一般家庭中的孩子；不能认真观察、了解、分析不同幼儿的发展速度，不同的潜力，不同的个性，予以因材施教；③在教育活动的组织上追求形式的“花样翻新”或“教具教材的与众不同”，教师在执行计划时，尤其是在“观摩教学”、“教学表演赛”时，只顾完成自己的计划程序，只重视和满足少数或个别儿童反应快、聪明应答性表演，而对大多数幼儿的接受与发展情况心中无数，视而不见，对教育要落实在每个儿童的发展方面很不重视，对促进每个幼儿在其原有基础上的发展提高也很不到位；目标意识很不明确；④由于未能建立起幼儿教育的大教育观，把幼儿教育仅理解为“幼儿园的教育”，忽视与幼儿家长的共同有效的合作，既使有些“家园联系”的工作，也只是为了“保证幼儿园工作的开展”而进行的，因此对幼儿的教育常表现为“拉锯式”的不稳定的教育效果；⑤不少学前班的教育更是表现在目标与内容、方式、方法方面的“小学化”、“成人化”，很少有游戏的材料与时间，幼儿整天在背课文写作业；还有的学前班对幼儿的书写笔划，笔顺指导的不准确，写字姿势要求与训练不严格，有的还养成了幼儿的错误笔顺，不良的坐、写、看书的姿势、习惯，到了小学后还要重新纠正。

凡此种种，由于缺乏基础素质的全面培养，不少幼儿进入小学后注意力不稳定，不会观察和用语言表达自己的愿望，缺乏有意识记忆能力，思维不灵活、不敏捷，在社会适应性方面缺乏独立能力、交往能力、规则意识、任务意识，确实没有在学前阶段完成应有的素质发展，没有使他们做好迎接入小学系统学习的必要准备。

此外，从幼儿生理、心理发展需要看，学前期的幼儿脑重量2—3岁已达900—1100克，6、7岁时约1280克，达到成人脑重的90%。脑皮层的结构日趋复杂化。儿童大脑的发展并不是神经细胞大量的增殖，而主要是神经细胞结构的复杂化和神经纤维的伸长，同时神经纤维的髓鞘化逐渐完成。特别是轴突的髓鞘化增加了信息传导的速度，这标志着机能的成熟，对行为的发展习惯的建立极为重要。此外从脑两半球的反映方式看，左脑主要用于逻辑思维、线性思维方式，集中在显意识功能上；右脑用于形象思维、面性思维方式，集中在潜意识功能上。两半球还具有协调活动和在一定条件下互补的功能，人的创造能力就是两半球整体功能充分发挥的表现。这就告诉我们在建构儿童整体素质时，必须着眼人脑潜能的开发，在注意发掘左脑功能的同时，不可忽视右脑。重要的是在于人脑的整体功能的开发，即不但重视记忆力、理解力和逻辑思维能力的提高，而且还要重视想象力、直觉思维能力、创造思维能力和实际操作能力的培养，使个体在整体上提高。此外，脑功能的心理与人格发展也是有其阶段性的，并表现出成熟的关键期，如，2—3 岁是儿童口语发展的关键期，4—5 岁是书面语言发展的关键期，是个性全面发展的第一阶段等等。因此，在确定教育目标时，应充分依据儿童生理、心理发展的规律与特点，而不能仅仅按照外在的需要。

除此，每个个体的遗传基因不同，先天禀赋不同；各个儿童的家庭及其他具体环境也千差万别；心理和文化素质的发展倾向和水平也都有各自的差异。使每个人的个性素质都得到发展和完善这是人的本性需要，也是现代社会发展的需要。为此，在建构素质培养目标时，不仅要体现新一代共性的统一要求，又要重视儿童个性发展的不同要求，以促使他们在“全面发展”的基础上使每个个体在其生理、心理和文化素质上得到独特而健全的发展。

因此，认真开展并强调对幼儿的素质教育不仅仅是面向 21 世纪，面向现代化的远期目标的需要，也是与小学素质教育衔接的必要，是幼儿教育领域自身深化改革，是认真落实与深入贯彻《幼儿园工作规程》和促进幼儿发展的需要，并由建构素质的特点所决定的。

四、关于建构幼儿素质教育运行模式的几点思考

模式是指某种事物的标准形式或使人可以照着做的标准样式。有专家认为，中、小学基础教育的素质教育模式，是对学校素质教育系统结构与运行程序的有机构成以及各构成部分之间的相互关系与联系的概括和抽象，是由学校素质教育目标任务、内容、方法和手段构成的系统整体。具体表述为：围绕提高民族素质、培养数量多、质量高的社会主义公民的目标，建立科学的常规教育、班级教育和学生自我意义教育体系，运用适合中小学生身心发展特点与做合格公民所必备的德育、智育、体育、心育、美育、劳动等内容，以及科学而具体的现代教育方法和手段，提高双向沟通的效率和效果，以最佳完成面向全体学生、全面提高学生思想道德、科学文化、劳动技能、审美能力和身体心理素质，促进学生生动活泼地、主动地发展任务的样式。依据这一系统的理解，联系到幼教领域，我感到开展幼儿素质教育至少应有以下几点：

（一）树立正确观念，增强改革意识。教育者应树立正确的人才观与科学的儿童观，观念的正确和具有强烈的改革现存的习俗做法的改革意识是贯穿于素质教育全过程的指导思想与灵魂。要开展素质教育首先必须解决对“人才”这一关键性目标的认识，同时必须解决如何正确认识儿童和对待儿童的问题。

应该认识到我国的社会主义“四化”建设需要成千、上万的各级各类的人才，国家的富强有赖于不同类型、不同层次的人才共同奋斗。现代化的发展，不仅对人才提出了挑战，同时也为人才的成长与发展带来了机遇。人人都可以成为人才，不能认为只有大学毕业才是人才。在我国，上大学是人才培养的重要途径，但不是唯一的途径。应当认定每个人（只要不是白痴）经过学习培养都会有其可用之处，每个人也都不可能成为“完人”，什么事都会做的“超

人”。现实中许多专家，行家都是在工作实践中不断学习，钻研而成为出色的人才与劳动能手。一般地说，“只有不好的教育，没有不好的儿童”，每个儿童都应有平等的受教育的权利，都应使其全面发展，都应发展其内在的潜力，使其打好走向社会的基础，成为各工作岗位上的人才。人才培养的基础最首要的问题是使儿童懂得会做人。国家教委某领导说，所谓学会做人，对儿童来说，应有几个要求：

第一，做一个能够关心他人的人，这是助人为乐，为人民服务的起点；

第二，做一个能承受困难和挫折，勇于进取的人，这是社会主义建设的需要；

第三，做一个律己严格，待人宽厚，忠于职守，遵纪守法的人，这是社会稳定的需要，也是民族团结的需要；

第四，做一个艰苦奋斗、勤俭节约的人，我国人民并不富裕、国家并不富强，目前非常需要这种精神。

第五，做一个堂堂正正的有中国心的人，要做以有爱国主义精神为荣，不爱国为耻的人，这是作为一个中国人最基本的品质。

所以，首先要树立教育工作者的正确的人才观，要克服人才观上的片面性，尤其应把培养儿童学会做人放在首位，同时应克服只重视少数儿童，忽视与放弃大多数儿童的做法与偏见。使每个儿童都能在体质、智力、品德、社会性、审美、劳动与心理方面奠定全面发展的基础。

要树立科学的儿童观，就是要正确认识与对待儿童，这是指应该认识到当每个儿童一生下来，脱离母体后，他(她)就是一个独立的人，一个有能动性的、有潜力的、发展着的人，并且是以其年龄特征和个性特征存在着的客观实体的人，同时，也是应受到国家、社会保护的、有受保育、教育权利的人。他们都是国家未来的人才，因此，绝不能把儿童看成是家庭的“私有财产”或是“小皇帝”，他们终究是要走出家门，接触群体，走向社会成为对社会、对国家乃至对人类作出贡献的人。所以，无论是其家人，还是教师、周围的人都应本着对国家、对人类未来与发展的态度和负责精神保教好儿童，都应站在一个崇高而长远的角度来认识儿童，对待儿童。有远见的政治家们在发展儿童教育事业方面是舍得投资的，他们不是把保教幼儿当成一家一户的私事，而是认为保教儿童是政府与国家的职责与行为。在我国1991年七届人大通过的《中华人民共和国未成年人保护法》中第三十三条就明文规定“地方各级人民政府应当积极发展托幼事业，努力办好托儿所、幼儿园……”并在总则，第一条中明确指出要“促进未来成年人在品德、智力、体质等全面发展，把他们培养成有理想、有道德、有文化、有纪律的社会主义事业接班人……”。这是从宏观方面看应尊重儿童受教育的权利。从微观方面看，应尊重儿童的年龄特点和个性特征。尊重他们的人格与自尊。每个孩子都是一个独特的、能动的、有潜力的、发展着的客体。他们不是成人简单的缩小；他们也不是“小瓶子”任成人怎么“灌”他就应该怎么“收”。他们也不是“小木偶”可让成人任意摆布；他们更不是成人的好玩的“小玩具”或成人可以为自我炫耀的“装饰品”。他们有自己认识客观世界和活动的方式，即独特的发展阶段。尤其是他们的活动特点与成人不同，还不可能完全摆脱自我中心性的思维方式，如，他们会认为“天上的云彩、月亮、星星是跟着自己走动的”，又如，他们会认为“妈妈对我喊叫，爸爸打我，老师批评我，是因为他们不喜欢我”等等，幼儿有很多的需要也与成人不同，幼儿喜爱游戏，他们对什么事物都会产生好奇心，或用手去摸，看看，他们喜爱户外活动，喜欢到大自然中看昆虫，看小动物，他们也喜欢与小伙伴一起游戏。成人不应为了“早出人才”或为了搞“××表演”不顾儿童发展的需要，主观地向幼儿灌这，练那，或是写字，背古诗，不许幼儿出门，不许玩，不许动，要像成人一样地看书，学习，坐着，使幼儿失去了童年的欢乐和活动的权利。在幼儿园集体教育中也应改革那些完全按成人布置好的统一内容，统一时间进行的各项活动，和“一刀切”的计划。应设有一定的时间、空间让幼儿在提供的、丰富的、有准备的环境中有独立思考，自由选择、自我努力与锻练的机会。

（二）树立正确的，科学的教育观。科学的教育观是建立在科学的儿童观与发展观的基础上的。是把学生、幼儿看成是学习与发展的主体，是建构自我的主体。改变过去那种把幼儿仅仅当成教师灌以知识的“器皿”和只能听老师或成人摆布的“木偶”。教育者的任务在于诱导与激励幼儿去学习，获得多种发展的经验，组织幼儿通过主动的探索学会自我建构，即学会做人，学会求知，学会做事，学会审美，学会自我保护。

成人说教与诱导不应仅仅理解只是让幼儿听成人的讲解，或看成人的示范与演示，而应该更多的是为幼儿创设各种条件，有准备的环境，使幼儿在各种活动中得到发展。活动的基本特性是它的物质性或对象性。在活动中幼儿与周围世界对象（人与物）进行实际接触，并在此过程产生对客观现实的认识与反映。不同性质的活动与交往构成了幼儿不同的经验，知识、能力的基础。例如，幼儿对数的认识与计算的知识能力与形成，就要依赖幼儿与具体物体操作过程中获得与发现；另一种经验与知识是依赖幼儿与成人的交往，必须经过成人的讲解与传授社会约定成俗的知识、概念，如，语言系统，社会规则系统等。即使是后者，也不能仅靠成人的灌输，而且也需要经过幼儿自身的活动与反复实践、领悟才可逐渐形成起来。

素质教育不仅强调教师要不断探索如何教好，如何讲解与诱导好，同时要研究，幼儿是怎样学习与建构的，应该探索如何帮助幼儿学会学习与自我建构的基本能力。使教师的主导作用充分地调动起幼儿的主动性、积极性与创造性，真正发挥教与学的互动的作用。

科学的教育观还要求教师十分重视幼儿的个别差异，现代教育家研究认为个别儿童差异不仅表现在个体能力的量方面（大小、强弱），而且认为每个正常儿童都应看作是具有发展可能性的学习获得者，在一定教育影响条件下，每个儿童都可以获得同样的发展，只不过是时间表现得不同。教育者要尊重与了解，发现这种在发展速度上的个别差异，促使每个儿童在原有水平上得到进步与提高，不要在儿童之间总是做横向比较，如："你看××都会了，你怎么就不会？"，"你们一起学习的，人家都做的那么好，你怎么就不行？"教师要从纵向发展上来发现幼儿的进步、提高，对每个幼儿的进步都给以肯定，对每个幼儿的发展都寄予成功的期望。同时，我们还可以把儿童间的个别差异理解为认知结构的特点上存在着的差异。美国心理学家（Howard Gardner）认为个体有七种智力，即语言、逻辑、数理分析、空间表演、音乐思维、身体、对他人的理解以及对自己的理解来认识世界。因而，每种智力在每个个体身上的能力可能不同，同时在不同的人的各种智力的搭配组成结构也是不同的。大脑研究活动的电脑显示，相同的词汇，在不同个体大脑皮层的兴奋区与兴奋状态是不同的。心理发展的科学依据对传统教学的"一刀切"的统一步伐，统一模式的教学提出了挑战。我们为了达到教育促进每个儿童在其原有水平上的发展，必须了解，研究每个幼儿不同的发展速度和不同的思维方式，真正做到因材施教。

（三）树立幼儿发展与教育的目标统一性的意识。

幼儿园的保教目标是国家对各类幼儿园制定的法定文件内容，1996 年 6 月 1 日起正式施行的《幼儿园工作规程》中第五条明确指出"幼儿园保育和教育的主要目标是：促进幼儿身体正常发育和机能的协调发展，增强体质，培养良好的生活习惯、卫生习惯和参加体育活动的兴趣。发展幼儿智力，培养正确运用感官和运用语言交往的基本能力，增进对环境的认识，培养有益的兴趣和求知欲望，培养初步的动手能力。萌发幼儿爱家乡、爱祖国、爱集体、爱劳动、爱科学的情感，培养诚实、自信、好问、友爱勇敢、爱护公物、克服困难、讲礼貌、守纪律等良好的品德行为和习惯，以及活泼开朗的性格。培养幼儿初步的感受美和表现美的情趣和能力。”这些总的宏观的目标是指导三年幼儿保教工作的方向，也是最终的目的。

由于宏观目标具有很强的概括性，操作起来很不具体，为此，必须通过各幼儿园把这些目标具体到每个年龄组，小、中、大、学前班，制定出学期和班级的保教目标，即中观状态的目标。例如，《规程》中提出“……培养良好的生活习惯，卫生习惯……”如何在三年中逐步对幼儿提出要求，由低到高达到要求呢？在素质实验中，根据中央教科所课题的建议与规定，是有不同要求的。如，小班到中班的卫生习惯的养成就有许多具体的展开的内容。见表1。

即使如此，我们对目标也还未分解完，教师还应在每项活动，每日的计划中还要再软化这一项项的目标，使其变得可操作的具体的要求。如，“……(2)知道餐前、便后、外出回家要洗手，会正确洗手；”什么是要求达到的“知道……要洗手”的含意？什么是要求幼儿“会正确洗手”的含意？这就要求教师在日计划或活动计划中明确地写出要求幼儿怎么做。如，就让幼儿懂得不洗手会把脏东西，小细菌吃进肚子，肚子就会疼，会生病的等等；再如，正确洗手的要求是先把袖子卷起，用水冲洗手(手心手背，手指)之后抹上肥皂，搓出皂沫，把手的各部都洗到，最后再用水把各部位都冲洗干净，甩掉水，再用毛巾擦干，把衣袖放下。到中班时，不仅知道正确洗，还要求动作迅速，准确地完成全过程，不拖拉，不边洗边玩。总之，只有把目标层层具体化，执行起来才能落实到幼儿发展上，才能提高幼儿的素质。试想，如果从幼儿开始，各级各类学校都把这种形成良好的文明卫生习惯坚持下去，真正成为每个公民的素质，到21世纪时，还需要在街口巷内，大厅，墙壁上贴上“此处禁止大小便”、“不许随地吐痰”等等禁令吗？

目标具体化是体现符合国家要求与符合幼儿可接受的统一性

的特点是实现素质目标的第一步。下一步就是要考虑，内容与运用什么形式、手段、方法去实现要求。

表1　**养成良好的生活习惯**

小班(上)	小班(下)	中　班
1. 乐意地对待晨起、午睡及晚睡前的洗脸，自己会正确洗脸； 2. 知道餐前、便后、外出回室或回家要洗手，会正确洗手； 3. 乐意地对待临睡前的洗脚和洗屁股，愿意洗澡和洗头； 4. 知道早晨和进餐后要瀨口，知道刷牙是一种卫生习惯； 5. 学习养成定时大便的习惯； 6. 知道去厕所大、小便，知道不使大、小便排在池外； 7. 学习便后擦屁股，女孩子注意由前向后擦； 8. 学习不对着别人咳嗽，打喷嚏，学会用手绢捂住嘴咳嗽，打喷嚏； 9. 知道不随地吐痰； 10. 不用衣袖擦嘴和鼻； 11. 不用衣袖擦汗，学习在必要时使用手绢。	1. 熟悉盥洗程序、提高盥洗速度，在盥洗时不戏弄水和肥皂，冬季洗手前后会挽和放袖子，会将手擦干； 2. 养成饭后漱口的习惯，学会正确地刷牙； 3. 便后会用纸擦净(女孩包括小便后)养成便后洗手的习惯； 4. 进餐时，会正确使用餐巾，不用衣袖抹嘴和手，用餐后会用抹布将桌面残渣抹进碗；或盘内，尽量保持地面的清洁。 5. 知道应保持手绢的清洁，如：手绢应叠好放在衣袋里，不随意乱扔，学习洗手绢并将手绢晾整齐。 6. 不咬手绢，不吃手，不抠鼻子，不舔鼻涕。	1. 巩固已有文明行为和卫生健康习惯，知道不讲卫生和不求文明是落后的表现，从而提高形成良好卫生习惯与行为的主动程度。 2. 注意保持桌椅和玩具的清洁，在成人帮助下，知道按时洗净； 3. 学会正确刷牙，知道牙齿对全身健康的作用，知道一些预防龋齿的常识。 4. 会使用手绢，保持手绢清洁，不乱扔，不借给他人。 5. 学习在公共场合的文明举止，……果核冰棍纸，糖纸要扔进拉圾箱。

（三）综合运用多种课程类型的优势，通过全方位的途径、手段、方法落实幼儿素质的全面发展与教育的目标，并重视教育过程

的组织实施。

自改革、开放以来，幼儿园的课程类型已开始从单一化的课程模式中走了出来，出现了运用各自选用的多种课程模式的改革形势，如，综合教学课程模式，单科进行的课程模式，单元、主题课程模式等等。因为课程类型的选择与确定应以实现目标为依据与归宿。素质目标是全面的，因此开展素质教育应该博取各种课程的特点与优势，应吸取其不同的长处来实现素质的教育要求。例如，学科课程的系统性、计划性较强，而一些素质的发展与建立正需要体现其层次性，顺序性。因为个体素质的建立是由各层次各维度要素所组成，前一层次是后一层次的基础，素质教育一方面要控制、巩固、提高原有的良好素质基础，同时又要改进不良，不准确的素质。每一种素质都有其自身发展的规律性、顺序性。如果不重视这些规律，良好的、科学的素质结构难以内化与形成，既使一时有所反应也难以稳定。如，幼儿“友爱感”的建立，首先要激发幼儿的乐群性，克服孤独、厌人的情绪，愿意接近小朋友，于是习惯在游戏中交换玩具，轮流和共享玩具，进而发展合作的乐趣和能力；再之，启发、引导幼儿学会观察、发现他人的优点，欣赏他人的优点，学会区别他人情感、情绪的不同变化与原因，学会站在他人的角度产生同情感、从而由情感导致行为上的助人为乐、谦让，以至于克己利他行为，当与他人发生冲突时会明辨是非、自己独立解决纠纷，赔礼道歉重归于好。这种情感与道德素质的形成，是要有一个由低向高级阶段的发展的过程，如果教师头脑中没有层次性，顺序性，想一蹴而就是难以达到目的的。又如，在认知发展的领域，尤其是数概念的形成，更需要有顺序性，由易到难，由具体到抽象的发展过程，使其有序地一步一步建立起认知结构的基础。又例如活动课程，是根据儿童的兴趣、需要组织教育教学，需要不断地观察，了解儿童活动过程是以适时地满足其需求的特点。素质教育的一个核心问题是启发幼儿主体的主动性、积极性、创造性的建构自我。为此，教师必须创设有准备的环境与条件，使幼儿有自由选择活动的机会，有自主活动的条件，教师必须在其自选活动中观察、了解、分析、记录幼儿的发展状况与实际水平，因势利导地促进其在原有水平上的发展。在核心课程方面，应使不同年龄的课程标准具有较鲜明的侧重点（核心）。3 岁儿童重点是对集体环境的熟悉和喜爱；对良好生活能力的培养。4 岁儿童重点是对集体作用的了解；学习正确处理个人与集体的关系；对环境认识的扩大；对多种兴趣的培养。5 岁儿童重点是对责任感的强化；对明辨事理能力的提高；对即将步入的新环境（小学）所必须具备的基本能力作准备。此外的综合课程、单元课程类型也均需要在素质教育中运用。

素质教育的手段与途径应是全方位的。应把设计教学、随机教学、与日常生活的教育，幼儿游戏、劳动活动和与家庭的合作教育有机结合在形式上也要发挥不同的教育教学的组织形式的特点，实现教育目标。如表 2。

幼儿素质教育的途径与形式

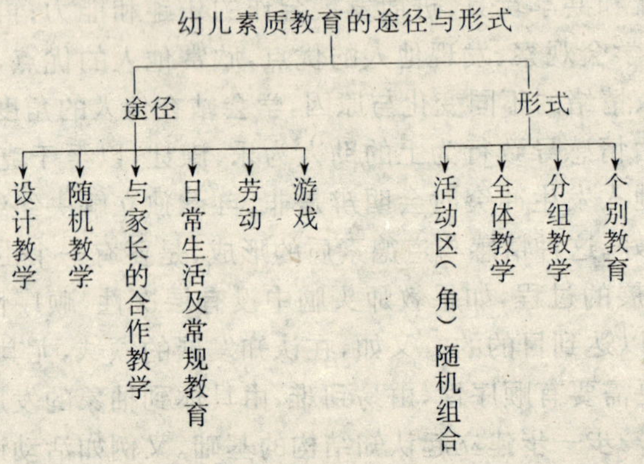

在设计教学方面，包括分科教学设计、综合教学设计、主题单元教学设计，文艺体育活动设计，节日活动与参观，郊游活动设计等等。

随机教学，包括随机谈话，户外活动中随机指导，自由活动，环境区域中的指导等等。

与家长的合作教育，包括家教研讨会，家长随机观摩，家园联系等，家园天地（小报、黑板），家教经验交流会，等等。

日常生活与常规教育，是包括入园，至离园的整日中各个环节，尤其是生活常规的教育；

劳动，包括幼儿自我服务，为集体服务，公益、园地劳动等；

游戏，由于游戏是幼儿最喜欢的活动，教师要创造幼儿所喜爱的各种游戏，包括娱乐游戏、角色游戏、结构游戏、体育游戏、音乐游戏，表演游戏，野外活动游戏（如爬山，郊游……）及各种民间传统游戏等等的时间、空间、条件使幼儿在各种游戏中发展体力、智力，增长知识，发展优良的品德，学会审美与表现。

教学活动的组织形式有：

全体形式。采用全体幼儿都同时同步的活动形式，是依据目标，内容的性质，属一般性参观走出去游览活动，新故事讲解介绍，共同唱歌与欣赏，合奏打击乐器，体操与体育活动等等；

分组教学形式。适用于要求幼儿亲自操作，需以个人体验与形成概念的内容的目标要求。如，数字、语言、美工、科学小实验、舞蹈与体育动作技能等等，有按能力分组，有混合分组，有按兴趣分组，有随机分组。这种形式有利于教师在小群体中面对面地观察了解与指导幼儿，有利于教育目标的落实。

个别教育形式。根据幼儿在动作、认知、社会、情感、语言、艺术等方面发展极好与极差的幼儿，或因病请假缺席的给以个别指导提高或进行补偿性教育，使每个幼儿都在原有水平上有新的提高。

活动区（角）。根据幼儿的不同年龄阶段、学期目标要求与内容，教师与幼儿共同动手设计与创设各种幼儿自选活动区（角）。如“语言角”、“数学角”、“动手操作角”、“音乐角”、“绘画角”、“科学角”、“我的家”、“我的家乡”、“我的祖国”，“世界多么大”、“植物角"、"果实角"、"动物角"、"结构游戏角"、"表演游戏角"、"智力游戏角"等等，幼儿可以根据自我需要与兴趣在其中活动随机组合，教师也可以在其中观察与幼儿交往、指导。

总之，无论是课程类型，还是教育的组织形式、方法均是服从于素质教育的目标要求，只要有利于目标的实现，形式与方法不是绝对的，教师是可以灵活运用与创造的。为此，教师要特别重视教育过程，即教育活动的设计，如何根据目标的不同来选择内容(教材)形式手段。以最佳的效果来实现素质发展的目标。改变过去"教材"在先，"课程类型"在先，目标在后，或"走形式"，"走过场"的状况。

(四)重视综合教育影响。由于各素质因素统一存在于个体之中相互依赖，相互影响。即素质在发展时对外界刺激的影响不是孤立进行反应，所以某一种素质的建构与形成绝非是一种信息和影响的力量就可以促进其内化、稳定。例如，培养幼儿有良好的文明、卫生、礼貌、守规则的社会性心理行为习惯，从生理上讲是大脑皮层上一种"动力定型"的建立过程。这需要激起其兴趣，并有情感方面的动力作用，又要在幼儿的行为上反复练习操作，使其熟练，还要逐步加深对这些行为的认知、领悟；从空间上看，不仅在幼儿园的环境中教师有一系列的要求，不断地刺激，在家庭中这些相同的内容，也需要相应的刺激；在社会环境相同的情况下也需要强化刺激，坚持这些同样的要求。尤其是在家庭环境中，幼儿父母及各成员的教育行为，对幼儿的认知与个性的影响十分密切。这点在国家 IEA 课题调查中，对我国 2 万名 4、6 岁幼儿发展的各因素分析已证实了。

为此，幼儿良好素质的奠定，必须十分重视家园的同步同向的合作。"家园合作"不仅与过去所说"家园联系"有着提法上的不同，更主要具体体现在观念上的发展与内容的加宽与深化。实验中的家园合作，第一，改变了过去幼儿园只管给家长下达配合任务以完成教师计划的做法。代之以首先向家长了解幼儿在家中的生活习惯、性格特征、兴趣爱好、独立能力，与亲朋好友的交往、联系、影响，以及家长对幼儿的发展评价，对幼儿园、班教师的要求是什么？同时教师不断到幼儿家中进行观察、访问，充分贯彻以幼儿为主体的原则，建立家长与教师之间的同志加友谊的关系。从教育者掌握幼儿发展的原有水平与基础出发，依据教育目标有针对性地进行引导，建立家园合作的基础。随着活动的开展教师及时把幼儿在园的表现及活动情况、发展层次与教育要求展示给家长，反馈到家长手中，一些重要活动请家长共同参与，或随机到班观察，使家长既了解对幼儿发展与教育目标的要求，又了解自己孩子的表现，开展双向评价活动；第二，改变了过去只把家长当成幼儿园、班的后勤助手，只要求家长提供物质、人力、技术，忽视了解收集家长的教育体会、经验与协助家庭解决其家教中困惑的做法。代之以经常地通过书面、口头交流的形式了解与学习家长的成功教育经验、体会与问题，通过教师与家长、家长与家长之间的交谈、研讨互相促进启发解决不正确的教育方法，提高家教质量和与幼儿园合作的主动性、积极性、创造性、实效性。

此外，素质教育强调发掘和利用大环境中的大自然与社会资源。带领幼儿“走出去”、“请进来”感受新生活、新建设、好人、好事、新成果、新创造，使幼儿在社会主义的现实生活中体验着、吸取着民族、家乡的文化与风格，丰富社会知识和经验，全方位地利用一切可利用的资源。

（五）重视对幼儿的发展评价。评价幼儿的发展状况是素质教育全过程的重要环节。及时地了解、评价幼儿发展的水平，有助于教师、家长了解教育目标实现的程度，即幼儿总体与个体在接受目标、体、智、德，美方面的建构情况。《规程》中提出，要通过各种活动“促进每个幼儿在不同水平上得到发展”，没有评价每个幼儿在每项活动中的情况就难以落实《规程》。因此，评价幼儿的发展可以使教育者做到“心中有数”不断地调整、控制计划，设计不同幼儿的最近发展区，对不同层次水平的幼儿提出不同的要求，发挥教育活动的实效性，使教育活动处于最佳状态；同时，评价要求促进教师在各项活动中接触幼儿，学会观察幼儿，加强与幼儿的交往，密切师生关系；评价活动也是教师积累资料，研究幼儿，不断探索教育规律必不可少的内容。

素质教育实验中所运用的评价种类是多样的，有日常生活中各个环节的观察评价，有集中教育活动、分组教育活动和个别教育过程活动中的评价，学期末评价和三年实验结束的终结性评价等。评价的方法有观察法、问卷法、测查法、谈话法等，但主要是以日常观察为主。例如，相同的内容在不同时期都要建立观察评价记录，尤其是一些“习惯”的培养与建立不仅是一、二日的观察，而是几周，一、二个月，甚至是一学期的观察结果。为此，这样的内容要求用周记录其发展的水平层次，以便有的放矢的进行教育。

素质教育中测查法的运用，其内容是与素质的目标相一致的，而不是“考”幼儿死背的知识，或会唱几首儿歌，识多少字来评定的，重点是放在素质因素基本能力方面。评价的优差也以此为标准。例如，小班末期有一测题是要求幼儿看图说出花盆中的花“为什么死了？”这是要求和评价幼儿能否从植物生长有关的条件（如，阳光、水份、肥料、温度）来说，还可以激发幼儿想象与植物本身生长条件无关的因素来推断（如，有人掐了，用力拔了）等等幼儿讲出的原因越多，分数越高，又例如，在中班末期一测题是要求幼儿把小格内无规则的动植物混合排列，在一分钟内数出属动物有多少，属植物有多少？缺数一个也不能给满分“1分”。不少幼儿都能正确辨别动植物，而且都在10、11个左右，但大多数都有漏1个2个，许多幼儿近2/3,4/5幼儿得了零分。这次测查对老师的触动很大。说明对幼儿在学会学习（有顺序地观察）方面的素质培养重视指导不足，只重视了幼儿认识植物、会分类了。测重结果只有1/15—1/

10的幼儿能做到边在头脑中分类，边按其排列从左到右，从上到下地一个不漏地分类数对了。这次的测查在多方面促进了教师对幼儿的了解，同时对理解和制定大班的教育目标和活动目标提供了重要的依据。

（六）努力建构高素质的幼教队伍。素质教育运行过程最关键的是教师和园长能对素质教育自觉地领悟，与创造性地实践探索。在这一过程中她们至少要经过难度很大的几个实质性的转化，因为要按素质教育的要求去做，就必须改变过去的，心中无目标、无孩子的现象，或只重视对幼儿的技能技巧的训练，或为了给他人看的教学表演，以及各种应付教育等等。所以开展素质教育，深入贯彻《规程》，首先，教师要对素质教育的指导思想与理论依据，素质教育的内涵应坚持的特点、原则，有充分的和深入的理解，使其自我有一个飞跃，表现出较高的热情、事业责任感，积极、主动自我建构的内在动力，而不是“被推着走”的消极态度。在此基础上，第二步结合本园的情况制定全面实施素质教育的方案体系。这是第一个层次的理性认识转化为指导实践的过程；第三步是将目标进一步转化为具体行动的教育过程，即把幼儿共性的最近发展区，与不同幼儿的个别差异性层次目标分解，使目标直接具体地落实到每个幼儿身上，达到促进整体与个别的提高，这是第二个层次的观念向教育行为的转化，也是最关键性的一步转化。第四步还要通过观察和运用各种评价方式的反馈活动来检测幼儿实现目标、幼儿素质建构的实效水平，以作为调整与建构下一段目标的基本依据。这四种转化，即是一个对素质教育的理性认识与实践过程的转化与升华的过程。要真正能做到转化的自如，就必须不断提高教师的政治素质、思想素质，文化素质，教育技能、心理素质等。

辽宁教育研究院

幼儿素质教育的基本原则

罗英智

一、主体性原则

主体性原则:真正落实幼儿的主体地位,尊重并唤起幼儿的主体意识,充分调动和发挥幼儿的主动性、积极性和创造性,促使他们主动、自觉、生动、活泼地学习和成长。这是素质教育活的灵魂,也是实施幼儿素质教育首先应遵循的基本原则。

(一)坚持主体性原则的必要性

1. 以幼儿为主体是素质内化的需要

素质具有内在性、发展性和相对稳定性等特点,要形成和发展幼儿的良好素质,就必须挖掘他们的内在潜力,唤起他们的主体意识,调动起他们的"内因",把外在的教育影响和要求内化为他们自己本身的素质。内因是变化的依据,外因是变化的条件,外因必须通过内因而起作用。我们所实施的素质教育就是对幼儿的发展提供的外在影响,这些外在影响只有符合幼儿的内在发展需求,才能被幼儿所接受,才能通过幼儿的"内化"作用,形成幼儿的内在素质。

在传统的教育教学中,教育者常常把外在教育影响看得过重,估计过高,以为施加什么样的影响幼儿就会发生什么样的变化。表现在:只是一味地把知识、技能和道理灌输给幼儿,而很少考虑这些知识、道理是否符合幼儿目前的需要,也很少考虑如何让幼儿自觉自愿地接受。结果往往造成幼儿知其然而不知其所以然,在教师监督之下能按要求去做,离开老师的视线便把这些要求丢到脑后。

教师辛辛苦苦的教育影响只浮在了幼儿的表面，而没有内化为幼儿的素质，教育应起的作用在这里大大地打了折扣。所以，要使外在的教育影响内化为幼儿的自身素质，教育者必须充分发挥幼儿的主体性，给他们创造和谐、宽松、自由的教育环境，让教育活动成为其真正乐意追求的生活。

2. 以幼儿为主体是改革传统教育教学方式的需要

我们目前的幼儿教育正处于从教材教育、技能技巧教育、形式教育向素质教育转轨时期，许多教师正努力实现从认识到行为的彻底转变，但由于长期受传统的教育思想束缚，这种转轨还不可能一次到位。表现在：教师经常以居高临下的姿态出现，强调幼儿要尊重老师，听老师的话，按老师的统一要求去做，却很少尊重、关心、理解幼儿的需求。教师经常围着教材转，同时要求幼儿围着自己转。经常使幼儿处于你训我听，你教我学，你管我服的被动地位，缺乏对很多有益事物的兴趣、好奇和热情，缺乏学习、活动的主动性、积极性和创造性，缺乏生动、活泼发展的内在动力。为了彻底根除这些弊端，尽快完成向素质教育的转轨，就必须以幼儿为主体，使他们积极、主动地学习、活动，真正成为学习、活动的主人。

（二）贯彻主体性教育原则的措施

1. 建立平等、和谐的师生关系

教师是受过专门训练，具有专业知识，有较深社会阅历和丰富实践经验，并肩负教育任务、掌握教育技能的施教者。幼儿是正处于成长发展时期，身心各方面都需要锻炼和发展的受教育者。虽然他们所扮演的角色和所承担的任务各有不同，但他们有共同的目标就是：教师要使幼儿（幼儿要使自己）成为全面发展的具有良好素质基础的人。在实现这个共同目标的过程中，幼儿做为发展的主体，教师做为促进发展的主体，二者是处于同等的人格地位，享有相同的权利的。教师不能因幼儿是“受教育者”而把他们视为“无能”，从而把他们做为自己的附庸和被动接受知识的“容器”。应把他们看作是能动的具有巨大潜力的不断发展着的完整个体，从而尊重他们的人格，把他们视为向共同目标奋进的伙伴和同行者，互相勉励、互相学习、共同进步。

教师要真心地爱幼儿、尊重幼儿，关怀、体贴、信任幼儿，把幼儿当朋友。多采用征询、商量的口吻和幼儿交谈，多采用启发、诱导的方法鼓励幼儿活动。注意保护幼儿的自尊心和自信心，不轻意指责、批评幼儿，更不讽刺、挖苦、体罚幼儿。要和幼儿共同创设一个宽松、民主、平等、和谐的精神环境。

2. 在教育教学中，充分调动幼儿的主动性、积极性和创造性

在教育教学中教师的主导作用是不容质疑的，但如何真正发挥教师的主导作用，人们有不同的看法。有人认为，教师每天备课、上课，教给孩子知识、技能，教给孩子必要的道理，这就是发挥了主导作用。而结果往往是教师呕心沥血，每天讲得精疲力尽，却没有收到预期的效果；幼儿听得疲备不堪，也没能获得应有的发展。现在人们对这一看法进行了反思，逐渐认识到：教师的主导作用应体现在观察、了解幼儿，为幼儿创设适宜的发展机会和条件，最大限度地调动幼儿的主动性、积极性和创造性上。所以，教师的施教之功要用在“激励”、“启发”和“调控”幼儿学习和活动上来。所谓“激励”，就是要激发幼儿的学习、活动的动机和主动精神，使幼儿获得成功的欢乐，焕发幼儿的自信心、胜任感和成功欲，使幼儿对学习和活动产生浓厚的兴趣和主动追求的愿望，由“要我学”为“我要学”。所谓“启发”，就是善于帮助幼儿开窍，引导幼儿思维。凡是幼儿能自己认识的知识和解决的问题，教师绝不包办代替。而且在教给幼儿知识同时，特别注意帮助他们掌握学习规律和方法，指导他们学会运用自己的各种感官和思维机器去主动获取知识。即不仅要幼儿“学会”，而且要幼儿“会学”，使他们一步步地攀登认识和发展的高峰。所谓“调控”，就是要科学而巧妙地创设幼儿感兴趣并且乐于参与其中的教育环境，综合合理安排一日活动内容，协调活动

节奏，使幼儿始终兴味盎然的学习、活动和发展。

二、全体性原则

全体性原则是：(1)面向全体幼儿，把教育落实到每个幼儿身上，给每个幼儿以最需要和最适合的教育。(2)面向全体教师，使教育也同时指向每个教师，要求每个教师都注重自身素质的提高。

(一)坚持全体性教育原则的必要性

1. 面向全体是提高全民素质的需要

21 世纪的辉煌需要由具有较高素质的全体国民一起来创造，只依靠少数的"精英"是不行的，而国民整体素质的提高要依靠教育来实现。基础教育是提高国民素质的基础工程，幼儿教育是基础教育的组成部分，是基础的基础，人们称之为奠基教育。更应面向全体幼儿，对每个幼儿实施体、智、德、美全面发展的教育，为其身心和谐发展奠定良好的基础。只有在这一最初教育阶段把所有幼儿的基础打得牢靠，才会使他们在以后的教育中取得更好的发展，逐步成为国家需要的各种类型的人才。

2. 面向全体是提高教育效益的需要

在幼儿园集体中，教师和教师、教师和幼儿、幼儿和幼儿之间是互相影响的。教师作为群体中的一员，其本身素质也起着影响整体素质的作用。只有幼教机构的每一位领导和全体保教人员都提高自身素质，时时事事做幼儿的楷模和榜样，才能对幼儿起到正面引导作用，提高整体教育效益。反之，如果要求幼儿爱护环境卫生，而工作人员却随地扔纸、吐痰；要求幼儿说话文明、不打扰别人，工作人员却在幼儿午睡时在寝室大声闲聊，这无疑会降低教师传授给幼儿的各种道理在幼儿心目中的分量。久而久之，幼儿就会觉得这些道理是可听可不听的，无关紧要的。幼儿之间的相互影响也是很大的，他们在兴趣、爱好和身心发展需要上有许多共同点，容易相互理解和沟通，也容易相互模仿。只有面向全体幼儿进行教育，促使每个幼儿都得到应有的发展，才能保证他们之间的影响是正面的，是相互促进的，而不是消极的，相互抵消的。这样才能使教育效益得到整体提高。

(二)贯彻全体性教育原则的措施

1. 要自上而下地更新观念

"面向全体"是多年来一贯强调的教育原则，但要真正做到不是一件很容易的事。在以往的教育教学和评价过程中，往往是教育行政部门领导比较关注条件好、质量高的幼儿园；幼儿园的领导又比较关注素质好、能力强的教师及她所带的班级；教师更是关注那些性格活泼、能力较强的幼儿，总是让他们当众回答问题或为大家表演、操作，而很少给那些胆小内向、能力较差幼儿表现和锻炼的机会。所有这些，都违反了面向全体的教育原则，不利于提高幼儿教育的整体水平。应提倡：教育行政部门要面向每一所幼儿园，每所幼儿园要面向每一位老师和每一个班级，每一位老师要面向每一个幼儿的每一个方面。要坚持：面向少数不行，面向多数也不够，必须面向全体。幼儿园的领导和教师不能再满足于一堂好的公开课和几个出类拔萃的教师和幼儿所取得的成绩。因为任何一个中等水平以上的教师加上几个、十几个表现欲望强、水平能力高的幼儿都能营造出一堂好的公开课的气氛。但不能不注意到，在这种热烈的气氛下还有注意力不集中、交头接耳、东张西望的幼儿，还有默默无闻、思路跟不上的幼儿，还有想表现而又胆小的幼儿。要树立"不求个个拔尖，但要人人成才"的观念，不要去选拔"适应教育的儿童"，而要创造"适合儿童的教育"，促进每个幼儿在原有基础上的发展。

2. 正确理解并真正实施面向全体

面向全体并不是指用同一种方法和同一个标准，使所有幼儿都达到同一个水平。也不是指教师面向全体幼儿进行的集体教育教学。而是要求教师心中要装着所有的幼儿，不能重视一部分幼儿的发展而忽视或压抑另一部分幼儿的发展，把每一个幼儿都作为自己关注和精心培养的对象，给每个幼儿都提供适合他们的成长的机会和条件。

首先，要深入每个幼儿的精神世界，了解他们的思维、兴趣、爱好、才能、倾向和各方面的发展水平，有目的、有计划地观察、记录每个幼儿在不同阶段、不同方面的表现。随时捕捉各种信息，并把观察和思考结合起来，对各种信息和资料进行认真分析，以设计和调整下一步的教育方案，从而对幼儿实施有效的教育。

其次，要善于发现和捕捉每个幼儿的“闪光点”，不使一个幼儿成为被“遗忘的角落”。不仅要关注那些发展水平好的和那些“淘气包”，也要注意那些内向的不爱说话、也不违反纪律的老实幼儿；不仅要表扬那些在活动中表现“出色”的幼儿，更要表扬那些积极努力，虽不很“出色”，但在原有基础上有了进步的幼儿。使每个幼儿都感到自己受重视，自己还行，从而都能充满信心地抬起头来走路。

三、全面性原则

全面性原则就是要求：对幼儿进行体、智、德、美全面发展教育，不得有所偏废，并要注意各项教育的相互影响和相互渗透，使幼儿身心各方面都得到比较均衡的全面的发展。

(一)坚持全面性教育原则的必要性

1．实施全面教育是人的发展的需要

人具有各方面的内在发展潜力和发展需要，虽然不同方面发展潜力的大小不同，但不能因此而只注意发展其潜力大的某一方面，忽视其他方面。更不能按照成人的主观臆断过早地对幼儿进行“定向培养”。而且人的各方面发展是相互制约的，一个人如果没有较强的自信心、毅力和自制力就不能取得学习上的进步。反过来，一个人如果没有广博的知识、解决问题的能力，遇事也会不知所措，丧失进取心。

2. 实施全面教育是未来社会的需要

当今世界科学技术发展日新月异，各学科领域相互渗透、相互联系和相互依赖越来越强，同时国际间的经济贸易和合作越来越多，人际交往空前扩展。为了在未来的国际竞争中生存和发展，各国都在着力培养具有坚实知识基础和能够适应各种新变化的智力、健壮的体魄、优良的品德，一专多能，善于学习、善于交往的各方面都较成熟的综合人才，今天的幼儿，是21世纪的主人，要想使他们适应未来社会的需要，我们就必须从小对他们进行全面发展的教育，使他们成为"完整的儿童"，即在身体、社会性、情感、认知和道德、审美等方面都全面发展和谐平衡的儿童。

(二)贯彻全面性教育原则的措施

1. 增强对全面发展教育内涵的理解

对幼儿进行全面教育，首先要为幼儿提供体、智、德、美四方面的教育内容，不能忽视四育中的任何一方面，要彻底克服过去重智轻德、重美轻体等问题。同时还要注意在每一领域的教育中对幼儿知、情、行、意四方面的培养。四育中任何一方面的教育目标都应包括对幼儿认知、情感(包括个性、社会性)、行为等各方面的要求，不能重认知而轻情感和行为。如，在体育中，不仅要注意幼儿身体的发育，体质的增强，而且要注意培养幼儿参加体育活动的兴趣和良好的卫生健康习惯等。它们是互为因果、缺一不可的，共同决定着幼儿的身体健康水平。在智育中，不仅要重视幼儿知识技能的掌握，而且要重视培养幼儿正确运用眼、耳、口、鼻等感官认识环境、认识世界的能力，以及认知兴趣和动手操作，解决实际问题的能力等。在德育中，不仅要注重幼儿对社会常识和道德认知的掌握，更要注意萌发幼儿正确而可贵的情感，培养他们做人所必须的良好品质、行为习惯和良好性格基础。在美育中，不能只注意幼儿唱歌、画画、舞蹈等技能技巧，更要注意培养幼儿感受美、表现美的情趣和能力。

2. 合理地综合组织各方面教育内容，注意各育的相互渗透

各领域的教育是有各自不同的教育目标和要求的，但它们最终落实在每个幼儿身上，是综合地对幼儿起作用的。而且，各育之间是互相影响，彼此包含的，体中有智、德、美，美中有体、智、德，德中有智、体、美。所以，我们既要注意各育的不同特点，又不能把他们完全割裂。在一段(如每周)教育计划中要综合安排各育的教育内容，完成各育所要求的目标。在每次教育活动中，在完成某方面的主要的教育目标基础上，适时合理地渗透其他领域的目标。如，组织幼儿跳绳，在幼儿对此非常感兴趣，并学会了跳的技巧，能比较协调、灵活跳的基础上，可进一步提出让两个或多个幼儿一起跳，以培养他们的合作精神和相互配合的能力；还可启发跳得好的幼儿教不会跳的幼儿，以培养他们的互助精神；也可以鼓励幼儿跳各种花样，跳出美感来；还可以组织幼儿进行分组跳绳比赛，数一数看哪一组跳得多，以培养他们的集体荣誉感和计数能力。在这里，体育活动中就包含了智、德、美的教育内容。再比如，组织幼儿用各种艺术手段(如画画、粘贴、剪纸等)来描绘春天，除了培养幼儿感受春天的美并把这种美表现出来以外，还要注意培养幼儿的观察力和良好的卫生习惯。

四、发展性原则

发展性原则是：(1)把促进每个幼儿身心全面和谐发展做为教育的出发点和归宿。(2)以发展的眼光看待幼儿，相信每个幼儿都是有发展潜力的。

(一)坚持发展性教育原则的必要性

1. 促进幼儿的发展是实现学前教育价值的需要

人们之所以举办学前教育，就是因为它对于幼儿、家长、教师和社会有一定的用处，它能满足上述方方面面不同的需要。过去，我们比较偏重学前教育的社会价值，过多地考虑社会的要求，把完成教育大纲所规定的具体任务做为教育的出发点和归宿。许多家长也过早地为孩子选择职业定向，学习一技之长，而不顾孩子的需要和特点。一些学前班“小学化”相当严重，完全成为了小学教育的工具。现在，“规程”明确规定了学前教育的双重价值，即“对幼儿实施体智德美全面发展教育，促进其身心和谐发展”的内在价值和“为入小学打基础，为家长就业服务”的社会价值。在这两个价值取向中，内在价值的获得是居于首位的。因为学前教育是全面启蒙、全面奠基的教育，它好比一棵嫩芽，其主要任务是生长，而不是马上结果。而且，幼儿内在素质和个性和谐发展也是符合社会需要的，也会为实现学前教育的社会价值打下基础。所以，促进幼儿的全面和谐发展是学前教育的最高价值。

(2)以发展的眼光看待幼儿，是树立正确的儿童观和教育观的需要

树立正确的观念是实施素质教育、提高教育质量的关键。在正确的观念中，最主要的就是如何看待幼儿和他们的发展。幼儿正处于生长发育时期，身心各方面都在不断的发展变化之中，他们每个人都存在着“与生俱来的内在潜力”，都具备自我发展的能力。所以教师不要静止地看待幼儿，即使有些幼儿因为种种原因而发展缓慢，在一些方面落后于其他幼儿，教师也不能对其丧失信心，而应该用发展、辩证的眼光看待他们，相信他们不会永远落后，不会永远停滞不前，在适宜的教育条件下都会得到应有的发展。只有具备这样的观念，才能取得教育上的良好效果。

2. 贯彻发展性教育原则的措施

(1)制定明确、具体的各层次教育目标，使目标直接指向幼儿

各方面素质的发展

要依据幼儿各年龄阶段发展的实际水平、需要和可能性及未来社会对人才培养的要求来制定和选择各层次的教育目标，包括“规程”中表述的幼儿园保育教育总目标、各年龄阶段的主要目标和学期课程标准、单元目标（周计划、日计划等）、教育行为目标（每次教育活动的目标）。这几个层次的目标是互相联系的，上一层次的目标是下一层次目标的统帅和制定的依据，下一层次目标是上一层次目标的具体化，是为上一层次目标服务的。它们共同构成了一个金字塔式的幼儿园教育目标系统。而这个系统，不是知识的系统、学科的系统，而是幼儿身心发展的系统，是幼儿身心发展的整体结构和发展规律。每一层次的目标都要直接指向幼儿的发展，而不能空洞，流于形式。如，组织一次音乐活动，首先要明确这次活动的目的，是培养幼儿对音乐的兴趣，感受不同节奏和性质的乐曲所表达的不同含义，还是让幼儿学会听不同节奏的快与慢，强与弱，并能用动作来表示，或是学会完整地、有感情地唱一首歌等等。总之，每层的教育目标都要与幼儿的发展联系在一起，而且要越来越具体，要有可衡量性。

2. 合理地组织教育过程，给幼儿提供思考、操作、发展的时间、机会和条件

要依据目标的要求选择教育内容和教育形式。内容是为目标服务的，不能依据老师的好恶和方便随意选择；形式是为内容服务的，不能只求新颖、独特而随意安排或生搬硬套。教师在选择教育内容和形式时，心中要始终装着幼儿和目标。在调控教育过程时，要始终启发和引导幼儿自觉、自愿、主动、积极地参与其中。不能一味地讲解和示范，而应留给幼儿一定的思考时间，给幼儿提供操作的条件，鼓励幼儿发现学习。要培养幼儿自我发展的能力，做他们自我发展的“援助者”和优异环境的“创造者”，“凡是儿童能想的，让他们自己去想，凡是儿童能做的，让他们自己去做”，“除非他们

真正需要,否则不要给他们不必要的帮助”。同时,也不要给幼儿过多的不适当的奖励和批评,要引导幼儿在自己反复尝试后的成功中获得喜悦和自信,进行自我奖赏;在自己操作的失败中获得教训,进行自我校正。

五、差异性原则

差异性原则:承认幼儿之间的差异,并根据幼儿的不同特点和需要因材施教,促进每个幼儿在原有基础上的最大限度的发展

(一)坚持差异性教育原则的必要性

1. 因材施教是培养未来社会所需要的各类型人才的需要

未来社会是信息化的社会,它需要各种类型、具备不同能力的人才。既需要有组织能力和战略头脑的管理者,又需要有技术水平和创新能力的科技人员,也需要有经验的能操作的熟练工人;既需要元帅,又需要士兵。所以,不能认为进步慢的智力稍差的就不可能是人才,应看到每个幼儿的身上都有长处和闪光点,正所谓“天生我才必有用”。应允许幼儿有不同程度、不同速度、不同方面的发展,并应为他们发展的不同特点提供相应的帮助。

2. 因材施教是提高每个幼儿素质的需要

素质教育要求提高每一个幼儿的素质,而不同的幼儿是有不同的遗传特点、家庭教育基础和发展趋势、发展水平的,按统一的教育要求教育内容和教育方法来塑造整齐划一的幼儿是不可能的。只有因材施教,才能保证促进每个幼儿在原有水平上的最大限度的发展。

(二)贯彻差异性教育原则的措施

1. 认真观察幼儿、了解幼儿

只有了解幼儿,才能有效地教育幼儿。因为幼儿年龄小,他们的认知水平、自我意识和语言表达能力都比较低下,让他们自己来

评价和总结自己的特点是不可能的，这就要求教师必须具备观察幼儿的基本功。首先，教师要愿意观察，有观察的意识和自觉性，不能视而不见或把幼儿的自主活动时间作为自己休息、放松或干其他事的机会，白白放过观察幼儿的最佳时机。其次，教师要善于观察，要有目的、有计划地观察，制定观察记录，对每日各个教育环节中要观察的重点内容和重点幼儿要心中有数。同时要随时捕捉必要的信息，及时记录稍纵即逝的有价值的资料。第三，教师要善于分析，要根据幼儿在各种活动中的外在表现，客观地分析他们内在的原因及潜在的素质。

2. 针对不同幼儿的实际情况因材施教

素质教育模式不是单一的，素质培养也不能一刀切、一刀齐。要根据不同幼儿的素质基础和“最近发展区”提出不同层次的教育要求。即使是完成同一个目标，也要根据幼儿的不同特点，设计不同的教育内容，提供不同的操作材料，采取不同的教育步骤。要设计富有弹性的生活活动、学习活动和游戏活动，根据幼儿的反馈及时调整教育过程。要打破过去全班集体上课的单一教育教学形式，针对我国幼儿园班级幼儿容量大的现状，适当采取分组教学形式，以便于老师观察到每一幼儿的表现，给每个人都提供活动和表现的机会与条件。使个别、小组、全班三种教育形式互相支持、互相补充，发挥出各自的优势。在使幼儿掌握知识，发展智力的同时，要特别注意培养他们的良好个性，充分发挥每个幼儿所长，使每个幼儿都能在自己的起跑线上得到最大限度的充分的发展。

六、活动性原则

活动性原则：为幼儿创设活动的机会与条件，有目的有计划地引导幼儿在各种主动活动中提高自身的素质。

（一）坚持活动性教育原则的必要性

1. 引导幼儿充分、自主的活动是了解、研究幼儿的需要

幼儿只有在自由的气氛下、自主的活动中才能显露出自己的本质，教师也只有在这时才能够真正地了解他们的兴趣、需要、发展的水平和趋势，从而制定和调整教育计划和教育过程，使之更合理、更有效。

2. 活动是幼儿学习的途径、发展的源泉

幼儿是通过活动来和周围环境相互作用，从而了解环境、了解自己，获取知识经验的。也是在活动中通过亲自摆弄和操作来感知事物，进行观察、思考，从而发现问题、解决问题，发展能力的。没有主动活动的直接经验，光凭语言概念的学习，就不可能使思维和智力活动得以发展和深化，就会延缓幼儿由动作、形象思维向抽象思维的转化。活动不仅是幼儿学习的途径，智力发展的源泉，更重要的是体现和发展幼儿个性的条件，没有幼儿充分的活动，就没有他们个性的充分发展。

(二)贯彻活动性教育原则的措施

1. 为幼儿创设活动的空间、时间和材料

首先，要尽可能的挖掘现有条件的潜力，进一步改革现在仍然存在的注重形式，强调观赏性、装饰性的观念和做法，留给幼儿尽可能大的活动空间。并注意空间布置的教育性、多功能性和幼儿参与性。其次，要给幼儿提供自主活动的机会和时间，尽可能地减少幼儿排队、等待和只听不做、无所事事的现象，使他们能够在更多的时间和机会中大胆地放松地活动。对幼儿不能管的太死，也不能过于放任，要力求做到"活而有序"。第三，要为幼儿提供能体现不同方面、不同层次的教育教学要求，适合他们身心发展需要的有不同操作难度的操作材料，这些材料要力求自然、真实、丰富、有序。同时要引导他们自主选择、自由操作、大胆创造。使每个幼儿每个时期都有事可做，而且注意集中、热情愉快地做。

2. 激发幼儿的活动动机，提高幼儿的活动水平

幼儿时期，是好奇、主动探索、预备去学习的时期，教师要抓住这一时期，激发幼儿活动的愿望、主动性和积极性。同时要注意观察幼儿活动的内容、持续的时间、活动的水平和活动中与同伴的交往、合作情况等等，在幼儿需要帮助的情况下，给予恰当的指导，使他们体验活动成功的喜悦和快乐。在此基础上，进一步给他们提出更高的活动要求，激发起他们更高级的活动需要，不断地提高他们活动的水平，使他们的巨大潜力在活动中得到充分的挖掘、体现和发挥。

七、创造性原则

创造性原则就是要求：(1)要重视培养幼儿的创造性。(2)要创造性地实施素质教育，创建多种适合不同地区、不同条件、不同幼儿的素质教育模式。

(一)坚持创造性教育原则的必要性

1. 培养幼儿创造性是21世纪对人才的需要

21世纪需要的人才不是“人云亦云”、循规蹈矩、安于现状、不思变革的人，而需要有创新意识、敢于大胆想象，能够独辟蹊径，与众不同的人。只有这样的人才能适应瞬息万变的环境，才能跟上飞速发展的时代的步伐。幼儿时期，正是好奇心和好胜心强、没有过多的思想束缚，敢想、敢做的时期，只有注意保护并重视培养他们的这种创新精神，才能使他们的创造性得以持续和发展，从而使他们有可能最终成为出类拔萃的符合时代要求的人才。否则，这种可贵的精神就会被扼杀在摇篮之中，幼儿只能在模仿、顺从中长大，失去创造的机会、条件和信心，而很可能最终成为平庸的缺乏独立见解的人，被时代所抛弃。

2. 创造性地实施素质教育是适应我国国情、全面提高幼儿素质的需要我国地域辽阔，不同地区的经济条件、文化背景、人员素质都有很大差异，幼儿教育的发展现状、质量水平以及教师素质、社会和家长对幼儿教育的要求、认可程度都不同，这就决定了不可能有“放之四海而皆准”的固定教育模式存在，各地区、各园必须根据自己的实际创造出切实可行的素质教育模式。同时，素质教育是全新而永恒的课题，和我们过去几十年来习惯的那种教材教育、应付教育等是截然不同的，我们没有现成的模式可以参照，需要自己来创造。

（二）贯彻创造性教育原则的措施

1. 鼓励幼儿大胆创新，并给幼儿提供创造的机会和条件

要鼓励幼儿异想天开，大胆联想，发表自己的独立见解。对幼儿提出的问题认真对待，耐心回答。同时要多给幼儿提出问题，设置情境，启发、引导他们通过自己思考、操作以及和同伴的讨论来获得知识、解决问题。对幼儿“与众不同”的想法和做法要给予热情鼓励和积极支持，对其错误的想法和做法要通过正确的引导启发其自悟，而不轻易否定，以保护其创造的积极性和思维的多向性。

2. 动员所有幼教工作者积极探索、创造多种素质教育模式

素质教育应是以奠定幼儿良好的素质基础为宗旨，以目标为依据，以转变观念为重点，以提高教师素质为前提，以创设适宜的物质精神环境、把教育贯穿于一日生活的各个环节为保证，以综合各种课程模式之长为特点，促进每个幼儿各方面都在原有基础上得到和谐发展的教育。它有自己固有的特点和基本原则，但没有固定不变的操作模式。应激发教育行政、教研、科研工作者和幼儿园园长、教师及广大家长的素质教育意识，努力营造素质教育大氛围，自上而下地增强教育改革的自觉性。

辽宁教育研究院

幼儿素质教育实验操作

夏树梅

本实验的操作是根据中央教科所，课题主持人史慧中同志提出的理论依据，贯彻落实《幼儿园工作规程》：1. 面向全体重视个体全面发展的辩证统一理论；2. 改善环境与儿童发展关系的理论；3. 通过集体力量形成良好的集体及个体特性的理论；4. 课程模式理论；5. 活动对儿童发展的理论；6. 家庭对儿童发展的重要作用的理论。我省课题组的实施操作如下：

一、实验操作要求

遵照课题原定计划及我省各市地实验点的具体情况提出实验操作要求。1. 小班上下学期是领会实验精神，找到从以教材教育和技巧教育为中心转入素质教育的突破口，端正教育思想，树立科学的教育观和儿童观；2. 中班上下学期是提高教育水平，探索使素质教育到位的规律，增强教育过程的效率，使每个受教育者的素质有明显的进步；3. 大班上下学期是基本掌握教育的规律，操作熟练自如，经过三年的努力达到实验方案中的预期效果。

二、实验操作准备

(一)组织准备

1. 素质实验课题得到辽宁省教委领导及幼教处领导的重视，不仅成立了省级课题领导小组，同时还在中央教科所指定的三个实验点的基础上又扩大了省级五个实验点，并且批准成立各市此课题的领导小组。

(二)思想认识上的转轨

参加国家课题组的培训。1993年4月我省课题指导组和各实验点的园长及实验教师，还有部分市、区指导成员赴北京参加国家级的课题培训，历时一个多月，听取了八位国内幼教专家的讲座，使我们对"素质实验"的课题指导思想和实验总原则有了清晰的了解，并且通过学习大家一致认识到，80年代以来虽然幼儿园根据《幼儿园教育纲要》进行体、智、德、美全面发展的教育方针进行工作，但全面发展的教育不到位，偏离了为人一生奠定良好素质教育的轨道，出现了重智轻德、重教轻保、重教师为中心轻幼儿为主体，长期以来习惯于以教材为中心，以一日两节课为主，重技能技巧，轻能力，影响幼儿全面健康发展，认识到多年来为什么全面发展得不到落实，其重要原因就是在实际工作中没有从素质教育上考虑，为此幼儿园加强素质教育是当务之急。现在素质教育应作为幼儿园改革的核心，要想完成好"素质实验"课题必须更新教育思想转变教育观念，首先实现思想认识上的转轨，树立正确的教育观、儿童观，明确了儿童观是教育观的基础，幼儿教育现代化的关键是观念的现代化，这是我们每个参加实验人员首先要解决的认识问题，在思想认识上予以高度重视，同时必须从阻碍实现教育目标的旧思想中解放出来。在具体工作中有所行动。

(三)行动上的转轨

1. 在行动转轨的问题上，史慧中同志谈到："行动上的转轨需要在思想认识转轨的基础上大破大立；在破中立，在立中破"。各实验点的人员通过学、摆、查、辨、议提高了思想认识，立以体、智、德、美全面的教育目标为总目的思想，破以知识和技能技巧为主要目的的习惯；立幼儿为主的观念，破教师为中心、教材为主的习惯；立以教育贯穿于日常各种活动中的每一环节的模式，破根据教材罗列具体目的的习惯，及一日上两节课为主进行教育的习惯；立把每一个孩子都作为关心教育对象的观点，破以某几个表现突出的孩子为主要关心爱护对象的习惯，立具体目标确定手段和方式方法的工作程序，破根据教材内容罗列具体目标的习惯等。

2. 组织省级课题组的培训。思想上的转轨不是一朝一夕可奏效的，行动上彻底的转轨更难，为迎接新学期，检查课题准备工作，93年7月在大连市甘井子教委幼儿园进行了7天的培训。培训各实验点汇报了实验前准备工作，课题组成员重点参观了甘井子教委园的环境创设，由课题指导组传达讲解如何创设活动区及如何指导活动区。各实验点还交流了树立大教育观，家园同步教育，新生入园提前一个月走访及家长问卷等好的作法。这次课题负责人李道佳同志宣布三点要求：(1)继续学习，转变观念，提高认识，各实验点制定出实验方案做好实验前的一切准备工作；(2)课题组每半年小结交流研讨一次，各实验点交流（汇报成果、解决实验中疑难问题，布置下半年工作及国家课题组要求）。

三、实验操作实施过程

（一）树立目标意识，理顺任务、目标、计划、活动的关系

根据课题要求，实验成果体现在两大方面，一是幼儿素质水平；二是形成幼儿良好素质基础的实施依据；具体体现在教师实施教育的目标、计划、活动等。过去教师根据教材内容、技巧教育按排顺序，进行选择方式方法，很少考虑选择什么教材，培养哪方面的素质，整天忙于写计划，写教案，背教案，手忙脚乱，不知所措，叫苦不迭。实验开展以来教师们的观念开始转变，树立了目标意识，这是明显的一大进步，总课题组下达了小班第一学期主要目标与课程标准，18条，140分条，288项细则，如何落实？引起很大的反响，我们抓住这一问题，认真学习、领会实质、进一步明确了幼儿园的

任务和教育目标。大家一致认为教育目标应装在教师心中，教师应强化目标意识，制定教育计划，安排活动，目标落实贯穿幼儿生活的各个环节与各项活动之中。区分了总任务、总目标，根据后期目标制订出周计划和日计划，而省去了月计划，强调周计划是对全班提纲挈领地列出要求，日计划需要有具体内容，用什么教材，通过什么活动方式方法去落实该周要求，认识提高了，理顺了关系。如：大连甘井子幼儿园及省军区幼儿园他们创造性地设计出儿童发展记录册，使实验教师解除了负担，随着实践的深入使他们工作得更加有条理和运用自如。不仅设计出每一教育目标，活动计划，教育内容，教育过程，指导重点(材料准备)，还能做出效果分析，如若没能理想完成，也有补救措施，使每一活动都落实到全班儿童的素质教育上。

(二)活动区的创设与指导

规程明确地把"创设与教育"相适应的良好环境，为幼儿提供活动和表现能力的机会和条件作为幼儿园工作原则提出，由此各实验点都创设了活动区，但怎样创设，各年龄段有什么区别，怎样才更科学？我们在原有条件下改变过去只强调观赏性、装饰性、重视形式等，而素质实验强调环境布置的教育性、多功能性、充分利用活动的空间和时间，把每天只能使用两个多小时的寝室进行了改造，有的改造成壁床和玩具柜，两个活动空间同时开放。有的把单层床接成两层床增加活动区面积。从时间，空间上为幼儿创设符合生理，心理特点的教育环境。

1. 根据不同年龄特点设置与园所条件相适应的活动区

对于活动室大条件好的实验班，活动区较稳定。条件差的实验班，只能把大型积木、插塑区、图书区，娃娃家固定下来，其余根据条件固定几个区。对小班专门添置了小肌肉操作区，计算区、美工区、语言区等，并在下学期设置了两三个娃娃家、大积木区、植物角、操作区、音乐区等。根据幼儿的身心特点，中班，各实验点设置的活动区内容应多些和复杂些，科学角、商店、医院、理发店、餐厅、棋类等。对于大班重点突出了科学实验区、制作区、计算区、语言区、棋类区、图书区、种植饲养区等。随着实验的深入，新的问题出现了，在活动区内如何科学摆放材料，摆放什么样的材料。小班材料要求鲜艳的成品，中班投放加大一定难度半成品，大班投放半成品或材料，由他们自由选材需动脑、动手自身体验才能完成。另外在确定活动区的空间位置上，力求科学性与教育性相结合，由于幼儿注意力持续时间较短，且易转移，我们就使区域间动、静分开、避免相互干扰、并利用玩具柜、小屏障进行封闭隔离、中大班逐渐适当放开，将较安静的活动区设在寝室，较动区域设在活动室。当活动区开设后教师还应掌握幼儿在活动区的情况。

2. 活动区的指导

(1)活动区规则：

a. 规定进区人数，根据区域大小和投放材料多少(最好 5—7)人。b. 活动中应该有合作、友爱、谦让的精神。c. 取放材料规则，活动区活动结束后在三五分钟内让幼儿完成，用过东西放回原处。

(2)在观察了解活动需要基础上及时调整活动区。

a. 了解每个孩子对活动区的兴趣，有长时间偏区应找出原因。b. 掌握进入活动区时间。c. 了解活动材料的数量及幼儿对投放材料掌握的难易程度。d. 对于那些对幼儿发展有积极影响而恰被幼儿兴趣忽视的区域教师给予积极引导。e. 活动区要有目的、有计划、有阶段进行重点指导，严防放任，注重指导的层次性。

创设活动区应真正给幼儿提供一个宽松、自由的学习环境，以幼儿为主，为幼儿提供动脑思考动手操作，与人交往合作的氛围，使幼儿在活动中发展探索精神、更好地促进幼儿身心全面和谐发展，有效提高幼儿素质。

(三)根据本园，本班实际状况，探索建立新的课程模式

根据综合学科、活动课程和核心课程的主要特点，制订不同年

龄阶段以素质因素为纲的课程标准，帮助指导实验教师实施素质教育。面对实验教师我们做了如下几项工作。

1. 对"课程"概念含义加以新的理解。

实验前教师对"课程"概念理解为仅指上课、素质实验开始后教师从教育大百科全书对课程定义是"课业及其进程"的定义中可见课程不仅指计算、语言、体育、美术、音乐、游戏等科目，由此提出了许多新的课程模式，把一日活动程序纳入课程内容，上课是课程内容，家长工作也是课程内容、扩大了课程内容的内含及外延，从而真正理解了课程是以整个幼儿园为对象的，它的意图是用来使幼儿园教育能充分地、科学地、协调地、有效地进行，使其有利于幼儿健康成长。

2. 探索核心课程。

首先与实验教师总结分析了当前的几种课程模式的特点、弊端和长处。

学科课程、缺点是不能从整体，全面发展教育来考虑落实不了素质教育。优点是系统性、计划性强。

活动课程：缺点是教育准备的目的性不强，优点是以幼儿为中心，尊重儿童，了解儿童和不断观察儿童活动过程以适时满足其需求。

综合课程：将有关学科联系起来，但不能一概而论，不恰当就会出现大拼盘，硬凑的现象。

还有一种就是围绕人类基本活动来确定各年龄学习核心主题的"核心教育"：它主要是根据儿童年龄不同阶段的特点，确定重点核心教育内容，根据课题三个年龄段的课程标准，吸取三种课程模式中的核心课程特点确定各个年龄儿童在全面发展的基础上的侧重点是：

3 岁儿童：对集体环境的熟悉和喜爱；对良好生活能力行为习惯的培养。

4岁儿童:对集体的感情培养和对事物的广泛兴趣为核心。

5岁儿童:强化责任感、以分辨是非,增强专注力为核心。

以小班为例,认真搞好一日常规教育,培养儿童良好生活能力,行为习惯。开展"我有一双灵巧的手",或"勤劳的手"为内容的核心课程,教师们通过讲故事,猜谜语等多种方式激起幼儿的兴趣,进行示范,教幼儿洗手的方法,让孩子们在盥洗室里分组操作检查,看幼儿是否能坚持经常,每次都能认真洗、养成饭前、便后、玩后洗手的良好习惯。但习惯养成并非容易的事,孩子是天真活泼的,遇到一些使自己兴奋或不高兴的事就可能什么都不顾了,在小班下半学期就出现反复、中班,特别是男孩子反复性更大,洗手很不认真,一部分孩子一边洗一边玩水,甚至都不打肥皂,为常规行为习惯的落实,采取补救措施,选择适当时机(幼儿户外抓泥土、弄得很脏时),用显微镜观察自己的手使孩子看到细菌在活动,不洗手就吃东西会生病,增强孩子的直观认识,好的行为习惯就会养成,并使其受益终生。

以中班为例:幼儿在园生活了一年多,为培养对集体情感和对事物的兴趣从中增强责任感,开展了"值日生活动",以鞍山焦耐院为重点系统地开展了此项活动。

教育目标:培养幼儿的集体意识,使幼儿关心集体,增强责任感和亲社会行为,面向全体,落实在每个孩子身上,使每个幼儿要为集体献一份爱心。

活动要求:a. 以游戏为突破口,进行开展"值日生光荣"的活动。b. 培养幼儿积极参与值日生工作的意识与态度。c. 值日生应完成的具体任务(晨间、活动区、室外游戏活动、进餐、午睡、离园)。d. 明确值日生的权力与义务。

教师指导:

a. 各实验点根据自己园、班情况设计标志(有的为值日生做了衣、帽)　b. 实施面向全体因材施教的原则,使每个幼儿都在从不会做值日生到会做，在原有水平上的提高。 c. 对于能力差的孩子多创造一些锻炼的机会。 d. 做好值日生工作完成的评价工作 i 自我评价 ii 同伴评价 iii 教师评价 e. 做好与家长沟通工作，做到家园配合，同步教育提高成效。

一年多来值日生活动，使孩子们增强了集体观念和利他行为，亲身体验到劳动后的愉快，促进良好的自我意识的形成和意志品质的锻炼，提高了独立生活能力和工作能力，有利地促进亲社会行为的发展。

（四）分组活动的指导

活动是幼儿得以成长的决定因素。活动，对有机体来说是获得一定经验，从而促进其成长发展的必不可少的最为重要的条件之一。活动的内容和形式应该是多样的，必须明确落实到“素质”基础的奠定上，本实验对活动的组织形式和方式与素质落实的关系上，倡导采用班集体、小组集体、个别等各种形式组织活动。以往的以班为主的集体活动，搞的很多，有一定的实践经验，教改以来教师逐渐体会到这种形式尽管有节约时间、空间、师资的长处但对目前班容量较大的园所来说，难以做到让每个幼儿有充分活动的机会，促进每个幼儿在原有基础上的发展和提高，教育的主导作用有限，不能因人施教，使幼儿个体发展受到束缚，为此实验中侧重探讨了分组活动。

1. 分组教学

分组教学不仅是在形式上将幼儿分成若干组，将原来集体教学内容重新灌输给幼儿，应着重从幼儿实际出发，在熟悉，了解，掌握幼儿的个体差异基础上，运用幼儿能接受的手段、形式达到促进每个幼儿个体的发展。

2. 分组原则

(1)根据活动的目标，活动的性质和内容，从掌握了解幼儿的实际能力出发，充分考虑幼儿的个别差异，进行分组。

(2)教师对主组活动,要从孩子接受能力、运用各种方式、方法、手段进行教授新知识,达到基本上掌握每个幼儿能达到的程度。

(3)副组活动要服从主组活动,即不能影响主活动又不能被主活动干扰,但最好都要在教师的视线下进行。

3. 分组教学的种类

(1)按幼儿能力高低分组:根据教育目标和幼儿实际水平,能力把幼儿分组。一般是分成两组或三组。

三组:能力强为一组。

能力一般为一组。

能力差为一组。

两组:能力强和能力中上为一组。

能力中下和能力差为一组。

(2)按幼儿能力高低搭配分组:根据教育目标把能力强弱不同的幼儿搭配分到一组,共同参与活动,以强带弱全面提高。

除以上两种方法外还可以按兴趣或自然分组。

4. 分组活动注意事项:

(1)科学合理安排副组活动,分组教学不是只抓主组、忽略副组、应看到副组的实效性。除主组外,大部分幼儿参与的是副组活动。副组活动收效大小直接关系到主活动目标的完成。

(2)各组的目标要单一,内容要为主组作准备,或可安排复习的内容,不要选用幼儿陌生的内容。

(3)分组活动也应注意动静交替,同时要注意避免副组幼儿参加主活动时注意力不集中,影响主要目标的完成。

(4)教师对于副组的活动不能直接观察到结果的活动,活动后一定要通过各种形式反应出来,从中了解幼儿。

(五)建立大教育观,加强家园同步教育。

1. 各实验教师对家长工作从思想认识上转轨,建立了大教育观，认识到教育是个系统工程，儿童的发展受着家庭，教育机构及社会三大环境的影响，其中经 IEA 素质实验调查结果表明，家庭环境对幼儿个性成长发展影响最大，那么加强家长工作的针对性，增强幼儿教育机构与家庭因素的双向交流作用，使集体家庭工作和个别家庭工作相互结合将明显作用于每一个儿童的健康成长。因此从实验开始就把做好家长工作，家园同步同向教育做为实验的重要内容。

2. 开展了从实效性出发形式多样的家长工作：

(1)各实验点在实验初期，对实验班幼儿进行填写家庭问卷，分析家庭教育的影响，及孩子入园前的个性特点及健康状况。

(2)成立家长委员会，或领导小组，成员是即有代表性又热心为班级做工作的家长。

(3)建立家园联系栏，按教育目标定期向家长宣传保育，教育的知识及教育学习情况。

(4)为帮助家长了解本班教育教学情况，及密切家园关系，各实验班都定期向家长开放。

(5)利用家园联系卡或联系薄对儿童进行个别教育。

(6)根据节日、运动会、“六一”到农村参观、秋游等、新年等节日和大型活动邀请家长与孩子一起参与，实地进行同步同向教育活动。

(7)定期召开家长座谈会，发挥家长科学教育优势，互相交流教育孩子的经验。

(8)通过召开家长会，总结学期工作，提出新学期工作目标、内容、要求、及重点工作，经常诚恳地听取家长对我们教育工作的意见和建议，根据目标召开各种小型家长会。

收集资料

主要是指收集素质实验课题的研究资料，就是指获取本科研究项目最终结论所需要的事实材料或数据。

收集研究资料具体应用了如下几种方法：

（一）调查法：1. 在新生入园前一个月八个实验点分别（自拟调查题）进行了家长问卷调查，其中还包括幼儿的性格、特长、身体状况等。开园前对问卷进行了统计分析以便粗略地了解实验班每个幼儿家庭及个人基本状况，为新生入园做好准备。2. 期末根据统一方案要求，幼儿的身高、体重、坐姿、走姿、眼手协调、体操、进步情况、病假情况以 12 月表现为主，从儿童身体发展的基本情况进行统计分析，从中找出进一步发展的增长点更好地促进幼儿身体素质健康地发展。此外，还有对幼儿社会性发展（主要是儿童交往能力，相处合作能力和好奇心，以及成就动机、优胜感和创造等，了解儿童都处在什么状态，从而对幼儿个性发展的探索有了进一步的了解。

（二）测试法：三年的实验共进行了三次测试。测查结果经过省指导组统计分析，如小班第一学期，按通过率成绩高低顺序发现动作为最差，直接影响孩子们的身体素质发展，各实验点教师经过不到一年的努力中班测试各项目的顺序，动作为最高，但从中看出观察力、分类差，大家经过讨论，查找原因，大班经过一年的努力均有所提高。

（三）观察法：本实验运用了科学的观察对每个幼儿建立了档案。有目的的通过观察法对幼儿进行良好个性培养，以省军区幼儿园曹玉玺为例，在家访时了解该幼儿智力与口语表达能力差，胆小不合群，两位实验教师经研究做为班内个性培养重点。通过多方努力中班上学期有较大幅度的进展。各实验班都有 2—3 名幼儿，经过多方努力家园同步教育都能达到班级的中等水平。

此外，如各种总结教师随笔专题论文的资料积累，大的活动有录像、录音、照片。省课题组每次测试都进行统计分析、归类、评分、评定统计进行定量与定性分析，同时通过测试也能找出他们工作中的不足，能及时纠正的就及时纠正。

辽宁教育研究院

幼儿教师的素质结构与培养

秦旭芳

一、提高幼儿教师素质的意义

未来社会是一个国际化，科技化的社会，地球似一个大村庄，生活在这个“地球村”的公民，关心世界发展的动向，时空缩短，与外国人的交往速度加快；幻灯、投影仪、录像、电脑、磁卡司空见惯，电话挂号看病、注册入学、电脑购物、学习、管理、设计将成为最基本的生活手段；人们的工作、劳动自主性越来越强，体现在教育上就是开放式的个别化教学，由此带来的是地方多元化的发展。到那时，一个国家要站在世界的前列，就要进行综合国力的竞争，综合国力，不仅仅包括经济，还包括政治、文化、社会发展，归根到底是人的素质，提高人的素质已成为世界各国关注的热点和追求的目标。适应世界的发展趋势，我们教育的民主化、个性化、分众化、多元化有待进一步提高。

人们已经意识到，投资教育就是投资未来，教育是永无止境的，幼儿教育是基础教育的基础，具有超前性，提高人才的素质必须从幼儿时期开始，抓住幼儿发展的关键期，越早越好。而幼儿教师是幼儿认知发展和社会化的指导者，生活起居的保护者，身心健康的护理者，游戏的参谋和同伴，环境创设的设计和营造者。因此，幼儿教师的素质将决定幼儿整体素质的提高，因而提高幼儿教师的整体素质，是提高幼儿人才素质的关键，迫在眉睫。

二、现代幼儿教师素质结构与标准的模式构想

随着幼教改革的深入发展，人们对幼儿教师的素质提出了更高的要求，除掌握基本的口语表达、唱歌、跳舞、绘画等技能外，还要掌握一定的教育技能，另外，学历层次逐渐大专化、本科化也是对幼儿教师新的要求，但全方位把握幼儿教师的整体素质的研究还比较少。以往对幼儿教师的研究从职业道德，知识结构和能力结构三方面入手，本文将结合新时期的发展变化和未来对人才的要求，全方位把握幼儿教师的整体素质，从指导幼儿教师教育的教育观念，到其内在深层的心理结构，特别强调教育技能的提高是其全面素质提高的关键，以及幼儿教师还应有不断提高，不断自我更新的能力等方面来探讨。据此，从政治思想素质、教育思想、文化素质、教育技能、教师心理，自我提高能力六方面重新建构幼儿教师全面素质结构模式。

（一）幼儿教师的政治思想素质

幼儿教师的政治思想素质是多方面的，作为一个公民要有社会公德，作为家庭成员要有家庭道德，作为一个幼儿教师要有一定的职业道德，它是教师生活的重要行为准则，是检验教师德才兼备的考核标准，是一个教师做好教育教学工作的先决条件，是其不断进取，取得成功的核心力量。主要包括：

1. 热爱幼教事业，有高度的责任感和事业心及崇高的敬业精神。

2. 热爱幼儿，尊重幼儿，面向全体幼儿，全面提高幼儿素质，坚持正面教育。

3. 以身作则，为人师表，具有高尚的品德，不仅以学识教人，而且以品格育人，充分显示人格的力量。

4. 不断更新知识，提高思想品德修养、专业修养、文化知识修

养并表现在行为举止上。

5. 遵守社会公德，严守劳动纪律，与教师集体团结协作，尊重他人。

6. 尊重家长，热情服务，与家长密切配合。

(二)幼儿教师的教育思想

教育思想指导幼儿教师进行实际工作的教育观念，这种观念是幼儿教师经过长期的理论丰富和实际经验总结在头脑中形成的一种主观印象，它支配着教师在解决实际问题时的具体做法，包括正确的儿童观和科学的教育观及较强的教育目标意识。

1. 树立正确的儿童观

(1)每个健康儿童都拥有巨大的发展潜力，在适当的环境和教育下，有可能最大限度地发展幼儿的潜力，而且其大脑功能发展的程度取决于生命头六年接受刺激的数量和质量。

(2)儿童才能的发展存在递减法则和个别差异，开发越早，开发得越多，将每个儿童看成是一个独立的个体，考虑其有不同的发展水平和速度，不同的兴趣和爱好，个别对待。

(3)儿童的本质是积极的，通过活动而发展，在对物体的操作和与人的交往中发展知识，能力和个性，在其自身与环境主客体相互作用的过程中，主动发展，自我建构。

(4)实现全面发展与充分发展是每个儿童的权利，儿童的发展是生物因素和社会因素多层次的相互结合、互相作用的过程，发展不是孤立地静止地由某一因素的作用而发展，其先天的遗传因素充分赋予实现全面发展的条件，只有全面发展才能充分发展。

(5)婴幼儿时期有着很强的无意识学习能力与适应能力，只要我们教育得体，他们能够学会传统观念认为只有大孩子或成人才能学会的东西。

(6)儿童的学习形式是多种多样的，如模仿学习、游戏学习、交往学习、探索学习、发现学习、操作学习、阅读学习等，成人应尊重幼儿的各种学习形式，并且为他们创造相应的学习条件。

2. 树立科学的教育观

(1)热爱幼儿、尊重幼儿。爱是幼儿身心健全发展的必要条件，也是保教人员首要的职业道德，尊重幼儿的独立个性特点和健康成长的权利是教育幼儿的先决条件。

(2)幼儿教育应是素质教育、全面教育和全体教育。

(3)对幼儿的教育应是健康教育、养成教育、情感教育、智力教育和能力教育，几方面互相渗透，均衡发展、不孤立进行，不忽略或只强调某一方面的教育。

(4)教育的内容和方法要重视幼儿身心发展水平和特点；教育的要求要考虑共性和个别幼儿的发展特点相结合，促进每个幼儿在各自不同的水平上得到发展。

(5)幼儿教育的过程是教师的指导作用与幼儿主动性、独立性、创造性相结合的过程。幼儿是教育的主体，教师不能主观指挥一切，包办代替。

(6)幼儿教育要渗透到游戏、上课、娱乐、劳动、散步、日常生活等一日活动的各个环节之中，不仅要抓好课堂的正规教学，更要抓好课外非正规教学，做到随时、随地、随境、随人、随事、随物等随机教育。

(7)在实现统一教育任务下，在实验研究基础上，幼教机构可采取不同的课程模式、不同的教学组织形式、不同的活动方法和手段，针对环境、设备、师资、幼儿的不同，将幼儿的全面发展做为教育活动的落脚点。

(8)幼儿在幼儿园除向教师学习，还要向同伴学习，向环境学习，故应尊重幼儿的交往，要重视发挥环境的教育功能，抓好物质环境和精神环境的创设。

(9)重视家庭教育、社会教育、幼儿园教育的三维立体教育网络对幼儿的影响作用，特别要取得家长在教育上的配合，吸收家长参与幼教机构的教育工作，共同教育好幼儿。

3. 树立现代化的教育目标

(1)重视形成幼儿开阔的眼界、宽广的胸怀、开放性的思维习惯。

(2)重视开发幼儿的创造力。人脑大部分的活动是创造性的智力活动，一般的脑力劳动在未来可由电脑代替，因此要着力培养幼儿的创造力。

(3)让幼儿认识世界、适应世界、改造世界、在此基础上认识变化、适应变化、促成变化，使其形成“万事万物均在变化”的认识模式。

(4)要重视培养幼儿的竞争意识、竞争能力、竞争道德，使幼儿能正视自我、欣赏他人，从小学会与自己的过去竞争，不断自我完善，不断超越自我，还要具备与他人竞争的能力及健康的心理素质。

(5)重视培养幼儿大胆探索，不怕吃苦，能够承受挫折，不迷信权威，勇敢追求和冒险的品格。

(6)除传统的教育内容外，重视对幼儿进行全球教育、环保教育、创造教育和合作教育，形成幼儿适应未来社会的较强的意识和能力。

(三)幼儿教师的文化素质

这里所指的文化素质是一个广义的宽泛的含义，是指能顺利从事幼儿教育事业，胜任幼儿教师资格的知识结构包括以下三方面：

1. 文化科学知识

由于幼儿对周围世界的认识是表面、粗浅的，但又是广泛的。这就需要幼儿教师广泛涉猎天文、地理、人文、历史、物理、化学、数学、语文、动物、植物、生态环境、社会、文化等各个领域。了解一般的知识，获得解决问题的能力。此外，掌握流利的外语，使用电脑，制作软件也将是幼儿教师应备的能力。

2. 专业技能

幼儿教师在进行教育教学过程中，吹、拉、弹、唱、写、画、说、讲、跳舞、欣赏样样俱全，多才多艺。以上这些专业知识和技能既是教育的内容，也是幼儿教育的手段。因此幼儿教师要加强基本功训练并灵活地运用到对幼儿教育的过程中。

3. 专业理论知识

这是较系统的教育科学的知识体系，是了解幼儿，认识幼儿，保证教育教学工作顺利进行的理论工具，可以帮助幼儿教师分析问题、指导实践，并且把实践经验上升到理论高度，揭示教育科学发展的内在的本质规律，因此不仅应有卫生学、心理学、教育学，语言教法等六门教法，教育史，还有观察了解幼儿的工具、手段，记录的种类、具体办法等行为课程以及提高教师能力的教育统计，科研方法，教育管理和实习见习课程，为适应教育科学的发展，还出现了课程设计，环境创设等新的课程知识。

(四)幼儿教师的教育技能

在一个现实的教育过程中，存在着两个基本的转换：一是幼儿教师的儿童观和教育观转换成相应的教育实践，二是幼儿教师的教育实践转换成幼儿的发展，幼儿发展是唯一的最终目的。教育技能是幼儿教师将教育观念付诸行动的一座桥梁，也是幼儿教师必备的实践能力，更是其促进幼儿发展的必要条件。我认为，幼儿教师应具备以下教育技能：

1. 会辨别幼儿的身体状况，照顾幼儿的生活。
2. 观察了解、记录、分析幼儿心理状况的能力(心理诊断)。
3. 制定教育工作计划与设计活动的能力。
4. 创设教育环境的能力。
5. 组织幼儿生活活动、游戏、娱乐、上课及其他活动的能力。
6. 会促进幼儿的自信心和独立性的发展。

7. 会促进幼儿良好品德行为的形成。

8. 会促进幼儿语言的发展。

9. 会引导幼儿与人交往。

10. 能因人施教,会采用不同的方式对待不同的幼儿。

11. 协调班上工作同志的能力。

12. 与家长交往合作的能力。

13. 有教育评价能力。

在具体操作过程中,每项教育技能又可分为若干项子技能,如第5条可分为以下子技能:

(1)根据《规程》的需求,结合本地区和本班实际,提出适合的教育内容、选择、运用恰当的教育方法的能力。

(2)指导幼儿正确使用玩具和游戏材料,开展游戏的能力;掌握各种游戏材料的操作方法和技能;能运用自然物和废旧材料自制玩具;指导幼儿开展各种游戏。

(3)指导幼儿进行操作、实验、探索的能力;启发幼儿对科学的兴趣,发展其智力。

(4)指导幼儿进行艺术活动,表达自己思想感情,发展幼儿动作和运动技能的能力。

(5)根据本班幼儿特点组织和进行上课,劳动、娱乐和日常生活活动的能力。

例如,第8条又可分为以下子技能:

(1)会了解本班幼儿不同的语言能力。

(2)会制订促进本班幼儿语言发展的教育计划。

(3)会采用不同的教育措施促进不同的幼儿的语言发展。

(4)会利用各种机会丰富幼儿的词汇。

(5)会引导幼儿用语言表达自己的愿望和情感。

(6)会引导幼儿学习倾听别人说话。

(7)会为幼儿提供适宜的图书,让幼儿阅读。

(8)会为幼儿提供不同体裁、形式的儿童作品，供幼儿学习欣赏。

(9)会给语言发展较差的幼儿以相应的帮助。

其它的教育技能也可分为相应的若干项子技能，广大幼教理论工作者通过不断的实践、调查、分析，总结出应做到的子技能，供广大幼儿教师借鉴、推广。

(五)幼儿教师的教师心理

什么样的教师是好教师，这样的研究国内外从50年代已经开始。人们发现，同样和蔼可亲的教师，有的是好教师，有的却很无能；同样行为的教师，有的收到良好的教育效果，有的则适得其反。因此，判断一个教师的好坏程度，应从更深层的心理状态进行分析，挖掘其内在的心理结构及其与教育环境、教育对象的相互作用，才能有效地揭示幼儿教师的心理品质。

1. 不同年龄教师的社会性心理分析

幼儿教师的年龄大致分为三个阶段：

18～29岁属青年教师，她们社会知觉灵敏、思想活跃、富于想象、积极进取，情感丰富、重情重义，具有强烈的事业成就感和生活需求的迫切感。对于这个年龄段的教师要保护其上进心，尽可能提供发挥其才能的条件，促进其早日成熟。

30～49岁属中年教师，她们热情高，思想敏捷，壮志正兴，有强烈的成就愿望，但生活负担重，易缚前进手脚，易形成两极分化。为此，要帮助教师解决实际困难，为其提供发挥能力的空间，督促其保持积极的进取精神，充分挖掘其潜力，使其理想、抱负得以施展。

50～55岁属老年教师，大部分教师老当益壮，壮志不已，愿为"人梯"，希望"青出于蓝而胜于蓝"，一部分教师由于自己的年龄、体力、学历，其跟不上时代潮流，有失落感，得过且过，还有一部分教师凭借自己的经验，拒绝接收新知识，开拓精神差，对年轻人的行为持否定态度。对此，要发挥她们的余热，搞好传帮带活动，将其宝贵的经验传播到青年教师手中，也帮助其正视现实，把自己的能力转移到为社会的服务上。

2. 教师的动机与需求

动机是在人们意识支配下，为满足一定的需要或实现一定的愿望，去追求一定的行动目标而产生的动力。它是由兴趣、意图、信念、理想等不同诸因素形成的并逐步具有相应的稳定性。幼儿教师的愿望与理想，受认知水平的制约，为教育实践所影响，其认知水平越高，教育实践越丰富，理想就越远大，动力就越强大，事业心就越强，因此，要不断提高幼儿教师的认识能力、坚定信念、树立远大理想，才能保持其强大的内在动力及对幼教事业执着的追求。

需要是人对客观事物要求的表现，它是人对社会生活和个体发展的主观感受，是人对机体内部和外部环境的稳定要求。概括之，需要是个体生存和发展的必要条件和稳定性欲求。幼儿教师的需求，存在着政治进步、业务提高的紧迫性，成就、创造需要的强烈性，自尊荣誉需要的关切性，物质需要和个人生活需要的必要性，其中，以政治进步和业务提高的需要为主导，以成就的需要为中心，以物质需要为条件。

因此，调动幼儿教师的积极性，就要了解产生需要及满足需要的心理过程和规律，由于心理紧张或心理失调，产生不同层次的需要，为满足需要产生了奋斗的目标，由此产生内在的动机，为实现目标进行相应的行动，当目标达到时，需要就得到满足，心理紧张也就得以消除，新的条件下，又会产生新的心理不平衡，由此产生新的需要，循环往复，达到一个更新的目标，如下图所示：

同时，应正确处理教师各种需要之间的关系，即个人生活需要和社会需要的关系、物质需要与精神需要的关系，教师特殊需要与一般需要的关系，合理需要与不合理需要的关系，急切需要与非急切需要的关系。

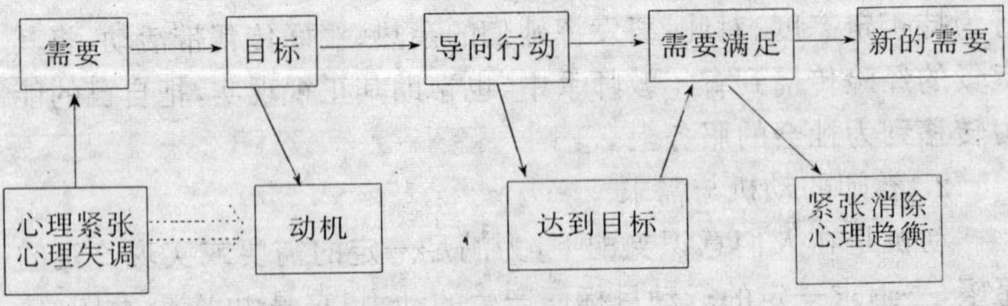

3. 教师的心理挫折及其消除

心理挫折是人在通往目标的道路上，遇到自己不能克服的阻碍时，所产生的一种沮丧、失意、焦虑、紧张或愤懑的心理状态。挫折的结果，有利也有弊，有利的是能够磨炼意志，思想境界升华，甚至创造奇迹，其弊是一些人失意后，萎靡不振，冷淡无情，缺乏主动性，另一些人则产生一些极端的行为偏差，攻击性强，妒忌成性，凶狠、怨恨、暗算、报复，这就需要我们了解心理挫折后的反应，正面引导，度过难关。

挫折后在情绪上主要表现出一种失意感以及由失意感而产生的内疚、羞愧、自尊受到损伤、丧失信心等情绪体验。最终形成由紧张、不安、焦急、悲伤、恐惧、痛苦、失望等感受交织在一起的复杂而消极的情绪状态。

表现在行为上，由于每个幼儿教师的个人素质不同，对挫折的看法各异，依据其建设性程度不同，在行为上会产生以下不同程度的反应：

(1)升华：在较低的目标受挫时，把失意情绪、愤怒等消极因素化为积极因素，转移到更高境界的目标上去。

(2)努力：当发现原来的行为不能达到目标时，通过加强努力，增加工作量，鼓起更大的勇气去实现原计划。

(3)调整目标：当达不到目标时，经过分析，延长完成期限，或修订计划，调换目标。

(4)补偿：在某些方面目标受挫时，以另外一种可能成功的活动来代替。

(5)合理化:当个人行为无法达到目标或不符合道德标准时,对自己找一个借口进行解释。

(6)反向行为:努力压抑自己的感情,防止自己的主观动机在外部呈现出来,违反自己的意志和情感,做出与动机相反的"违心"行为。

(7)幻想:受挫以后,避开现实,逃向幻想世界,以减轻紧张不安,给自己带来希望。

(8)压抑:把可能引起挫折的欲望,以及与这种欲望相联系的思想感情压抑下去,不承认其存在,将其排除在意识之外,表面上无动于衷。

(9)回归:行为受挫后,个人不进行积极的尝试,而是采取原始行为,不再上进,常常表现出幼稚的行为。

(10)攻击:当个体遇到挫折,动机受阻时,经常由愤怒的情绪而表现出攻击的行为。直接攻击竞争对手,或迁怒他人,甚至攻击自己,自暴自弃。

这些行为上的反应,依其建设性和破坏性,可做如下排列:

	↑			↓
建设性	升华 增强努力 调整目标 补偿 合理化		破坏性	反向行为 幻想 压抑 回归 攻击

从上看出,心理受挫后,在情绪上产生消极状态,在行为上则表现不同的反应倾向,这就需要我们正确引导,积极消除心理挫折,帮助幼儿教师战胜自我,承受挫折,因为抗挫是幼儿教师最应具备的一种心理素质,为此可通过以下途径消除心理挫折:

(1)引导幼儿教师加强自我控制,以高尚的动机、坚强的意志、科学的态度和有效的措施积极地消除挫折;

(2)在受挫情况下,采取疏泄情绪,精神转移,升华等具体做法进行自我调节；

(3)创造消除心理挫折的良好的集体心理气氛，帮助幼儿教师消除心理挫折。

4. 教师的态度和行为

态度是个人对某一对象所持有的评价和行为倾向。它包括对人、事、物、制度、具体事件及个体自身各个方面的观念。

态度由于情感等因素的影响，与行为具有一致性，态度对行为还有一定的指导作用，决定个人对某一事物的知觉选择和知觉判断，决定个人对某一事物的行为反应方式，因此幼儿教师的态度及其行为对幼儿会有一定的反馈作用和期待作用，特别是良好的期待会产生良性的反馈，促进幼儿全面的发展，如图所示：

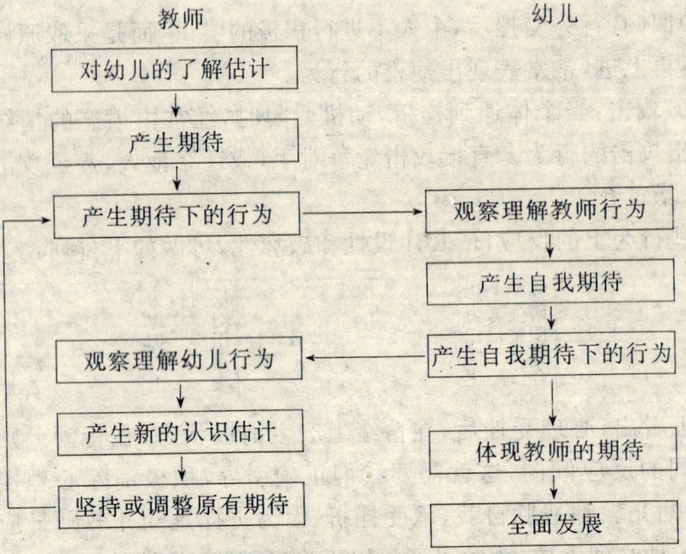

教师可能出现的问题行为有：

(1)对幼儿不能一视同仁，偏受、宠爱一部分幼儿。

(2)对幼儿没有明确的要求或有要求无评价。

(3)对幼儿的行为表扬不恰当。

(4)经常采用惩罚、恐吓、威胁的手段控制幼儿。

(5)经常许诺,但不付诸行动。

(6)对一日活动准备不充分,组织不当。

(7)向家长告幼儿的状。

幼儿教师的态度支配她的具体行动,对幼儿会产生相应的影响。因此转变其态度从而改变其行为是十分必要的,转变教师的态度应注意:

(1)尊重教师,信任教师,让教师参与决策,参与管理,可以促进其主动转变态度;

(2)说服要摆事实、讲道理,事实摆得越多,道理讲得越透,越有利教师态度的转变;

(3)调动教师热爱幼儿的情感,促进态度的转变。

5. 教师的人际关系

作为教师这种特定的社会角色,存在很多的人际关系:教师与幼儿的关系,教师与同事的关系,教师与领导的关系,教师与家长的关系以及教师与社会的关系,而教师与幼儿的关系是决定教育成败的最主要因素。

教师与幼儿之间,通过语言,非语言的交往手段,通过一定信息传导,形成不同种类的交往类型,建立起稳定的师生关系类型,常见的有民主型,严格型,专制型,温和型和放任型,而最合理,能最有效地建立良性师生关系,发挥教育教学最佳效能的是民主型的师生关系。

民主型关系的教师对教育工作的意义、价值认识水平高,工作认真负责,业务能力强,热爱幼儿,尊重幼儿人格,教育方法适宜。反过来,幼儿对教师就敬重,亲近,信任,服从,易接受教育,敢于表露自己的想法、情感,有一定的独立创造精神。而其它几种师生关系或导致幼儿缩手缩脚,畏畏缩缩,或毫无要求,任其发展,这些都将影响教育的效果，影响幼儿的全面发展。

此外，幼儿教师在情感，意志和认识能力等方面也应具有良好的心理品质，在情感方面对幼儿要有无私的、理智的爱；在意志方面，对预定目标要有坚持性，做决策要有果断性，遇到问题时要有自制力；在智力方面要有敏锐精细的观察力、灵活的思维力、丰富的想象力和准确快速的记忆力。只有这样，才能尽快进入教师角色，并通过积极的反馈作用，强化角色意识并进行不断的自我培养。

(六)教师的自我提高能力

这是提高教师素质的根本保证，要求幼儿教师有自我提高的观念、能力和习惯，表现在以下几个方面：

1. 有上进心，勤奋努力，有锲而不舍、追根究底的精神，有不断提高自我的决心、信心和习惯。

2. 好学、兴趣广泛，有对自己所从事事业及教育教学活动的兴趣，有探索幼儿心理、幼儿个性形成规律及提高教学质量途径的兴趣，有获取百科知识的兴趣及相应的能力。

3. 善学，即信息的选择，接收的能力，分析综合理解的能力，加工改组贮存的能力，包括阅读、摘记、编码等技能，通过阅读有关的教育报刊、文摘、杂志、学习进修、参观考察及其他不同渠道不断获取新知识，提高自我。

4. 提高自身学历，有继续教育的愿望和行为，有不断系统掌握有关知识结构的愿望并为之付出努力。

5. 希望通过科研提高自己教育的综合能力，能进行科研，并有撰写科研论文的能力。

以上是幼儿教师自我提高的一般能力，更高标准还要有创造能力，预见能力，社会活动的能力以及每一位教师高于其他教师的特殊能力(绝活)。

综上所述，从六个方面全面阐述了幼儿教师的素质，根据这个目标，进行三级分解，第一级准则层包括六大方面，第三级指标层由每个准则层分为若干个指标层，第三级为子指标层，即将每个指标层分解为若干个子指标层，也就是分解为具体可测的目标为止，然后赋以相应的权重，就可做为评估幼儿教师全面素质的标准。如图所示：（见图 68 页）

值得注意的是，提示幼儿教师的素质应是整体的全面的和开放的，教育和行政部门及托幼机构要面向教师群体，使每个教师的素质在原有的基础上有所提高，要依靠教育内部的整体力量，不能只依靠少数人；要使幼儿教师的各种素质水平全面的提高，要使教师在促进幼儿体、智、德、美等方面的教育技能全面提高，不只是抓某一方面的能力；最后，要使幼儿教师始终保持与外界环境、信息的交换，使其处于一种开放的动态的有序的活动中。

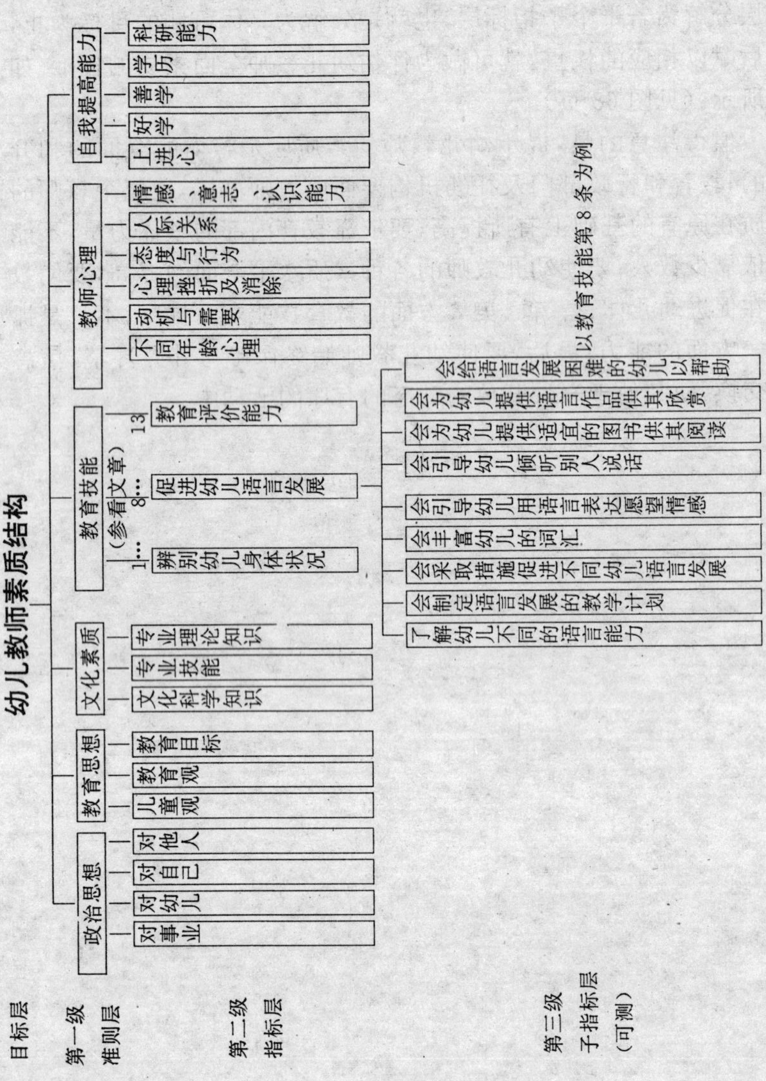

沈阳师范学院学前教育部

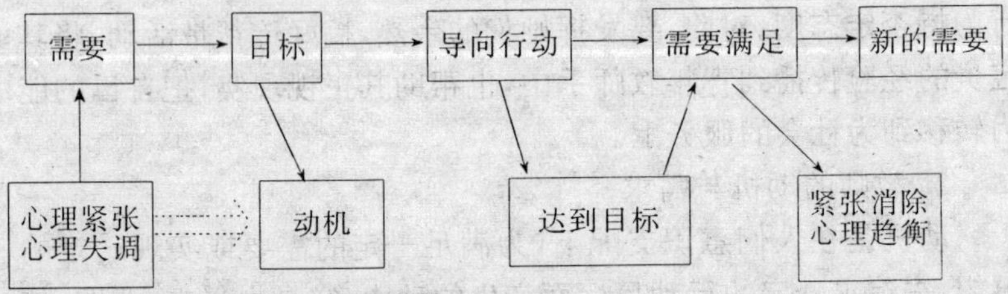

辽宁省幼儿教师素质的调查与研究

李道佳　罗英智

一、调查的目的与意义

当前各国的经济与科技的竞争不仅加速了对人才的需求，而且更注重了对人才高素质的期望。而符合 21 世纪要求的高质量人才，正是从婴幼儿开始的，由基础向高级连续不断进行的教育工作的结果。这种使儿童由稚嫩走向成熟，促进人才全面发展，这种因材施教日复一日的螺旋式的工作正是由各级各类的教师所承担着。可见教师是实现与塑造各种“人才的工程师”；是贯彻、执行我国 90 年代走向 21 世纪的《教育发展纲要》最直接的参与者、工作者。在教育的基础阶段，幼儿教育领域，幼儿教师又是贯彻执行幼教两个法规的核心，是幼儿园课程的改革者，是幼儿园环境的创造者，也是幼儿活动的设计者、组织者，是提高幼儿素质的关键。

在儿童的成长阶段，影响其身心健康，促进其全面发展的因素是多方面的。然而教师对孩子们的直接作用与权威性的影响是其他力量所不能替代的。在幼儿的幼小心灵中，教师代表着成人世界的价值与期望，而且幼儿教师要身负三责：一要引导幼儿学习知识，发展能力；二要建立与幼儿的良好感情，形成他们良好的个性品质和文明行为习惯；三要管好幼儿的吃、喝、拉、撒、睡的各个生活环节，形成他们良好的生活常规。身兼母亲、教师、朋友三重角色。因此，对一名合格的名符其实的幼儿教师的要求应该是全面而严格的。教师应有的素质并非任何人都能具备，幼儿教师这一职业也并非任何人都能承担，社会必须通过专门机构进行有计划的培养、训练，方可使有志者达到一定的标准，使其胜任幼儿教师的工作。

党的十一届三中全会以来，我省幼儿教师队伍的成长在数量与质量方面都发生了根本性变化，取得了可喜的成绩。十多年来受"文革"灾难性的影响而出现的幼教事业的瘫痪状态基本上得到恢复。幼儿教师已由老年化、非专业化、文盲化转为年轻化、知识化、专业化，而且一部分教师还在幼教理论和实践的研究方面开展了多种类的课题研究，写出了一批有较高质量的研究报告、论文，受到国家及省、市、区教育界的重视与奖励；一些幼儿教师还取得了"特级教师"、"优秀教师"、"教师新秀"、"'三·八'红旗手"、"劳动模范"、"先进工作者"的荣誉称号，受到各级政府的表彰。

随着我国社会的发展，改革的深入，经济大潮的冲击，加之教育内部管理存在的种种问题，我省幼儿教师素质的全面提高，出现了需要与现实不相适应的状况。从微观看，教师的教育思想、教育能力反映在教师行为和对儿童活动安排方面存在较多问题。从宏观看，我省国家办园比例很小，不少幼儿教师在分配、使用、提高、设转、职称评定、工资待遇等方面均由社会各主办单位（机关、部队、工矿企业、街道、个人乡村政府）自己负责管理。并且，其中不少单位对教师在使用、提高、职称评定，工资待遇等方面的管理上都存在问题，这些都关系到教师素质的提高与队伍的稳定，幼教整体质量的提高、幼教改革深化和幼教事业的社会化发展。为此，我们认为有必要在调查的基础上，研究分析教师在教育实践中的教育特点，专业思想状况及对教师管理与提高中的问题，从而有的放矢地研究对策，以促进幼儿教师整体队伍素质的提高，改进与加强幼儿教师队伍的管理与建设，保证幼教改革的深入进行。

二、抽样方案与研究方法

根据两大研究内容的需要，我们采取了两种抽样方案和静态、动态不同的研究方法。

（一）问卷调查法（静态研究部分）

问 卷 调 查 单 位

	城 市	乡 村
沈阳市	街道幼儿园	
大连市	省示范围、街道园	镇、乡、村办园
鞍山市	省示范园	乡办园
抚顺市	机关办园、私人办园	县镇办园
丹东市	集体办园、私人办园	
锦州市	机关、事业单位办园	县乡办园
辽阳市	机关办园	镇办园
铁岭市	集体办园、私人办园	村办园
朝阳市	事业单位及街道办园	村办园
盘锦市	企业办园	乡办园
锦西市	企业办园	乡、村办园

由于我省幼儿园类型较多，城市有教育部门办园、机关办园、企业办园、集体街道办园和个人办园，乡村有学校办园、乡村委员会办园，所以抽样采取了分层整群抽样，尽量做到广泛性和有代表性。

被抽中的幼儿园随机抽取 2～3 名 20～30 岁的教师和 2～3 名 30 岁以上的教师集中在一起，每人填写一份问卷。

（二）现场观察法（动态研究部分）

1. 抽样：

采取类别随机抽样，在沈阳、大连、丹东、铁岭、盘锦等市确定观察的幼儿园类型，如沈阳、铁岭、盘锦的农村办园，大连的机关、教育办园和国营企业办园，丹东的集体企业和街道办园，然后把每个地区所有的相应类型的幼儿园排序，最后在序列中每隔5个选一所幼儿园做为被观察幼儿园。在抽中的幼儿园中随班进行观察，每班观察1名主要教师。

被观察的幼儿园类型及教师人数

	城市		农村
	幼儿园类型	教师人数	
沈阳		18	9
大连	教育、机关、国企办园	12	
丹东	集团企业、街道办园	11	
铁岭		14	7
盘锦		18	9
计		23	25

2. 观察方法：

观察在连续的两天上午内进行。每天上午从8:30起观察至儿童上床午睡或上午离园。两个观察员同时观察一名教师。一名观察员观察记录教师对儿童活动安排的情况，采用一分钟间隔观察法，即每隔一分钟观察记录一次以下八项内容：(1)观察的时间点(记录时与分)。(2)该时间点教师为儿童安排的活动内容。(3)该时间点教师让儿童参与活动的程度。(4)该时间点教师安排的活动组织形式。(5)该时间点教师安排的活动内容自选程度。(6)该时间点师安排的活动材料自选程度。(7)该时间点教师安排的活动主题自选程度。(8)该时间点教师安排的活动伙伴自选程度。

另一名观察员观察记录教师的教育行为，每个上午观察两次，每次观察十分钟，两个上午共观察四次，总计四十分钟。观察采用三十秒间隔观察法，每隔三十秒钟观察并记录一次以下三项内容：

(1)观察的时间点。(2)该时间点被观察教师的行为。(3)该时间点被观察教师参与儿童活动的程度。

三、调查结果与分析

(1)教师的专业思想与对儿童喜爱程度

当好一名幼儿教师，首要的素质是热爱孩子，有对幼小儿童保育教育的奉献精神，这样才会安乐于幼教事业，才可能抵制来自社会的不良舆论和克服自身所遇到的各种困难。学龄前儿童的教育比起入小学后的教育具有更大的多样性、综合性、具体性，要善于和孩子交往，要有多方面的技能技巧，不仅要教，而且要保。目前独生子女占绝对多数，家长对幼儿园的保教工作要求极高，幼儿教师完成一日生活的保教工作十分辛苦，但又很平凡。从调查所见，城市教师喜爱孩子的占 53.6%，是大多数，农村教师喜爱孩子的比例更高些，占 74%(见表 1)。但是，调查也反应出有相当一部分教师比较喜欢和不太喜欢儿童的。

表 1　　**教师对儿童喜爱程度**　　(%)

	喜欢	较喜欢	不太喜欢	厌烦儿童
城市	53	40	6	
农村	74	26		

从教师对幼教工作的稳定性看，城市有 54%的教师表示能长期坚持，农村有 85%的教师有长期从事幼教工作的愿望，但调查也反应出城市中还有 24.4～14.3%仅能在三、五年内坚持做幼教工作，有 8%的教师准备近期转向其他岗位。

表2　　教师对工作的安定情况　　（%）

	能长期坚　持	能在5—10年内坚持	能在1—5年内坚持	近期转移其他工作
城市	54	24.4	14.3	8
农村	85	7.5	7.5	

教师队伍专业思想稳定与否，不仅与其所在单位的经济效益、管理水平有关，而且也和教师本身报考幼教、选择职业的思想有关。从调查所反应的“选择幼教专业工作的原因”看，真正是喜爱孩子，愿为儿童教育奉献的，城市仅占65.3%，农村稍多也仅占66.67%（见表3）。

表3　　选择幼教专业的原因　　（%）

	找出路	喜欢孩子	受他人影响	取得干部待遇	掌握一门艺术	幼儿园条件好
城市	2	65.3	0	4.08	21.28	4.08
农村	14.81	66.67	3.7	7.4	25.93	3.7

城市有21.28%，农村有25.93%的教师是出于对掌握一门艺术的爱好而来参加幼教工作的。由于合格的幼儿教师是需要有文学、音乐、美术、舞蹈等多方面的艺术修养与技能，幼师所开设的艺术课程时数也相当多。这种思想倾向的有利一面是她会积极学习掌握这些艺术课，并且会主动地运用自己感兴趣的艺术手段与形式去组织、训练和影响幼儿，创造些新颖的艺术活动，但是另一方面也应看到这部分教师来到幼教战线是倾心于这一事业的某一方面的内容与形式，而不是一切为孩子，没有把自己的心放在孩子的

全面保教工作方面。现实中一些教师正是这样表现的，她热衷于自己表演，也给孩子排练节目，但却无心做好日常工作，并期望自己有朝一日跳出幼儿园去当一名歌手、画家、舞蹈演员，甚至有的教师在上班时间让孩子“自由地玩”，自己在一旁练琴，看小说，钻研自己的兴趣与爱好。还有一部分教师是由于教师职业可以取得干部待遇，找出路方便，即把做幼儿教师当成走向另一种工作的“弹跳板”，还有的教师是因为不愿当工人，想到一些舒适的环境工作，他们看到幼儿园内冬暖夏凉比干体力工种要好，要轻快些等等。由此可见，幼儿教师队伍的专业思想是不稳定的，这应是今后队伍建设的首要内容。

（二）教师的文化层次与专业知识结构情况

文化知识水平

21 世纪将面临着严峻挑战，为增强国际科技经济竞争力，各国都在把着眼点放在未来，放在加强对教育的改革，并根据未来社会的发展，设计对教师的要求上。幼儿教师是基础与启蒙教育的工作者，对幼儿教师的素质要求，不仅要看到今天，而且还要看到未来对 21 世纪人才的需要和对基础教育的要求。对幼儿教师的素质要求，必须有一定的超前性。一些专家认为今后 21 世纪的基础课程应由三个基柱构成。

第一、系统知识的传授：包括言语、文学、美术、数学及自然科学、社会科学。

第二、智力技能的培养，即从事学习的基本能力的培养：包括使用语言的能力，运用计算器、电子计算机、科学仪器的广泛符号设置的操作能力。

第三、理解力、洞察力、鉴赏力的扩大与提高，即对教科书以外的有关书籍、艺术的理解与欣赏及批判思维能力。

根据这样的课程，对学前期的幼儿，就要为其奠定全面认知发展的基础。同时，对幼儿社会性的发展，身体健康与动作的发展也都要奠定良好的基础。因此，对教师文化基础知识、专业知识的最起码要求要具备高中或高中以上的水平。就此次调查所见，我省幼儿教师在各级教育行政部门的努力下，师范教育，特别是幼儿师范教育迅速发展，仅 1993 年与 1987 年相比就有了很大的变化(见图 1-1)。

辽宁省 1987 年与 1993 年幼儿教师文化层次变化直方图

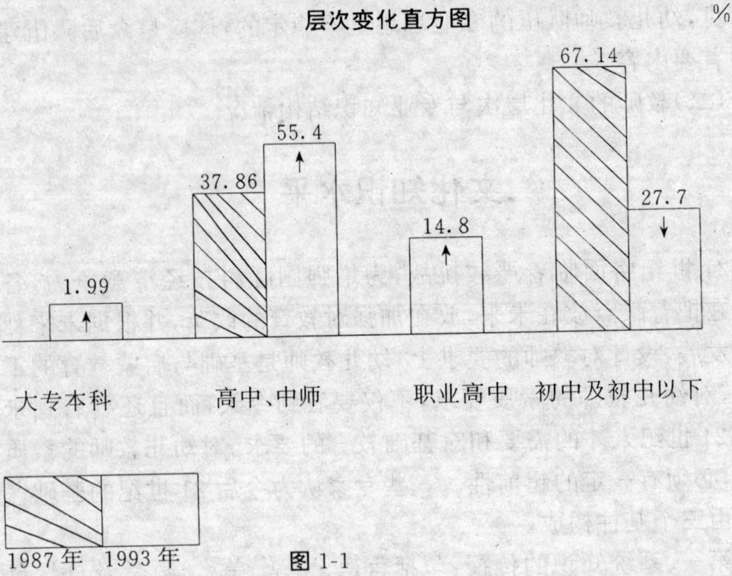

图 1-1

在全省的幼儿教师中，大学本科、大专文化程度的人数百分比由零增至 1.99%，高中及中幼师文化程度的人数百分比由 1987 年的 32.86%增至 1993 年的 55.4%，还出现了中等职业幼师，占 14.8%。初中及初中以下文化程度的人数，由 1987 年的 67.14%下降至 1993 年的 27.7%。由于幼儿园的发展具有广泛的社会性，非国办园占多数，在各类幼儿园的发展具有广泛的社会性，非国办园占多数，在各类幼儿教育机构中，教师的文化层次不尽相同，国家办园及大型国营企业办园的教师文化素质高于集体企业、街道、个体办园的教师(见表5)。国家办园在被调查的范围内，是100%高中及高中以上文化程度，大型国营企业办园中高中及高中以上文化程度的教师占70%，初中文化的占25%，还有5%是初中或初中以下文化程度。相比之下，集体企业及街道办园的教师高中及高中以上文化程度的仅占47%，初中文化程度占40.95%。而不及初中，小学及小学以下文化的还有11.8%。可见，约有50%的教师，不具备基本的文化素质。而在我省，集体企业及街道办园的总数约占城市幼儿园的13%，这种幼教机构的教师提高将是城市幼儿教师文化学习提高的重点和难点。

表5　　**不同类别幼教机构中教师文化程度**　　(%)

	小学及小学以下	初中	高中及高中以上
教育、机构办园	0	0	100
国营企业	5	25	70
集体企业、街道	11.8	40.95	47.25
农　村	14.1	34.4	40.8

同时，调查所见，农村中幼儿教师的文化程度普遍低于城市。小学及小学以下文化者占14.3%，初中文化者占绝大多数；为44.4%，高中及中师文化程度的占40.8%。由于本次调查基本上集中在乡办的重点园，所以教师在高中及其以上文化程度的比例要比一般农村幼儿园高。这也是近几年来农村幼教发展的可喜成果，但从整体看，有计划地培训提高农村幼儿教师也将是今后极其艰巨的任务。

专业基础与邻近知识学科掌握情况

本次调查还对幼儿教师所学的专业基础知识及邻近学科的学习情况进行了问卷，在教师自填的统计表中，我们了解到，作为幼儿教师所最应学习掌握的如普通教育学、心理学、儿童心理学、儿童生理卫生学等基本知识，学习了一至三年后城市人数约占61～69%左右，农村占40～74%左右，但同时也存在着不少教师根本没有学过，尤其是作为幼儿教师最应掌握的《儿童心理学》，城市有22.3%，农村有50%根本没有学过(见表6)，《儿童发展心理学》作

表6　乡儿教师专业基础及邻近学科学习年限(%)

	城市				县乡			
	2—3年	半—1年	1—3月	没学过	2—3年	半—1年	1—3	没学过
普通教育、心理学	52	12.24	16.32	19.43	49	25.9	13.7	11.4
儿童心理学	55	14.3	18.4	22.3	27.7	13	9.3	50
儿童生理卫生学	51	10.2	22.4	16.4	48	26	26	0
儿童发展理论	26.7	4	10.2	60.9	23.3	11.1	0	65.6
儿童文学	57.1	8.1	12.2	36.9	48.1	40.7	7.4	3.8
各科教学法	53.1	6.6	18.4	21.9	51.8	24	24.2	0
乐器	48.9	4.1	14.3	22.7	55.5	14.8	18.5	11.2
中国教育史	14.1	4.1	8.2	73.4	22.2	7.4	0	70.4
外国教育史	8.2	0	6.1	85.7	11.1	3.7	0	85.2
比较教育学	6.1	0	0	93.9	11.1	11.1	63	
家庭教育学	16.3	4.1	12.2	67.4	14.8	11.1	11.1	63
现代科技知识	4.1	0	2	93.9	0	9	4.8	95.2
外语	26.5	0	4.1	69.4	18.5	7.4	0	74.1
计算机基本知识	2	0	2	96	0	0	3.7	96.3

为现代心理学的一个分支，是关于婴幼儿认知、社会性、个性的发展规律的科学，但调查发现有更多的教师占60%以上未接触过。

不了解历史，就不会很好的认识人类自身，不了解教育的发展史，也就不会深入地认识教育的本质与规律，作为幼儿教师必须具有理性思维的中外教育史，据了解她们学习的很少，无论城市农村均有70～85%都从未学习过。“家庭教育”应是幼儿社会教育机构中的重要组成部分与协作内容。然而，这正是过去在师范院校所开课程中被忽视的，调查所见有63～67.4%的教师也从未学习过。此外如现代化广泛运用符号测量的操作能力的课程，如计算机、外语等现代科技知识目前的幼儿教师了解也很少，大部分教师所学的三年外语是初中的最一般概念，然而即使如此，也还有69～74%的人从未学过，现代科学与计算机的基本知识是93～96%以上未接触过。这不能不认为是幼儿的现代化启蒙教育难以起步的现实。

(三)教师的教育综合能力与教育行为

根据国家教委所制定的《幼儿园工作规程》中指出，幼儿园教育工作的原则是对幼儿教育应遵循幼儿身心发展的规律，符合幼儿年龄特点，注重个体差异，因人施教，引导幼儿个性健康发展；合理地综合组织各方面的教育内容，并渗透于幼儿一日生活的各项活动中；充分发挥各种教育手段的交互作用；创设与教育相适应的良好环境，为幼儿提供活动和表现能力的机会与条件；以游戏为基本活动，寓教育于各项活动之中。并具体提出幼儿教师的首要职责是：“根据国家规定的幼儿园教育纲要，结合本班幼儿特点和个体差异，制定工作计划，并组织实施；同时要观察、分析并记录幼儿发展情况，做好卫生保健与家长工作，等等。为此，我们根据以上教委的要求设立了12项调查项目。归纳看城市部分有60%以上达到较好的项目是“环境创设”、“语言生动”、“班级气氛”、“教育计划的实施”、“组织游戏”、“体育活动”、“一日生活常规”、“活动区指导”、“制作玩教具”等9项，县、乡级幼儿园中有“教育计划”、“一日生活常规”、“活动区指导”三项未达60%以上较好水平，其余6项均与城市不相上下(见表7)。说明目前幼儿教师在一些主要的活动中，具有较好的组织幼儿教育幼儿的能力，然而调查也发现，幼儿教师在幼儿的品德教育的实效性方面是“一般”和“较差”的，城市占15～23%，这是教师工作能力的一个薄弱环节。此外，如教师应具备的基本功，即对幼儿的观察、记录与对个别儿童进行教育的能力均处于最后(差)，表现“一般”与“较差”的比例更多，城市达33.7%～22.2%，农村占37～28%，城、乡均有50%以上的教师缺乏此种能力，这是幼儿教师的极大的缺欠。此外如家长工作，城乡也各有25～20%和27～14%的教师未能做得很好。显然，这些方面将会由于教师能力的低下与不重视，而直接影响到幼儿发展的质量与教育的效果。

表7 幼儿教师组织教育工作的综合能力(%)

	城市				县乡			
	好	较好	一般	较差	好	较好	一般	较差
环境创设	50	20	20	10	37	28	15	20
语言生动、具体	44	30	16	10	44	34	12	10
班级气氛	47	28	10	5	40	23.3	16	21.7
教育计划实效性	26.5	36	36	1.5	23.3	34.4	25	17.3
组织游戏多样	35	30	30	5	30.5	27	22.2	20.3
品德教育	28	21	15	36	37	40	10	23
体育活动的实效性	24.5	40	18	17.5	26	40	20	14
一日生活常规	30	49	6	15	34	15	30	21
活动区建设、指导	26	36	26	12	32	22	30	16
制作玩教具	30	47	10.2	12.8	42	40	10	8
观察、记录个别教育	10.2	28.5	33.1	22.2	15	20	37	28
家长工作	32	22	25.5	20.5	30	29	27	14

幼儿教师的各种教育行为的种类特点趋向

教师在组织幼儿的各项活动时，其行为种类是多方面的，有完全参与到儿童之中进行观察指导活动，也有大段时间讲授知识，也有短暂的介入到儿童之中的指导，或是不参与儿童之中，只是在旁边监督视导儿童的活动等五种不同的程度与作用。根据对教师的观察了解，从表8我们可以看出：各类幼儿园教师均以“短暂介入”的形式参与儿童活动所占的百分数最高，从教师能直接完全参与到儿童之中的教师人数看，机关与国办园人数最多占23.25%，完全参与人数最少的是集体企业与街道办园的教师，仅占7.22%，反之，教师不参与儿童活动和只起监督与视导作用的比例也相应的是集体企业与街道园最多，占16.56%和23.22%，而机关与国办园仅占14%。

表8　各类型幼儿园教师参与儿童活动频次统计表

	不参与	监督与视导	短暂介入	大段指导与讲授	完全参与
机关、教育幼儿园	4.25	14.00	35.75	2.75	23.25
国营企业幼儿园	8.9	22.2	32.50	1.50	14.80
集体企业、街道幼儿园	16.56	23.22	32.00	1.00	7.22
农村幼儿园	5.60	15.68	37.84	5.76	15.08

教师各类行为的频次

根据我国十省市的调查与回归分析，在儿童发展的诸多的变量群中，影响幼儿认知发展的六项，如教师的文化专业背景，玩教具的设备与建筑，教师的教育教学组织方式，对儿童的态度，教育教学管理，机构中家长的职业，比较其影响的贡献量看，无论是4岁组还是6岁组，教师行为均占有重要的地位(见表9)。

表9 幼教机构各因素对儿童认知发展独立贡献量占各因素总和的百分比

幼教机构各自变量群	城镇4岁	城镇6岁	农村4岁	农村6岁
师资水平	19.46	3.88	12.66	3.86
玩教具与建筑	14.06	20.04	20.11	22.81
教育行为	* 29.50	* 43.09	* 49.30	* 35.97
教育教学与人员管理	30.46	18.43	16.88	36.83
家长职业	6.54	14.87	1.05	0.53

为此，本调查对教师行为做了观察，并把他们在教育教学过程中和儿童发生联系的性质分解为8个方面，在半日教育活动中教师各种行为所出现的频次见表10。

第一类概括为教授行为：包括教师给予幼儿各类知识与信息的讲解、传递，或使用各种教具进行演示；对幼儿提问，引导幼儿去实践、操作；教师提供活动与学习的材料在这过程中对幼儿进行鼓励、帮助，并对幼儿活动的结果进行检验、了解等，教师行为的这类活动是发挥教育过程中教师主导作用的量集中表现，调查结果看，机关与国家办园，农村各幼儿园，教师的教授行为在各类行为中所占比重较大。

第二类的教育行为主要表现是教师参与儿童的活动，教师不是游离于儿童活动之外，而是与孩子打成一片，深入到孩子之中去做一个成员，这种教师行为有利于教师儿童理解，幼儿把教师当成“伙伴”、“朋友”这是建立良好师生关系的桥梁，调查所见国家办园与机关办园的教师行为所占比重量大是一日活动中各行为的28.75%，这也体现了教师在观念上的转变，是树立儿童观的客观表现。相对比较集体与街道办园在这方面所占比重最少仅占一日活动中的8.81%。

表10　各类型幼儿园教师各种教育行为在观察时间内平均出现的频次表

		机关、教育办园	国营企业办园	集体企业、街道办园	农村办园
教授	给予知识与信息	2.75	0.9	0.44	2.24
	直观说明、演示	2.5	2.5	1.11	4.84
	提问知识与信息	6.75	3.2	3.45	4.92
	引导、要求实践	6.5	4.5	4.11	10.72
	提供选择	0	0.2	0	0.4
	鼓励与帮助	2	2.7	2.67	2.64
	对活动结果的反馈	2.5	1.7	2.67	2.64
	计	28.7%	19.63%	15.2%	35.3%
参与	参与儿童活动	23.25	14.8	7.22	15.08
	计	28.75%	18.5%	8.81%	18.76%
看护与情感表达	友好情感表达	0.25	0.7	0.11	0.48
	给予安慰与保护	0.25	0.3	0.55	0.92
	作伴	3.5	2.3	4	1.52
	否定情感表达	0	0.3	0.33	0.04
	计	5%	4.5%	6.1%	3.6%

		机关、教育办园	国营企业办园	集体企业、街道办园	农村办园
管理	提出规则	0.75	3.1	2.77	3.96
	干预	0.5	0.5	0.33	0.72
	指令	3	2.4	5	2.24
	回答请求	0.25	0.1	0.22	0.76
	解决纠纷	1.25	0.8	0.44	0.88
	对行为的反馈	2.75	1.8	3.89	1.52
	要求安静	2.5	6.4	3.89	1.56
	日常生活	6.25	4.5	8.88	3.88
	计	20.93%	24.5%	31%	19.3%
观察监督	观察与监督	10.5	19.6	17.56	11.668
	计	13.13%	24.5%	21.4%	14.5%
过渡	过渡	1	2.9	2.11	3.16
	计	1.3%	3.63%	2.6%	3.93
个人活动	个人活动	1	3.7	11.3	2.8
	计	1.3%	4.63%	13.8%	3.5%
	其他	0	0.1	0.89	0.76
	计		0.1%	1.1%	0.94%

第三类概括为管理行为：包含教师对儿童提出要遵守的规则："安静"，干预儿童的活动；指令幼儿应做些什么；解决儿童的纠纷和生活之事；对儿童的要求请求给予回答和反馈等等，教师这些行为更多的属于看管儿童并对儿童的行为进行约束与协调，调查中所见集体企业与街道园中教师多以此种行为占的比例最大，是31%。远远超过其他类型的幼儿园教师。

第四类概括为观察与监督的行为：包含教师不参与指导仅做

为旁观者来监督幼儿的活动，或是走来走去巡视儿童的活动。比较看，国营企业园的教师所占比重较大，是 24.5%，集体企业和街道园次之，也占 21.4%。

第五类概括为情感交互作用的教师行为：包含教师对幼儿友好情感的表达如摸摸孩子头；拥抱亲吻与孩子作伴，给以安慰、保护的情感行动或表现出对儿童的否定情感的表达。各类园均在3.6～6.1%左右。唯独教育部门和机关园教师没有出现否定情感。

第六类是过渡行为：即教师在组织幼儿由一种活动转向另一种活动之间的行为过渡。为了不使幼儿在一日活动中有更多的时间处于等待与“过渡时间”，教师应尽量压缩这一环节，使一个活动与另一活动自然过渡。从调查所见，教育部门办园教师的此种行为仅占 1.3%，比例最大的是农村办园，占 3.93%。

第七类是个人活动行为：这是指教师在上班时，做一些与孩子无关，与半日教育活动没有联系的自我工作或活动，如聊天、吃东西、打毛衣、梳自己头发等等。这是教师行为中所应禁止与自控的行为。然而在调查与观察中，发现集体企业与街道园中的教师行为中有 13.8%是属这种“个人活动”，其行为的频次远远超过参与儿童活动，与儿童情感交互的次数。

根据以上的调查与概括分析，我们可以把幼儿教师的教育行为占多数的频次集中趋向概括地分为四大类型：(一)参与实践指导型。目前集中表现在国家办园，与机关办园中的教师。(二)观察与监督指导型。目前集中表现在国营企业办园中的教师。(三)管理监督型。目前集中表现在集体企业与街道办园中的教师。(四)教导管理型。目前集中在农村县、镇办园中的教师。

(四)教师对儿童活动安排的观察分析

全面贯彻落实《幼儿园工作规程》，提高保教质量，促进幼儿身心全面和谐发展的关键是教师，而教师关键作用发挥的好坏在很大程度上又取决于她们教育教学的组织过程，即是否能全面，合理地安排儿童一日活动内容；是否能多样有效地运用各种活动组织形式；是否能注意提高儿童参与活动的程度；是否能恰当地让儿童选择活动内容、活动材料、活动主题和活动伙伴。

1. 教师安排的活动内容分析：

教师安排的活动指教师明确地向儿童提出的活动，如教师说："现在我们画画"，或教师虽未口头提出，但依靠环境的改变，材料的安排或已形成的常规而安排的活动。包括(1)以锻炼大肌肉为主要目的，用腿、臂、头和(或)身体进行的大肌肉活动；(2)以训练小肌肉为主要目的，用手指操作、建构、描绘、剪贴的小肌肉活动；(3)以培养儿童社会交往能力为主要目的，用口与人交流的社会交往活动；(4)以培养儿童对音乐的感受力、鉴赏力、表现力为主要目的的音乐活动；(5)以培养儿童学前技能为主要目的的阅读、书写、学数、学科学、认识社会、品行教育等学前技能活动；(6)儿童入厕、饮水、盥洗、餐点、睡眠等生活活动；(7)为组织教学而进行的约束、纪律活动；(8)从一项活动转入另一项活动或从某地走向另一地的过渡活动；(9)儿童无事可做的等待；(10)允许儿童在教师视野范围内任意走动，自由选择活动材料、活动内容、活动主题、活动伙伴的自由活动；(11)两种以上活动同时进行的并列活动。

表11 各类型幼儿园教师对儿童安排的不同活动内容的时间量占总时间百分比

	大肌肉活动	小肌肉活动	社交活动	音乐活动	学前技能活动	生活活动	纪律要求	过渡活动	等待	自由活动	并列活动
机关、教育	13.3	7	0	5.98	12.2	31.5	1.4	7.3	5.7	2.9	12.7
国营企业	11.8	7.8	0.5	1.3	12	35.8	1.6	5.9	9.6	3.2	10.4
集体、街道	7.7	4.9	0	2.7	11.2	45.7	1.4	5.5	15.9	0	4.9
农村	18	7.8	1.7	9.7	14.7	10.98	4.1	7.5	5.9	8.1	11.3
计	12.54	6.86	0.5	4.78	12.47	31.67	2.04	6.5	9.4	3.4	9.84

从表 11 可看出：各类型幼儿园教师在安排幼儿活动内容时注意了全面性、多样性，注意了通过不同的活动促进幼儿体、智、德、美全面发展，但不同种类的活动内容在两个上午的时间内所占的比重是不同的。比重最大的是生活活动，占观察时间总量的 31.67%。其后依次是大肌肉活动、学前技能活动、并列活动、等待、小肌肉活动、过渡活动、音乐活动、自由活动、纪律要求、社会活动，分别占总观察时间的 12.54%、12.47%、9.84%、9.4%、6.86%、6.5%、4.78%、3.4%、2.04%、0.5%。

从不同类型幼儿园教师安排儿童活动内容的特点来看，城市幼儿园教师安排儿童生活活动的比例最大，占 40%左右，而社会活动的比例最小，几乎没有。此外，机关教育部门办园的教师比较重视儿童大肌肉活动、学前技能活动、小肌肉操作活动、音乐活动的开展，而且在 12.7%的时间里同时安排了两项或两项以上的活动，以供儿童选择，减少等待时间，因此这类幼儿园中儿童等待的时间相对比其他幼儿园少。国营企业办园的教师除了很少安排音乐活动外，其特点类似机关、教育园的教师。集体企业和街道办园的教师很重视学前技能活动的安排，但其他活动安排的比例较小，均在 7%以下，导致儿童等待的时间过长，占 15,9%，这个比例超过了除生活活动外的任何活动的比例。农村幼儿园因为多半没有给孩子提供午餐的条件，喝水、盥洗的条件也有限，因此教师安排儿童生活活动的比例明显少于城市幼儿园，只占两个上午时间的 10.98%，这就使得教师有更充裕的时间安排儿童从事其他活动。在所观察的时间内，农村教师充分利用当地户外场地宽敞，自然条件好的优势，以 18%的比例安排幼儿从事大肌肉活动，每天上午平均 1 小时左右。其次比较重视安排儿童的学前技能活动、音乐活动、小肌肉操作活动和并列活动。农村幼儿自由活动的时间比例远远大于城市幼儿，而等待的时间比例较小，只占 5.9%。

综观各类型幼儿园教师安排儿童活动内容的情况，看出：(1)

教师从自身出发，对儿童进行约束和纪律要求，要求儿童安静、遵守常规，责骂或体罚儿童的时间很少，只占总观察时间的1.5%左右，表明教师们在贯彻《幼儿园工作规程》以来注意了以幼儿为主，热爱幼儿，相信幼儿，更多的用已有的常规使儿童进行自我约束，自我管理，而尽量减少教师对儿童的外在压力。(2)教师们注意了对儿童体、智、德、美的全面教育，安排了与四育相关的各方面活动内容。(3)教师们打破了过去在同一时间内只能安排一种活动的"一刀切"模式，在10%以上的时间内为儿童安排了并列活动，如画完画的孩子可上厕所、喝水，然后去看图书，这样在一定程度上减少了儿童等待时间。

教师对儿童活动内容的安排也存在一些问题：(1)城市幼儿园儿童生活活动所占比例过大，特别是集体企业和街道办的幼儿园，儿童从事入厕、喝水、盥洗、餐点等生活活动(不包括午睡)的时间占两个上午的45.7%，也就是说儿童在幼儿园中有时间分配不太合理。(2)儿童等待，无所事事及过渡的时间仍然过长，除生活活动以外，儿童等待及过渡的时间仅次于学前技能活动和大肌肉活动时间，占生活活动以外时间的23%。(3)仍然存在重智育轻德育；重集体活动、轻自由活动；重知识技能培养，轻良好个性养成的倾向。明显表现在自由活动时间不足，社交活动几乎没有等方面。这也可能与我们选择的观察时间有关，幼儿园通常在下午开展角色游戏，安排自由活动。

2. 教师让儿童参与活动的程度分析：

教师让儿童参与活动的程度种类包括：(1)让全体儿童听或看教师或视听设备。(2)安排个别儿童实践，其他儿童听或看这几个儿童的实践。(3)让全体儿童实践。

从表12可看出，教师注意了让儿童以不同的形式参与活动，而且不同参与形式在两个上午的观察时间内所占的比重不同。比重最大的是让儿童实践，如让儿童集体回答问题、练习某种技能、操作某种材料、阅读某种书籍等，占总观察时间的 67.5%。其次是让儿童听或看，占总时间的 23.18%。比重最小的是让部分儿童听或看，占总时间的 9.31%。

表 12 各类型幼儿园教师让儿童参与活动的时间量及占总时间的百分比

	让儿童听或看		让部分儿童听或看		让儿童实践		总计	
	分	%	分	%	分	%	分	%
机关、教育	94	21.56	40	9.17	302	68.27	436	
国营企业	111.1	26.73	37.1	8.93	267.4	64.34	415.6	
集体、街道	99.4	25.19	31.67	8.02	263.67	66.79	394.78	
农村	67.88	18.86	40.84	11.35	251.2	69.79	359.92	
合计	372.42	23.18	149.61	9.31	1084.27	67.5	1606.3	

从不同类型幼儿园教师让儿童参与活动的特点来看，机关、教育部门办园的幼儿教师和农村的幼儿教师更重视给全体幼儿提供实践的机会，让部分儿童听或看另一部分儿童实践的时间也多于国营企业和集体、街道幼儿园，而仅仅让儿童听教师的要求、讲解、提问，看教师的演示的时间则少于国营企业和集体、街道幼儿园。总的来说，各类型幼儿园教师都在逐步重视儿童的主体地位，注意调动他们的主动性、积极性，让儿童参与活动的程度较高，提供给他们一半以上时间在园的实践机会。但城市幼儿园教师让儿童只是听或看的比例仍然有些大，平均每个上午有 50 分种左右，接近总时间的 1/4。

3. 教师安排的活动组织形式情况分析

教师安排的活动组织形式包括：(1)向全班儿童提议，让他们共同参与一项活动。(2)向儿童提议进行某一类活动但分组进行或提出属于同一类别活动的两个或两个以上活动项目，把儿童分成不同组别进行。如：美工活动中，一部分孩子画画，一部分孩子剪贴；或男生上厕所女生喝水，然后轮换，或安排并列活动，让不同的孩子进行不同的活动，如吃完饭的孩子去看书，没吃完的继续吃等。(3)向两名儿童提议，让我们执行与其他儿童不同的活动。(4)向一名儿童提议，让他(她)去执行与其他儿童不同的活动，如：让一名儿童擦桌子；让一名儿童罚站；提醒或批评一名儿童等。

表 13 **各类型幼儿园教师安排不同活动组织形式的时间量及占总时间量的百分比**

	向全体提议		向部分提议或分组进行		向两人提议		向一人提议	
	分	%	分	%	分	%	分	%
机关、教育	287.75	65.99	115.25	26.43	8	1.83	25	5.73
国营企业	286.8	69	89.7	21.58	10.2	2.45	28.9	6.95
集体、街道	336.11	85.14	25.56	6.47	1.33	0.03	31.78	8.05
农村	198.68	55.2	134.16	37.27	5.24	1.46	21.84	6.07
合计	1109.34	69.06	364.67	22.7	24.77	1.54	107.52	6.69

从表 13 可看出：各类型幼儿园教师注意采用了不同的形式来组织儿童的半日活动，其中向全体儿童提议，让全体儿童共同从事一项活动的比例最大，占观察时间总量的 69.06%。其次是向部分儿童提议或分组进行，采取这种形式的时间占总时间的 22.7%。然后是向一人提议的形式，占总时间的 6.6%。最后是向两人提议的形式，仅占总时间的 1.54%。

从不同类型幼儿园教师组织儿童活动的特点来看，城市的教育部门和机关办园的教师及农村的幼儿教师相比之下比较重视活动组织形式的多样化，除组织全班儿童共同从事一项活动外，还注意利用40%左右的时间安排儿童进行分组活动和个别活动。集体企业和街道幼儿园的教师虽然也安排儿童进行分组活动和个别活动，但时间太短，绝大部分时间（85.14%的时间）是安排儿童统一行动。总的来说，幼儿教师们正在打破过去一切活动都全班统一进行的僵化的整齐划一模式，正在向组织形式的多样化、有效化迈进，但全班统一活动的形式仍然占主导地位，所占的时间明显超过了其他所有形式的时间总和，致使组织形式多样化的程度不同。

4. 教师让儿童对活动内容的选择程度分析

教师让儿童对活动内容的选择程度包括：(1)不可选：儿童只能执行教师规定的某一活动类别，如：全班在教师带领下唱歌、跳舞或教师规定某组串珠子，某组折纸。(2)可选择：儿童可在两项活动类别中选择，如儿童可以阅读也可以画画。(3)任意选：儿童可在三项及三项以上的活动类别中任选。如儿童可玩角色游戏，可玩沙子，还可捏泥等。(4)放松选：参与某一活动的一半儿童脱离了教师规定的活动类别而进行其他类别的活动。如：教师安排全班玩积塑，过段时间后半数或半数以上孩子已不再玩教师安排的积塑活动，而去聊天、叠手绢、唱歌等。

各类型幼儿园教师让儿童对活动内容的选择程度

表14　的时间量及占总量百分比

	不可选		可　选		任意选		放松选	
	分	%	分	%	分	%	分	%
教育、机关	397.75	91.23	17.25	3.96	10.5	2.41	11	2.52
国营企业	400.3	96.32	0.7	0.17	0.9	0.22	13.7	3.3
集体、街道	376.89	95.47	0	0	1.56	0.39	16.33	4.14
农　村	325.16	90.34	18.48	5.13	12.48	3.47	3.8	1.06
计	1500.1	93.39	36.43	2.27	25.44	1.58	44.83	2.79

从表14可看出，各类型幼儿园教师让儿童对活动内容的选择程度大致相同，不可选的比例均占90%以上，占主要地位。在允许选择的不到10%的时间里，放松选的比例最大，为2.79%，然后是可选、任意选，分别占2.27%和1.58%。相比之下，农村教师和城市的机关、教育办园的教师允许儿童选择的程度要高于国营企业、集体企业和街道幼儿园的教师，而且多半是有意识的让儿童在教师安排的几类活动内容中进行选择。企业办园和街道办园的教师几乎没有意识的让儿童选择活动内容的倾向，不可选的比例在95%以上，剩下不到5%的选择时间也几乎是在放松选的类别里，即是孩子自己脱离了教师规定的活动类别而从事他们愿意从事的活动，属于“无组织”的范畴。总的来说，儿童在幼儿园的半日活动几乎都是在教师按计划统一安排的活动内容里进行，孩子按自己的意愿、自己的兴趣选择相应活动内容的机会很少。

5. 教师让儿童对活动材料的选择程度分析

活动材料就是教师安排的让儿童用来学习、玩耍的玩具、教具、书籍、用具及其他物品。教师让儿童对活动材料的选择程度包括：(1)不可选：儿童只能感知或使用教师规定的某种材料，无一点选择的余地。(2)可选择：儿童可在同类别活动的两种玩具或材料中选择或虽只有一种材料但儿童可根据自己的需要(如数量、颜色、形状等)进行选择。(3)任意选：儿童可在同类别的三种及三种以上的玩具或材料中任选。(4)放松选：参与某一活动的一半儿童使用了教师规定以外的活动材料。

表 15　**教师让儿童对活动材料的选择程度的时间量及占总量百分比**

	无材料		不可选		可　选		任意选		放松选	
分	%	分	%	分	%	分	%	分	%	
教育、机关	268.5	61.58	109.5	25.1	35.5	8.14	23	5.28	0	0
国营企业	302.9	72.88	70.1	16.87	35	8.42	7.6	1.83	0	0
集体、街道	330.11	83.62	47.56	12.05	13.78	3.49	2.89	0.7	0.44	0.1
农　村	170.52	47.38	97.52	43.38	52	14.48	33.76	9.38	6.12	1.7
计	1072.03	66.74	324.68	20.21	136.28	8.48	67.25	4.19	6.56	0.4

从表 15 可看出，城市各类型幼儿园教师在一半以上的时间里没有给儿童提供任何感知或操作的材料，这可能和生活活动所占时间比重过大有关，因为生活活动过程中所使用的桌椅、碗勺、毛巾、水杯等生活用具仅仅是满足生活需要，而并没有用于玩耍与学习，所以不算活动材料。相对来看，农村教师让儿童感知、操作材料的时间要高于城市教师，占 52.62%。在教师给儿童提供了活动材料的时间里，不允许儿童选择的比例(20.21%)要大于允许其选择的比例(13.07%)。允许儿童选择的程度也是“可选”多于“任意选”，“任意选”多于“放松选”。在城市幼儿园中、机关、教育幼儿园教师给儿童提供材料，供其感知、操作的时间及允许儿童选择的程度都要高于企业幼儿园和街道幼儿园。总的来看，在半日活动中，幼儿教师为孩子们提供了一些活动材料，供其感知、操作。在城市幼儿园中，机关、教育幼儿园教师给儿童提供材料，供其感知、操作的时间及允许儿童选择的程度都要高于企业幼儿园和街道幼儿园。总的来看，在半日活动中，幼儿教师为孩子们提供了一些活动材料，供其感知、操作，但这方面的时间远远不足，而且允许儿童选择的程度也远远不够。

6. 教师让儿童对活动主题的选择程度分析

活动主题就是儿童在活动中所感知、表达、操作与执行的内容。如儿童在阅读中所读的内容，各类作业中看教师操作或演示的内容，美工、建筑活动中所画或所构造的内容等。教师让儿童对活动主题的选择程度包括：(1)不可选：儿童只能听、看、表达教师规定的内容或只能按教师规定或约定俗成的操作内容使用活动材料。如只能听某个录音故事，只能画教师规定的苹果，只能听教师在课堂中的讲授等等。(2)可选择：儿童可以在同一类别的两个活动项目中选择，或在使用同一种材料中，可以在教师规定的范围内选择听、看、表达或操作的内容。如儿童可以上厕所也可以喝水，可以在规定的几本书内选读某一本等等。(3)任意选：儿童可以在同一类别的三项或三项以上活动项目中选择，或在使用同一种活动材料时，教师没有规定儿童可看、可听、可表达与可操作的内容范围，儿童可任意选择。如儿童可任意选读一本，任意画或建构自己表达的内容等。(4)放松选：儿童进行的活动项目已脱离教师规定的项目或在使用同一活动材料时，半数及半数以上儿童听、看、表达或操作的内容脱离了教师规定的范围。

表 16　教师让儿童活动主题的选择程度的时间量及占总量百分比

	不可选		可　选		任意选		放松选	
	分	%	分	%	分	%	分	%
教育、机关	385.25	88.36	16	3.67	24	5.50	11.25	2.58
国营企业	357.6	86.04	23.4	5.63	17	4.09	17.6	4.23
集体、街道	351.44	89.02	17.44	4.42	3.11	0.8	22.78	5.77
农　村	262.04	72.81	53.56	14.88	34.36	9.55	9.96	2.77
计	1356.33	84.44	110.4	6.87	78.47	4.89	61.59	3.83

从表 16 可看出，在城市幼儿园中教师不允许儿童选择活动主

题的时间比例在86%以上，明显高于农村幼儿园(72.81%)。在可以选择的时间范围里，不同类型幼儿园教师让儿童选择的程度特点各不相同，机关、教育幼儿园让儿童选择活动主题的主要形式是让其“任意选”，“其次是“可选”、“放松选”。国营企业和农村幼儿园教师让儿童选择的特点是，“可选”比例最大，然后是任意选、放松选。而集体企业、街道幼儿园教师主要是让儿童“放松选”，然后是“可选”、“任意选”。总之，教师让儿童对活动主题的选择程度要高于让其对活动内容的选择程度，也就是说在同一活动内容中，允许儿童有一点自己选择活动主题的自由，但这种自由度还不高，仍然存在着教师统得过死的倾向。

7. 教师让儿童对活动伙伴的选择程度分析

活动伙伴即为参与同一活动时直接交往的儿童或邻座，邻站位的儿童。教师让儿童对活动伙伴的选择程度包括：(1)不可选：儿童不能选择邻座位、邻站位或直接交往的对象。(2)可选择：在有座位、队形要求的情况下，儿童可选择邻座位，邻站位或游戏伙伴，或在教师规定的范围内选择一起活动或交往的对象。(3)任意选：在无座位、无队形的情况下可在全班范围内任意选择活动伙伴。(4)放松选：参与某活动半数以上的儿童与教师规定之外的儿童进行交往。

表17　教师儿童对活动伙伴的选择程度的时间量及占总量百分比

	无伙伴		不可选		可　选		任意选		放松选	
	分	%	分	%	分	%	分	%	分	%
教育、机关	1	0.2	149.25	34.23	218.25	50.06	62.75	14.39	5.25	1.2
国营企业	0.6	0.1	273.4	65.78	100.5	24.18	33.6	8.08	7.5	1.8
集体、街道	4.44	1.1	297.67	75.4	60.89	15.42	21.56	5.46	10.22	2.26
农村	3.48	0.9	205.16	57	75.48	20.97	65.68	18.25	10.12	2.8
计	9.52	0.5	925.48	57.62	455.12	28.33	183.59	11.43	33.09	2.06

从表 17 可看出，各类型幼儿园的孩子们的 99%以上的时间里都和伙伴们一起活动，无伙伴的情况极少。但是否可以选择伙伴，选择程度如何各类型幼儿园则有不同。机关、教育幼儿园的教师让儿童选择活动伙伴的时间较多，占总观察时间的 66%。其次是农村幼儿教师，让儿童选择的时间占总观察时间的 42%。然后是国营企业的幼儿园和集体企业、街道幼儿园的教师、让儿童选择的时间分别占总观察时间的 35%和 24%。选择的程度都是“可选”比例最高，其次是“任意选”、“放松选”总的来说，教师们已经不同程度的给了儿童们选择活动伙伴的机会，过去那种只允许儿童坐固定的座位，站队列中固定位置，由教师指定游戏伙伴的现象已有所改变，但允许儿童选择的机会还不多，选择程度还不高，而且各类型幼儿园在这方面的差异还较大。

综观教师对儿童活动的安排情况，看出：教师安排儿童的活动内容比较全面，但各内容的时间分配不尽合理；教师组织儿童活动的形式正势于多样化，但全班统一进行的调齐划一模式仍占主要地位；教师让儿童参与活动的程度有所提高，但只让儿童听或看的时间比例仍较大；教师为儿童提供了一些选择活动内容，活动材料，活动主题和活动伙伴的机会，但依选择的对象不同机会多少也各有差异，选择程度普遍不高。

（五）教师的管理

教师法的贯彻

1994 年 1 月 1 日起颁发实行的《教师法》，是党和国家对广大教师关心、爱护和坚持教育优先发展战略地位、尊师重教的具体体现，这也为教师队伍的建设、管理、提供了法律保证。幼儿教师也是教师队伍中的组成部分，各类幼教机构及教师本人是应认真学习、领会的。

调查结果，农村幼儿教师仅有66.6%学习过，城市有69.4%学习过，城乡各地均有30～33%的教师根本没有看过。有的教师甚至说："只听说有个'教师法'，不知是什么！还以为是有关教师教学法的什么指示！"问起教师："你知道国家规定了给教师的义务和权利是什么？"她也茫然，不知从何说起。城市中的教师有32.6%不知道教师还有什么"权利"，农村则高达62.9%，处于《教师法》的法盲状态。(见表18)

表18　**学习《教师法》的情况(%)**

	学过	没学过	知道权利义务	不知权利义务
城市	69.39	30.61	67.4	32.6
农村	66.60	33.4	37.1	62.9

在学习过《教师法》和认识到教师应有的义务和权利的教师中，她们反映有些方面是落实了，感受到了十几年来教师的社会地位、工资、生活待遇、学习提高与职称说不定都有很大的改善，但是也有相当一部分教师反应她们所应享受的权利待遇还未得以真正的落实(见表19)城市部分教师有20.4%的教师认为教师的各项待遇均未落实，这部分大多数是企业园与街道园的教师，这与部分企业的经济效益下滑的整体情况分不开。教师工资，教师的住房，教师的医疗费，班主任津贴等各类幼儿园均反应不到位，这种情况必须给教师生活带来一定的困难，农村的医疗费缺乏更为严重。此外，扣发寒暑假的工资和不给县、乡幼儿教师，说不定职称的也分别占11.1～7.4%。城市教师有8.1%认为长期解决不了住房问题，也无分房权利与机会。例如，有的教师一家三代五口人，仅住9平方米住房。这些都应向有关部门积极反应逐步予以解决。

表 19　　　　贯彻《教师法》具体未落实项目及百分数

	由于未学习，不知道自己有何权利者	教师整体的待遇	教师住房待遇	拖欠工资或工资数不足	教师医疗费不落实	与中小学共享的班主任津贴	教师职称不予说不定	扣发寒暑假的工资
城市	32.6	20.4	8.1	14.3	8.1	4.1		
农村	62.9	14.8		11.1	14.8	7.4	7.4	11.1
小计	50	21.2	6	15.2	12.1	6	3	4.5

四、调查后的思考与建议

对于教师，不论是过去、现在、未来都是提高教育质量，加速、深入教育改革的核心因素，也是对幼儿进行素质培养的前提条件。我们必须下大力气，认真加强教师队伍的建设。

1. 加强幼教队伍对国家颁布的《教师法》的学习、理解，通过组织幼儿教师学习《教师法》使其明确自己是人民教师队伍中的一员，充分认识教师的工作在社会主义建设中的重要性与社会位置，增强教师工作的光荣感、责任感；明确国家对教师的资格条件的要求；每个教师应尽的义务和应有的权利，努力提高自己的政治与业务素质，同时学会用法律的手段来维护和争取教师的权利。

对于有些地区对教师待遇未到位的问题积极调查与反应。解决拖欠教师工资及落实其他待遇，首先是政府的行为，但同时也是教育行政部门管理教师的责任内容，有关方面应认真有效地向主管部门宣传《教师法》使其认识到不认真解决这些问题是属于违法和侵犯教师利益的行为，应列入日程有步骤地切实加以解决。

2. 各基层(国、区)要建立教师工作考评档案，坚持开展日常与定期阶段性评价活动。由于评价活动不仅仅是对教师晋升级的依据，而且更为重要的是有以下两点现实的意义：

(1)正确的评价有助于保证教师认真贯彻执行幼儿园教育《规程》，实现教育的目标；

(2)正确的评价有助于引导教师深入开展各类教改实验，选择与创新最佳教育方案，有效地促进幼儿素质的全面提高。

省、市教育行政部门应在科学研究的基础上，编定对幼儿教师工作的全面评价方案。其内容既要有宏观方面的工作态度，专业思想的稳定性，又要有保教工作的实际表现与能力、效果；评价的方法既要有集体评，也要有自评，充分发挥教师自身的主动性、积极性；既要有书面的稳定的材料，又应有动态的现状观察的过程评价，使对教师的评价真正做到科学、实事求是，起到推动工作，明确方向的作用，达到提高工作质量的目的。

3. 坚持对教师开展不同层次的奖励与惩罚。由于幼儿教师所面临的教育对象是幼小的儿童，他（她）们不可能，也不会起来维护自身的利益，既使教师对儿童有不正确的做法或侵犯儿童的身心健康的行为，儿童对教师也是服从与信任的。因此，要求每个幼儿教师都必须具有高尚的职业道德、工作的自觉性与奉献精神，要安心自己的岗位，不要把在幼儿园工作当成“坐船”在这里飘飘荡荡，随时准备飘到另一个工作岗位，而对幼教工作三心二意。因此，要通过多种途径肯定，奖励那些有着巩固的事业心的教师，树立好教师的形象与榜样。奖励不仅有全勤奖，也应有年限奖，特殊效益奖（如：在一段时间内对个别儿童教育效果明显，或品德教育有实效，或家长工作出色等等）有发明奖（如：在玩教具制作方面，在设计教育活动方面，环境的创设与指导方面的创新精神与表现等等），还可有全能奖（保教全能，技能技巧的全能等等），有协作奖，奉献奖等等。总之，要使每个教师都能发挥其内在的潜力和个人的才能与特长，从不同的角度受到鼓励。奖励应以精神奖为主，物质奖为辅，使教师不断向更高的精神境界进取。

对于教师由于不负责任而出现的事故，违反《规程》原则的做法，或是体罚儿童，给儿童身心发展造成不良后果的现象不应随意了事，应追究责任，并给予不同程度的惩处，目的是使教师认识所犯错误的原因，从而认真严格要求自己，改正与防患于未然，自觉地把保教幼儿工作做好。

4. 积极有效地开展幼教领域的教科研活动，使更多的教师参与幼教改革，在贯彻幼教的两个法规中不断创新，不断提高保教工作的质量。从调查中所见，教师要对幼儿施加积极的影响，必须进一步转变观念，做到了解儿童、尊重儿童，树立正确的儿童观。教师应放下“教师的架子”，放下“成人的架子”要真正走到儿童的世界里去，成为孩子的好朋友、知心姐姐和阿姨，这样才会摸准每个孩子的发展水平，理解他们的需要。这样教师的启发、点拨、指导才会是有的放矢，做到使每个孩子在其原有水平上发展与进步。教师应学会合理安排各种儿童的活动，使教育活动安排的更加灵活多样，具有可选择性，实效性。

教科研活动应贯彻行政与专家、实际工作者与教师相结合的原则，计划做到科学性、组织性、可操作性。在反复实验与科学评价的基础上推广有价值的成果。不搞一言堂，一个模式，一刀切，应鼓励多种类的教育实验，注重评价的真实性与科学性。

5. 开展定期有效性的多层次教师在职培训。调查中反映，目前我省幼教队伍不仅文化层次低，而且专业基础与现代化知识结构极其缺乏，提高幼教师资水平需要做长期艰苦的工作。即使如此，还有不少办园单位的领导认为，“这些年青人已比过去老太太带孩子好多了，她们用不着再学什么了，会唱，会跳，把孩子看住不出事就行”。尤其是街道园与企业办园单位，资金缺乏，认识不高，教师素质水平较差，从其教育行为的类型看也是“看管型”的多，对这些教师的培训工作的资金可采取国家补一点，企业、街道拿一点，教师自己贴一点的多渠道解决的办法，使这部分教师在文化基础与专业基础知识方面切实提高。

教育行政部门对师资培训在职提高的讲习班进行评价、论证、考核与干预性的调查。坚决制止那些师生仅为“发放证书”和“攻学历”的不讲实效，没有质量的，随意举办的“皮包公司”性质的培训班，贯彻在职教师进修的严肃性、权威性。尤其是教师进修大专、本科的学习一定要严格遵循国家及省级教育部门的批准，不得擅自颁发学历证书。在培训内容上，除了加强幼教基本理论和专业知识、技能的学习外，尤其要加强教育过程的组织能力、教育结果的评价能力和对儿童观察能力的培养，增强教师的实际工作能力。

6. 加速中幼师及大专、本科学前专业的课程改革。更新知识结构，拓宽教材，增加自选科目。幼师与学前专业的在校学生不仅要加强本学科的基本知识，基础理论学习，而且要选修相邻学科的知识，面对日新月异的幼儿园课程改革实验，市场经济体制的建立，对幼儿教师队伍的新生力量要求越来越高。在校生的知识储备量要大，理论要深而广，能力要多方面、并善于把理论与实际相结合。即有勇于创新的意志与勇气，又要有善于创新的智慧能力，能够坚持创新的健康身体与精力。教学计划中应有足够的课时使学生深入到幼儿园第一线进行保教活动和教研活动的实践，学校教师应对学生实习期间的实践活动给以切实的指导、观察、调查与评价，使校内外课堂教学质量共同提高。

合理而科学地改进中幼师，大专与本科学前专业的设置与布局。在科学论证与调查基础上，按需要与可能发展各级各类的幼师与大专班，使有限的财力、人力投放恰当，把重点放在质量上，不一味追求数量，使各级专业学生毕业不滞留、不外流。

7. 积极配合人事制度的改革，幼儿园逐步实行教师聘用制。通过签定合同招聘与解聘，使幼儿教师走向人才市场，参与竞争。这样既有利于教师在同种类的工作范围内选择最适合自己发挥主动性、积极性、创造性的单位，又有利于解聘多余的、不胜任工作的人，使教师自身不断提高素质，完善自我以适应改革的需要。

辽宁教育研究院

第二部分

各实验园幼儿素质教育实验报告

辽宁省军区幼儿园实验报告

高　敏　刘　娟

一、课题的提出

80年代以来，党和政府发出了提高民族素质的号召，这一号召吹响了教育改革的号角，960万平方公里的大地上掀起了轰轰烈烈的改革浪潮。教育改革是国家政治、经济、科学技术发展的需要，全国的教育工作者承担着培养未来人才、四化建设者的重任。作为处于基础教育的基础地位的幼儿教育工作者，我们及时认识到了肩负的历史使命，未来人才的培养靠我们打基础，未来中华民族的素质靠我们奠基。《幼儿园工作规程》的颁布，进一步向我们提出了在幼儿园中落实素质教育的要求，这是幼教改革进入更深层次的体现。

（一）"幼儿素质教育"是幼教事业自身发展的需要

长期以来，我国的幼儿教育事业在党和各级政府的关怀指导下，不断发展壮大，幼儿园的办园条件不断改善，办园水平不断提高。但由于受学校教育、成人教育的影响，幼儿教育存在着很多弊端，甚至是致命的弱点，偏离了为人的一生奠定良好素质教育的轨道。体现在教育者的观念上、教育行为上，便出现了幼教界长期、反复存在的重智轻德、重教轻保，忽视对儿童的体、智、德、美全面发展和身心和谐发展的不良倾向。以教师为中心，以教材为中心，忽视幼儿的主体地位和独立人格，不尊重儿童身心发展的科学规律，致使幼儿教育小学化、成人化，影响了儿童全面、健康发展。鉴于上述，幼儿教育必须彻底改革，幼儿教育不能违背科学规律，它不仅是为学校教育做准备，更是为人的一生成长奠定基础。因此，必须走素质教育之路。

(二)“幼儿素质教育”是历史赋予我们的使命

进入90年代以来，随着改革开放的深入发展，我国的政治、经济、科学技术、文化事业与世界上进行广泛交流，并且逐渐与世界接轨。有人预见:21世纪将是东方人的世纪、亚洲人的世纪。作为占世界四分之一人口的中华民族将如何面对未来世纪的挑战。如何自立于世界民族之林，这是摆在我们面前的最大课题。

早在18年前，改革开放的总设计师邓小平同志在具有划时代意义的全国科学大会上明确指出:“四个现代化的关键是科学技术现代化”、“科技人才的培养基础在教育”，之后又提出了“科学技术是第一生产力”的论断。国家主席江泽民同志也一再强调科学技术的重要，他说:“我们面对的是一个充满矛盾、竞争的世界”、“世界范围的经济竞争，综合国力竞争，实际上是科学技术和民族素质的竞争。”

上述论断使我们更加明确:未来发展靠科技，科技发展靠人才，人才培养靠教育，追根溯原，教育是本中之本，提高民族素质必须从幼儿教育开始。幼儿教育必须走素质教育之路，这是历史赋予我们的责任。

二、素质实验实施情况——站在为未来的21世纪培养人才的高度实施素质教育

有专家提出:任何教育都是为了提高受教育者素质的。

《适应我国国情，提高幼儿素质的实验研究》其最终目标是为21世纪建设者全面奠定素质基础，这是我们实验人员首先要明确的认识问题。

项目组织者史慧中同志指出:“搞素质教育首先要解决两个问题:1.“素质教育”落实到位首先要解决观念现代化问题。2.课程

现代化问题。

(一)思想认识的转轨——观念现代化

“幼儿素质教育”是面向未来的教育,面向未来是“幼儿素质教育”的核心,培养未来型人才,教育者必须建立起全新的观念。

80 年代以来,我们是在《幼儿园教育纲要》的指引下按着体、智、德、美全面发展的教育方针开展幼儿园工作的,但在具体做法上,全面发展教育并不到位。教师们按着教材顺序以上课为主要活动形式,以完成上级制定的教学进度为己任,所写的教育计划也是先有教材,后罗列教育目的、教育要求等。各种考评活动中,以课上孩子们所表现出来的技能技巧来衡量教师的水平,期末也是考察教师教了几支儿歌、讲了几个故事、画了几幅画、做了几套操。儿童测查则以每班的达纲率计算成绩,只要达到指标,教师、孩子就算通过。上述问题和做法反映出我们长期以来没有从培养儿童良好素质的基本点出发,说是全面发展教育,其实这与素质教育存在着极大差别。因此在“素质实验”前,我园实验人员参加了在北京的培训,系统地学习了“素质教育”理论,从提高认识转变观念入手,将“教材教育”“技能、技巧教育”转到“素质教育”的轨道上来。

(二)行动上的转轨——课程现代化

在“行动转轨”的问题上,史慧中同志大破大立的观点给我们很大的启示,在三年的实验过程中起到了极强的指导作用,她说:“要在思想认识转轨的基础上大破大立。立以幼儿为主的观念,破教材为主的习惯;立以教育贯穿于日常各种活动中和在各类活动时间里进行教育的模式,破以一日上两节课为主进行教育的习惯;立把班上每个孩子都作为关心、教育对象的观点,破以某几个表现突出的孩子为主要关心、爱护对象的习惯;立以体智德美教育目标为总目的的思想,破以技能技巧和知识水平的提高为教育主要目的的习惯;立根据具体目标确定手段和方式方法的工作程序,破根据教材罗列具体目的的习惯。

1. 立以幼儿为主，破以教材为主。

以幼儿为主是现代儿童教育观的核心。以幼儿为主就是尊重儿童的独立人格，尊重儿童的合法权利，确立儿童的主体地位，我们的教育即要为儿童的将来做准备，打下良好基础，同时要认清儿童有他自身存在的价值，儿童不能只为将来活着，他们也为现实而生存。因此我们的教育就不能仅仅为满足人的未来的需要，完全以传统的观念来进行儿童教育，把人的需要满足只寄于教育的最终结果中，还应当满足现实儿童的各种需要，使儿童在教育过程中得到成功、得到快乐，充分享受儿童期的喜悦。这是儿童成长发展的科学法则，自然规律，通过我们的教育，调动起每个孩子自身的内部力量，促进其积极主动地向前发展，形成良好的自我发展机制。

以小班新入园儿童为例，过去刚入园的儿童哭闹不止，但到了上课时间，老师就是强按着也要坚持上十分钟的课，计划中规定认识圆形，孩子就边哭边认识圆形，计算中要求认识 1 和许多，那么就是孩子再哭再闹，老师也一定要完成教育计划。可想而知，这种情况下的教育效果如何。

开展“素质实验”，建立新型的课程观，舍弃旧的只重上课的做法，从时间的维度上讲，把幼儿在园一日活动的每个环节都视为课程。一日活动中凡是孩子参与的事都是他们的课程，教师要有强烈的目标意识，心中牢记我们所做的一切工作都是为幼儿奠定良好的素质基础，要有目的、有计划地组织好每一项活动，使幼儿从中获得知识经验，发展能力，得到锻炼和提高。因此，新入园儿童的教育目标除知识内容外，更多地注重了良好情感的培养，以熟悉环境，适应集体生活，对周围环境和人产生良好的情感，对自然环境和自然现象发生兴趣，能通过语言与周围的人建立起正常的交往。

为达到上述目标，我们在实验前就做了大量的准备工作，比如对参加实验的 30 名儿童全部进行了家访，掌握了每个孩子的家庭情况，对每个孩子的家长进行了问卷调查，了解每位家长的工作职务、学历状况孩子的个性特点、兴趣爱好、家长的家教观念、教育技能等。这些工作为实验过程中的因人施教、家园配合、提高教育质量,打下了良好基础。

2. 立以教育贯穿于日常各种活动和在各类活动时间里进行教育的模式,破以一日上两节课为主进行教育的习惯。

教育贯穿于一日生活的各项活动之中,这就是现代的"大教育观"。在这种观念的指导下,我们认真地分析研究年龄阶段的课程标准,分析研究素质结构内容,分析研究如何将教育目标与幼儿全面素质的培养结合起来,再依据全体实验儿童的原有基础水平及所能接受的方式方法制定出微观目标,即周、日计划,教师通过多种形式,多种手段的并用开展教育活动。

这里应指出的是教师计划性要强,目标意识要强,比如小班,原来每天集中教育活动时间只有一、二十分钟左右,而现在强调教育贯穿于一日各项活动之中,每项活动中都渗透教育因素,早晨来园不仅是解决不哭不闹的问题,而要培养幼儿熟悉环境,培养对周围事物、现象的兴趣,培养与同伴之间的交往,培养文明行为卫生习惯。

中班儿童生理机能、心理品质都处于迅速发展的状态,这时期主要以培养熟练的自我服务能力,对社会事物、自然现象有广泛兴趣和主动了解的愿望,参与意识较强,探究精神较强,独立意识、合作精神、交往能力、语言的表达能力都应得到显著发展。

到了大班,应在中、小班基础上,形成良好的体魄素质、动作准确,良好的行为习惯基本定型,在活动中表现出良好的情绪情感体验,有较强的责任感,能独立完成任务,能用一定的方式表达美的感受与体验,对国家、社会、世界的概念感知明确,有较强的自我意识,独立意识,加强专注力、记忆力、独立思考能力、创造力和逻辑思维能力的培养,并有一定的法制观念和较强的操作能力,掌握初步的学习方法,总之,大班儿童应建立起初步的自我发展机制。要达到上述目标与儿童素质培养的统一，我们的做法是，首先突出了环境的教育作用，创设出与儿童各年龄阶段教育目标相适应的环境，墙面布置、活动区设置、自然角的建立，玩具、材料的配备，图书的选择等等，使孩子一进班就被环境所吸引，无论什么时间都能投入到活动之中，有看的、有听的、有玩的、有做的，满足孩子们一切感官的需要。在活动中教师积极协调、启发诱导，方法多样，手段灵活，有全体教育，有分组教学，有个别指导，每天活动都有指导的重点对象和重点项目，因人施教、层次分明，目的在于促进每个儿童在原有基础上得到发展。这样所取得的教育成效相当明显，我们实验班儿童入园两个月，生活能力、卫生习惯就明显超出原中班儿童的发展水平（见沈阳军区政治部幼教办录像）。

3. 立把每个孩子都作为关心、教育对象的观点，破以某几个表现突出的孩子为主要关心爱护对象的习惯。

素质教育具有“基础化”“整体化”的特点。“基础化”就是为每位受教育者的终生发展打好基础，建立起继续发展的坚实丰厚的生长点。“整体化”有两层含义：就个体而言，要集整个素质结构于一身，即体智德美全面发展；就群体而言，则要求我们将教育面对全体受教育者，不得有所遗漏。

我们的素质教育是以适应国情为前提。幼教领域的国情是独生子女占主体地位，由于优先优育的计划生育国策，使得今天的孩子们智力因素普遍良好，孩子们家庭生活条件普遍优越，信息来源多，接触面广，知识面宽，为教育工作奠定了良好基础。但孩子们毕竟来自不同的家庭，受到不同的道德意识、文化修养的影响与熏陶，表现在儿童群体当中即有共性特点，又有不同的个性品质，给素质教育带来不小的难度。要为每个孩子奠定良好素质基础，打下坚实丰厚的生长点，就必须了解每个孩子，熟悉每个家长，把握每个孩子发展的脉搏，针对每个孩子的个性特点，因人施教。

曹玉玺是全班小朋友中唯一的非独生子女，他有一个比他大十几岁的姐姐，这孩子性格腼腆，又由于家庭情况的不同，活动中从众心理特别严重，凡事都听别人怎么说，看别人怎么做，独立能力较差，思维不够活跃。他的妈妈非常着急，埋怨孩子不要强，不上进。但我们老师却从这孩子的性格中看到了长处，比如他不自私，不任性，比较单纯，家里又对他不十分娇惯，他能够虚心接受任何人的帮助与指导。根据这一特点，老师采取多给他任务，多创造活动机会的做法调动他的情绪和积极性，对于他的成绩及时给予肯定，让他多体验成功的喜悦，帮助他建立自信心，增强责任感，在值日生工作中把最显眼的任务交给他，即能调动了他的积极性、主动性，又能引起其他孩子对他的瞩目。在观察、讲述、讨论等活动中，教师先启发他发表意见，由于受到教师长期的关注，他发生了很大变化，自我意识大大增强，愿意在集体中表现自己，有一次他因病几天没有到幼儿园，病愈后来园的第一句话是："我来了！老师好，小朋友好！"

杨小申性格内向，少言寡语，他妈妈一心想培养他男子汉的性格，活泼开朗、敢说敢闯，老师就有意安排他多与爱说爱动的孩子在一起，利用他会下跳棋、象棋的一技之长，让他教其他小朋友玩棋，逐渐的这孩子性格也有了很大改变。此外数概念掌握不好的、逻辑思维能力差的，教师多引导他们参加认知区的活动；对美术活动缺乏兴趣的，多引导他们参加美工区的活动；男孩子普遍爱玩建构游戏，每次活动中教师都注意建构区的协调疏散，使孩子们对各活动区都能广泛参与，协调发展。

4. 立以体智德美全面发展为总目标的思想，破以技能技巧和知识水平的提高为主要目的的习惯。

以体智德美全面发展为目标，不以知识技能的传授、专项技能的提高、知识量的积累为目的，这是素质教育的宗旨。

随着儿童年龄的增长，班次的升高，家长们望子成才，急于成才的呼声日甚。进入大班，很多家长要求多教知识，学英语、留作业，一度忽视了儿童品德、行为习惯的培养，放松了与幼儿园的配合。但我们坚持“素质教育”的宗旨始终不变，我们通过家长会、座谈会，帮助家长转变观念，请家长参与幼儿园活动，使家长们在活动中体察孩子们的真正需要是什么，孩子的不足在哪里，发展方向是什么，从而帮助家长提高认识，了解了幼儿教育的特点，理解素质教育的意义。

三年来，我们开展了各项丰富多彩的活动，如郊游，举办联欢会，学习解放军系列活动，请奥运会冠军与小朋友见面，请小学校的教师和学生与小朋友交流座谈，这些活动对孩子们的成长发展起到了极大的促进作用。

5. 立根据具体目标确定手段和方式方法的工作程序，破根据教材罗列教育目的习惯。

过去的教育活动是以教材为主，先有教材后有教学目的和要求，比如：教一支歌曲，先选择教材，然后根据歌曲的曲调特征是进行曲，还是抒情歌曲，确定培养幼儿的演唱技能，再根据歌曲的内容大意，确定培养幼儿哪方面的感情。

现在则根据儿童美育发展的水平和要求先确定教育目标，再根据目标选择适合儿童接受能力水平的方式方法组织教育活动，比如：5～6 岁年龄阶段的教育目标中提出：提高审美观，提高表达美的情趣和能力，其中有一条具体要求是，能用动作表达音乐的情感，如轻快的动作、跳跃的动作、行进的动作、柔和抒情的动作。根据这一目标要求，我们平时注意选择那些各种节奏类型的歌曲和音乐，经常地反复地让孩子们听唱、表演，使孩子们在活动中感受和理解音乐的情绪情感，学会用动作来表现音乐。到了大班末期，孩子们的音乐素养有了很大提高，很多原来没有听过的乐曲都能分辨出它的节奏型，能用动作表达作品的感情。

(二)重视家庭教育，加强家园合作，促进幼儿良好素质的形成和提高幼儿教育不等于幼儿园教育，幼儿教育是一个完整的综合系统工程，离不开家庭、社会的密切配合，尤其是家长的密切配合。IEA 调查结果表明：家庭在幼儿教育中的贡献量及家长素质对幼儿成长发展的影响，都是十分重要不容忽视的。

中国人受封建意识、传统观念影响较深，广大家长由于道德修养、文化水平和职业的不同，对待教育的观念、方式方法也不同。真正具有现代教育观念、意识的，目前尚属少数。经历过“文革”的家长，大多抱有补偿心理，把自己的一切希望、抱负寄托在子女身上；受市场某些弊端影响的人，更看重金钱的价值，渴求知识的欲望不很强烈；独生子女多，家长们对孩子无限溺爱，什么独立性、创造性的培养，交往能力、社会性的发展，普遍引不起重视。以上种种，造成了家庭教育存在很多误区，也给幼儿教育带来不少的困难。

总结过去的教训，我园素质实验从一开始就把家园配合作为实验的重要内容。不同的阶段，采取不同的家园联系方式，以保证家园教育的同步同向进行。三年来我们召开各种规模的家长会、家长座谈会 20 多次，出实验月报《连心桥》15 期。长年开办家园联系栏，由教师、家长共同填写“儿童发展记录”等等。此外我们还坚持家访工作，把家长当成亲密的朋友伙伴，如周子乔小朋友生病，老师到他家去看望；杨小申的母亲腿骨折，老师前去探望；王宴圣的母亲手术住院，我们园长、老师也一同去慰问，对此，不但家长们十分感动，就连家长的同事都感慨地说，“你们真是碰上了好老师，只听说家长给老师送礼物，没听说老师给家长送礼物！”

三年来，我们的努力得到了家长的承认，可以说我们与全体家长都能配合默契，我们的工作始终是在家长支持与帮助下进行的。

三、“素质实验”儿童发展状况的分析与评价

三年的“素质实验”，我们在各级领导的关怀指导下取得了良

好效果，具体表现在儿童各项发展之中，下面仅以四次测查情况予以说明。

1993年12月末，按中央教科所下发的测查题，对纯知识、观察力、想象力、分类、语言、文明行为、动作、音乐、美术、审美观、思维能力、性格等12项(包括69道小题)进行了测查，测查得分情况见附表2-1。

附表2-1　辽宁省军区幼儿园实验班与对比班分数段比较表

班　次	30—39分		40—49分		50—59分		60—69分		70分以上	
	人数	%	人数	%	人数	%	人数	%	人数	%
实验班	0		3	10%	12	40%	14	47%	1	3%
对比班	5	20%	15	60%	5	20%	0		0	

上表看出，实验班儿童得50分以上27人，占总数90%；40—49分3人，占10%；王宴圣小朋友得了71分，是这次测查中全省最高分。而对比班儿童60分以上没有，50分以上只有5名，占20%；40—49分15名，占60%；30—39分5名，占20%。

此外，还对小班阶段儿童的身高、体重、卫生习惯、出勤率等进行了考察，结果实验班的各项指标也都明显高于对比班。

小班第一次儿童测查结果表明：实验班儿童全面发展水平明显优于对比班。

1994年7月，我们依据《3—4岁年龄阶段教育目标与课程标准》自拟题目，进行了第二次测查。从7项主要教育目标中选出最能代表小班儿童发展水平的29道题，实验班儿童全部参加测查，对比班中随机抽取20名儿童作为测查对象，测查结果按等级评定成绩，等级标准为：在规定时间内独立完成较好的为一等；经提示才能完成或完成不够熟练的为二等；经指导仍不能完成的为三等，下面将两班儿童测查结果作一比较(附表2—2；续附表2—2)。

附表 2—1　实验班与对比班第二学期测查等级比较

项目 ＼ 人数 ＼ 等级 ＼ 班级	实验班			对比班		
	Ⅰ	Ⅱ	Ⅲ	Ⅰ	Ⅱ	Ⅲ
一、生活自理、行为习惯和加强安全与健康的能力。						
1. 熟悉盥洗程序，不玩水，会挽袖子，洗完将手擦干。	17	3	0	8	8	4
2. 养成饭后漱口的习惯。	18	2	0	10	7	3
3. 正确使用餐具，不用衣袖擦嘴和手，饭后会用抹布将桌面残渣抹进碗或盘内，保持地面整洁。	18	2	0	10	3	7
4. 会分辨左右鞋，能正确地穿上，会系鞋扣、鞋带。	15	5	0	13	7	0
5. 双足立定跳远达 30—40 厘米。	20	0	0	18	1	1
6. 单足自由跳（动作协调能跳 4 个以上为一等；能跳 2—3 个协调性差为二等；动作不协调不会跳为三等）。	20	0	0	13	2	5
（小　计）	108	12	0	72	28	28
二、与人相处的能力。						
1. 关心爱护班集体，为集体做事情。	20	0	0	15	5	0
2. 集体唱一首歌，要求每个人认真地用好听的声音唱。	20	0	0	13	4	3
3. 关心班上每一个小朋友：						
①小朋友摔倒了，知道主动搀扶。	15	5	0	15	2	3
②小朋友伤了，能想办法表达对他的关心。	15	5	0	5	6	9
③对长时间没来园的小朋友，能主动向老师了解没来的原因。	13	7	0	7	4	9
（小　计）	83	17	0	55	21	24
三、认识社会，认识自然。						
1. 知道“六一”是什么节日。	20	0	0	12	3	5
2. 知道五种以上花和树木的名称。	18	2	0	0	5	15
3. 认识三种野生动物，能说出它们的主要外型特征。	17	3	0	7	13	0
4. 知道不同动物的不同食物爱好。	13	7	0	3	12	5
5. 知道与人们生活关系密切的动物 3—5 种。知道它们在人们生活当中的作用。如：马会拉车，牛会耕田，狗能看家等。	13	7	0	2	7	11
6. 知道什么是害虫。	20	0	0	2	16	2
（小　计）	101	19	0	26	56	38

续附表 2—2

项目　　人数　等级　班级	实验班			对比班		
	Ⅰ	Ⅱ	Ⅲ	Ⅰ	Ⅱ	Ⅲ
四、增强口头语言和阅读图书的能力。						
会正确使用日常生活中常用的量词20个左右。	18	2	0	0	0	20
五、增强记忆力、注意力，理解、观察力，想象力，思维能力。						
1. 耐心地看完一本书，能从第一页到最后一页，不随意乱翻。	14	6	0	15	5	0
2. 通过游戏记住3样东西原来的位置。	10	7	3	11	7	2
3. 能将5以内的数由少到多地排序。	10	6	4	10	6	4
4. 能指出两种事物的3处不同点(鸡、鸭)比较。	10	8	2	8	8	4
5. 指出两种事物的两处相同点(鸡、鸭)比较。	6	9	5	5	9	6
(小　计)	108	18	14	49	35	36
六、辨别是非能力。						
知道对东西的态度应该是爱护和爱惜(如爱惜粮食和爱护花草树木)。	10	2	0	10	8	2
七、感受美和表现美的能力。						
1. 熟悉3/4拍节奏关系，能用击掌或击铃等方式表示。	18	2	0	1	10	9
2. 独立完整地唱一首歌，并会表演。	20	0	0	9	6	5
3. 几个人一起用打击乐器合奏一首节奏2/4或4/4的歌曲音乐。	15	5	0	2	6	12
4. 画一幅主题画，并正确的涂颜色。	8	12	0	3	8	9
5. 折纸，独立折出两种。	17	3	0	12	5	3
(小　计)	96	24	0	37	43	21

小班第二次测查结果表明：两班儿童上述7方面发展水平差异十分显著。

1995年4月依照中央教科所下发的测查题进行了第三次测查，这次的题目包括卫生习惯、动作发展、自我保护能力、认知、分析、推理、观察、比较、情绪情感、创造意识、集体意识等共24道题，

仍以两班得分情况列表说明:(实验班被试 30 名,对比班被试 25 名)

附表 3 辽宁省军区幼儿园实验班与对比班儿童测查得分情况比较表

班次	10 分以下		10—19 分		20—29 分		30—39 分		40—49 分		70 分以上	
	人数	%	人数	%	人数	%	人数	%	人数	%	人数	%
实验班	0		0		0		2	6.7%	18	60%	10	33%
对比班	1	4%	4	16%	10	40%	8	32%	2	8%	0	

上表看出实验班儿童 40 分以上人数为总数的 93%;而对比班 40 分以上只占总数的 8%;得分相差之悬殊,说明了两班儿童发展差异之显著。

1996 年 7 月初进行了本实验的最后一次测查。根据中央教科所指示精神,在省教育研究院李道佳等 3 位专家的指导下依然依据教育目标,结合幼儿发展状况及未来发展方向,再次自拟大班测试题,共 5 大部分 18 道小题,测查结果见附表:

附表 4 辽宁省军区幼儿园实验班与对比班儿童发展得分情况比较表

班次	30—39 分		40—49 分		50—59 分		60—69 分		70—79 分		80 分以上	
	人数	%	人数	%	人数	%	人数	%	人数	%	人数	%
实验班	0		0		2	7%	10	33%	16	53%	2	7%
对比班	6	24%	11	44%	7	28%	1	4%				

附表 5　**实验班和对比班幼儿发展水平测查统计表**

题号	名　称	实验班		对比班		显著性检验	
		$\overline{X}_1$	S_1	$\overline{X}_2$	S_2	t 值	P
1、2	行为习惯	6.63	1.79	2.60	2.14	7.32	** P<0.01
3、4、5	体　能	11.07	1.63	9.36	1.66	3.77	** P<0.01
6、8	认知(分类、推理)	11.8	1.58	8.36	2.97	5.38	** P<0.01
7、9	数　学	7.53	1.63	2.88	1.94	9.48	** P<0.01
10	音　乐	7.47	0.85	3.56	2.22	8.73	** P<0.01
11、12	美　术	5.03	1.11	3.64	1.15	4.46	** P<0.01
13	看图讲述	4.62	1.4	2.92	1.47	4.3	** P<0.01
14	识字找规律	6	0	3.44	2.04	6.75	** P<0.01
15	规则意识	3.47	1.88	2.84	1.31	2.08	* P<0.05
16	责任心(值日生)	2.9	0.98	2.76	1.17	0.2	P<0.05
17	合作意识	3.8	0.6	2.2	1.8	4.49	** P<0.01
总计		70.77	6.48	44.76	8.17	12.92	** P<0.01

统计结果再次表明，两班儿童发展水平差异十分显著。

四、我园"素质实验"工作的组织与指导

本次实验我园有园长高敏、副园长刘娟、教师许小娟、傅秀梅、罗慧文参与了实验的全过程。

三年来，我们得到了专家与各级教育科研部门、教育行政部门领导的多次指导。1994 年 5 月项目顾问新加坡国立教育学院张淑长博士来园考察了实验班工作；中央教育科学研究所幼教室主任、项目主持人史慧中研究员于 1994 年 5 月、1996 年 4 月两次来园对我园的实验工作给予指导；中央教科所费广洪助理研究员于 1993 年 9 月、1994 年 5 月也两次来园指导我们的环境创设等项工作；辽宁教育研究院的李道佳主任、罗英智副主任、夏树梅老师，对我园实验更是给予极大的关注。还有皇姑区教师学校的林素琴老师均给我们很多帮助与指导。此外，沈阳军区幼教办和辽宁军区的领导也对此实验给以热情的关注与支持。

五、"素质实验"留给我们的思考

"素质教育"是个永恒的课题，因为人的素质是与科学技术、生产力水平及社会文明程度相联系的，人的素质具有"发展性"的特点，所以人的素质结构将随着时代的变革和历史的发展而不断加以改变和调整。

(一)加强幼儿道德教育

从几次测查结果看，实验班儿童平均成绩，远远高出对比班。这说明，只要我们牢记为幼儿全面奠定良好素质基础的宗旨，在实验实施过程中教育手段、方式方法得当，就会起到促进幼儿全面发展的作用。但在幼儿社会性发展的某些方面却看出实验班儿童发展的不平衡。比如在责任感方面，表面在做值日工作上，实验班与

对比班成绩相当，没有明显差异。这其中有两班测试者对评分标准掌握不一致的原因（实验班教师对幼儿要求较高，对比班教师对本班幼儿要求相对较低，而且这是一项观察评价的题目，评分标准不好把握、伸缩性较大），但更主要是教育上的原因。

幼儿的道德认识、道德行为是随年龄的增长而不断提高的，但发展并不同步，认识的发展往往高于行为，即幼儿知道应该怎样做，但又做不到位，年龄越大，这种认识和行为脱节的现象越严重，这是我们今后教育中应该注意的问题，需要我们在幼儿的道德认识内化为自觉的道德行为上下大气力。

（二）坚持素质教育，努力学习素质教育理论，不断更新观念

“素质教育理论”虽已建立起基本框架结构，但“素质教育”却无人能穷尽它的内涵，这就是说，素质教育理论必将随着时代的进步而不断地更新、发展、搞素质教育离不开素质教育理论的指导，在今后长期的素质教育实验中我们需不断的转变观念。观念的转变是一个动态过程，既需要理论的指导，又需要在实践中不断提高认识，二者相互促进形成良性循环，才能建立起现代化的大教育观，这是我们今后开展素质教育的重要任务。

（三）建立多层次的自我发展机制提高教育质量，提高教育效率

尽管我们在素质教育实验方面做了一些工作，取得了一定成绩，教育者也得到了很大锻炼和提高，但随着素质教育的深入发展，我们不得不承认，我们的教育观念，教师素质、教育者的行为水准，距素质教育的要求还有一定差距，这就要求尽快培养出高素质的教师，只有这样才能培养出高质量的下一代。

素质教育实验给我们最大的启示是：提高民族素质，搞好幼儿素质教育是当务之急。一个幼儿园搞素质教育不能靠一个人、一个班，要通过局部的辐射作用，带动全体，使整个队伍都来研究、参与素质教育。幼儿教育要面向世界、面向未来、面向现代化，就要建立

多层次的自我发展机制。园所管理、教师队伍、儿童发展都要形成各自内在良好运行过程。比如儿童发展，以独立性培养为主，从接受别人控制逐渐向自我控制发展，从向别人学习发展到调动自己的积极性、主动性，变被动接受为主动学习，愿意探究，萌发创造意识，从而真正地形成自我发展机制。再如教师的发展机制，要发挥个人和群体的聪明才智。要不断提高教师队伍的道德修养，提高教师文化水平、专业技能、教育技能，在科学的教育理论与现代化的教育观念的指导下，为幼儿全面发展作贡献。

辽宁省军区幼儿园素质实验课题组

大连市妇联“六·一”幼儿园实验报告

刘丽萍　执笔

一、问题提出

80年代初期，我国提出了提高全民族素质的号召。1989年，中央教育科学研究所对全国部分、市幼儿园进行了IEA/PPP第一阶段的调查，发现了一系列影响幼儿素质提高的诸多因素，如：缺乏本地区和本园的目标；教师的教育思想、教育手段、教育方法、教学形式；幼教机构偏重于物质条件改善，忽视家庭对幼儿全面发展的重要作用。根据这些情况，我们分析了我园在教育教学工作中存在的种种弊端，这些问题突出表现在：教育手段单一、教育内容割裂、教育方法上的注入式、忽视环境对幼儿的教育作用、没有真正树立大教育观。至使《幼儿园规程》难以落实。这些问题，直接妨碍了幼教质量的提高，影响了幼儿素质的发展。今天的幼儿是21世纪的主人，对幼儿进行素质教育，奠定良好素质基础，是形势发展的需要，是时代发展的必然。因此，我们将提高幼儿素质的这项课题；通过研究，探索出提高幼儿素质途径和方法，全面落实《规程》，合理结构教育内容，全面运用教育手段，改进教育方法，最大限度地发挥各种教育因素的作用，获得最优化的整体效益，使幼儿的素质获得全面发展。

二、方法与经过

（一）本实验以教育实验为主，辅助于调查法进行研究。

（二）实验对象选择了“六一”幼儿园30名幼儿（1989年12月～1990年3月出生）做实验样本，并选取与我园规模相似、条件相近、设备相当的大连港中心幼儿园30名同年龄的幼儿做对比样本。实验前，我们对实验班和对比班进行了基础测试。

（三）实验班采用中央教科所《素质实验》的课程标准、教育内容和要求进行；我们将教育任务、教育内容、教育手段、教育环境等进行总体结构，具体落实在教育计划和幼儿的活动中。

（四）做法：1. 我们根据幼儿素质发展要求和幼儿现有发展水平及不同年龄阶段的核心任务，制定了在总目标下的具体阶段目标。在这个目标下，结构教育内容，以体现素质教育的连续性、整体性和循序渐近性。因此，完整的教育内容，通过各种教育方式以及幼儿的亲身实践，逐渐转化为幼儿认识的需要和能力，形成良好的情感、态度及行为习惯，进而提高幼儿素质。2. 在教育系统中，教育者和受教育者是两个基本要素，他们各自以一定的功能存在，又是相互依存缺一不可。教育任务的完成在于两要素在对立的矛盾中协调统一。因而教师的主导作用在于发挥儿童的积极性、主动性、创造性。在教学中，我们力求使教师的主要作用与发挥幼儿的能动作用得到统一。首先，我们以新的儿童观把儿童看成是发展中的人。蒙台梭利说过：“儿童是有自我发展能力的。”我们尊重儿童的人格，相信他们的能力。其次，在教育方法上改变了把幼儿当作“容器”以灌为主的教育方法，采用启发式激发学习兴趣，使其主动地学习，激发学习兴趣和求知欲，运用发现法，鼓励儿童去找变化、找规律，培养幼儿动脑，动手的习惯和方法，举一反三的能力。3. 创设与各个时期教育相适应的环境。我们主要从两个方面创设良好的环境条件，首先创设良好的心理环境。使幼儿在精神方面形成一种自由的心理气氛，让幼儿感到在进行活动时心理自由和心理安全，使之能自由地思索、想象、选择和作决定。为此，我们从“爱”入手，关心、爱护幼儿，积极地支持或参与幼儿的活动，鼓励幼儿的探索精神，为幼儿具有良好的心境和积极愉快的情绪提供条件，使之敢想、敢说、敢于表现。其次，创造良好的物质环境，在实验中，我们转变了传统的环境观，变环境装饰美化的功能为教育功能，变幼儿是环境的局外人为环境主人，变一成不变的环境为动态变化环境，充分发挥环境的教育作用，让环境成为幼儿表现认识、表现情感、表现才能的天地。4. 树立大教育观，家园配合，提高家长的育儿水平。

三、结果与分析

三年来的探索取得了一定成效，幼儿在体、智、德、美各方面素质都获得较好的发展。

体育：儿童有好的生活习惯，独立正确地进行盥洗，进餐、午睡，懂得一定的安全知识，基本动作发展良好，在各处活动中，表现出较好的运动能力和自我保护能力。

智育：幼儿获得的知识有一定的深度和广度。幼儿能主动观察、发现问题，表现出对观察的极大兴趣和求知欲望。幼儿的比较、初步的概括和逻辑的思维能力有所发展，能比较分析两种事物的不同点，能将不同事物进行分类和简单的概括。幼儿的口语表达能力也有所增强；喜欢说，词汇较丰富，讲述有层次，比较连贯。幼儿的制作能力也大大加强，能综合运用各种自然材料各种绘画工具进行制作，并且操作主动、积极、灵活。

德育：初步形成对事、对人的正确态度和良好的行为习惯，主动对客人问好，与周围人交往，和同伴友好相处，责任感明显增强。他们愈发活动、开朗，不怕困难，良好的个性品质已初步形成。

美育：基本能用较优美的语言、动作表达作品内容，很喜欢美工制作，体验美和感受美。

从测查结果中可以看出：

幼儿体、智、德、美测量总成绩

表一 （满分 40）

	N	ΣX	$\overline{X}$	S	Z
实验班	30	1098.5	36.6	1.9	19.33＞1.96
对比班	30	774.5	24.8	2.8	P＜0.05

表二

	体		智		德		美		合计	
	分数	百分率	分数	百分率	分数	百分率	分数	百分率	分数	百分率
实验班	90	100%	785.5	90.3%	119	99.2%	104	86.7%	1098.5	91.5%
对比班	71	78.95	527.5%	60.6%	91	75.8%	55	45.8%	744.5	62%

上表充分说明，实验班的成绩远远高于对比班，经过统计检验，实验班与对比班体、智、德、美各项成绩差异非常显著。

下面根据测试中部分内容进行重点分析：

部分项目测试成绩

表三

	人数	自我服务能力（2分）		社会常识（6分）		表现美（4分）		观察能力（1分）		集体意识（2分）		折纸（3分）	
		分数	%	分数	%	分数	%	分数	%	分数	%	分数	%
实验班	30	57	95	179	99.4	104	86.7	23	76.7	59	98.3	82	91.1
对比班	30	23	28.3	37	20.6	55	45.8	6	20	34	56.7	66	73.3

从表三可以看出实验班对比班部分项目测试方面的明显差异。

(一)自我服务能力,是素质实验中一项重要内容。教师根据教育目标的要求,通过多种方式对幼儿进行自我服务能力的培养。首先,根据幼儿不同的年龄特点,凡是自己能做的事,鼓励其独立完成,改变过去教师代办的做法,由在集体中独立生活的初步能力,过渡到自我服务技能的熟练,最后达到养成独立生活能力的习惯。其次,同家长密切配合,向家长宣传不同阶段幼儿自我服务能力的要求,取得家园教育一致。第三,教师创造条件、为幼儿提供自我服务表现的机会。所以在测试幼儿"书包"一项目中,实验班比对比班高出 34 分,幼儿表现出较强的自信心和较熟练的自我服务的能力。

(二)认识社会,认识自然这一方面。根据素质实验的要求,让幼儿走出去,到社会中、大自然中去感受学习知识,是实验不可缺少的内容。经过实验,教师在提高自身理论和教学水平的同时,改变由过去的单纯备教材、备形式,上课就是教师讲孩子听的旧模式,变为先确立教育目标,再选择教育形式的方式,设计了一系列的社会活动。如:春种实验田,秋游植物园,参观军舰、邮电公寓、自然博物馆、敬老院、小学校等。激发幼儿热爱祖国、热爱大自然的情感。教师又通过小博士、小记者、小气象员等活动,调动幼儿学习的积极性。为了争做小记者、戴博士帽,他们将自己知道的事情,听大人们讲的知识,争着讲给伙伴听,从而促进幼儿之间互相传递、学习、掌握各种知识。此外,教师还要求家长每天和孩子一起看新闻,从新闻中幼儿知道许多国家大事。如:世界妇女大会、奥运会、残运会、香港回归祖国、大连服装节等,养成了看新闻的习惯。幼儿在日常生活中,逐渐掌握了很多社会常识。从表中该项目明显看出实验班的成绩占满分的 99.4%,比对比班高出 78.8%。

(三)在提高审美观,表现美的情趣和能力方面,教师非常重视对幼儿美的熏陶,创设优美的环境。每天早晨的自选活动中,伴有欢快和协的轻音乐。让幼儿欣赏乐曲,增强美的情感。在舞蹈教学中，以教师主导作用与幼儿主体作用相结合，让幼儿随音乐的节奏自己编动作，充分发挥其想象力和创造力。在注重精神环境的同时，还突出了物质环境的教育功能，创设灵活多样的活动区，其中美工区为幼儿提供大量的操作材料，鼓励幼儿大胆作画，使幼儿在游戏活动中感受美。另外教师十分注意缩小个体差异，经常利用早晚时间，为性格内向不善于表现的幼儿创造条件，使幼儿个个活泼开朗，愿意在众人面前表现自己。自信心增强，能力也随着提高了，为幼儿成长奠定良好的素质基础。在表中，我园这一项目中分数为104分，而对比园只有55分。

(四)学会观察，提高观察能力是掌握知识的基础。根据实验的要求，教师在组织活动时，注重教育目标的单一性、可衡量性、教育目标的系统性。每一次活动的设计，力求让幼儿学会和掌握一种方法，使每个幼儿都有提高，并把观察力的培养贯穿到一日活动的各环节中。具体是让幼儿由小到大，由近到远，由室内到室外，由小范围到大范围的进行观察。为能使家园教育同步同向，教师向家长介绍培养幼儿观察力的方法，让家长利用接送孩子路上，节假日的游玩中引导幼儿有序的观察，使幼儿学会了很多种观察方法，效果很好，这方面在表中就可以看到。

(五)幼儿萌发爱集体，关心他人是教育目标中对幼儿进行道德与社会化形成的个性目标。教师在实施目标过程中，把集体意识、关心他人贯穿于整个教育的始终，发现问题随时教育。第一阶段教育重点是让幼儿与同伴友好相处，学会分享，不歧视弱者或有缺点的幼儿，引导幼儿评价他人的优缺点。第二阶段重点培养幼儿愿意为集体服务思想，餐后自己收拾，地脏了自己打扫，主动为花浇水，喂养小鱼，布置活动室环境等。第三阶段，增强幼儿的责任感。每个幼儿设有责任区，并自觉主动的管理班级。教师结合目标，组织幼儿敬老爱老，让幼儿了解希望工程，支援灾区等活动。增强了幼儿热爱集体、关心他人的责任感，从小养成良好的道德品质。

在这项测试中，几乎全部幼儿得满分。

（六）在素质实验中，教育活动的组织形式灵活多样，并恰当地运用了分组教学的模式。教师在观察、了解幼儿的基础上，进行自然分组、兴趣分组、能力分组，注重面向全体，因材施教，使面向全体幼儿的教育实施得到基本落实。突出了环境教育的功能，创设灵活多样的活动区，并根据教育目标提供了丰富的成品、半成品、无结构材料，引导幼儿去发现、去创造、去思考。

活动区的设立，真正解放了幼儿的手脚，成为环境的主人，使幼儿在自选自如的游戏中，增强了操作能力和独立学习能力。因此，在测试中，实验班幼儿的学习能力与对比班有很大的差异。

经过素质实验，不仅使幼儿素质全方位得到了发展，而且教师的素质也有明显的增高。教师的教育观、儿童观有很大的转变；能根据教育目标，灵活地运用各种教育手段，素质实验同时也促进了教师的科研意识。在三年实验过程中，教师撰写了大量的科研论文，公开教学活动。（见表四）

教师论文及公开教学活动情况

表四

项目 / 数字 / 项目	实验前			实验后		
	省级	市级	区级	省级	市级	区级
专题论文	0	0	1	7	16	3
公开教学活动	0	0	6	8	20	20

表中可见，通过素质实验，教师的科研意识和教学水平有大幅度的提高。

通过三年的素质实验，我们深深体会到，思想观念的转变，是幼教改革的关键。素质教育充分体现了“规程”的教育思想、教育原则、教育方法,同时也使“规程”得到了全面的落实,从而转变了教师的观念,树立了正确的儿童观和大教育观,推动了我园幼教改革的发展。

通过素质实验,教师们心中有了较强的目标意识,能把目标内化成自己的教育行动。在教育过程中,能够体现对儿童的关怀和尊重,能注重教育要求的系统性,教育活动为目标服务。使面向全体儿童教育的实施,得到基本落实,儿童的全面发展受到了重视。

通过素质实验,教师们组织教育活动形式多样,分组活动形式运用的合理恰当,把儿童看成是发展着的、能动的主体,认真遵循幼儿身心发展的规律。在教学中,教师从注重知识技能的传授,变为注重能力的培养,并结合幼儿的年龄特点,加强教育目的的单一性和可衡量性,重视活动在幼儿发展中的作用。根据不同的教育内容,总结和探索出分组教学的方法和规律,诸如,随机分组、能力分组、兴趣分组、个别教育等形式。使幼儿在不同的水平上都有所提高和发展,各方面素质得到全方位的增强。

通过素质实验,充分发挥了环境的教育功能。教师们创设灵活多样的活动区,让幼儿自由选择游戏活动,真正成为环境的主人,积极参与环境布置,促进良好个性的健康发展。在游戏中,幼儿自己动手操作,主动体验,团结合作,不但使他们的想象力和创造力得到发展,而且增强了他们的热爱集体、热爱劳动、有强烈的责任感、上进心和助人为乐的良好品质。

通过素质实验,教师们树立了大教育观。幼儿教育不等于幼儿园的教育,重视和加强家庭教育,进一步密切家庭与幼儿园的联系,把家长工作纳入到幼儿园的日常工作中,在建立了一系列家长工作制度的基础上,不断提高家长科学育儿的水平,并取得家长的配合和支持,形成了家园教育的一致性。

素质实验无论从教师的教育观、儿童观,还是从作用到儿童自身素质的发展上,都是有显著成效的,而且素质实验有雄厚的理论基础，有适合幼儿基础素质提高的课程标准，有幼儿年龄发展的侧重，有教学技术艺术性的指导，同时有贯通幼儿园工作规律的总目标和教育原则。素质实验不仅提高了幼儿的素质，也锻炼了教师的技能，增强了教师的理论修养，使教师们的科研意识和能力大为加强，从而推动了我园幼教改革的进程。

四、讨论与建议

三年的素质教育实践和测查所得结果充分证明，具有高度的成效性、可行性和推广性。但在实施过程中存在着一定的问题，少数课程标准比较抽象，教师在设计教学活动时有一定的困难；某些教育标准不符合本地区特点；对教育目标，运用什么样的教学方法，如何更恰当地运用分组教学，有待于进一步探索研究；在对幼儿进行素质教育的同时，教师自身素质亟待提高。

大连市妇联“六·一”幼儿园
幼儿素质教育实验课题组

大连市甘井子区教委幼儿园实验报告

马桂荣 执笔

一、实验目的

我园是中央教科所领导的《适应我国国情，提高幼儿素质实验研究》实验园之一。其主要目的：一是为幼儿素质研究探索规律，对幼儿素质研究第一阶段调查研究发现的部分问题做出具有本地区特点可行性回答，促进幼教机构全面改革顺利进行。二是将素质实验提供的实验方案、课程标准，测查幼儿素质工具等为我园所有，全面推动我园的整体改革，形成以科研促教研之风，转变观念，更新教育思想，努力探索出适合我园特点的可行性强，具有指导意义的关于各方面的新思想，新方法，新途径；探索如何为幼儿奠定良好的素质基础，促进幼儿身心全面和谐发展，真正使《幼儿园工作规程》落到实处。

二、研究的对象、时间、内容、方法、安排

（一）对象、时间：

对象以 1989 年 9 月—1990 年 10 月出生的 3—4 岁的幼儿，选两个小班为实验班，进行为期三年的纵向发展研究。并取得区领导支持，选择条件接近的甘井子区劳动服务培训中心幼儿园为对比园。

（二）内容、方法：

内容：

根据中央教科所素质教育实验研究，吸收各种类型课程模式之长，在全面发展基础上，以素质发展为纲结合我园实际、制定我园各年龄阶段教育目标和课程实施计划，予以实验。其具体内容包括：

1. 在全面发展基础上，确定各年龄阶段组的核心教育内容：

3—4 岁：以培养集体生活行为习惯和日常生活自理能力为核心。

4—5 岁：以培养对集体的情感，对事物的广泛兴趣为核心。

5—6 岁：以辨别事理，加强责任感，增强专注能力为核心。

2. 教育形式：突破过去单一的集体教育形式，选择集体、小组、个别等多样化的教育形式。

方法：

1. 实验法：

根据课程标准和目标，幼儿园制定一学期的实验计划。教师根据实验计划制定每周每日计划、每日教育行动设计，如期按计划进行实验。将教育贯穿于一日生活中。

2. 调查法：

本实验运用调查法的目的和手段有二。一是通过观察、访问、测查，深入掌握本园教师的教育行为和儿童发展的状况，以对目前幼教机构的教育工作予以明确的提示。二是以教育实验为依据起证实和修正作用，以便使实验结果更切合当前现实的需要。调查的内容是课程目标和教育内容，制定调查内容。调查方法主要有观察、问卷、操作等形式。

3. 测查、评价法：

结合实验进度和本园特点，采取定期与不定期的测查、评定。测查的内容和方法，运用中央教科所制定的测查方案和工具，或者由市教育科研所摸拟中央教科所方案结合本市情况制定测查方案进行测定评价。本实验运用测查法的目的不仅是了解实验的成果，而且可及时了解各阶段幼儿发展的情况，作为实验方案的修定和素质教育计划制定及教育活动设计的依据。

4. 定期不定期聘请专家来对实验工作进行“诊断”和“治疗”，及时发现问题及时解决，从正反两个方面吸取经验教训，以保证实验顺利进行。

(三)步骤安排：

实验准备阶段：(1993 年 4 月—1993 年 8 月)

进行思想理论准备，接受课题，参加各种实验培训班；成立本园实验领导小组；开展实验前调查：(家长、幼儿情况调查)建立幼儿个案档案；教育形式，实验前试验：(变单一形式为多种形式结合)

全面实验阶段：(1993 年 9 月—1996 年 7 月)

此阶段是实验的核心阶段。根据中央教科所提供的教育目标和课程设计。测查方案和工具材料，结合本园特点，全面改革教育思想，转变观念和态度。结合调查，以一学期为单位制定实验方案，历时三年。教师分解目标后制定周计划、日计划和教育活动，以半日活动计划为基本单位。并随着实验调整各方面的力量，调动积极因素，动员全体职工参与。

实验总结阶段：(1996 年 7 月—1996 年 9 月)

综合各阶段实验成果，对实验工作进行全面总结，撰写实验报告。各阶段实验成果写出专题总结或论文。组织力量进行数据处理和整理有关实验资料。

三、实验结果与分析

通过三年实验，幼儿园整体改革效果、教师、幼儿整体素质有显著提高，主要成果如下。

(一)理论成果

1. 探索总结了以素质和能力为“纲”和“序”的适合本地区本园特点的各年龄阶段的教育目标、教育计划及教育活动设计等。

2. 初步探索一条将教育目标真正落实到幼儿素质发展上的具体活动措施。(包括分解目标及课程标准,创设与教育目标、教育内容相适应的配套的可变性强的活动区,及其他环境)在总体上是依据目标的要求,以幼儿从事某种活动的动机为中心,组织活动的范围,选择活动的教材,创设相应的环境,克服过去以教材为中心的弊端。

3. 初步探索一条“面向全体”“因人施教”的原则,把教育真正落实到一日生活中的各个环节,教师对幼儿做到仔细观察,深入了解,认真分析,区别对待的切实可行的素质教育之路。

4. 完成一套具有我园特色的经验集。其中包括资料篇,论文篇,评估资料,录像纪实,照片等。

5. 为幼教机构全面改革探索出一些规律,积累了素材,提供了依据,促进了机构全面改革的进程。

(二)实践成果

1. 提高了教师群体素质,全园职工初步了解素质教育的概念,并逐步转变观念,改进工作,具体体现在以下几方面:

①园领导和保教人员的教育思想、观念和教育行为习惯与过去有很大转变。基本能做到一个标准,两个决裂,树立三个新观念,四个渗透,五个破立。

②教师整体素质有所提高。在实验中提出评价教师的教育技能的六大方面,而且取得程度不同的效果(观察与评估幼儿的能力;创设环境与利用环境的能力;与幼儿交往的能力;组织各种教育活动的能力;建立与培养幼儿常规的能力;做好家长工作的能力)以科研促教研,大大提高教师素质。

③在实验中解决了几个过去实践中的具体问题。关于教育目的、内容、形式的选择及先后关系问题;关于分组教学形式的理解

与运用；关于活动室物质环境与精神环境关系问题；通过实验都有了新的认识和改革，在教育上取得了良好效果。

④保教人员的科、教研水平大大提高。搞好科、教研，是教师自我提高的途径。通过实验，他们逐渐掌握从制定方案到实施方案，撰写报告和论文，以及评估实验成果的系列工程。全园初步形成以科研促教研，以点带面、踏踏实实的工作作风和深入实际、钻研业务之风，改进教师责任心差，不求上进的现状，大大提高工作的积极性。从 93 年开始的三年实践中，教师撰写的专题总结和论文获奖情况如下：

论文受奖情况一览表

级别	国家级	省级	市级	区级	园级
次数	2	15	32	23	28

(三)加大力度贯彻《规程》，促进幼儿全面发展的成果显著。

素质教育的根本问题是落实到幼儿全面发展水平上。幼儿的各种素质得到质和量的提高，其结果如下：

1. 从总的实验结果看：

表一　　实验班与对比班各阶段总成绩通过率统计表

年龄 / 通过率 / 班级	小上学期		小下学期		中上学期		大下学下期	
	$\overline{X}$	%	$\overline{X}$	%	$\overline{X}$	%	$\overline{X}$	%
实验班	53.07	70.69	52.20	5167	42.03	54.74	32.2	61.1
对比班	42.72	56.96	34.23	19.17	24.78	23.80	21	33.3

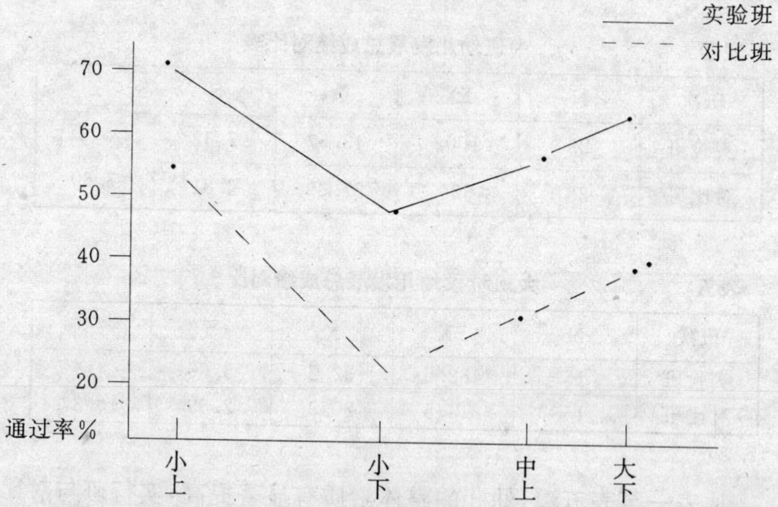

总成绩通过率统计图

2. 实验班与对比班各素质发展统计表

表二　　实验班与对比班各素质发展情况表

班次	体能			推理			时间词汇			学习方法			移情			观察比较		
	ΣX	$\overline{X}$	S	ΣX	$\overline{X}$	S	ΣX	$\overline{X}$	S	ΣX	$\overline{X}$	S	ΣX	$\overline{X}$	S	ΣX	$\overline{X}$	S
实验班	34	1.48	0.79	119	9.48	0.67	16	0.90	0.47	19	0.83	0.39	42	1.89	0.72	64	2.78	11.73
对比班	14	0.11	0.89	45	5.17	2.35	6	0.26	0.42	5	0.22	0.42	25	1.09	0.90	40	1.74	0.91
7	1.45 * *			6.49 * *			3.38 * *			5.08 * *			3.08 * *			4.79 * *		

3. 各年龄班实验阶段测查总成绩对比表

表三　　小班测查总成绩对比表

班　次	N	ΣX	$\overline{X}$	S	Z
实验班	30	1529	50.77	5.73	* *
对比班	30	1027	34.33	5.23	16.68

表四 中班幼儿发展总成绩对比表

班次	N	ΣX	$\overline{X}$	S	Z
实验班	23	1002	43.57	7.32	** 7.80
对比班	23	629	27.35	6.81	

表五 大班阶段幼儿发展总成绩对比

班次	N	ΣX	$\overline{X}$	S	Z
实验班	15	482.5	32.2	3.06	** 10.87
对比班	15	314.5	20.9	2.59	

从表一至表五看，幼儿的整体素质有显著提高，实行班与对比班达到显著差异水平。在小班实验中，由于贯彻了核心内容的教育，做到“破除一日上两节课”为主的做法，立教育贯穿于日常各种教育活动中；破幼儿教育只是幼儿园的事，立大教育观。充分发挥家长在提高幼儿素质中应有的作用。因此在培养幼儿生活自理、行为习惯、健康能力达到与对比班有显著差异水平。如表六、表七。

表六 关于生活自理、行为习惯和安全与健康能力测查统计表

班次	N	ΣX	$\overline{X}$	S	Z
实验班	30	536	17.90	1.36	** 4.66
对比班	30	463	15.43	2.57	

表七　小班幼儿日常生活技能成绩对比

项目/班次	会用筷子		会用剪刀		餐后收拾	
	达到人数	通过率	达标人数	通过率	达标人数	通过率
实验班	30	100%	23	77%	26	87%
对比班	30	37%	13	43%	17	57%

注:此表成绩是94年7月根据我园实验的需要,模拟中央教科所(小上)测查工具提供的评价工具,由市领导小组指导测查所得。

在中班阶段,我们以“集体的情感培养和对事物广泛兴趣”为实现教育的核心内容。在实验纠偏中求发展。从统计曲线图中可以说明这点,我们在素质教育中“还存在一些问题,如对幼儿观察力培养不够;知识教育仍然以教材为中心,没有注意幼儿素质发展;单纯知识教育,没有注意能力培养”。中央教科所专家及时来园检查,及时发现问题及时纠正。因此中班幼儿在体能推理、时间观念、学习方法、移情、观察比较能力等方面发展良好。如表二所示,幼儿在学习有规则的排列时,教师通过让幼儿观察各种事物,从而理解什么是有规则的概念,然后让幼儿在操作中探索和总结,发现其规律。同时还采取分组教学形式,根据幼儿发展的不同水平,设计不同的教育内容,不同的指导方法,提出不同的要求。然后,全面观察纠正和正确评价幼儿的发展,这样的发现就促进了每个幼儿在原有水平上得到发展提高。真正落实了《规程》的精神。同时我们还在专家来园“诊断”和“治疗”指导下,促进了教师对素质教育的深层理解和教育技能的提高。做到正确处理教与学的关系,破除以成人意志为转移,片面追求作业形式,使幼儿由“要我学”转为“我要学”,由“学会”转为“会学”。这是素质教育促使教师不断在观念上转变到行动上的真正转轨的具体体现。

大班阶段以“辨别事理、加强责任感,培养专注能力核心的素质实验，我们坚持知、情、意、行并重的原则，传授知识同时培养幼儿的良好个性，养成幼儿良好的学习心态，掌握正确的学习方法，培养幼儿自信心和责任感，真正为入小学打好基础。通过市教育科研所设计的实验测查结果，综合出实验班幼儿的特点是：体魄健壮，智能发达，独立生活能力强，思维敏捷，行为品质与分享意识、集体意识，审美和表现的能力都比较强。体现了素质教育的效果。

（四）通过素质教育实验，加强和转变了家长工作的态度和做法。形成具有我园特色的家长工作体系，增强了教师自觉做家长工作的意识和能力；提高了家长的教育思想和科学育儿的水平。

四、结论与思考

（一）从素质教育实验的结果看，可以肯定，素质教育的可行性和它的成功之处。它提出了幼儿教育改革的关键；是从旧的教育思想，观念、教材、教育技能技巧转轨到素质教育上，要求现代幼儿教育必须以为幼儿奠定良好的素质基础为出发点，才能适应教育现代化的要求和培养21世纪跨世纪人才素质的需要。

（二）实验中我们体会到“素质”是指人整个内在的身心组织结构及他们的量和质的水平。它包括生理、心理、文化素质。从幼儿阶段应从体能的、才智的、社会性的、审美表现美能力的素质培养，它们之间互相联系，相互渗透，相互依存，构成幼儿的整体素质。它具有完整、潜在和发展性特点。因此，决定素质教育具有基础化，整体化，民族化的性质。这些特点和性质将决定素质教育实验的方向和内容，是素质教育实行的理论基础和行为指南。以此来衡量我们实验的效果。我们认为在实验中我们取得了成功，但从整个素质教育来看我们仅仅是有个良好的开端。对素质教育的真正理论如幼儿阶段幼儿素质整体性的层次；稳定性的具体时期和特点；潜在能力的深度、广度；如何全面、整体发挥幼儿的潜能提高整体素质的研究,还没有完全掌握。诸如在素质教育的课程标准的教育计划设计上也才刚刚起步,对幼儿教育课程的构建,抓住素质教育的实质进行探索还很不够。如良好的生理素质(机能的平衡性、协调性、柔韧性、感受性、忍耐性等),认知能力和心理素质(自制性、果断性、勇敢性、自主性、创造性等),品质素质(自尊感、责任感、荣誉感、正义感)和审美素质(情趣性、鉴赏性、表现性)等,探索这些素质的合理形成及有效的发展,探索21世纪人才素质必备的最基础的素质结构,将是我们今后继续研究的课题。

(三)从实验各阶段成绩通过率的四线图看,在幼儿阶段是否存在一个素质发展的相对稳定期和相对加速期。统计图出现的V型曲线有其客观原因。中班的测查题目比较难且评分标准比较严格等情况也影响了一些实验工作。但在对比班相对也显现V型发展曲线,即从生理发展和素质教育上存在相对稳定和相对发展渐进的规律,这有待进一步研究验证。

(四)从实验测查中看,属于心理素质的测查实验没有达到显著差异水平。如表八。

表八 心理素质测查

项目/成绩/班级	注意				思维				想像			
	ΣX	$\overline{X}$	S	Z	ΣX	$\overline{X}$	S	Z	ΣX	$\overline{X}$	S	Z
实验班	88	0.93	0.25	0.68	68	0.68	2.27	0.54	41	1.37	1.62	0.299
对比班	86	0.87	0.43	无差异	52	0.73	1.32	无差异	39	1.30	1.30	无差异

幼儿心理素质是素质教育重要的内容,也是幼儿发展的重要动力,我们认为为要提高幼儿素质水平根本在于提高教师的素质。在实验中教师群体素质得到很大提高这是肯定的,但目前幼儿教师的心理知识缺乏,对儿童言行表现掌握多,对幼儿心理水平发展

了解得少，对幼儿显性素质研究得多，对幼儿隐性素质研究得少，也就是对幼儿的潜能研究掌握少。这不能不影响实验的效果。影响幼儿心理发展的水平，这将是素质教育的重大课题。所以，建议今后在提高教师素质时，不能单从写了多少论文，设计了几次好的教育活动课来考虑，要从教师对幼儿心理素质的了解与掌握上下功夫，对教师进行心理学知识和经验的再教育，是提高幼儿素质教育的重要环节。使他们真正理解“素质”的内涵，并贯彻到教育的始终，这是素质教育的关键，也是落实素质教育促进幼儿素质全面提高的条件。

（五）素质教育是个长期系统工程，也是幼教改革方向性问题。在观念转变与行为转轨两个方面，尚有一个漫长的距离，转变与转轨真正结合，促进幼儿素质整体发展，尚需花大力气研究。如何有效地促进全园工作机制的转变，机构的全面改革，科学的管理，教师素质的全面提高，幼儿园的物质，设备条件的丰富，良好环境的创设，均有待我们继续深入研究，以真正落实《规程》精神，搞好素质教育，为培养跨世纪人才作出自己的贡献。

鞍钢第一幼儿园实验报告

齐　丹　执笔

一、问题的提出

80年代初，党和政府发出提高全民素质的号召。

未来社会需要体魄健壮、智力发达、人际关系和谐的人才，需要有理想、有道德、有文化、有纪律的合格建设者。因此，提高幼儿素质，首先是未来社会的需要。

《规程》总则第五条明确提出幼儿园保育和教育的目标，它概括了做一个有益于社会的、有用的人的基本素质要求。因此，提高幼儿素质是深入贯彻《规程》的深层次要求。

幼儿园的教育任务是：实行保育和教育相结合的原则，对幼儿实施体、智、德、美全面发展的教育，促进幼儿身心和谐发展。因此，提高幼儿素质，也是全面完成教育任务的需要。

过去，由于传统教育观念的束缚，我们在实践中不同程度地存在一些问题，如重智轻德或轻体、重作业轻活动、重知识轻能力培养，忽视家长工作等。传统的教育观念使教育偏离了“提高受教育者素质”这一正确的教育轨道。而素质教育的实质就是要求教育工作者转变观念，克服传统教育中的种种弊端，寻求最佳途径和方法，促进每个幼儿在原有水平基础上得到发展，为幼儿奠定良好的素质基础。

二、实验假说及理论依据

(一)实验假说:

教师从革除幼儿园当前的主要弊端入手,转变观念,综合学科课程、活动课程和核心课程的主要特点,全面完成不同年龄阶段的以素质因素为纲的课程标准,重视环境的教育作用,重视加强家庭对素质基础奠定过程中的正效应,就能够促进幼儿在原有水平基础上得到全面和谐的发展。

(二)理论依据:

素质,只有少数是先天性的,而大多数是后天经教育训练之后逐渐形成和提高的。即使是先天性的素质,经过教育训练之后也可以大大提高,这奠定了素质可以形成、提高、相互影响、逆转等作用。

三、实验的目的

通过素质实验,发展幼儿的智力,培养良好的道德行为,形成和谐的人格、人际关系以及培养良好的生活习惯,让幼儿学会生活,学会学习,学会关心,有目的、有计划地促进幼儿生理、心理、品德、社会活动等各方面素质的全面提高,为幼儿一生发展打好基础。

四、实验方法

(一)方法:教育实验法。

(二)实验对象:选定 1993 年入园的小一班全体幼儿共三十人,为实验班儿童。同时,确定同年龄素质相同的小二班全体幼儿共三十人，为对比班儿童。

（三）实验周期：1993 年 9 月—1996 年 9 月。

五、实验原则

（一）整体性原则。

（二）差异性原则。

（三）主体性原则。

（四）发展性原则。

（五）科学性原则。

六、实验的实施与操作

（一）转变观念，树立明确的目标意义。

1. 改“教材在先”为“目标在先”，确立幼儿在教育活动过程中的主体地位。

过去我们提到上课，教师首先要想到要选择什么内容，使用哪些新颖的形式，怎样把知识“教”给孩子。在这样的活动中，孩子成为容器，被动地接受知识。教师则无视幼儿发展的实际水平和个体发展的需要，心中无幼儿，教育无目标。然而，教育目标恰恰是我们进行教育工作的重要前提。因此，我们制定教育计划、设计教育活动要有明确的目标。教师应清楚自己选择的教育内容，所采用的教育手段和所使用的材料，其依据是什么，要为哪项目标服务，要促进幼儿哪方面素质的提高和发展。这样，教师的教育工作变被动为主动，避免了工作的盲目性。

2. 将课程标准分解为具体可行的教育要求。

每学期初，我们对课程标准反复推敲，仔细研究，将课程标准分解为具体可行的教育要求，即工作目标，再全面衡量幼儿认知、动作和社会性等多方面发展水平，选择教育要求，以此为依据，制定周计划、日计划、设计具体的教育活动。

（二）强调内在素质，而不是表面知识的获得。

素质本身具有潜在性和相对稳定性，所以素质教育要注重把外在的影响和要求“内化”为受教育者个体的素质，也就是说，我们旨在奠定基础的素质教育，是对个人发展提供外在影响，产生外在作用。而这种影响和作用，只有通过个体的内化作用，才能形成个体所具有的素质。因此，素质教育要考虑幼儿动机形成的过程，从而使品德、情感、习惯、能力变成稳定的内在品质，而不是急于表现教育的结果，追求表面的、片面的知识技能的获得。

如，“认识首都北京”的活动，并不是单纯地向幼儿介绍有关北京的知识的过程，更是使“爱祖国”内化为一种稳定的情感的过程。为此我们请幼儿拿来自己或爸爸妈妈在北京的照片互相交流。李雨慧说：“小朋友们，我去过天安门广场。瞧，这是我在天安门广场照的照片，我身后是雄伟壮丽的天安门城楼。”王尧说：“我也去过天安门广场。天安门广场有一座高大的人民英雄纪念碑。为了我们过上幸福的生活，有许多叔叔阿姨都牺牲了，为了纪念他们，就在天安门广场建了这座高大的人民英雄纪念碑。”朱云佩说：“我去过北京的长城。我爸爸告诉我：‘不到长城非好汉’”。孩子们那自豪、骄傲、憧憬的表情，流露出无限的向往和爱意。而在这一活动中，也给了每个孩子用语言表达内心情感的机会。

（三）实现教育目标与教育过程的统一。

由于每个幼儿遗传因素、环境影响、生活经验的不同，使得其兴趣、爱好、个体发展水平也不尽相同，教师在选择教育内容、形式和方法时要充分考虑幼儿的个体差异，因材施教，促进幼儿在原有水平上的提高和发展，即从素质的角度出发来实施教育。

1. 根据幼儿的不同发展水平提出不同的教育要求。就是说针对不同兴趣、不同爱好、不同能力水平的幼儿所提出的教育要求要有所区别，不要强求幼儿“齐步走”，不搞“一刀切”。

大班第一学期，多数幼儿学会跳绳，但也是一部分幼儿的难点。这时，我针对两类幼儿提出了不同的要求，即鼓励已经学会跳绳的幼儿学习快速跳、反跳或双人跳，鼓励没有学会的幼儿练习跳3个以上，当幼儿掌握以后，逐渐提高要求，最终达到目标。

2. 采用灵活多样的教育形式

《规程》中提出：“幼儿园的教育活动是有目的、有计划的引导幼儿主动活动的、多种形式的教育过程。”

以往的教育活动只有集体教学这一种形式，而现在教育活动则可以根据不同的要求和幼儿的特点，灵活地采用集体教学、分组教学和个别教育的形式，如：新授歌曲时，由于幼儿水平差异不大，不需教师过多的指导，因此，可以采用集体教学形式。

分组教学做为一种新的教育形式，相对集体教学而言则增多了教师与幼儿间面对面的交流，便于教师观察和了解每个幼儿，针对不同的幼儿进行个别教育，给予个别指导，更多地为幼儿提供学习和表现自己能力的机会和条件。如：折“纸青蛙”的活动，由于幼儿动手操作水平差异较大，需要教师较多的个别指导。于是，我们为幼儿准备了可供拆开的样品及图例，将幼儿按能力强弱分成两组，分别进行教学。此后，再通过手工活动中的个别指导，帮助能力较差的幼儿学习看图例折纸。

总之，教学形式要为目标服务，为幼儿的全面发展服务。教师应根据具体情况，灵活地将集体教学、分组教学和个别指导结合起来，为幼儿提供充分活动的机会，重视过程，促进每个幼儿在不同水平上的发展。

（四）创设良好的环境，为幼儿提供发展的资源。《规程》第二十条明确提出：“创设与教育相适应的良好环境，为幼儿提供活动和表现能力的机会与条件。”

幼儿不可能脱离环境而发展。如果说，幼儿是发展着的主体，那么，良好的环境将是支持主体发展的资源。为此，我们重视从主体的发展来考虑环境，重视发掘和利用环境资源。

1. 突破以往只注重环境的美化和装饰作用的做法，强调其教育性、实效性和参与性。教育性，是指环境设计要结合幼儿年龄特点与近期目标、与活动内容相联系；参与性，是指幼儿的作品要体现在环境中；实效性，是指布置的环境要能够发挥作用，而不是幼儿视而不见的“摆设”。如，幼儿入园前，我们请家长带来幼儿与父母的合影，布置在教室低矮的墙面上，当幼儿哭闹时，把他们领到照片前，帮助他们稳定情绪。我们还利用旧纸盒在墙上布置立体小火车，将幼儿照片按每六人一组分别贴在六节车厢上，目的是帮助幼儿建立组的概念，初步培养幼儿的集体意识。

又如，中班时我们设计了“你认识我”的墙饰，促进幼儿类概念的发展。在另一面墙上则设计了“迪斯尼乐园”的主题，用幼儿感兴趣的各种生动的形象，教育幼儿养成团结友爱，乐于助人的好品质。

到了大班，在征求幼儿意见之后，我们共同设计了“动物世界”的墙饰，帮助幼儿掌握动物生长的规律。另外主墙则综合了大班的要求，以“爱集体”、“爱劳动”、“爱和平”和“不怕困难”为主题设计了四幅生动的画面，将目标渗透其中，潜移默化地发挥其教育作用。

在活动中，幼儿也积极参与环境创设，幼儿的作品成了我们布置环境的好材料。如：将幼儿的染纸作品剪贴后布置主题墙，以培养幼儿的参与意识。

2. 变封闭式的玩具材料管理为开放式的管理。

以往玩具在高高的玩具柜上，幼儿没有真正成为玩具材料的主人。为此，我们设计了低矮，可移动的玩具柜。这样便于幼儿自由结伴、自由取放和整理玩具，有利于幼儿自主性的发挥和良好习惯的养成。

3. 建立小组环境，为幼儿创造自由空间。低矮、可移动的玩具柜将不同组的幼儿隔离开来，减少了相互间干扰，为幼儿提供了独处、思考和个体发展的自由空间。改变了幼儿"围个圆圈坐"的现状，使幼儿脱离了教师过多的、不必要的控制。对于每个组，我们则根据玩具材料在幼儿发展中的不同功用，习惯地叫美工角、手工角……

(1)有目的地增设区域，合理地安排空间。

A. 活动区域的开设应与目标要求和幼儿发展水平相一致。

根据幼儿的需要，我们在小班开设了娃娃家、手工角、美工角、认知角和建构区，到小班末期根据幼儿交往的需要开设了餐厅、公用电话厅。中班根据"知道一些主要疾病的名称和症状"、"认识货币"、"认识一些科学现象"的目标要求，我们逐渐增设医院、商店、小银行和科学角。

B. 合理利用空间。

如将手工区、美工区、认知区安排在光线充足的安静的地方，将建构区安排在宽敞、易于活动的地方，而角色活动区则放在走廊里，避免干扰。

(2)区域材料的投放。

活动区常常做为我们对幼儿进行个别教育的最佳场所。为此，活动区材料应根据目的要求、幼儿个体发展的情况，经常充实和更换。既可根据目标由浅入深地投放材料(如：根据"学习绒线缝纫"课程内容可在手工区投放手工针、钮扣，再逐渐增设绣线板和毛衣针等)，又可根据幼儿的能力分层次投放材料(如：根据学习"使用筷子"课程内容可以在手工区中为能力较差的幼儿准备容易夹起的小积木、纸条，为能力较强的幼儿准备小豆或玻璃球，以适应不同水平幼儿的要求)。

活动区的建立为幼儿营造了一个自由宽敞的空间。充分发挥了环境潜在的教育作用。为幼儿智力因素和非智力因素的发展创造了有利条件。

(五)观察了解幼儿是一项重要工作。

教师教育目标的确立、计划的制定、内容的选择、教育手段的应用,都要以幼儿发展水平为依据。为此,教师要通过多种手段和途径观察幼儿,了解幼儿发展状况,及时对目标、内容、手段加以调节。

1. 家庭问卷。便于教师对初入园的幼儿在饮食、自理能力、兴趣、爱好、性格等情况有初步的了解,针对不同幼儿采取不同教育措施。

2. 各类观察记录。如:活动区入区情况观察记录、值日生工作观察记录(见下表),便于教师掌握教学中存在的各种问题,调控幼儿的行为。

幼儿入区情况观察记录

日期	月 日						月 日						备注
项目 姓名	医院	商店	娃娃家	手工角	美工角	建构区	医院	商店	娃娃家	手工角	美工角	建构区	

第　　周　值日生工作情况评估

项目 姓名	扫地	绘画天气预报	照顾动物	自然角	生长记录	发餐具	擦桌子

3. 建立个人档案，汇总幼儿发展过程中有价值的资料。如测查成绩单，各类评估记录，有代表性的作品，放入幼儿个人档案袋中，便于教师对幼儿发展情况进行全面分析。

(六)密切家园联系，保持家园同步。

长期以来，人们把幼儿教育等同于幼儿园教育，而忽视家庭教育的巨大力量。要对幼儿进行体、智、德、美全面发展的教育，要促进幼儿身心和谐发展，要面向全体，因材施教，这一任务绝不可能脱离家庭而由教师来独立完成。这就需要我们做大量的、细致的家长工作，取得家园教育的一致性，使之保持经常。

1. 建立家园联系。每月一次家园联系会，向家长介绍教育目标，使家长明确配合的事项。

2. 定期召开家长会。

3. 建立“家园快车”专栏。家长和教师对幼儿的进步及时给予鼓励。即家长和教师将幼儿的进步情况写成简短字条，插到“家庭快车”中，是家园配合对幼儿进行个别教育的好方法。

4. 家园双向评估。教师将每周目标要求公布出来，并与家长对幼儿的达标情况分别进行评价(见下表)

幼儿发展情况家园评估表

第　　周教育目标												
目标 项	第1项		第2项		第3项		第4项		第5项		第6项	
目 姓　名	家	园	家	园	家	园	家	园	家	园	家	园

达到目标:✓　　需巩固:△　　尚未达到:×

七、实验成果

（一）素质教育促进幼儿整体素质的提高。

1. 幼儿身体素质得到提高。

实验班幼儿具有参加锻炼的主动性，身体姿势正确。动作敏捷，对外界环境的适应能力和对疾病的抵抗能力强，身体生长发育迅速。

附表1　传染病盛行期我园大班组幼儿出勤人数对比表

班级 项目	实验班	大二	大三	大四
总数	30	37	40	38
出勤人数	24—28	15—24	8—20	14—20
百分率	80%—93.3%	40.5%—64.9%	20%—50%	36.5%—52%

附表 2 实验班与对比班及 5 岁儿童标准身高、体重对比表

	标　准 身高(CM)	实验班 身高(CM)	对比班 身高(CM)	标准 体重(KG)	实验班 体重(KG)	对比班 体重(KG)
男(5 岁)	108.6+4.5	117.5	115.5	17.39+2.05	22.42	20.9
女(5 岁)	107.2+4.2	116.5	115.4	16.79+1.82	21.4	20.3

2. 幼儿智力水平得到提高。

实验班幼儿好奇心强，有旺盛的求知欲，勤思考善观察，乐于动手探索和实践。幼儿的语言表达能力、逻辑思维能力、观察力、记忆力、独立思考能力和创造力等均强于对比班。

附表 3　实验班、对比班幼儿智能发展情况对比表

项目 班级	观察力	语言表达能力	逻辑思维能力	记忆力	总　分
实验班	59	264	324	106	811
对比班	30	129	223.5	43	465.5

3. 有效地促进幼儿良好品德的形成。

实验班幼儿文明有礼貌，诚实勇敢，懂得关心他人，极强的责任感和集体荣誉感，富有同情心，能与他人团结合作，愿意与人分享，热爱劳动，乐于为他人、为集体服务，具备简单的自我服务和为集体服务的技能。

4. 幼儿具备初步的欣赏美的能力和表现美的技能。

幼儿愿意听美好的音乐，看动人的图画，能够大胆地唱、跳、说、画，并富有表现力。

由于树立了正确的教育观念，实现了思想和行动上的转轨，使

得我们的教育真正落实到每个幼儿身上，为幼儿奠定了良好的素质基础。在大班末期，我们对幼儿进行了终结综合测查。测查结果表明，实验班幼儿的整体素质明显高于对比班幼儿（见附表4）。同时，也充分证明了素质教育的可行性。

附表4　　大班幼儿发展情况测查对比表

班级	n	Σ	$\overline{X}$	S
实验班	30	1513	50.4	6.2
对比班	30	850	28.3	7.07

$t=12.8>t(58)\ 0.01\quad p<0.01$

（二）有效地促进教师素质的提高。

1. 通过实验，教师树立了正确的教育观、儿童观。教师充分理解和尊重幼儿，重视和谐、融洽的师生关系的建立，重视儿童个体发展的需要，因人施教。

2. 对素质教育的内涵有了更为深刻的理解，并在实践中充分发挥各种手段的交互作用，深入地观察、了解和分析幼儿，能够有的放矢地解决教育中遇到的问题。

3. 充分认识到环境对幼儿发展的意义，积极创设与教育目标相一致的动态环境，并在拥有丰富的物质环境的基础上，为幼儿建立良好的精神环境。

4. 充分重视家长工作，注意运用多种渠道和手段开展家长工作，使之与幼儿园教育形成合力。

八、讨论与建议

素质实验即将结束，所有参加实验的教师达成这样一个共识：

素质教育使每一个被教育者成为受益者。但在实践中，我们也不断面临一些问题：

1. 如何科学地建立起幼儿发展水平的评价标准？

2. 个别教育目标比较抽象，教师如何恰如其分地把握教育目标，并将其转化为教育实践？

此外，全面提高幼儿素质是幼儿教育工作者的永恒课题。随着社会的发展与进步，素质教育必将面临更多、更新的问题。因此，作为教育工作者，我们应不断提高自身的思想素质和理论水平，增强责任心和敬业精神，以提高民族素质为己任，将素质教育深入持久地开展下去。

负 责 人：李晓霞　齐　悦　马国才　梅艳凤

实验教师：齐　丹　邵凤春　赵　红

鞍山市焦耐院幼儿园实验报告

李　娜　吴旭红　执笔

一、课题的提出和依据

80年代初期，党和政府发出了提高全民族素质的号召。80年代末期，国家教委又颁布了《幼儿园工作规程》，明确指出了“体、智、德、美”和谐发展的教育目标。我园作为省级示范性幼儿园积极地投入到幼教改革之中，先后进行了分科、综合主题等课程模式的教学。但是在教育活动中却存在着重知识、轻能力；重结果、轻过程；重教育内容、轻目标要求的弊端，带着这些迫切需要解决的问题，我园作为省级实验点于1993年7月承接了“中华哲学社会科学基金会”、“八·五”期间的研究项目《适应我国国情，提高幼儿素质的实验研究》课题。

二、实验的指导思想

(一)面向全体幼儿，促进每个幼儿在原有水平上的发展。

(二)促进幼儿各方面素质全面和谐的发展。

(三)提高教师素质，使教师和幼儿素质协同发展。

(四)综合学科课程、活动课程和核心课程等各种课程模式之所长，实施以素质因素为纲的课程标准。

(五)充分利用幼儿园、家庭、社会三大环境对幼儿的积极影响，三方面教育相互配合，同向同步、形成合力，共同实现教育目标。

三、实验方法

(一)方法：

(二)实验对象：

随机抽取 90 年 1 月至 10 月份出生的幼儿 60 名，其中实验班幼儿 30 名(男孩 15 名、女孩 15 名)，对比班幼儿 30 名(男孩 15 名、女孩 15 名)。

(三)实验时间：

1993 年 7 月至 1996 年 7 月

四、实验步骤

第一阶段：1993 年 7 月至 1994 年 7 月

整个 3 岁年龄段，我们总的教育目标是在促进刚入园儿童全面发展的基础上，侧重于培养幼儿对集体环境的熟悉和喜爱，对幼儿进行良好的生活能力和行为习惯的培养。为此，我们在这一阶段主要做了以下几方面的工作：

1. 为使教师在实施教育活动中有更加明显、单一、具体的教育目标，对幼儿的生活常规、行为习惯进行更好、更细致的培养。我们将三至四岁年龄段上学期的教育目标进行分析，将 191 条教育目标具体分解为 238 条。

2. 开学初，我们对实验班与对比班的 60 名幼儿(两个班各 30 人)在家庭中的生活自理、行为习惯等方面的能力进行调查。调查结果见下表：

表一：

项目 / 人数 / 班级	饭前主动洗手		便后主动洗手		饭后漱口		便后自己擦屁股		收拾玩具		主动问候别人	
	家	园	家	园	家	园	家	园	家	园	家	园
实验班	6	6	0	0	0	0	0	0	2	5	0	0
对比班	5	6	0	0	0	0	0	0	3	4	0	0

针对调查中存在的问题，我们加强了在一日活动中培养幼儿的良好行为习惯的工作。通过小竞赛、谈话等多种形式促进幼儿自理能力的提高。同时取得家长的配合，巩固已形成的良好行为习惯和自理能力。小班期末我们又对幼儿的行为习惯和某些自理能力进行测查，结果表明：实验班与对比班幼儿各种能力都有提高。但是实验班幼儿的良好行为习惯、自理能力达标率达 99%，良好行为基本定型。我们也深深地认识到：在小班阶段，培养幼儿的良好行为习惯是必要的，适时的、可行的。

3. 为了解幼儿在园活动情况，便于教师有针对性地指导。我们在开学初期制定了“观察记录”。主要观察记录幼儿情绪稳定状况，对周围环境的熟悉、喜爱程度，幼儿在一日活动中的表现等。在一日活动中教师发现问题，随时记录，便于做好个别教育、解决在活动中带有普遍意义的问题。

4. 制定月教育目标反馈表，便于教师、家长了解幼儿在园在家实现教育目标情况。每月向家长反馈一次。

表二：

月份	三月															四月															备注
周次	教师												家长			教师												家长			
等级	一			二			三			四						一			二			三			四						
目标序号与分解	Ⅰ	Ⅱ	Ⅲ	Ⅰ	Ⅱ	Ⅲ	Ⅰ	Ⅱ	Ⅲ	Ⅰ	Ⅱ	Ⅲ	Ⅰ	Ⅱ	Ⅲ	Ⅰ	Ⅱ	Ⅲ	Ⅰ	Ⅱ	Ⅲ	Ⅰ	Ⅱ	Ⅲ	Ⅰ	Ⅱ	Ⅲ	Ⅰ	Ⅱ		

5．为使小班幼儿初步建立起为集体、为他人服务的意识，我们在小班下学期开展了“值日生”工作，为值日生制作了专门的衣服，排了值日生表，并提出在早 7：30 分之前入园等方面的要求。让幼儿通过值日生工作做一些力所能及的事情，巩固已养成的良好行为习惯，初步建立为集体、为他人服务的意识。

6．为使新入园的幼儿对幼儿园产生良好的感情，初步感受集体的温暖，我们在每个月最后一周的周五为这个月过生日的小朋友集体过生日，通过唱生日歌、赠生日礼物、切蛋糕、吃蛋糕等一系列活动让幼儿感受到关心他人与被人关心所产生的幸福快乐。

经过一学年的实验，教师和家长都感到幼儿已经适应了幼儿园的生活，初步形成了一些良好生活习惯、文明行为习惯和言语习惯，知道一些最起码的保护身体安全和健康的知识，并具备有关能力。孩子们愿意听美的音乐，看动人的图画，愿意大胆地画、想、唱、跳、说，并掌握最初步的有关技能。同时，我们也感到以往的工作中存在着一些问题：

1．因我们具体执行教育目标是以月为单位制定的，所以在落实日计划目标的时候缺乏计划性、层次感，造成了教师整日忙于教育目标的选择，计划的制定，同时也不利于家长对孩子进行及时、正确的评价。

2. 我们制定的观察记录，只是记载某一幼儿在某一环节中的表现，缺乏计划、有针对性地指导。如：只是记录幼儿在活动区中的表现，而缺乏如何根据教育目标有计划地进行指导。

第二阶段：1994 年 7 月至 1995 年 7 月

针对在第一阶段中存在的问题，我们采取了以下一些切实有效的办法：

1. 改月计划为周计划。在制定周计划的过程中，一方面考虑教育目标的连续性、阶段性及六科教学的内容。另一方面穿插有关季节、时事、节日等方面的内容。省略月计划，直接将学期的教育目标分解到每一周。制定出《幼儿发展水平评估表》，每周向家长反馈一次。

表三：幼儿发展水平评估表

月　　日

时间 / 达到标准 / 教育目标	三月		四月		五月		六月	
	园	家	园	家	园	家	园	家

注：完全达到的打“√”，基本达到打“△”，未达到打“×”，没来园划“○”

2. 改变日计划的格式：使日计划的每一环节都有明确的教育目标。教育过程的填写注重实效、简单明了。效果分析具有针对性。

表四：上午教育活动计划　　月　　日　　执教

教育目标	教育内容　过程　指导重点	材料准备	效果分析
	室内自由活动		
	教育活动		
	户外活动		
	盥洗、进餐		

表五：下午教育活动计划　　月　　日　　执教

教育目标	教育内容　过程　指导重点	材料准备	效果分析
	睡前活动、午睡		
	游戏活动		
	盥洗、进餐		
	游戏活动		

3. 制定活动区记录和谈话记录

活动区记录内容包括：由教师确立的某一活动区的具体教育目标，幼儿完成这一目标的原有水平，教师采取的具体指导、方法、手段、幼儿的行为表现等，由教师观察后记录。

表六：　　　　　　　　班活动记录

时间	具体教育目标	投放材料	原有水平			教师指导	发展水平			备注
			认知	情感社会性	操作技能		认知	情感社会性	操作技能	

谈话记录是教师针对幼儿在活动中出现的问题与家长、幼儿沟通时所做的记录。

表七：　　　　　班谈话记录　　时间：

具体教育问题	联系形式			备注
	谈话	书面形式	座谈	

4. 在中班年龄段，我们在促进幼儿全面发展的基础上，将侧重点放在培养幼儿对集体作用的了解，学习正确处理个人与集体的关系，扩大对环境的认识，培养幼儿的多种兴趣上面。

我们将教育目标渗透到一日活动的各个环节中去，灵活的利用各种时间、地点、形式进行教学。如：利用社会环境，带领孩子走出去，扩大视野。在完成教育目标“对几种不同劳动场所的工作内容、方法、态度、设施等有所认识,加深领会各种劳动者的工作意义,产生学习的愿望和尊敬的感情”的目标时,我们带领幼儿到街头观看了清洁工人的劳动,让孩子领会了他们工作的辛苦。知道只有清洁工人辛苦的工作,才会使我们生活在一个干净、整洁的环境中。通过这样的活动,不仅使幼儿受到了爱护周围环境的教育,同时也出现了孩子督促家长爱护环境的现象。

中班幼儿求知欲旺盛,对事物有广泛的兴趣,对事物和现象的了解比较积极主动,为此,我们在中班新创设了一些丰富多彩的活动区。如:在创设科学区时,我们通过游戏的手段和对比的方式,经过幼儿自己观察、操作和思考,让幼儿了解一些化学、物理等方面的科学常识。如:在科学区提供盐、糖、沙子、烧杯等工具,让幼儿理解盐和糖的可溶性以及沙子的不可溶性的道理。此外,我们还创设了生物区、表演区、小银行、剪画区等,以促进幼儿口语表达能力、表演能力、逻辑思维能力、创造力及社会交往能力等各种能力的发展。

总之,在中班整个学年,幼儿有很大进步,取得了很大成绩。但是,在实践中我们也走了一些弯路。1、对目标的理解不够透彻。把应该做为实施手段的内容理解为教育目标。没有从素质的角度去分解课程标准,教师的教育计划多是课程标准整个条目的照搬,从而降低了各个条目所包含的素质内容的教育作用。如:“在实施对家用电器和其他带有新技术的日用品产生兴趣,并愿给自己提出问题,同时希望获得问题的答案”的目标时,将作为实施手段的“例如”中的内容作为教育目标逐条完成,而忽视了培养幼儿对电器、新型日用品产生探索、询问、发现的愿望。

2. 由于没有认真区分学期课程标准中对每个条目要求的不同程度,如:是“学习”还是“学会”,是“愿意”还是“知道”,是“巩固”还是“提高”。造成该让幼儿“学会”的,未达到目标要求,该是“学习”的内容,而作为“完全掌握”的要求来完成。

3. 内容先于目标。素质实验要求我们在实施教育活动时，要先有目标，根据目标选择教学内容，而我们在实施教育活动的过程中，不自觉地又回到老路上去，根据内容找目标。造成了一个教育内容，多个教育目标，往往顾此失彼。

中班上学期末，我们在省级“素质实验”的研讨会上与同行针对这些问题展开讨论。在研讨过程中，我们对中班下学期的教育目标进行了更深刻、更透彻的分析，进一步明确了在组织教育活动时，一定要目标先于内容。

第三阶段：1995 年 7 月至 1996 年 7 月

此阶段是实验的最后阶段，我们在总结前两个阶段经验与教训的同时，把教育目标的重点放在对幼儿责任感的强化，对明辨事非能力的提高，对即将步入新环境（小学）所必须具备的基本能力做准备。为此，我们做了以下几方面的工作：

1. 活动室的变化：大班幼儿即将升入小学，为了给幼儿一个安静的学习环境，培养幼儿良好的学习习惯，我们将一些以静为主的活动区，如：图书区、美工区、计算区、科学区等区域设置在大活动室内；将一些以动为主发展幼儿社会交往能力的活动区，如：银行、商店、医院等区域设置在走廊。同时，我们加大了活动区活动时间，给幼儿更多的支配自己行为的机会，锻炼幼儿在活动中有明确的目的性和时间观念。

2. 开设劳动课：为增强幼儿的劳动意识，提高幼儿的动手操作的积极性和认真态度。我们在每周五下午开设劳动课。具体内容如：修补损坏图书，尝试修理损坏的桌椅，皮球缺气时自己打气等。通过劳动课的开设，幼儿的动手能力增强了，能够以认真的态度对待各种劳动任务，并且深刻地认识到勤劳是高贵的品质，知道事物是由劳动创造的。

3. 注重教给幼儿掌握学习知识的方法，为幼儿主动学习奠定良好基础。如：用比较的方法、推理的方法认识事物。

4. 此外，我们在大班整个学年，还对幼儿的言语能力、阅读能力、逻辑思维能力、专注力、记忆力、独立思考能力、创造力、集体意识、法制意识、审美观等各种能力进行了循序渐进的培养。

五、实验中的主要工作

1. 抓好教育教学工作：

(1)根据不同年龄段的课程标准，依据幼儿年龄特点，本班幼儿的实际水平及个别幼儿的发展特点和水平制订周计划、日计划。

(2)以幼儿素质提高作为教育教学工作的落脚点，注重个别差异。坚持面向全体与因材施教相结合的教育原则。

(3)教给幼儿学习的方法，激发幼儿学习的主动性、积极性。

(4)将教育目标渗透到一日活动的各个环节中去，利用灵活的时间、地点进行教学，充分发挥学科课程、综合课程、活动课程之所长，实施教育教学。

(5)依据教育目标的要求，采取集中、分组、个别教育等多种形式，保证每个幼儿都在原有水平上有所提高。充分发挥多种教育形式的交互作用，完成教育目标要求。

(6)制订“幼儿发展水平评估表”、“活动区记录”、“谈话记录”，开展教育教学工作的评估。

2. 创设适合幼儿身心发展的环境

环境包括多方面的内容，我们给幼儿创设的环境包括精神环境和物质环境两方面。

(1)为幼儿创设宽松、愉快、平等的精神环境，促进幼儿能力和个性的全面发展。如：师生之间、幼儿之间、成人之间营造宽松、平等、愉快的集体氛围，使幼儿产生自信、主动、积极的情绪，表现为好奇、好问、参与性强，对周围事物有较广泛的兴趣，有利于能力、个性健康全面发展。

(2)物质环境的创设(主要指活动室墙壁布置和活动区)便于幼儿参与其中，充分发挥环境的"隐性课程"的功能。①在创设物质环境过程中我们主要遵循以下几方面的原则：

A. 符合幼儿的年龄特点；

B. 有一定教育意义；

C. 考虑季节的特点；

D. 充分利用空间、动静分开；

E. 依据教育目标要求为目标服务。

②墙壁布置和活动区的组织指导

A. 墙壁布置：教师依据季节变化和近期教育目标要求，结合幼儿现有水平和发展需要，与幼儿共同创设布置，其中包括幼儿的美术作品等。

B. 活动区组织指导：在三年的教育实践中，我们把活动区做为一种教育场所，把活动区活动做为一种教育形式，根据教育目标的要求，充分发挥活动区的教育作用。我们在组织、指导幼儿进行活动区活动时主要注意以下几个问题：

a. 强化活动区活动的规则，小班时为提醒幼儿掌握活动区的人数，我们制作了各种标志，调控幼儿入区。对于中大班幼儿，我们锻炼他们自己调控某些活动区的人数，增强其规则意识和遵守规则的能力、习惯。

b. 教师深入活动区扮演角色，参与幼儿的活动，吸引幼儿，随时指导。

c. 活动前提出明确目的，培养幼儿活动时有明确目的性、计划性，使行动为目的服务。

d. 在活动区结束时，面向全体或个别幼儿小结，肯定幼儿在活动中的创新意识和良好行为习惯，同时提出下次活动的努力方向。

3. 开展形式多样的家长工作，增强家长工作的实效性，提高家长教育行为的水平，加强家庭教育在奠定幼儿素质基础中的正效应。

(1)通过家长委员会的工作,沟通家园联系:

小班初期,我们拟定了家长委员会的名单,成员是家长中有代表性的人,我们每月召开一次家长委员会会议,帮助家长了解本班工作计划及要求,及时反应家长对幼儿园工作的意见和建议,家长委员会在实现家庭与幼儿园联系上起着纽带和桥梁的作用。

(2)建立家园联系栏,向家长宣传科学保育、教育的知识及本班近期教育教学情况,每两周更新一次内容。

(3)利用家园联系卡,对个别幼儿进行个别问题的教育。家园联系卡可由教师和幼儿家长填写,及时反馈幼儿在园或在家情况。

(4)通过一周一次的《幼儿发展水平评估表》,沟通家园联系。

家长可以在评估表的留言栏中填写幼儿在家表现,我们可以深入地了解幼儿在家的情况,密切地同家长配合,及时帮助幼儿改正不良的行为习惯。

(5)定期召开家长会。我们定为每学期召开一次家长会,在家长会上,我们总结上学期工作,同时提出本学期的工作内容、要求,有针对性地提出本学期的工作重点,诚恳地接受家长对我们的教育工作提出意见和建议。

六、实验成果

(一)经过三年的素质实验,我们对实验班和对比班幼儿的各方面能力进行了调查,测查结果如下:

表八： **实验班与对比班幼儿各项能力测查数据** 单位：分

项目＼分数＼班级	实验班	对比班	实验班平均值	对比班平均值
行为习惯	129	86	4.3	2.8
运动能力	112	83	3.7	2.8
自我评价	118.5	81	4	2.7
对世界、国家、自然界的认识	217	131	7.23	1.3
言语阅读	123	82	4.1	2.7
逻辑思维(计算、分类等)	97	45.5	4.2	1.5
法制意识	126	86	4.2	2.9
劳动意识	51	38	1.7	1.3
审美观	92	62	3.1	2.1

表九： **实验班与对比班总成绩对比** 单位：分

班级＼分数＼项目	总　分	总平均值	总标准差
实验班	1070.5	35.7	9.13
对比班	699.5	23.3	7.85

根据测查数据得出 $P<0.05$，可见，实验班与对比班幼儿平均成绩差异显著，素质教育使幼儿的各种能力得到全面、和谐、健康的发展。

(二)经过三年的素质实验，幼儿的整体素质有了很大提高。

1. 身体素质方面表现为幼儿身体健康，抗寒、耐挫折、平衡、柔韧、耐力等素质有了很大提高，自我保护意识很强。

2. 社会性、品德素质有良好发展，表现在对集体国家概念的感知和感情有了进一步提高，良好行为习惯基本定型。

3. 性格与自我意识的形成表现在：良好的个性品质得到充分发展，自我意识基本形成，能对自己对他人的行为进行初步正确的评价。

4. 才智素质方面表现为：幼儿初步认识了社会自然知识、语言交往能力得到发展，逻辑思维能力得到提高。有一定的专注力，独立思考能力和创造力。

5. 幼儿对美的追求表现在：能正确地感受社会中美的事物，有初步的感受美、欣赏美的愿望和能力。

在幼儿素质得以全面发展提高的同时，教师的教育观念、教育行为也有所改变，教师的素质在这一过程也得到了提高。表现在：

1. 教师能树立正确的儿童观：儿童是人，是发展的、能动的主体，是具有年龄特点和个性特征的。

2. 教师的专业知识和文化知识有所提高，能正确理解课程标准的意义，将教育工作的落脚点打在提高幼儿素质上。

3. 教师观察幼儿的能力增强了，在观察过程中能做到目的在先，观察在后，努力对每一幼儿作出正确的评价。

4. 教师能够结合目标要求，灵活利用时间、形式、地点，采用灵活的方法进行教学，组织教育活动的能力增强了。

5. 教师在组织一日活动的过程中有明确的目的性，真正做到了"心中有目标"、"心中有孩子"。

七、实验建议

把幼儿素质的提高作为我们一切教育工作的出发点、落脚点，是素质实验的核心要求和最终目的。幼儿教育作为基础教育的基础，是为幼儿一生奠定良好素质基础的阶段，而素质实验正是适应我国国情,全面提高幼儿素质的切实可行的措施。三年的素质实验虽然告一段落,但是素质教育作为一个永恒的课题,需要我们在今后的工作中根据时代的要求,不断更新、深化、丰富教育内容。

针对我们在三年的实验过程中存在的经验与教训,在下一步实验推广过程中我们建议:

1. 应把教师教育观念的转变,教师素质的提高作为首要问题提出来。

2. 教师在实施教育目标的过程中,应寻找出适合幼儿年龄特点的、易于幼儿接受的教育方法和教育手段。

3. 增强家长工作的针对性和有效性,密切家园联系,使家园同步教育,共同促进幼儿素质的全面提高。

负责人:王素娅

实验教师:李　娜　吴旭红　李国群

抚顺市幼儿园实验报告

史景凤　周　静　执笔

一、问题提出

坚持全面提高人才素质为目标的教育是时代的需要，是提高我国国力的根本，也是基础教育深化改革的核心与方向。中共中央国务院颁发的《中国教育改革和发展纲要》中明确指出："基础教育是提高民族素质的奠基工程"。幼儿教育是基础教育的有机组成部分，是学校教育预备阶段。抓好教育的转轨，加强素质教育必须从幼儿阶段开始，这是人才系统工程的第一个环节。

长期以来，基础教育由于受"片追"思想的影响，往往以分数的高低作为评价学生优劣的主要标准，而升学率又是评价教师教育质量的主要标准。这种人才观、教育观也波及到学前阶段，表现在"重智轻德"，"重知识轻能力"，"重教不重学"，"重视聪明伶俐听话的孩子的教育，忽视全体幼儿特别是资智较差幼儿的素质培养"，等等，使幼儿阶段应该奠定的素质基础并未达到。由于人才素质教育目标不十分明确，教育观又存在问题，所以在教育教学上追求活动形式的翻新、环境创设少而空，对大多数幼儿的发展与接受能力心中无数，对教育应落实到每个幼儿的全面发展方面还不到位。因此，开展幼儿期的素质教育不仅仅是与小学衔接的需要，同时，也是幼儿教育内部机制改革的需要。

二、实验对象、内容、步骤

(一)实验对象：随机选取(90年3月至90年9月)出生的30名幼儿做实验样本，并选取与我园规模相似、条件相近的幼儿园的30名同龄幼儿做对比样本。

(二)实验内容

对中央教科所制订的素质实验目标及小、中、大三个年龄班的课程标准进行可行性的实验研究，实现教育观念和教育行为的转轨，即由过去的以教师为中心，重“教材教法”研究的教育转移到以幼儿为中心的全面提高幼儿素质的轨道上来。

依据“素质实验”提供的课程标准，综合构建本单位的教育目标，教育内容，形式与方法，制定教育方案。

综合运用活动课程，核心课程等教育模式，和幼儿共同创设促进适应其发展的教育环境，组织指导幼儿开展丰富多彩的教育活动，家园共同配合，对幼儿进行体、智、德、美全面发展的，以提高素质为核心的教育。

(三)实验步骤

第一、准备阶段(93年4月—93年6月)

①培训实验人员，树立正确的目标意识、树立正确的儿童观，树立大教育观。

②制订实验方案，小班上半年的具体实施方案。

③确定实验对象。

④分解目标。

⑤编写教材。

第二、实验阶段(93年7月至96年6月)

1. 进行实验的前测，采取问卷家访、观察相结合的方法。

2. 有组织，有计划的实施素质实验方案，首先确定小中大三个年龄阶段的目标，然后对具体实施年龄段目标进行分解。如小班上学期目标分解共18主条、140分条、370条细则。设计活动方案，组织教育活动，贯彻实验原则，落实实验方案。

3. 进行实验后测

第三、总结验收阶段(1996年7月—8月)

96年7月对课题进行全面总结验收并写出实验报告。1996年11月将接受省级鉴定。

三、实验原则

本实验重在把提高幼儿素质和指导教师行为实践贯彻始终，一切活动都讲求实效，教育过程在坚持方向性和科学性的前提下，突出形象性，具体性和培养性，并遵循五个原则。

(一)、整体性原则：即实验的全部工作都指向各年龄阶段的教育目标和课程标准，各项教育活动互相渗透，紧密结合，充分发挥整体效益。

(二)、针对性原则：即教育活动的设计要从提高幼儿素质出发，针对以往幼儿教育中存在的问题，在教育目标、内容、方法上进行改革，力戒胡子眉毛一把抓。

(三)、主体性原则：即在整体教育活动中，在教师有效发挥主导作用的同时，充分调动幼儿的积极性、主动性、创造性。

(四)、有序性原则：即教育内容的安排由浅入深，由近及远，循序渐进。

(五)、一致性原则：即保教人员在教育上要协调一致，并与家长密切配合。

四、实验方法

运用教育实验法进行等组对比实验，主要做法：

（一）潜心钻研，明确素质教育目标；转变观念，构建实验框架。

教育思想的改革是先导，树立正确的目标意识是实验成功的关键。实验过程中，我们经过认识——实践——再认识的实践过程，逐步破除旧的、以成人的主观意识为主和教师为中心的观念，树立了以幼儿发展为主、尊重儿童的主观能动性和个体差异，全面提高幼儿素质的新观念。

在新的教育思想指导下，构建了实验总体框架。即根据幼儿素质发展要求和幼儿现有水平及不同年龄阶段的核心任务，制订了在总目标下的具体阶段目标，根据目标，确定教育内容，形式和方法。不受科目限制，突出年龄阶段的教育重点。通过各种教育形式以及幼儿亲身实践活动，将教育目标逐渐转化为幼儿认识的需要和能力，形成他们良好的情感、态度及行为习惯，从而提高幼儿的素质。

活动形式分为集中教育活动，分组教学，个别辅导，参观游览，讨论，操作，自由组合等。教师的主导作用在于发挥幼儿的积极性，主动性，创造性。在教学中我们力求使教师的主导作用与发挥幼儿的能动作用得到统一。在教育方法上改变了把幼儿当作“容器”以注入式为主的教育方法，采用启发式教学，激发幼儿的学习兴趣，使其主动地学习，从而提高学习兴趣和求知欲。运用发现法，鼓励幼儿去找变化、找规律，培养幼儿动脑，动手，达到举一反三的目的。

（二）采用多种教育途径和方法，促进幼儿全面发展。

为了使幼儿认识社会、认识自然，根据目标要求，我们充分挖掘教育资源，采取了“请进来、走出去”的方法向幼儿进行教育。

1. 请进来。为使幼儿懂得一些药物的常识，分清口服药、外用药、针剂的不同用途，增强自我保护能力，我们请来了市卫校药理高级教师——张长浩的妈妈到班级讲课。

又为加强幼儿文明行为，提高其美感，我们请来了市女职高的礼仪教师为幼儿讲怎样有礼貌的待人接物。

2. 走出去。到社会去参观抚顺的风貌、名胜古迹和工厂，感知抚顺天天在变化，如街道越来越宽，建筑越来越多，楼房越建越高，绿化越来越美，增强幼儿爱家乡的情感。

到无线电八厂参观，看到小电视，大电视的生产过程，使幼儿感到社会进步的脉膊；到印刷厂参观了解，从铅字排版印刷到胶印印刷，到现在的活字印刷的发展过程，了解了我国印刷术正向高科技发展；认识邮递员、服务员、话务员等工作的性质，认识了更多更快信息传递工具，如：快递邮寄、市内电话、长途电话、国际长途、电传、图文传真等。增加了幼儿的感性认识，丰富了他们的知识，扩大了他们的眼界。

抚顺市是雷锋的第二故乡，雷锋的事绩激励和培育了几代人。雷锋纪念馆是进行爱国主义教育的基地。我们把学雷锋作为对幼儿进行品德教育的主线，把雷锋的事迹作为最好的教材，除带领幼儿到雷锋纪念馆，雷锋班参观外，还在幼儿园里建了学雷锋事迹展览室，班级悬挂雷锋画像，张贴雷锋事迹图片，让雷锋精神在孩子幼小心灵中扎根。

我们组织幼儿“手拉手，献爱心”活动。带领幼儿到偏远山区和那里的孩子一起生活，一起游戏，增进了感情，陶冶了情操，全班幼儿每人拿一件自己心爱的玩具和书，衣服，送给了山村孩子，为“希望工程”尽了自己的一份力量，献出一片爱心。

为了增强幼儿抗挫折的能力，组织幼儿到农村去负重登山。在登山过程中很多小朋友主动帮助胆小的、动作慢的伙伴一起向山顶上攀登，互相搀扶，互相鼓励，大家一起克服困难登上了山顶。这项活动培养幼儿团结互助、勇敢不怕困难、敢于向前的进取精神。

(三)创设与各个时期教育相适应的环境,充分发挥环境的教育功能。

首先,要创设良好的心理环境,使幼儿在精神方面形成一种自由的心理气氛,让幼儿感到在进行活动时心理自由和心理安全,使之能自由地思索、想象、选择和操作。保教人员从“爱”字入手,关心爱护幼儿,并支持和参与幼儿的活动,鼓励幼儿探索精神,成为幼儿的朋友。还为幼儿具有良好的心境和积极愉快的情绪提供条件,促使幼儿敢想、敢说、敢于表现自己。

其次,创造良好的物质环境。在实践中,我们转变了传统的环境观,变环境装饰美化的功能为教育功能;变幼儿是环境的局外人为环境的主人;变一成不变的环境为动态的环境。充分发挥环境的教育作用,适时地变化环境,利用环境来激发幼儿行为发展,让环境成为幼儿表现认识,表现情感,表现才能的天地。

(四)树立大教育观,密切家园配合,提高家长的育儿水平。详细内容请看材料“让我们牵手,一起走进孩子的世界

——谈谈我班的家长工作”。

五、结果与分析

经过三年实验,幼儿总体素质得到了很好发展。

表一　　实验初期实验班、对比班测查结果分析表

	人数	$\overline{X}$	S	T	P
实验班	32	4.37	5.26	0.40	$P>0.05$
对比班	32	3.57	4.48		

从上表可以看出，经过半年的实验，实验班的各项成绩平均分略高于对比班，说明实验初见成效，但是检验结果说明，两班之间无明显差异。这说明在实验样本的选择上，实验班和对比班教师素质和幼儿素质水平是相当的。也说明实验班教师对素质实验目标的理解和落实中尚有差距，还有待于进一步将教育观念和教育行为转移到素质教育的轨道上来。

表二　　实验中期实验班，对比班测查结果分析表

	人数	行为习惯体能方面 6分				认知方面 29分				语言方面 17分				艺术方面 3分				社会方面 10分				总体方面 65分			
		$\bar{X}$	S	T	P	$\bar{X}$	S	T	P	$\bar{X}$	S	T	P	$\bar{X}$	S	T	P	$\bar{X}$	S	T	P	$\bar{X}$	S	T	P
实验班	30	0.69	0.26	5.4	P<0.01	1.12	1.18	2.05	P<0.05	1.81	0.9	4.95	P<0.01	0.33	0.32	3.33	P<0.01	0.58	0.36	2.44	P<0.05	0.91	0.58	3.67	P<0.01
对比班	30	0.42	0.12			0.65	0.48			0.77	0.72			0.13	0.15			0.36	0.34			0.47	0.25		

表二是素质实验经过一年之后测查的结果，它表明：经过一年的教育，实验班幼儿五个领域的发展明显高于对比班，尤其在语言方面、行为习惯、体能方面和艺术方面成绩显著，经过 T 检验 P＜0.01。

表三　实验末期实验班，对比班测查结果分析表

	人数	行为习惯体能方面 20分				认知方面 30分				语言方面 18分				艺术方面 12分				社会性方面 20分				总体方面 100分			
		$\overline{X}$	S	T	P	$\overline{X}$	S	T	P	$\overline{X}$	S	T	P	$\overline{X}$	S	T	P	$\overline{X}$	S	T	P	$\overline{X}$	S	T	P
实验班	22	3.98	0.44			4.1	1.09			5.04	1.08			2.99	0.51			3.44	0.27			3.91	0.77		
对比班	22	2.08	0.30	17.3	P<0.01	2.25	0.80	6.60	P<0.01	2.99	0.78	7.32	P<0.01	1.59	0.18	11.7	P<0.01	1.91	0.64	10.2	P<0.01	2.16	0.52	0.81	P<0.01

从表三统计结果可以看出，经过三年的素质实验，幼儿各方面都有了非常明显的进步，各方面得到了发展，说明实验是成功的，效果是显著的。

从幼儿发展的实际过程中我们也深深感到，实验班幼儿三年的发展变化是巨大的，素质实验的教育效果的确高于幼儿园以往的常规教育，实验班幼儿整体的发展水平均高于对比班和园内其它同龄班的幼儿。其中语言的发展尤为突出，幼儿的口语表达能力有很大增强，幼儿喜欢说，而且词汇较丰富，讲述有层次，语言比较连贯。例如，在一次组织秋游后的谈话活动中，刘恩聪小朋友说："这次郊游活动实在太有意义了，我知道了许多以前我不知道的事情，知道蘑菇是长在山上草丛里的，地瓜是长在地下的，小麦就是我们吃的白面，真让我长见识。不过在这次郊游游中最使我高兴的，我骑上了真正的马。开始，我很害怕，老师鼓励我要当真正男子汉，我就不怕了。这一天玩得很高兴，很愉快，很自由，我也很荣幸，因为只有我们大四班组织了这次活动。"

在认知方面，幼儿获得的知识有了一定的深度和广度，幼儿能主动观察、发现问题，表现出对观察的极大兴趣和求知欲望。幼儿的比较、初步概括和逻辑思维能力有所发展，能比较分析两种事物

的不同点，能将不同事物进行分类和简单概括。

在体能方面，幼儿体质增强了，动作发展了，机能协调了，在各种活动中表现出了较强的耐力和克服困难的能力。

在品德和个性方面，幼儿初步形成了对人、对事的正确态度和良好的行为习惯。与人相处有较明显的主动性，主动向客人问好。和伙伴友好相处，责任感明显增强。幼儿的活泼、开朗、不怕困难，良好的个性品质正初步形成。

三年实验，幼儿在体、智、德、美诸方面都得到很大发展，实验班在幼儿园组织的“小小运动会”、庆“六·一”快乐周活动中所表演的棍棒操，大合唱、集体舞和创作的美术作品等均获一等奖，班级连续被评为先进班级。

经过素质实验，不仅使幼儿素质全方位得到了发展，而且教师的各方面素质也有明显的提高。教师的教育观，儿童观有很大的转变，并根据教育目标，做到面向全体，因人施教，灵活的运用各种教育手段，促进幼儿在原有水平上得到发展，同时实验也提高了教师的科研意识。在三年的实验过程中，教师撰写了大量的科研论文，经验材料，获得荣誉称号并开展了公开教学活动。

教师论文及公开教学情况

项　目	实　验　前			实　验　后		
	省	市	区	省	市	区
专题论文(篇)	1	1		4	4	
公开教学(次)	3	4		14	6	

六、讨论与建议

三年的素质教育实验和测查所得结果充分证明：《适应我国国情，提高幼儿素质》实验研究，具有高度的成效性、可行性和推广性。但在实施过程中我们也感到一些问题。如：少数课程标准比较抽象，教师组织教育活动有一定的困难；有些教育目标不符合本地区特点等。今后，我们将在如何发挥各课程模式的优势，如何结合教育目标，选择和编写教材上进一步探索研究，在对幼儿进行教育的同时，提高教师自身素质。史慧中教授说："素质教育将成为每一个幼教工作者的一个永恒的主题"。人类在不断进步，不断发展，不断前进，在从"应试教育"转为"素质教育"的长河中会有许多问题需要我们不断地探索、研究。素质教育也将随着社会发展而发展，永无止境。我们愿意沿着这条并不平坦地道路继续走下去。

课题组负责人：柏玉荣　史景凤　刘立秋　万　英
课题组成员：李德凤　朱玲　史克新　周静

本钢东明幼儿园实验报告

孙涓梓　于　涛　执笔

一、问题提出

80年代初期，党和政府发出了提高民族素质的号召，作为基础教育之基础的幼儿教育工作者所承担的任务，必然要为幼儿奠定良好的素质基础。80年代末，国家教委颁布的《幼儿园工作规程》又进一步提出了在幼儿园中落实素质教育的要求。在幼儿园工作中如果不贯彻素质教育的精神，《规程》就难以落到实处。

长期以来，由于幼儿园普遍存在重知识传授，轻能力培养，重技能技巧传授，轻良好个性、习惯、兴趣、情操的培养等倾向，很难为幼儿的一生发展奠定良好的素质基础。未来世界的竞争，归根结底是人才的竞争，因此，幼儿园的改革必须放眼21世纪，从21世纪建设者所应具备的素质要求来对幼儿实施素质教育。《适应我国国情，提高幼儿素质的实验研究》正是基于这一目的而提出的。

二、实验设想与理论假设

（一）实验的设想

1. 从改革当前幼儿园存在的弊病入手（孩子过多等待，教师主观意识强化在孩子身上等），同时为教师提供改革的措施和手段，使教师较好领会改革思想及实质。

2. 根据社会对人才的素质要求及幼儿期身心特点，针对幼儿期应达到的体、智、德、美诸方面素质基础来制订各年龄阶段的课程标准，指导教师根据素质教育的长期目标和短期目标来设计工作计划、进度。

3. 重视幼儿周围环境的改善，深入儿童的内心世界，了解儿童心理状态，根据个体差异，因材施教，促进幼儿全面素质提高，从而为培养21世纪高素质人才打下良好的基础。

(二)理论假设

1. 幼教机构面临全面改革，《素质实验》的指导思想和实施要点，有利于幼教机构充分发挥其为幼儿奠定良好的素质基础和便利家长参加社会主义建设。

2. 素质教育从转变思想观念入手，依据教师的普遍水平，提供切合他们需要的素质教育的工具和手段，使改革更加具有针对性，并便于教师将素质教育的理论与实践结合进来。

3. 综合学科课程，活动课程和核心课程的主要特点，制订不同年龄阶段的以素质因素为纲的课程标准，将帮助第一线的教师目标清晰地实施素质教育。

4. 在改善幼儿物质环境创设的同时，创设良好的的精神环境，将有助于儿童健康发展。

5. 在家庭教育工作中，重视提高家长的教育行为和水平，这将加强家庭对儿童素质基础奠定的过程中的正效应。

三、实验目标

(一)总体目标：从我国国情，企业幼儿园的实际出发，通过实施素质教育，促进幼儿全面发展。

(二)育人目标：树立正确的儿童观、教育观，以素质教育为立足点，面向全体幼儿，对每名幼儿实施体、智、德、美全面发展的教育，使其身心健康和谐发展，奠定良好的素质基础。

(三)工作目标

1. 从转变教育者教育观念入手，提高教师的教育技能和教育情感，培养出一支高素质的师资队伍。

2. 全幼教系统形成教学研究之风，教师研究孩子，园长研究教师，同时做好家长工作，实现家、园教育一体化。

3. 改革课程结构，变单一僵化的全班集体教学为集中、分组与个别教育相结合的模式，变教师被动教为幼儿主动学，变重知识的分科为强调知识的整体性与综合运用，变以教材教法为中心，为以幼儿发展为中心，把观察了解幼儿放在首位。

四、实验原则

（一）目标性原则

（二）发展性原则

（三）面向全体与因人施教原则

（四）从实际出发与循序渐进的原则

五、实验的步骤与方法

（一）实验的步骤

1. 准备阶段：93 年 5 月—93 年 8 月

收集有关资料，成立两级实验领导小组，制订实验方案，对实验人员进行培训，确定实验对象，创设适宜环境。

2. 实施阶段：93 年 9 月—96 年 7 月

根据 3—6 岁素质教育的主要目标与课程标准，全面实施素质教育，根据实验情况，进行阶段测查，收集实验资料。

3. 总结阶段：96 年 8 月—96 年 9 月

完成实验报告，接受成果验收。

（二）实验方法

本实验以自然实验法为主，兼用观察法，调查法等。

六、实验的实施与操作

(一)实验对象

采取随机抽样的方法，从 90 年 4 月—90 年 9 月出生的幼儿中男女各 15 人组成实验班，并选择幼儿年龄、基本条件相差不大的对比班。

(二)实验操作过程

1. 更新教育观念，提高教育者素质

教育思想的更新，将决定教育工作实质性的转变，在实施素质教育过程中，以《幼儿园规程》为依据，从改革传统教育作法入手，建立与素质教育相一致的教育观念，提高教师的素质。

改革时空结构，为幼儿提供充分学习、活动的机会，提高教师创设与利用环境的能力。

改革师生关系，为幼儿营造一个安全、轻松、愉快可信任、能够鼓励他们探索与创造的环境氛围，提高教师与幼儿交往的能力，树立正确的儿童观。

改革教育上“一刀切”，承认儿童的个体差异，因人施教，提高教师观察儿童、了解儿童、分析儿童的能力，树立正确的儿童发展观念。

改革教育模式，变单一僵化的课堂教学，为寓素质教育于幼儿一日各项活动之中，提高教师的组织教育活动的能力，树立正确的教育观。

改革以研究教材教法为主，为研究幼儿发展为主，提高教师的教研能力。

改革幼儿教育等同于幼儿园教育的观念，密切家园工作，提高教师做好家长工作的能力。

2. 重视活动区的创设与指导

活动区能够使幼儿在轻松、愉快的环境之中自主的探索，能够激发幼儿主动学习的兴趣，使幼儿成为学习生活的主人。科学合理地创设活动区是实现教育目标的重要手段，教育者有目的、有计划地指导幼儿活动是因材施教，全面提高幼儿素质的重要途径。紧紧围绕素质教育目标为幼儿提供一个动态活动、可选择、可操作的物质环境，能够使幼儿在已有水平基础上得到最大限度地发展。

(1)活动区的创设

创设活动区的目的是为了给幼儿提供一个宽松、自由的学习环境，更好地促进幼儿身心全面和谐发展，科学合理的创设活动区不仅能为幼儿提供多种学习经验，提供动脑思考、动手操作、与人交往等大量活动机会，而且还能使幼儿在自选活动中充分表现其想象力、创造力，发挥其积极性、主动性。活动区的创设情况如下：

小班活动区创设与利用

活动区名称	材料配备	教育目标
娃娃家	娃娃及其用品（如：娃娃服装、家具、餐具、炊具、食品）、扮演角色的标记、爸爸、妈妈、爷爷、奶奶的头饰	1. 学习与小朋友友好相处、学习控制独占独霸现象 2. 学习用语言与成人和小朋友达到交往的目的 3. 培养合作能力
美工区	蜡笔、彩色水笔、正方形、长方形、彩色电光纸、大小颜色形状不同的电光纸棉签、胶水、橡皮泥、圆头剪刀、图画泥、泥工板等	1. 培养幼儿手指灵活操作能力，手眼一致协调能力 2. 发展幼儿观察力，想象力和创造力
小肌肉操作区	穿珠、套环、各种豆粒、海绵块、纸团勺、碗 鞋样、鞋带、带扣的衣物	1. 发展幼儿的小肌肉及动作的灵活性、协调性 2. 培养幼儿的坚持性和独立性及自信心 3. 学习用勺舀东西，系扣子、系鞋带

活动区名称	材料配备	教育目标
积木(塑)区	积木拼图、小型木制积木、小汽车玩具、拼插积塑、插片	1. 发展想象力、创造力 2. 培养动手操作能力 3. 培养幼儿的成功感

小班活动区创设与利用

活动区名称	材料配备	教育目标
计算区	圆形、三角形、正方形的硬纸卡、按数取物材料、几何形体插板、红、黄、绿的珠子、扣子、计算器等,数字卡片桃核若干	1. 培养幼儿学习兴趣和求知欲 2. 学习根据相同点归类 3. 培养幼儿对数的感知能力
语言区	表示各种名词、动词、量词的图片、录音机教儿歌磁带、各种人物、动物头饰	1. 学习掌握常用的名词、动词、量词、增加词汇量 2. 培养幼儿发音清楚、正确,能表达自己愿望的能力 3. 学习说简短的句子
图书区	小书架、地毯、靠垫、友好相处方面的图书、《一起死》、有关情感情绪方面图书、《爱幼儿园》、《爱小动物》及熟悉的故事图书《拔萝卜》等	1. 初步使幼儿养成阅读兴趣与习惯 2. 养成一页一页地翻阅习惯,培养坚持力和专注力 3. 培养幼儿爱护图书习惯
自然角	各种小动物或标本如:金鱼、蝌蚪、蜻蜓、天牛等 植物:蒜、白菜、萝卜、牵牛花、迎春花、菊花等	1. 初步培养幼儿观察的兴趣和好奇心 2. 知道动物生长离不开阳光、水、空气

中班活动区创设与利用

活动区名称	材料配备	教育目标
语言角	录音机、木偶、各种头饰、故事卡、看图讲述图片、续编故事图片、连句图片，表示形容词、量词、相关词及反意词图片，故事磁带等	丰富幼儿词汇 发展幼儿口语表达力及想象力，并学会运用各种词汇
医　院	各种药品、白大卦、白帽子、白三角巾、挂号条、听诊器、温度计、针、诊查床等	1. 发展幼儿的健康情绪 2. 简单了解掌握看病、治病的知识和技能
音乐区	录音机、四分、八分、十六分音符的节奏卡及歌曲、乐曲磁带、少数民族服装、头饰、铃鼓、三角铁、木鱼、撞钟等	1. 初步学习掌握 2/4、3/4 拍乐曲的节奏 2. 学习用铃鼓、三角铁、木鱼为乐曲配伴奏
图书角	分辨是非的图书《谁对谁不对》、教育丛书 4—5 岁系列《语言篇》《故事篇》《智力篇》《常识篇》等	1. 培养幼儿的坚持性和专注力 2. 培养幼儿简单讲述图书的内容、主要情节能力 3. 初步培养幼儿审美力
操作区	大小不等的各种豆粒、碗、筷子、布、布贴小动物、针、线、毛线绳、糖纸、泡沫块	1. 学会使用筷子 2. 发展小肌肉活动能力和培养坚持性如：缝制图案、编辫、包糖果、夹豆等

中班活动区创设与利用

活动区名称	材料配备	教育目标
计算区	1—10 数字卡及与数字对应的实物卡片和实物 各种图形:圆形、椭圆形、正方形、长方形、三角形、梯形 供幼儿排序练习用的材料如:大小排序的苹果、梨、桔子、草莓等,高矮排序的瓶子、易拉罐、药瓶等 分类盒、分类册	1. 学习掌握 1—10 以内的数的实际意义 2. 学会辨认各种图形 3. 学习掌握排序方法 4. 学会分类方法:按不同用途、不同材料、不同类别进行分类
自然角	天气日记 植物:绿豆、红豆、蚕豆、小麦粒、月季、鸡冠花、萝卜、洋葱蒜、白菜心 动物及标本:蚕、蝈蝈、乌龟、螳螂、天牛、蝴蝶、蝌蚪	1. 学习记录天气日记 2. 掌握简单的劳动技能如:浇水等 3. 初步了解季节、气候与动植物生长变化的关系
科学实验区	沉浮材料 磁性材料:如磁性小船 磁性小动物等 红、黄、蓝三种颜色水,大玻璃杯、小玻璃杯	1. 培养幼儿的好奇心和对科学现象的兴趣爱好 2. 养成动手操作的能力

大班活动区创设与利用

活动区名称	材料配备	教育目标
操作区	小花篮、毛线 纸条、扣子、针线、布 刀、菜板、小盘、各种供幼儿切割的实物：黄瓜、茄子、西红柿、苹果、梨、韭菜、芹菜等	1. 学会按一定的规律编花篮、编小动物 2. 学习掌握切割的方法及技能 3. 培养动手操作能力及手眼一致协调能力
商　店	各种食品模型、幼儿图书 复制的人民币、秤、钟表、钱箱、包装纸、食品袋、货架等	1. 学习使用人民币进行交换 2. 培养助人行为 3. 发展语言、理解及交往能力
银　行	银行标志，各种不同面额的人民币(复制品)复制的存额单、取款单、个人存折纸笔、桌、椅等	1. 初步了解掌握存、取款的知识 2. 培养幼儿勤俭节约的意识 3. 培养幼儿的社会情感(责任感、义务感等)
版画区	白版纸、油滚子、油墨、吹塑纸、剪刀、水粉颜料、彩笔、调色板等	1. 学习掌握制作版画的方法技能 2. 学会用版画的形式表达反映事物的现象和变化 3. 培养幼儿感受美和表达美的感情和能力 4. 发展幼儿的观察力，想象力和创造力

大班活动区创设与利用

活动区名称	材料配备	教育目标
阅读区	桌子、椅子、汉字卡、拼音图书、连环册、寓言、童话故事书、5—6岁系列教育丛书《语言篇》、《故事篇》、《常识篇》、《智力篇》等 钉书器、胶水、透明胶	1. 学习认读常用的汉字 2. 能根据故事内容进行讲述和角色表演 3. 丰富词汇，发展语言 4. 培养幼儿修补图书的习惯和能力
科学实验区	各种颜色烧杯 天平、磁铁、各种小钉、毛线、碎玻璃片、石头、碎纸等 摩擦生电材料、沉浮材料、通电材料、三色镜、双面镜、望远镜、放大镜、平面镜、显微镜 斜面木板、备有不同光滑程度的材料、玩具小汽车数量	1. 培养幼儿对科学的兴趣 2. 发展幼儿的注意力观察力及思维能力 3. 幼儿学会运用观察、比较的方法，掌握物体的各种特性、学会推理判断，增强逻辑思维能力
计算区	几何形体：正方体、长方体、圆柱体等实物及制作材料 分类盒：田字格本、笔、橡皮 自制钟表材料、各种情节的图片，各种智力游戏题 自编加减法应用题材料	1. 培养幼儿的分类，推理判断能力 2. 促进幼儿形成时间、空间、形状等概念 3. 培养幼儿的思考和解决的能力
建构区	大型木制积木、大型万能插具、小插具、立体插玩具、智力拼图、胶粒等	1. 发展幼儿想象力、创造力 2. 培养幼儿动手操作能力 3. 培养幼儿成功感，任务意识、坚持性及审美能力
棋类区	跳棋、动物棋、象棋、军旗	1. 培养幼儿逻辑思维能力 2. 培养幼儿坚持性、自控能力

(2)活动区的指导

设置活动区的目的，在于促进幼儿各种潜在能力的发展，较好实现教育目标，如果教师不掌握幼儿在活动区活动情况，教育目标就不能落实到每个孩子身上，更谈不上因材施教。因此，为了了解幼儿发展状况及幼儿需要，我们为每名幼儿准备了自动手戳，每天每个区都放在有画好格子的卡片，幼儿进区活动时用自己的戳子在卡片上印章，教师每两周做一次统计，从而能够及时了解各活动区使用频率；了解幼儿是否进入某区；有无偏区现象，进区之后持续多长时间，从中也及时了解该区是否符合孩子的兴趣和需要；了解活动材料的数量和难易程度，更好地为不同能力孩子提供不同操作材料。如 94 年 9 月份活动区使用频次见表一：

表一　九月份幼儿参与活动频次

区名 / 频次 / 性别	科学实验区	计算区	语言区	角色区	美工区	音乐区	操作区	图书区	结构区
男	60	66	30	32	28	23	31	48	60
女	39	49	34	59	55	34	52	45	39

从表一可看出，男、女孩选择活动区活动存在着一定的差异，对于那些对幼儿发展有影响作用而恰被幼儿兴趣所忽视的区域，教师需积极诱导幼儿参与其中活动，使幼儿获得全面发展。我们及时了解幼儿对某些区域不感兴趣的原因，对活动区材料进行了及时调整，如美工区增添了各种动物类、交通工具类图片等，深受男孩喜欢，我们还有意识地引导偏区幼儿积极参与各区活动，平衡了各区使用频率，为较好实现教育目标提供了保证。10 月份幼儿活动区频率见表二：

表二　十月份幼儿参与活动频次

区名 频次 性别	科学实验区	计算区	语言区	角色区	美工区	音乐区	操作区	图书区	结构区
男	58	58	43	46	40	29	48	47	65
女	50	51	47	54	46	34	53	49	45

从表二可看出，十月份各区使用频率较为平衡，可见在教师有针对性的积极诱导下，调动了幼儿参与各区活动的积极性，为发展幼儿各种潜在能力，全面提高幼儿素质奠定了基础。

3. 从提高幼儿身体素质入手为全面提高幼儿素质奠定基础

在一个人发展的过程中，生命的健康是保证人的发展的物质基础，针对独生子女不能吃苦，惧怕体育锻炼等弱点，从提高身体素质入手，为全面提高幼儿素质奠定良好的物质基础。

(1)采取预防为主的措施，抵御疾患，培养幼儿的自护意识，变原来成人过多保护幼儿为提高幼儿自我保护能力，使幼儿学会了关心自己的健康。在传染病流行期间，首先对活动室。寝室进行了“紫外线”照射消毒，继而对玩教具进行严格消毒，并为幼儿服中药“板兰根冲剂”及喷雾预防。变给幼儿服药，为提醒幼儿自己服药，抵御了流行病的发生，确保了幼儿日出勤率在90%以上。

(2)根据素质实验教育目标的要求，从幼儿兴趣入手，有目的、有计划、有组织地由浅入深、由易到难，采取集体、小组与个别相结合的方式，组织幼儿体育活动，发挥幼儿的主动性，把体育活动合理贯穿幼儿一日生活之中。对不同体质、不同能力幼儿提出不同要求，坚持每天早活动10—15分钟，户外活动80—120分钟，冬季户外活动45—60分钟。如冬季开展了登山、滑雪撬、滑冰、堆雪人、打冰嘎、打雪仗等活动，深受幼儿喜爱，使幼儿掌握了动作技巧、增强了体质，促进了生长发育，同时培养了幼儿坚强的意志品质，克服困难的精神和活泼、开朗的性格。

下面是3—6岁实验班幼儿与对比班幼儿身高，体重测查表。

小班幼儿身体生长发育检测表

	标准(85)	实验班	对比班	标准(85)	实验班	对比班
	身高(cm)	身高(cm)	身高(cm)	体重(kg)	体重(kg)	体重(kg)
男(4岁)	102.1±4.1	108.5	105.9	15.61±1.75	20.8	18.2
女(4岁)	101.2±4.1	105.7	101.6	15.21±1.75	18.3	16.7

中班幼儿身体生长发育检测表

	标准(85)	实验班	对比班	标准(85)	实验班	对比班
	身高(cm)	身高(cm)	身高(cm)	体重(kg)	体重(kg)	体重(kg)
男(5岁)	108.6±4.5	114.8	112.8	17.39±2.06	22.4	20.2
女(5岁)	107.6±4.2	111.6	109.2	16.79±1.82	20.4	18.9

大班幼儿身体生长发育检测表

班次 / 标准与测查值 / 性别	标准身高	实验班	对比班	标准体重	实验班	对比班
男	116.2	119.9	117.4	19.81	24.4	22.4
女	115.1	117.2	113.3	19.03	22.1	20.3

4. 密切家、园联系，实现家、园教育一体化

教育是个系统工程，儿童的发展受着家庭、教育机构及社会三大环境的影响，对于年幼儿童来说，三大环境对他们发展的影响量

以家庭为最大。

实验初期，我们对幼儿家庭进行了调查，其中70%属于溺爱型家庭，20%的家长望子成龙心切，对孩子要求过高，还有个别属于父母离异型家庭，幼儿家庭中存在的问题各不相同。

通过调查，我们认为必须采取多种形式，有针对性地对不同家长做不同工作，才能取得实效，实现家园教育一体化，采取方式如下：

(1)口头形式：了解幼儿家庭环境，家教情况，与家长密切联系，向家长宣传科学育儿知识，帮助不同类型家长建立良好家教环境。

a、家长会议：不同类型家长会议每月一次，全班家长会议每季一次。

b、家访、每月家访4—5人次(针对自理能力差，性格孤僻、攻击性行为等个别幼儿及特殊家庭重点家访)。

c、家教讲座：每学期两次。

d、家教经验交流：每季召开一次家长座谈会，交流家长教育子女经验。

(2)文字形式：提高家长教育子女的认识水平，帮助家长解决教育子女中的疑难问题，有针对性地做好家长工作。

a、家园联系册：每名幼儿一册，随时沟通联系。

b、家教宣传栏：每周更换一次，内容与教育目标相一致。

c、印发宣传材料：每学期一次，宣传家教经验及家教常识。

d、订阅《幼儿教育报》，每名幼儿一份。

(3)参与活动形式：增强家长教育子女的责任感，加深家长对幼儿教育的了解和家、园之间的情感。

a、家长开放日：每月两次，请家长观摩幼儿园教育活动，与幼儿共度节日、生日等。

b、家园趣味活动：每学期1—2次，如：家教知识竞赛，家园同乐运动会，野外郊游等。

此外，我们还向家长推荐《为了孩子》、《父母必读》、《启蒙》等书籍。

通过以上形式，帮助家长走出了教育子女的误区，使不同类型家庭的家长都能树立正确的教育子女观。家长们深刻认识到教育子女是父母应履行的义务，不仅家庭受益，而且对提高全民族素质，早出人才、快出人才更具有重要意义，从而实现家长受教育率100%。形成了家园教育的一致性、一体化，增进了幼儿、家长与教师之间的情感。下面是小班实验初期、小班实验末期对家长家教情况调查表。

对30名幼儿家长家教情况调查表

序号＼调查项目＼频次、百分比	内　容	小班实验初期		小班实验末期	
		频次	%	频次	%
1	对孩子吃饭脱衣服穿脱鞋袜包办代替的	23	76.6%	3	16%
2	能抽出一定时间与幼儿交谈的	4	13.3%	23	76.6%
3	孩子做错了事能用讲道理办法处理的	4	13.3%	25	83.3%
4	让孩子从事力所能及家务的	3	10%	25	83.3%
5	自己孩子与别的孩子发生矛盾（或打架）能正确解决的	6	20%	26	86.6%
6	对孩子挑食、偏食现象能给予纠正的	5	16.6%	27	90%
7	根据孩子的兴趣和爱好选择各种学习内容的	7	23.3%	26	86.6%
8	注重孩子饭前便后洗手的	10	33.3%	27	90%
9	家里来客人让孩子主动打招呼的	9	30%	28	93.3%
10	对孩子提出的各种要求一味满足的	12	40%	2	6.6%

七、实验成果

（一）三年来，素质实验根据中央教科所下发的测查项目分别在小班下学期，中班上学期，对实验班及对比班幼儿进行了测试，保教科在大班末期对幼儿进行了测试，测查结果详见表一、表二、表三。

总分 76 分　项目：纯知识、观察力、美术、音乐、动作想象力、语言、文明行为、思维力

表一　　小班上学期测查结果

实验班（30 名）		对比班（30 名）	
$\overline{X}$	S	$\overline{X}$	S
57.41	8.74	46.23	7.12
t=4.46 查表得　P<0.01 差异非常显著			

表二　　中班上学期测查结果

实验班（30 名）		对比班（30 名）	
$\overline{X}$	S	$\overline{X}$	S
46.6	8.69	24.6	7.07
t=8.43 查表得　P<0.01 差异非常显著			

表三　　大班末期测查结果

项目 通过率 班级	纯知识 %	观察力 %	注意力 %	思维力 %	想象力 %	创造力 %	记忆力 %	语言 %	动作 %
对比班（30名）	68.43	67.3	68.4	66.2	78.8	63.2	63.8	63.3	75.8
实验班（30名）	93.33	96.77	89.9	89.2	96.2	89.9	89.7	97.2	97.6

从表一、表二、表三看出，实验班幼儿各种能力明显优于对比班，可见，实验成果显著。

（二）实验班幼儿具备了良好的素质基础。

1. 实验班幼儿形成了良好的生活卫生习惯，形成了尊敬长辈、讲文明、遵守规则、合作分享、同情等良好道德行为，增强了集体意识、自信心、独立能力及坚持性意志力、自控能力，形成了良好的品德和阶段的雏型个性。

2. 实验班幼儿求知欲强，好奇好问，通过实践操作等，在不断探索的活动中，增强了学习主动性，学会了观察、分析、描述、思考，学会了如何推理、判断和实验，掌握了一定的学习方法，并能够运用一些方法来解决问题，对科学产生了浓厚的兴趣，掌握了一定的科学规律，语言表达力，逻辑思维力，分析解决问题的能力都得到很好的发展与提高，许凌波、何婷婷两名小朋友表演的故事声情并茂，在本钢首届幼儿故事大赛中分别获一等奖。

3. 实验班幼儿对外界自然环境的适应能力很强，增强了自我保护能力，学会了关心自己的健康，动作的主动性、灵敏性、协调能力有了很大的发展，测查结果显示，实验班幼儿身高、体重均超出国家规定指标范围，实验班幼儿形成了活泼开朗的性格，不怕困难的精神和坚强的意志力。李源、王雨曦两名幼儿在96年“六一”前夕本溪市举办的幼儿童声大赛中分别获第一、二名。

4. 实验班幼儿的审美素质有了明显提高，能够感受到生活中美的存在，并能很好地表达美，对音乐的感受力、理解力、表现力很强，他们表演的舞蹈《时间真奇妙》、《三个和尚》形象逼真，富有感染力，分别在省、市电视台播放，得到观众的好评，他们创作的简笔画、水墨画、版画作品想象力丰富，艺术性强，10余幅分别在全国“双龙杯”少儿书画大赛中获奖。

八、体会

在三年的实践中，我们深深体会到：落实素质教育，教育者必须深刻理解《规程》实质，理解素质内涵，热爱幼教事业，热爱儿童，并具有强烈的事业心，责任感，具备方明老师所谈到的新时期幼儿教师应具备的教育观念及六大教育技能，不断提高自身素质，此外，还应把目标装在心里，把每一名儿童装在心里。

三年的实践与探索，使我们的素质实验结出了令人满意的果实，但在实践中我们也找到了自己的差距和不足，主要表现在：

1. 教师观察、了解、评估幼儿的水平有待于进一步提高。
2. 教师的目标意识有待于进一步加强。
3. 教育观念还要进一步转变。
4. 家长工作的针对性、实效性有待提高。

总之，全面提高幼儿素质的实验研究，给我们幼儿教育改革带来了难得的机遇，我们还将不断探索，总结经验，继续做好全面提高幼儿素质工作，为企业的未来，为国家的未来，造就一批体魄健壮、品德优良、智力发达、人际关系和谐的新型人才。正像国家课题主持人，中央教科所史慧中老师所谈到的：“素质教育是永恒的课题。”

课题主要指导者：李德臣、张富明、房明芝、赵秀芳

课题实验研究人员：谭桂芬、李希华、朴　影、宫玉环

孙涓梓、于　涛　张永娴

课题实验教师：高慧萼、马玉香

辽河油田兴采机关幼儿园实验报告

周幼平　执笔

一、问题的提出

面对21世纪的挑战，提高国民素质，促进人的全面发展已经成为现代教育的重要任务。正如《中共中央关于教育体制改革的决定》指出："必须牢牢记住改革的根本目的是提高民族素质"，因为"国家国力的强弱，经济发展后劲的大小，越来越取决于劳动者的素质"。

国家教委颁发的《幼儿园工作规程》第五条所指出的"幼儿园保育和教育的主要目标"，概括了一个有益于社会的人的基本素质。因此《规程》的贯彻实施，向幼儿园进一步提出了落实素质教育的要求。

素质教育是以个体或群体的先天生理条件为基础，以改善先天素质，提高后天素质为目的的教育。可见教育可以形成素质，提高素质，也可以逆转素质。而教育的后效性和素质教育的基础化特点则要求我们从幼儿开始提高人的素质。实现提高国民素质的宏伟目标，需要以当今儿童为重点，需要从娃娃抓起，为人的一生奠定良好的素质基础。基于上述认识，我园从93年承担了《适应我国国情，提高幼儿素质》的实验研究。

实验方法：

1. 方法：教育实验法。

2. 时间：1993年9月——1996年7月。

3. 对象:随机抽取本园90年2月至90年7月出生的30名幼儿做实验样本,选取本地区条件基本相同的设计院幼儿园的同龄幼儿班的30名幼儿为对比样本。

二、实验依据

实验班执行中央教科所“素质实验”领导小组制订的《各年龄班主要目标与课程标准》旨在实施有效地促进每个幼儿在原有基础上的发展,以奠定全体幼儿全面素质基础的教育。

三、实验目的

(一)在深刻领会“学年教育目标总要求”和研究分解学期《课程标准》后,根据本班幼儿实际发展水平及本地区社会自然环境特点,制订具体的阶段目标即周重点安排。

(二)依据幼儿对上周要求的完成情况及下周要求的重点内容,设计出明确的、操作性强的日活动计划,并组织实施。

(三)课程模式以提高幼儿素质为原则,吸取三种课程模式之长(即:学科课程的系统性、计划性;活动课程的尊重、了解儿童,激发儿童参加活动的动机及灵活运用教育手段;核心课程的突出年龄特点,确立重点教育内容),使教育能够充实地、科学地、协调地、有效地进行。

(四)创设与教育目标相适应的动态环境,注重环境的教育性,幼儿的参与性和实效性。

(五)树立大教育观,家园配合,提高家长素质教育意识和科学育儿水平。

四、实验过程

实验前培训：1993年4月至5月，同年8月，实验人员两次参加了中央教科所和省教科院两级素质实验领导小组组织的实验前培训，提高认识，转变观念，明确实验的重要意义，学习掌握实验工具。

素质实验过程是不断学习、实践、总结、提高的过程。每学期末参加省"素质实验"领导小组召开的阶段实验总结研讨会，交流上学期实验中的认识、做法和体会，观摩实验园、实验班的环境创设和教育活动，分析、研究下学期的《课程标准》及实施措施，使实验沿着健康的轨道深入进行。

素质实验的过程是幼儿园与家长同向同步的教育过程。三年中我们不间断地采用召开家长会、书面信息沟通、个别交谈等方式，提高家长素质教育意识和科学育儿水平。每学期初组织家长学习课程标准，使家长了解实验内容；每周末家长和教师共同评价幼儿达到目标要求的水平；学期中和学期末开展观摩座谈活动；每次测查后都将评价结果和家长个别交流，使家长全面了解孩子的发展情况，积极配合，使家园教育具有针对性、实效性，从而有效地促进了幼儿的发展。

五、实验结果

1994年3月、1995年4月、1996年8月，共三次对实验班和对比班幼儿进行了全面的测查评价，前两次采用的中央教科所"素质实验"领导小组编制的《教育结果评价操作手册》，第三次测查是在我局教育研究所柳凤岐老师指导下参照《教育结果评价操作手册》并依据中班下学期和大班《教育目标与课程标准》，从中选编出最代表中、大班幼儿发展水平的30道题进行测查的。统计检验的结果见下表。

实验班与对比班三次全面测查结果对比表

时间＼班别＼项目		N	X	S	t	P
第一次 94年3月	实验班	30	52.35	3.65		
	对比班	30				
第二次 95年4月	实验班	30	31.4	5.26	12.20	P<0.01
	对比班	30	15.9	4.59		
第三次 96年8月	实验班	26	52.46	5.35	8.65	P<0.01
	对比班	13	33.75	8.11		

从表中可以清楚地看出，实验班幼儿的整体素质明显高于对比班且差异显著，这证明素质实验的有效性和可行性。更新教育观念，贯彻《规程》精神，依据《幼儿园课程标准》结合本班幼儿具体情况，制订和执行教育工作计划，改进旧的教育手段和方法，切实提高教育质量和儿童发展质量，以落实素质教育的要求已刻不容缓。

由于《课程标准》具有以“素质、能力”为纲的特点。下面根据测查中有关能力的内容进行重点分析。

幼儿基本能力的通过率

N＝26

项目 班组	自我服务能力(3分)		明辨事理能力(8分)		想象能力(7分)		观察思维能力(8分)		操作创造能力(5分)		表现美的能力(10分)	
	ΣX	%	ΣX	%	ΣX	%	ΣX	%	ΣX	%	ΣX	%
实验班	75	96.2	193	92.8	177	97.3	172	82.7	118	90.8	224	86.2
对比班	31	39.7	98	47.1	74	40.7	106	51	71	54.6	118	45.4

从表中可以看出实验班和对比班关于能力项目测量的明显差异。

(一)自我服务能力。学会生活的自理是素质实验中的一项重要内容,也是做人的基本要求。我们从小班开始,家园配合培养幼儿养成良好的行为习惯和生活自理能力。凡是幼儿自己能做的事情,鼓励其独立完成,不会做的事情,启发他学着去做,教师绝不包办代替,只是在方法上进行指导。如:分辨左右鞋并正确地穿上,教会幼儿根据鞋底形状的不同进行区分。再如:使用筷子、收拾餐桌、床铺,整理玩具等,都从学习开始,利用生活环境反复练习并不断提高要求,从学习,学会到熟练。测查中"整理书包"、"钉钮扣"二项,实验班幼儿动作熟练,质量好,且充满自信。

(一)集体意识和明辨事理能力是做人必须具有的良好品质和基本态度,是素质实验中幼儿道德行为和社会化培养的重要目标。根据幼儿不同年龄阶段的发展特点确定不同的教育重点。小班重点培养幼儿认识和遵守集体行为规范,学会友好相处,学会关心分享等。中班重点培养幼儿对集体的信任感和为集体服务的思想,如收拾餐桌,给花浇水,喂养小动物等,学会与同伴合作的能力,发展良好的人际关系。大班通过值日生工作和责任区活动,提高幼儿对自己的要求,增强对集体的责任感。这样,把品德素质的培养贯穿于教育的全过程。从情感入手,从身边的事做起,教幼儿学习掌握社会行为技能，从小养成良好的道德品质。在该项测查中，实验班幼儿占满分的92.8%，比对比班高出45.7%。

（三）《规程》中智育的目标是要求受教育者具备接受知识、发现知识、认识世界的能力。因此培养幼儿正确运用感官，来发展观察、思维、想象、语言等能力就显得尤为重要。分组教育活动增加了师生面对面交流的机会，可以更有效地吸引幼儿的注意力、激发幼儿观察的兴趣，便于幼儿学习运用掌握知识的方法，促进思维，想象和语言的发展，是发展幼儿各种能力的有效形式。教师在观察、了解幼儿的基础上进行自然分组、能力分组、兴趣分组，既面向全体又因人施教，使不同层次的幼儿得到发展，注意集中持久，观察有序，目的性强，想象丰富大胆，口语表达准确流畅，和对比班差异显著。

（四）操作创造能力。心灵才能手巧，孩子的智慧在手上，活动区是培养这一能力的有效途径。根据不同年龄阶段的教育目标创设不同的活动区。如培养小班幼儿对集体环境的适应，简单的交往、操作能力的娃娃家，穿珠子、系纽扣的精细动作区。中班重点培养幼儿的数概念，图形知觉的认知区，创造思维及动手能力的建构区、种植区、棋类区、角色游戏区。大班突出培养幼儿的观察，逻辑思维、创造能力及责任感。增加了科学区、智力区、木工区、值日生工作和观察记录，投放了大量的半成品和无结构材料，使幼儿在活动区活动中充分地动手、动口、动脑，促进了思维的发展，培养了创造能力。

（五）表现美的能力。从兴趣入手培养幼儿的感受美，引导幼儿愿意听美好的音乐，愿意看动人的图画，愿意唱、愿意跳，在感受中去理解、去领会。进而指导幼儿通过观察、分析、想象来表现美好的事物，变幼儿“学会”为“会学”。如折纸活动，在教幼儿掌握主要的基本折法的基础上，提供成品或半成品，启发幼儿拆开原成品后尝试着折叠出新的形象。鼓励幼儿通过听的感受，用动作大胆地表达音乐的情感等。在测查中，实验班幼儿能根据不同节奏，不同感情的音乐跳舞，表情自然，动作正确优美。在主题画“美丽的夏天”中，幼儿能根据平时的观察和感受来表现画面，构图合理、着色大胆丰富，夏季特征明显，和对比班比较差异显著。

六、几点体会

(一)实施素质教育，转变教育思想是关键

素质实验过程使保教人员的教育观、儿童观、课程观得到极大的转变。思想认识上的转轨指导了行动上的大破大立。表现在：

1. 教师热爱尊重每一名幼儿，把全班幼儿都作为教育的重点对象而无主次之分。既注重每个幼儿的全面发展又注重面向全体，在尊重了解、观察、评价幼儿的基础上不断满足其需要，适时施加影响，以促进在原有水平上的发展提高。如：顾华君小朋友，性格内向，语言发展很差，不爱说话，教师提问一向不举手回答，第一次对其测查时一言不发，即使说话也含糊不清，听他说话要边听边猜。经观察分析，是因为有语言障碍和自信心极差所至。对这样的幼儿，教师不是看不起他，而是多给“小灶”吃。鼓励他抬起头来走路。开始老师常常陪他玩，与他单独对话，引导他重复别的小朋友的答案，并给予及时的表扬。待他敢在小朋友面前说话了，老师就设计一些较容易的问题让他回答，使他体会成功的喜悦，同时还利用活动区的活动培养他正确发音和交往能力，为他制做一些图片，有机会就指导他讲述。经过三年的教育培养，他的语言发展很快，不但能大胆发言，还能在全班幼儿面前绘声绘色地讲故事，其全面素质水平明显提高(见下图表)，虽然他的评价分数仍低于班平均分，但提高幅度大大高于班人均提高幅度，缩小了个体和群体的差异。

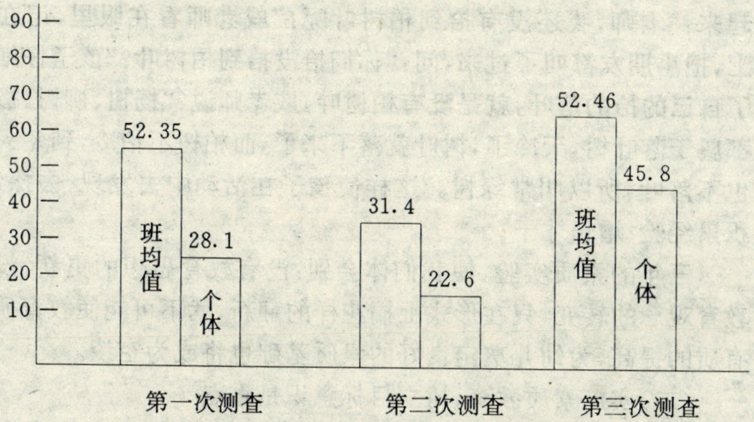

三次测查个体得分与样本平均分比值表

项目＼时间	第一次测查	第二次测查	第三次测查
个体得分	28.1	22.6	45.8
样本平均分	52.35	31.4	52.46
比值	53.7	72	87.3

2. 教育形式、教育手段多样化。初步改变了多年来一日上两节大课为主进行教育的习惯，采用班集体、小组、个别活动相结合的形式，把教育要求落实到每个幼儿身上。教师把幼儿在园参与的一切事情都视为教育活动，把目标分解到幼儿一日活动的各个环节，充分发挥各种教育手段的交互作用，注意通过各项活动提高幼儿的素质，教师随机教育的能力有所提高。如：深秋季节，戚老师带领幼儿在院子里拾落叶，落叶有各种各样的，杨树叶、柳树叶、榆树叶等等，小朋友都认真地挑选地上的落叶。陈娟娟小朋友却蹲在柏

树底下，一会儿看看柏树，一会儿看看地面，好像发现了什么，喊了起来："老师，我还没有拾到柏树叶呢！"戚老师看在眼里，记在心上，把小朋友都叫了过来，问："你们拾没拾到柏树叶？"孩子仔细看了自己的拾的落叶，就是没有柏树叶，戚老师说："杨树、柳树、榆树都属于落叶树，天冷了，树叶就落下来了，而柏树不怕冷，到冬天它也不落叶，所以叫常绿树。"这样使孩子在活动中去发现、去探索、积累经验、增长才干。

三年的素质实验，使我们体会到：没有教育思想的更新，没有教育观念的转变，只在形式上搞花样的翻新，就不可能使教育质量有质的提高，为幼儿奠定良好的素质基础也将成为空谈。

(二)实施素质教育，树立目标意识是重点

幼儿教育是对每个幼儿实施体、智、德、美全面发展的奠基教育。经过幼儿园教育的幼儿必须具备良好的素质基础，为其终身发展建立坚实丰厚的生长点，这是我们的责任和天职，也是我们教育的总目标和落脚点。

《各年龄班主要目标与课程标准》，体现了以人的素质结构为框架，以培养适应未来社会人才的最基本能力为要求的特点。《课程标准》为我们实施素质教育提供了较为具体的依据，是实施素质教育的前提。在素质实验过程中，我们树立了强烈的目标意识，破除了以教材为主，以知识技能的提高为教育的主要目的的习惯。建立根据具体目标确立教育内容，选择教育手段和教育形式的工作程序，并注重教育过程，使教育活动朝着目标的方向有步骤的进行。

(三)实施素质教育，创设良好教育环境是条件

幼儿发展是遗传素质与环境相互作用的结果。从某种意义上讲，幼儿教育就是一种环境的创设，因为幼儿只有通过所处的环境中的人、事、物相互作用才能得到发展。正如陈鹤琴先生所说"怎样的环境，就能得到怎样的刺激，得到怎样的印象"。创设良好的教育

环境，就幼儿园来说，是指为幼儿准备的，满足幼儿需要的、有利于幼儿身心全面和谐发展的精神环境和物质环境。我们从爱心入手，为幼儿创设良好的精神环境。我们变环境的装饰美化功能为教育功能，变幼儿是环境的局外人为环境的主人，变一成不变的环境为动态变化的环境，使环境的创设为教育目标服务。使幼儿通过环境的影响，陶冶情趣，开扩视野，发展智能。

（四）实施素质教育，激励全员素质教育意识，营造素质教育大氛围是保证

虽然教师在幼儿素质培养的过程中担负着重要角色，但绝不等于为幼儿奠定良好的素质基础就是老师的任务。幼儿在园的成长过程，实际上是全园上上下下，方方面面付出心血的过程。幼儿成长发展的水平，实际上是幼儿园整体工作质量的标志。因此，深化幼教改革，实施素质教育，需要上级主管部门和园领导的重视、协调和指导，需要保育员、后勤人员的默契配合，需要教师的钻研和提高。

鉴于家庭对幼儿的影响和家长教育行为在幼儿发展中无可替代的特殊作用，我们必须转变幼儿教育就是幼儿园教育的错误认识，破除幼儿园教育的封闭状态，树立大教育观，营造上下一致，家园一致，全员一致的素质教育大氛围，以保证幼教改革健康、深入、卓有成效地发展。

指导老师：柳凤岐。

参加实验的教师：孙丽敏、戚亚辉。

测查及统计分析：李艳敏、张素敏。

第三部分

专题总结与研究

对素质教育实验中几个转轨问题的体会与思考

马桂荣

适应我国国情，提高幼儿素质实验研究已进行三年了，有许多问题值得我们回味，有许多经验需要我们总结。春华秋实，硕果累累，来自我们全体保教人员的新观念，新思想的教育行为和科学的教育艺术。下面仅就感受较深的几个观念上的转轨问题谈谈自己的体会和想法。

一、教育思想的转轨

教育思想的转轨是落实《规程》的关键。

1. 树立正确的目标意识。

幼儿园的教育称之为奠基教育，是对每个幼儿实施体、智、德、美全面发展的教育，为其身心和谐发展奠定良好的基础。素质教育实验中指出现代化的幼儿教育必须以为幼儿奠定良好的素质基础为出发点和归宿。这就是我们的教育总目标。有了这个目标，我们的一切教育活动就有了方向，就能提高教育效益。

通过学习《规程》和实验中的基本理论，我们查找了过去幼儿教育工作中存在着轻体育、德育重智育；轻幼儿主体重教师主导的错误思想；不断学习和理解素质教育的内涵，在提高目标意识上下功夫，克服了以教材为中心，以一日上两节课为重点的弊端，逐渐从阻碍实现教育目标的旧思想中解放出来并不断体现在行动上。

2. 树立正确的儿童观。

根据教育目标对21世纪人才素质的要求，就必须树立正确的儿童观即：幼儿是一个整体，不可分割；幼儿是一个主体，不是容器；幼儿是一个独特体，存在个体差异；幼儿是具有多种需求的人；幼儿是一个有潜在能力的人。在实施教育目标时，必须以幼儿整体发展，培养完整儿童为出发点，破除过去的以成年人的主观意识为主和以教师为中心的旧思想，立足以幼儿为主，尊重和相信幼儿，对幼儿一视同仁，不把几个能力强的孩子做为教学的重点，要关心每一个幼儿的成长。通过仔细观察了解每位幼儿的发展情况有的放矢的实施教育目标，做到面向全体，因人施教，以达到开发智能，培养情操，锻炼意志的目标，促进幼儿在原有水平上得到发展。

3. 树立大教育观。

正确的教育目标和正确的儿童发展的观念，使我们悟出道理，那就是包括教育者在内的“如何做人”的问题，而“教育者”的范围不仅仅是指幼儿园的教师，也包括家庭中的成人尤其是父母。在教育实践中，我们清楚地看到：父母对孩子的影响最大。我们转变了过去存在的“幼儿教育就是幼儿园教育”的错误认识，在实践中逐渐克服了家长工作中的形式主义的做法，抓“针对性”和“实效性”，不断取得家长的信任，提高家长科学育儿的水平，发挥家长在幼儿发展中无可替代的特殊作用。我们转变了教育观，但是由于家长们受望子成龙的思想影响，而如何培养他们成龙却不明白，我们改变了过去与家长联系的主要内容是孩子守纪律如何，学习知识如何的偏向，以提高和帮助指导家长教育孩子如何做人为主要内容，落脚点放在提高家长科学育儿的水平上，制定了幼儿园家长工作的方案，通过各种形式的家长座谈会，交流会，从不同角度，不同程度上提高不同层次家长的水平，纠正育儿中的偏差，使我们同步同向地进行教育。从而大大促进了幼儿的发展。

二、教育行为的转轨

教育行为的转轨是实现教育目标的必由之路。

坚持“破中立”和“立中破”的原则，逐渐纠正影响幼儿发展的错误行为，通过实践—总结—再实践—再总结的认识过程，使素质教育落到实处。

1. 坚持一个宗旨，即：“知、情、意、行并进，知识、态度、方法、性格兼顾”一切为了每一位孩子的现在和未来。

这个宗旨使我们每一位教师保持良好的教育心态，关心和爱护所有的孩子，使自己成为儿童自我发展的援助者和催化剂。彻底改变过去的单纯传授知识中恨铁不成钢，简单急躁甚至体罚变相体罚的错误行为，从重视知识技巧的传授转向以培养幼儿的想象力，创造力、探索的兴趣，启发他们的合作、交往、分享等意识为重点，教给幼儿养成学习知识的良好态度，掌握正确的学习方法，增强自信心和认真做事的耐力，使其身心得到和谐发展。

2. 坚持两个出发点：一是我们的教育行动要以解放教师的头脑为出发点。鼓励教师提高对现代化教育观念的认识，冲出旧的教育模式的束缚，摘掉禁锢我们头脑的旧传统意识，形成以评价幼儿发展水平来改进自身的工作的踏踏实实的工作作风，课堂教学抵制花样翻新、形式主义的做法、大胆设计和进行科学有效的教育活动，打破以上两节课为主要教育教学的习惯，将教育目标落实在一日生活之中，以求教育实效。仅举一例：大班“认识钟表的基本知识”这项目标中，老师大胆地取消了过去的“计算课”课堂教学，注重解决孩子在学习中会遇到的难点，采取相应的措施，使幼儿学习的效果达到事半功倍的作用。首先是为幼儿搜集了许多旧手表，小钟，在自选活动时教师根据幼儿的实际水平进行指导，鼓励幼儿大胆地去拨这些真表，另外是在一日生活中的自然情况下，让幼儿主动学习认识表，如，老师告诉全体小朋友："早餐后自选活动，到八点半要一切收拾好，坐好，老师有事要讲。"在这段时间内，能力强的孩子不时地喊："还有十分钟、还有五分钟快收拾吧。"那些不认识表的孩子不时地问同伴和老师："现在几点了，还差几分钟到点？"使他产生了一种对学习的需求和紧迫感，同时使能力强的幼儿在集体中发挥其积极作用，增强了集体意识和责任感，为下一步适应学校生活打下了良好的基础。这样的活动打破了过去的统一指挥下的"一言堂"的教材教育和单纯的知识传授，转轨到素质教育上来。二是以解放幼儿的手脚，打开幼儿智慧的心灵为出发点。由于旧的儿童观抹煞儿童在发展上的主观能动性，将儿童视为被动的接受器；正确的儿童观是让儿童在活动中去发现，在探索中提高。如，中班目标中的"掌握了解一些科学的基本知识"这一项，认识"重心"这一物理知识，老师是这样进行教学活动的：老师指着桌上的不倒娃问幼儿："别的娃娃为什么一推就倒，不倒娃为什么不倒？你怎样会知道呢？"目的就是引发幼儿积极思考，大胆探索，从中认识"重心"的道理，孩子们在热烈的讨论中终于提出了让老师把不倒娃打开看看到底是怎么回事，当老师满足了孩子的需求，亲眼看到不倒娃的"秘密"时，全然明白了，这是利用了物理学中的"重心"的原理。在剪窗花时让孩子讨论"为什么剪成四个碎片了"让孩子在总结教训中获得正确的认识，掌握剪窗花的正确顺序，使孩子在积极参与独立思考，大胆探索中不断得到健康的发展。

3. 坚持三个原则。第一、选择目标、制定计划时以当时社会发展，自然界变化，班级幼儿年龄特点和幼儿实际发展水平及承受能力为原则。我园是座落在城乡交界的地方、孩子来自四面八方、幼儿家长的素质和家庭经济状况相差很大，对孩子的影响不一，孩子发展不平衡，我们必须制订出能促进幼儿发展的切实可行的计划，改变过去照抄照搬，千篇一律的实用主义做法，破除教学内容"一刀切"的传统教育。第二，教育活动的设计以是否提高幼儿素质为原则。充分发挥各种教育手段的交互作用，加大体、智、德、美互相渗透的幅度，拓宽教育的思路（而决不是体、智、德、美的大拼盘）。第三，教师在组织教育活动过程中主要是以观察了解幼儿，激发幼儿内动力促进其主动发展为原则，只有全面地观察了解幼儿才能恰到好处地指导幼儿活动的正常开展。对发展较好的幼儿提出更高的要求，对有进步的幼儿给予肯定，对发展较慢的幼儿进行鼓励，让他抬起头来走路，从而使幼儿在不同程度上得到发展，避免过去那种“吃不饱”、“吃不了”的现象、有针对性地研究他们的发展，并做出客观的评价，使教育发挥应有的效应。

三、教育形式和方法的转轨

教育形式和方法的转轨是提高幼儿素质的重要保证。

幼儿园的教育活动是为幼儿一生受益的，教育的落脚点必须在提高幼儿素质上。“素质实验”就是一头搭在落实《规程》上，一头搭在提高幼儿素质上的桥梁，我们发现在落实教育目标中，选择优良的教学形式和方法是关键，所搞的活动，形式必须是幼儿感兴趣和引起积极动力的，变“要我学”为“我要学”。一位教师在履行教育任务时，有了正确的儿童观和教育观，有了良好的教育思想和行为做基础，他在选择教育形式和方法上就能成功，就会产生一定的教学艺术，以达到预期目的。否则落实目标提高素质都是一句空话。因此，我们在转变观念的同时，注意了对教育教学形式和方法的探讨。

1．分组教学是“面向全体，因人施教”的最佳形式之一。

幼儿园的教育最终目的是“促发展”，而且要促进全体幼儿在原有基础上得到全面的发展，这决不是一句空话，是需要老师们付出一定的代价的，在实践中我们发现分组教学是达到以上目的必不可少的形式，它落在孩子身上的成效是不可估量的：分组教学可同时(进行)几个目标,能设计几个不同程度的指导方法,使不同层次的幼儿都得到发展,分组教学形式便于教师观察和了解准确评价幼儿的发展水平,能锻炼幼儿的自理能力,养成良好的行为习惯,提高了教师的教学艺术,增强了师生之间的感情,总之,它是一种行之有效的教学形式。

2. 科学地观察记录和评价幼儿的发展。

观察幼儿是幼儿教师的一项十分重要的基本功。但是在过去,我们只是口头上喊其重要,实际上并没有真正去做,因为这是一种又细又麻烦的工作,通过素质教育的研究我们真正认识到观察了解幼儿的必要性。为了更好地研究幼儿的发展情况和评价我们的工作水平,研究设计了幼儿发展情况记录表,根据不同年龄的教育核心,设计不同的表格。在小班时期,由于培养的重点是培养良好的生活习惯和提高生活自理能力,所设计的记录表是由家长和老师共同来评价填写。到了大班由于目标是提高幼儿明辨事理能力,增强责任感及为入学做准备所具备的基本能力为核心,我们设计了以周为单位的教育目标观察记录表,由家长、老师、幼儿共同参与的三为一体的作法,体现了它的真实和合作的效应,为正确分析评价我们的工作,研究孩子发展情况积累了材料。

3. 创设了与目标相配套的良好的教育环境。

我们从实际出发,利用环境向幼儿进行教育,重点在“利用”、“参与”和“指导”上下功夫。(一)克服了求形式花样和应付检查的思想,改变了一成不变的静化环境,创设了可变性强与目标相适应的环境,充分利用环境的直观形象的特点,利用孩子喜欢玩的特点,准备相应的材料和教具,使之成为幼儿探求和发现新鲜事物学习新鲜事物学习新知识的天地,从而完成各目标。还要利用幼儿在活动区自由活动和交往做为观察和发现幼儿个性和内在特点的有利时机,孩子在自由活动时无拘无束,最容易表露内在的平日不易显现的特点(尤其是性格内向的孩子更为突出),老师抓住大好机会发现和了解并进行随机教育，为"因人施教"提供有利条件。(二)注意参与性。环境是孩子的天地，孩子是活动的主人，没有孩子的参与就没有活动环境的生气，就失去了它的真正价值。许多内容的设计和装饰都要由孩子亲自来操作，孩子会自然主动地去管理和检查，从而培养幼儿养成观察事物的习惯，增强了责任心。(三)指导性。孩子年龄小，在活动中往往会出现盲目性，随机性，和转移性的现象，老师就应指导孩子根据自己的特点有目的，有规划地选择活动内容和材料，养成做事认真，有始有终的良好习惯。教师还可以有目的的指导个别幼儿完成某方面的目标。

提高幼儿的素质除上面讲了几个体会较深的形式方法，我们还在精神环境的创设，带幼儿走向社会走向大自然陶冶幼儿的情操，开展各种游戏活动等等方面做了一定的探讨，在评价幼儿园和教师工作水平上逐渐形成了我园自我发展机制，实验班的幼儿整体素质明显提高且体现了幼儿在原有水平上的发展。见下表：

实验班与对比班各阶段总成绩对比表

班　次	小上	30人	小下	30人	中上	23人	大下	15人
	$\overline{X}$	通过率%	$\overline{X}$	通过率%	$\overline{X}$	通过率%	$\overline{X}$	通过率%
实验班	53.07	70.69	52.20	51.67	42.03	54.74	32.2	61.1
对比班	42.72	56.96	34.23	19.17	24.78	23.80	21	33.3

实验班的孩子体魄健壮，独立生活能力强，思维敏捷，聪明灵利，活泼可爱有礼貌，他们的探索能力，交往能力，审美和表现美的能力与对比班相比都有明显的差异，充分说明了"素质实验"的可行性和它的成功之处。

四、问题与思考

任何事物都是在不断总结中提高，不断探索中发展的，关于如何提高幼儿素质这个问题我们是在中央教科所，省教科所专家和市、区有关领导的直接关怀和指导下刚刚迈出第一步，有几个问题和想法有待于进一步探讨，学习，认识，做为我们研究的新课题。

1. 幼教行管部评价幼儿园工作水平的标准是什么？如何评价幼儿园教育教学水平？

2. 实践证明了提高幼儿的素质关键应提高教师的素质，那么通过哪些途径来提高教师的素质？

3. 教师在教育工作中难度较大的几个问题如何解决？即：如何保持良好的教育心态；如何设计比较优秀的活动计划；如何发挥各课程模式的优势；对教育目标落在哪方面的素质上更深层次的理解；怎样才能具有较高的教育教学艺术？

4. 适应现代化教育的教材和教学工具的来源？

5. 如何发挥社会力量提高家长的科学育儿水平？

大连市甘井子区教委幼儿园

转变观念建立民主和谐的师生关系

许小娟　罗惠文

在我国，以教师为主导的师生关系模式已有几千年历史。尊重儿童、维护儿童的人格尊严，是我们转变教育观、儿童观的首要问题。儿童与成人一样，其人格的价值是等值的。一位教育家说过："不尊重学生人格的教师，实际上是降低了自己的人格。"由此可见，儿童的人格尊严同样必须得到保护和尊重。在教师与幼儿的关系上，应力求平等和谐，教师和幼儿只有处于平等的地位，才更易了解儿童，发现幼儿各方面的兴趣，需要与能力，并给予尊重。

一、尊重儿童，促进其活泼、开朗性格的形成

幼儿教师首先应该是孩子的朋友，在平等的关系中，教师是幼儿的伙伴，使幼儿在心理上感受到安全、放松，让他们生活在自由理解、尊重、宽容、平等、合作的气氛中，在这样的气氛中，让幼儿充分的活动，获得表达自己欲望和能力的机会。

活泼开朗是良好个性心理健康的重要标志，培养幼儿活泼开朗的性格，是幼儿园教育的主要目标，也是我们教育工作者为培养21世纪"开拓型"的人才，必须着重从小抓起。从小培养他们具有活泼开朗的性格，使他们无论走到哪里，无论遇到怎样陌生的环境，都不胆怯、退缩，表现自如，热情大方，适应新的环境。这种性格的幼儿长大以后，才会表现出勇敢、坚定、果断、有主见，不怕困难等"开拓型"的品格特征。这是未来的21世纪对人才的需求，我们

要努力为培养适合21世纪的人才打下良好基础为国家、为社会服务。

我们班30名儿童,每个孩子的个性各不相同,有的孩子活泼、开朗、大方,他们能主动表现自己,遇到客人能主动打招呼,问候,听到音乐就能翩翩起舞,为大家表演,看见小朋友有了困难热情上前帮助,小朋友之间出现矛盾、发生争吵,能主动和解,这样的性格是我们所倡导的。但也有一些孩子,他们在家里、在父母身边,比较活泼、开朗、爱说爱笑,一旦离开了父母、离开了他们熟悉的环境,或家里来了客人,或者幼儿园来了陌生人参观等等,就没有了安全感,他们就变得胆怯、怕生、不敢说话、缩在角落里,这种局面,使父母、老师感到很尴尬。幼儿这种胆怯性格的形成,大多因为缺乏锻炼的机会,缺少表现自己的勇气和条件,如果不及时加以引导和纠正,形成胆怯的性格定向,将严重影响幼儿一生的发展。

经过长期的实践的探索,我们深深感到;要想使幼儿的性格由胆怯变得活泼开朗,首先,教师应该成为幼儿最好的朋友,要让他们喜欢你、不讨厌你、相信你、不惧怕你、需要你、不疏远你,让他们时刻感到,幼儿园是快乐的,安全的,老师随时随地都在关心他,帮助他,照顾他。与此同时,又要为儿童提供充分的锻炼的表现自己的机会和条件,为幼儿创设良好的精神环境和物质环境,这是非常必要的。

(一)利用音乐陶冶幼儿的性格。

著名的儿童教育家陈鹤琴曾经说过:“音乐可以陶冶人的性格和情感,可以鼓舞人的进取精神,应该为幼儿创设良好的音乐环境。”我们每天从幼儿入园到离园,一日活动的很多环节中都有音乐陪伴,如:每天的入园晨检、收检玩具、午饭前、晚饭后的时间,给幼儿播放音乐。我们为幼儿精心选购了适合幼儿年龄特点的音乐磁带,《我和音乐一起玩》、《音乐魔盒》等,都是非常优秀的音乐作品。每天让幼儿随着音乐唱歌、跳舞、游戏,倾听自然界和社会生活中的各种声音。“雨的嘀嗒声”、“虫鸟的鸣叫声”、“风的呼呼声”、“汽车喇叭声”、“飞机、火车的隆隆声”等等，幼儿非常喜欢。经过音乐的熏陶，提高了幼儿的音乐感受力和表现力，陶冶了幼儿的性格，使幼儿更加活泼、开朗、爱唱、爱跳。

又如：每天入园后和离园前一段时间，是幼儿家长聚集的高峰期，这时播放《我和音乐一起玩》让幼儿随着音乐尽情表演，自由想象、发挥。家长们站在门口观看孩子们的表演。对幼儿来讲，这是一个很好的锻炼和表现自己的机会。起初，那些性格内向的、胆怯的幼儿不愿出来表演，不敢让大家看，总认为自己做得不好、不美，躲在一旁看别人表演，但是当他们看到那么多的小朋友都在大方地为爸爸妈妈表演，听到老师在表扬，夸奖，受小朋友良好的影响和老师语言的积极暗示及鼓励，在自尊心的驱使下，胆怯的幼儿也终于加入到表演的行列，迈出了可喜的第一步。这时老师的表扬、鼓励很重要，一定要在全班小朋友面前给予夸奖和评价，以满足幼儿的自尊心，增强自信心。经常鼓励，经常创造机会和条件，让胆怯的幼儿在众人面前锻炼自己表现自己，多让他们为全班小朋友表演、为其他老师表演、为客人表演。在家里，为爸爸、妈妈、爷爷、奶奶等表演。久而久之，许多幼儿胆怯的心理逐渐消失，变得和其他小朋友一样活泼、开朗、热情、大方。

(二)多为幼儿创设和提供“说”的机会。

胆怯的幼儿往往没有勇气在众人面前讲话，或讲话声音很小，为改变这种胆怯的性格，教师要努力为幼儿创设和提供“说”的机会，让幼儿在众人面前表达自己的欲望和表述自己的感情。

1. 日常生活中，教师要多与幼儿接触、沟通和与幼儿交朋友。使他们有话愿意对老师讲，有事能主动请老师帮助。对于胆小不爱讲话的幼儿，教师经常利用早上、晚上和休闲的时间，多与他们个别交谈，引导幼儿讲出自己看到的，听到的一些有趣的事，在家里都做了些什么？帮助爸爸妈妈做了些什么？看了哪些动画片？等等幼儿喜欢谈论的话题，引导他们自然、大方的讲话，说的比较好的有趣事情，就请他在全班小朋友面前讲。教师及时给予表扬鼓励来提高他们的勇气，增强主动表达自己意愿的意识。

2. 游戏活动中，让幼儿讲评自己的活动情况，每天的自选活动后的小结，这是幼儿用语言表达自己游戏活动的极好机会。如：美工区的幼儿讲出自己画的是什么？捏的是什么？剪贴的是什么？插塑区的幼儿讲出自己建构的是什么？怎样使用？角色活动区的幼儿讲自己扮演了什么角色？做了哪些事情？幼儿通过讲评活动区活动，提高了幼儿语言能力。

3. 教育教学活动中，多设计些能充分发挥幼儿想象和语言表达能力的课程方式，让他们多想多说，并引导每一名幼儿都能积极思考发言。课堂上给他们充分时间协商、讨论，而且还激发他们互相争论，发表自己的主见。促进语言发展同时还利用诗歌朗颂，学习讲述故事、表演故事，见闻讲述等方式来提高幼儿的语言表达能力。

4. 每逢节假日，教师引导幼儿讲述自己的节日见闻，旅游观光的情况。恭骏，王晏圣小朋友分别与父母去过北京、武汉等地，回来后给小朋友讲述他们登泰山，游黄鹤楼、登长城、逛颐和园、世界公园、天安门等处的经历，王晏圣小朋友讲述了他们与外国游客用英语交谈的经过，讲述的有声有色，听的小朋友也受到感染，促进幼儿前往的欲望。

在日常的活动中，由于我们注意了多为幼儿创设和提供“说”的机会，鼓励幼儿大胆流利地表达自己的思想感情和意愿，使一些从前胆怯不爱讲话的孩子经过多种锻炼，现在和大家一样每天有说有笑、活泼、开朗。

(三)利用值日生工作，促进幼儿主动交往。

在日常生活中我们观察到，内向、胆怯的孩子往往不能主动与人交往，不愿多说话，不能主动接近老师和小朋友，值日生工作能调节幼儿的行为，提高幼儿行动的自觉性，促进幼儿主动交往。

1. 值日生工作促进幼儿主动与成人交往。

我们规定，每天的入园晨检，由一名值日生站在门口迎接叔叔、阿姨和小朋友的到来，主动打招呼互相问候，并督促小朋友把衣帽摆放整齐，放在指定的柜子里，对自理能力差的孩子，家长来不及帮助穿脱衣服，值日生能主动的请家长离开，由他帮助幼儿穿脱衣服并摆放整齐。通过幼儿与同伴和家长的语言交流，并亲自去做，促进了幼儿主动与成人交往的能力。

2. 值日生工作促进幼儿主动与同伴交往。

幼儿担任值日生工作：清晨给植物浇水，做气象观察记录，饭前分碗，分盘子，分筷子，取放桌巾等，做些力所能及的劳动工作外，还负责督促小朋友饭后漱口，擦嘴等。良好的生活习惯，以及游戏中幼儿遵守纪律，遵守规则，调解纠纷等，使他们感到担任值日生工作很光荣，很自豪。同时也增强了幼儿的责任感，幼儿知道值日生必须严格要求自己，要求别人做的事，自己也要做好，提高了幼儿行为的自觉性。

3. 值日生工作促进了幼儿交往与教师交往。

据家长们反映，幼儿值日那天是他们最高兴的一天，早晨起得特别早，目的是争取第一个上幼儿园，担任值日生。由于值日生工作给幼儿带来了兴奋和自豪，幼儿在值日那天表现得非常积极主动，主动向老师汇报小朋友的情况，愿意让老师知道他工作的成绩，希望听到老师对他的评价等。幼儿所有这些举动和想法，都促进了幼儿主动与教师交往。

幼儿经过值日生工作的锻炼，不仅能提高幼儿的责任感还能主动与人交往，而且通过协助老师组织活动，解决同伴间的纠纷，提高了幼儿的组织管理，分辨是非的能力和独立解决问题的能力，促进了幼儿良好个性的形成和发展。

二、尊重儿童，满足需求，促进各种能力的提高

幼儿园的师生关系，应该是双向的，师生互动的，也就是建立一种师生互相反馈，亲密合作的关系，使他们敢于大胆探索、发表意见，表现出更多的积极性和主动性。我们尊重儿童，既把他们看成是孩子，又要把他们看成是独立的人，他们会思考，有独到的见解，他们能提出各种各样的问题。当他们的意见或建议，被老师接受并采纳的时候，就会感到从未有过的满足，促使他们有更强烈的求知欲和自信心，从小养成自强与勇敢的精神。

（一）提高发现问题、解决问题的能力。

我们在日常工作中，以提高幼儿的各种能力为基点，我们在为儿童设计活动区，准备材料时，并不是准备的那样完善，而是有些不足，这就要求在引导幼儿游戏的过程中不断发现问题，力求自己动脑动手解决这些问题，使游戏活动逐渐丰富，完善。

1. 游戏活动，我们以伙伴的身份和幼儿一起玩，把幼儿当成游戏的主人，教师以角色身份参与幼儿的活动和幼儿在一起玩中学，引导幼儿去观察发现。例如：娃娃家的幼儿，在玩的过程中，提出洗衣服时没有肥皂、饭后没有手巾擦嘴、衣服洗完后没有绳子晒、做菜时缺少酱油、招待客人时缺少糖果，给娃娃过生日没有生日蛋糕等问题。商店里的幼儿提出：糖果太少了，装糖果时没有纸袋。理发店的幼儿提出：烫发时没有发夹，理发时缺少理发推子等各种问题。针对幼儿提出的种种问题，我们不要急于解决，而是要引导幼儿在一起讨论："用什么方法解决好。"来调动幼儿的积极性。大家在一起你一言我一语想出了种种办法，我们鼓励动脑筋想办法的幼儿，并采用了他们提出的好的建议和方法，然后指导幼儿在"玩玩做做"区自己动手制做，有的幼儿从家里带来糖纸，用聚乙

稀剪成小块做糖，用废旧的报纸糊纸袋糖果，用泡沫剪成长方形小块做肥皂，用已用过的蛋糕盒做生日蛋糕，由废纸壳做理发推子，有的幼儿从家里带来妈妈用过的发夹，发胶瓶等，来充实自己的游戏材料与活动。

在实践中他们能解决的问题，尽量让幼儿自己去解决，教师不要代替，解决不了的问题，教师帮助想办法和幼儿共同去解决以满足他们的需求，增强自信心，当他们从中体会自己解决问题后成功的喜悦，这样的方法真正体现了孩子是游戏的主人。

2. 我们改变了以往的教学方式：教师教什么，孩子学什么，一问一答或这是什么，那是什么的模式。我们在设计活动时多采用观察式，想象式，多给孩子提出些"为什么"、"像什么"，让幼儿从中去想象、去发现、去探索，尽可能多为他们提供动手操作的机会和条件，让他们在剪剪，贴贴，玩玩，做做中去发现问题，解决问题。

如：新年即将来到，人们都在准备过新年的活动，我们也和小朋友一起研究讨论：活动室怎样布置才更漂亮。小朋友各抒己见，自己动手。用塑料挂历纸剪成五颜六色的彩条装扮圣诞树，再用蜡光纸剪成苹果、梨挂在圣诞树上，家长还为我们送来了拉花，气球，五彩灯等。当我们把活动室布置的焕然一新时，孩子们情不自尽的欢呼，跳跃，他们看到了自己的能力，自己在班集体中所起的作用。

实践使我们感到：多给孩子提供一些自己动脑，动手操作的条件，多给孩子一些发现问题，解决问题的机会，他们会从中受到极大的锻炼和提高。

(二)提高明辨是非，解决纠纷的能力

在日常生活中，孩子们常有争吵现象。这时教师尤其要尊重儿童，不要把自己的观点强加于孩子去评价谁对，谁错，当他们在争吵时，只要是不过头，不会造成伤害，一般先不要去管，不必急于干预或强行制止，更不要对孩子横加指责或各打五十大板。最好是让他自己去调解，老师从旁观察，从争吵的发展和最终结局中去了解他们对事情的看法，从而帮助他们明辨是非，同时，告诉幼儿，小朋友之间发生争吵，告诉老师并不是解决问题的唯一方法，解决问题的方法很多，互相之间要学会调解纠纷，学会正确处理人际关系，明辨是非，服从真理，提高观察问题和解决问题的能力。

一次，在玩插塑积木的时候，杨昊天和赵粟阳因争抢一块积木，互相吵了起来。杨昊天动手打了赵粟阳一下，赵粟阳哭了起来。类似这样的问题幼儿园时有发生，我们看到后并没急于解决，而是看他们争吵了一会，这时只见周子乔小朋友说："杨昊天你打人不对，快道歉！""赵粟阳你是男子汉，勇敢点别哭了！"说着到筐里又拿了一块玩具，递给赵粟阳，并说："你们不要抢一块玩具，再拿一块玩具不就没事了吗？"，"好了，你们握握手，合好吧。"两个小朋友都很听他的话，互相道歉和好又玩了起来。现在，小朋友之间出现矛盾，发生纠纷，立刻就会有人上前帮助调解，即使是两个哭哭啼啼的孩子，经过调解也会立刻破涕为笑，和好如初。

由此可见，培养幼儿明辨是非、提高调解纠纷、解决问题的能力是非常必要的。

总之，三年来，在素质教育实验中，由于我们在教育观念上有了转变，在为幼儿创设良好的物质环境的同时十分重视为幼儿创设良好的精神环境，使教师和儿童共同生活在自由、理解、尊重、宽容、温暖、平等，和谐的气氛中，为幼儿素质的全面发展提供有利的条件。

辽宁省军区幼儿园

幼儿素质教育要重视教育过程

柳凤岐 周幼平

一、教育目标与教育过程的关系

《幼儿园工作规程》指出的幼儿园教育目标概括了一个有益于社会人的基本素质，因此，规程的颁布实施，向幼儿园提出了落实素质教育的要求。为帮助一线教师目标清晰地实施素质教育，中央素质实验领导小组为我们制订了具有整体素质要求的不同年龄阶段的教育目标和在目标统率下的课程标准，课程标准虽然比较具体，但它是一个学期或学年对幼儿发展水平的要求，这种要求，需要靠日复一日的教育活动去贯彻执行，需要在教育过程中来实现。

教育过程是以幼儿达到某种知识和能力标准为目的，以确定的内容为课题，选用适当的教育材料和科学的教育方式，按照合理的教育程序，通过师生的双边活动，最终实现教师引导幼儿达到教育目标的过程。教育过程不仅仅指活动进行中的过程，还包括活动开始前的准备程序和学习结果。

教育目标是教育实践活动的第一要素，表达了教育所要达到的理想和结果。不同教育部门和机构由于职能的不同，使制订的教育目标具有层次性。

1. 宏观目标，是国家教委颁发的《幼儿园工作规程》总则第五条规定的幼儿园保育和教育的主要目标，它是国家教育总目标在幼儿阶段的体现和方向性的规定。

2. 中观目标，由素质实验领导小组制订的某年龄阶段学期或学年目标，是对该年龄阶段幼儿整体素质较为具体的基本要求。

3. 微观目标，由教师制订的教育活动计划，是对本班幼儿群体或个体达到某个具体要求的便于操作，检查、评价的方案。

4. 幼儿行为目标，在教育的影响下幼儿在活动中表现出来的已经理解什么、知道什么和会做什么。

各层次目标间的关系如下图。

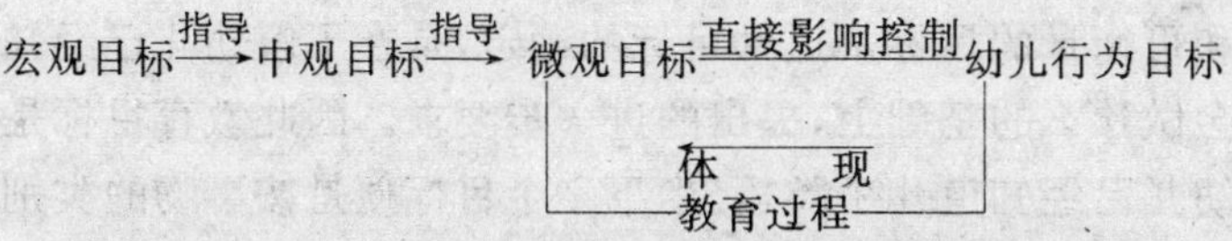

可以看出，教育目标指导和支配了整个教育过程，从程序上看，教师制订微观目标时就已经进入了教育过程，从实效上看，教育活动计划的质量影响着教育过程的质量，影响到目标的落实。因此，要注重教育过程，首先要注重教育活动计划的制订，只有这样，教师才能清楚、有序地组织教育活动，朝着预定目标的方向迈进。

二、教育活动计划设计的方法

教育活动计划是教师正确的教育思想在教育实践中的具体体现。设计教育活动计划是每个幼儿教师必备的基本能力，是注重教育过程的起始环节，它直接影响幼儿素质基础的奠定。教师设计教育活动计划时，一般都要考虑为什么教（教育目标）、教什么（教育内容）、怎样教（用什么方式施加影响）、教和学的结果（教育评价）等问题。

1. 教育目标的确定

教育目标是教育活动的起点和归宿。实验前教师是按统编教材的顺序写教学进度计划的，是先有教材，再从教材中罗列几条很笼统的目标，如提高观察力，培养想象力和创造力，所写的计划是以落实教材为主。教育目标的不单纯、不明确,导致教育活动流于形式甚至是无效教育。

布卢姆指出:有效的教育开始于准确地知道所期望达到的目标,教育目标为编制课程计划和测验提供基础。

三年的素质实验,使教师在设计活动方案时,能从中观目标的素质要求出发,根据本班幼儿的普遍状况和个别特点,确定较为单一,明确和可衡量的目标。这种目标的确定,是在了解幼儿已经知道什么,会做什么的基础上,提出的进一步要求。因此教育目标是核心。如幼儿已经知道几个类概念,下一个目标便是按事物的类别进行多层次的分类。再如幼儿已学会正确地走,已知从自身发展辨别左右,下一个目标便是听教师口令列队左右转变走。

2. 教育内容的选择

这里指教师设计的便于操作的教育活动,在素质实验中,教师打破了旧的认识,教材不仅是书本上的,还应包括一切用具,并鼓励教师多结合幼儿生活编写教材。教材作为一种手段,应当以活动目标和学习者能力为中心,因此要考虑:

(1)研究分析教材,找出它和教育目标之间的关系——能否保证目标的落实,如无任何联系,就不必采用。

(2)所选用的教材内容,是当时本班幼儿基本上能接受的而且是有必要学习的。

这里举一位小班教师以"让幼儿知道别人在叫自己的名字时应清楚地回答并主动参与老师组织的活动"为目标的活动例子,教材的选用是一些动物面具,活动中幼儿戴上面具,教师叫幼儿的名字"××,你在哪儿"幼儿回答,并做挥手动作,教师和其他幼儿为该幼儿鼓掌以示鼓励。再如,目标是学习有规则地排列物体,教材的选用可以是不同颜色,不同大小的几何图形,也可以是大豆、小豆、绿豆等豆粒。

3. 教育方式的选用

在教学活动中，教师干预与影响幼儿学习活动的方式称为教育方式。教育方式的选用，是活动计划最具体的一环，如采用什么途径和组织方式。什么时候和怎样进行，如何组织活动过程等都属于教育方式的选用问题。幼儿由于无意注意占优势，知识经验贫乏以及具体形象的记忆，思维等特点，教育方式的选用直接关系到幼儿能否积极主动学习，因此显得尤为重要。教育方式的种类繁多，从幼儿学习活动的性质及干预影响的程度不同，大至可分为：

(1)接受学习中的直接控制，以语言讲解为主的示范、范例、演示、提问等。

(2)发现接受学习中的半控制，实物加上语言的观察、讨论、练习等。

(3)发现学习中的间接控制，以物为主的操作、观察、讲述等。

从组织方式看，有班集体、小组集体、个别等多种形式。

教育是最富有创造性的，没有固定不变普遍适用的教育方式。因此，教师选用活动方式时，要考虑它与实现目标的可能性，它与教育内容(教材)的协调性，以及幼儿的实际水平和本园环境设施等条件，从而做出有效的选择。不管采用那种方式，关键在于能否激发幼儿参加活动的兴趣；能否便于幼儿充分活动，领会掌握；是否不浪费幼儿时间；是否方便教师了解、研究幼儿。

根据“素质实验”的课程特点和“教育应贯穿在幼儿在园的各个时间里”的要求，例举半日活动设计如下：

半日活动计划　(大班)

1996 年 4 月 25 日

一、晨间体育活动

目标：学习骑两轮车，学会头顶沙袋走。

教材：儿童自行车、小沙袋。

方式：分组练习，重点指导胆小的崔晨、佟彤等幼儿学骑车。

二、早餐

提醒邵文初、解峰等幼儿吃饭时用手扶碗或端碗。餐后散步，注意不做剧烈活动。

三、教学活动

目标：学习按事物的外表特征进行概括、判断。

教材：蜻蜓、蝴蝶、螳螂、蝙蝠等标本、图片、放大镜、观察记录表等。

方式：观察、讲述、讨论

全体——小组——全体

1. 诸幼儿观察挂出的一排图片、并说出它们的名字（蜻蜓、蝴蝶……），知道是按什么顺序观察的（从左到右的顺序）。

2. 教师引导幼儿具体地观察蜻蜓（图片）身体的结构及认识各部位的名称（头部有复眼一对、触角一对；胸部有翅膀2对、足3对；腹部有节），请幼儿总结出刚才的观察是按什么顺序进行的（从上到下或从头部到腹部的顺序）。

3. 幼儿分为4组，用放大镜观察蜻蜓、蝴蝶、螳螂等标本，要求按从头——腹的顺序仔细观察，并做简单的观察记录（为被观察物画像）。

4. 幼儿讲述自己观察对象的身体结构及各部位的名称。

5. 讨论，它们的身体除了有这些共同的部分和名称外，还有什么共同的特征？

6. 小结，我们给这些身体分为头、胸、腹三部分，头部有触角一对，复眼一对，胸部有翅膀2对、足3对、腹部有节、会飞的小动物起个共同的名字——昆虫。

7. 幼儿结合生活经验讲述：还有哪些小动物是昆虫？（蜜蜂、天牛、蝉、蝈蝈、蚂蚁、苍蝇、蚊子等等）。

8. 讨论、判断：蝙蝠是不是昆虫？（引导幼儿仔细观察蝙蝠图片）

9. 小结：蝙蝠虽然很小，也会飞，但它头部没有触角，胸部没有两对翅膀和三对足，腹部没有节，所以不是昆虫。

10. 环保意识教育：昆虫可分为益虫和害虫。像蜜蜂能采花粉酿蜜；蜻蜓、螳螂能捕捉害虫；它们是益虫，我们要保护它。像苍蝇、蚊子会传染疾病，天牛、蝉会危害树木，它们是害虫，我们要消灭它。

四、音乐活动

目标：学习掌握一种基本舞步

教材：秧歌十字步录音带

方式：示范、练习（全体—分组）

1. 教师随音乐表演秧歌十字步。

2. 做慢速度分解动作示范。

3. 幼儿练习：信号由口令到音乐、动作由慢到快。

4. 分组练习、能力强的幼儿做能力弱的幼儿的小老师。

五、自由活动

重点对顾华君、段荣、杨俊锋进行个别指导。

六、午餐

注意就餐卫生，保持桌面，地面清洁。

不难看出半日活动计划具有具体、可操作、详细恰当的特点并切合教师半日在班的实际。

教师设计半日活动计划时，还应互通信息，共同研究（包括保育员在内的人），这样才能保证上下午活动的不割裂、不重复，才能顾及手段全面，动静交替，使全天活动趋于和谐、有序。

4. 教育评价

教育评价也称效果分析。教育评价是使教育过程连续不断运转，促进课程不断创新、完善，教育效果逐步提高，教育目标逐步落实的重要环节。对于教师来讲，评价的目的主要有三个方面：

（1）了解幼儿学习发展水平状况

（2）检查教育活动计划是否设计得合理，从评价中得到信息反馈，以便及时调整修改计划。

(3)与家长交流幼儿学习发展情况，共同确定教育方案。

从评价的实施来看，一种是在教育过程中的评价即现场评价它有记录式和直觉式两种方式：记录式采用事先设计好的表格进行；直觉式也就是在头脑里进行快速判断，如当发现材料投放的数量不适宜，立即采取补救措施。直觉评价对于提高教育活动的质量非常重要，这种评价能力往往与教师的工作经验有关。

另一种是在学习活动结束以后进行的评价，它要求事后立即用文字把原设计方案中存在的问题及所做的现场调整记录下来，使自己对计划及实施过程有一个清楚的认识，调整并设计下一步教育活动计划。这样周而复始，循序渐进，呈螺旋式上升，最终达到使中观目标在幼儿身上见效，幼儿良好素质基础基本奠定的总目的。如图示 3-1：

三、教育过程中的教育教学原则及其应用

要做到注重教育过程，必须贯彻以下几个原则：

1. 教育过程中的自动原则。

要使教师的设想变成幼儿自发自动的行为，才能收到较好的效果。执行这一原则很重要的一点是让幼儿通过自身的尝试去学习种种事物，去积累经验和提高能力、而不是教师包办代替。因此，教师要为幼儿提供活动和表现能力的机会与条件，要留意幼儿学习过程中的体现，然后根据其表现加以适时，适当的辅导。如小班第二学期有“学习分辨左、右鞋、能正确地穿上”的教育目标，经过一段时间的练习(主要是午睡后)，班里的幼儿基本上都能掌握，只有 2 名幼儿不仅动作慢，而且常常穿反。教师没有责怪他们，也没有动手帮助穿，只是在他俩的床前地面上画了一双正确摆放的鞋底图形，要求他俩每次脱鞋时把两只鞋摆放在各自的“家里”，穿鞋

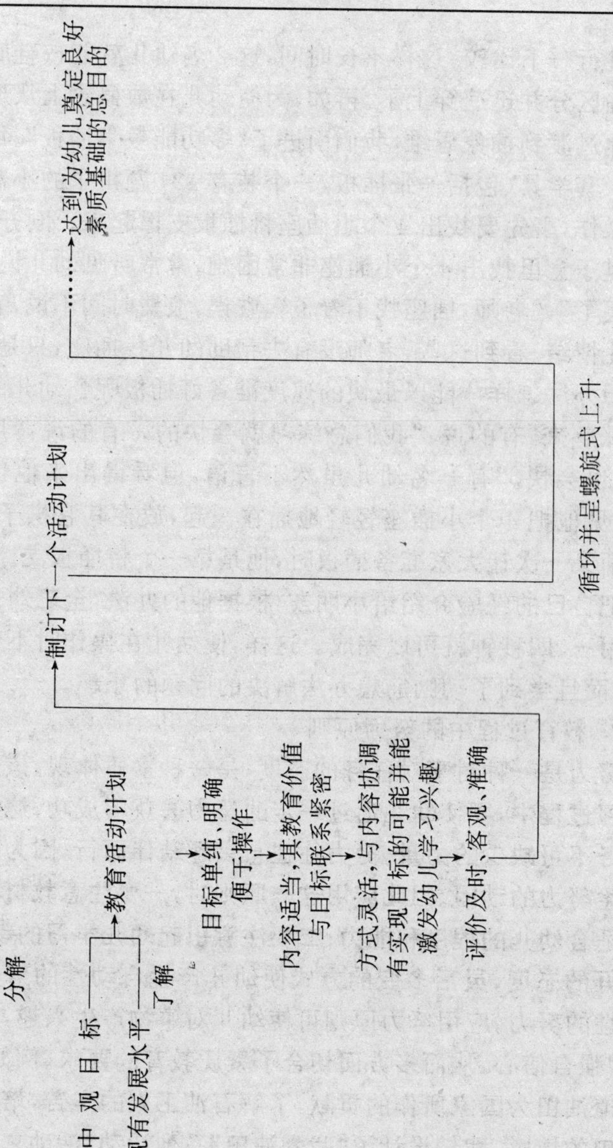
中观目标
分解
幼儿现有发展水平
了解
教育活动计划
目标单纯，明确
便于操作
内容适当，其教育价值
与目标联系紧密
方式灵活，与内容协调
有实现目标的可能并能
激发幼儿学习兴趣
评价及时、客观、准确
制订下一个活动计划
……
达到为幼儿奠定良好
素质基础的总目的
循环并呈螺旋式上升

时再进行一下比较。这样不长时间，这2名幼儿就能按鞋底形状不同正确区分并迅速穿上了。再如，为使幼儿在数概念上从形象思维顺利地过渡到抽象思维，我们引进了“多功能教学插板”。每名幼儿都有一套学具(包括一张插板，一个装有124题棋子的小盒)，使用插板操作，事先要找出4个小插座将插板支撑起来。刚开始时，幼儿从棋子盒里找出4个小插座非常困难，常常听见幼儿说：“老师，插座丢了”，“老师，插座找不着了”。耽误，浪费时间不说，有时还影响幼儿情绪。看到这些，老师没有去帮助幼儿找插座，只是说，让我们想想办法怎样才能以最快的速度准备好插板呢？幼儿的情绪立刻高涨起来，有的说：“我们总练习就会快的。”有的说：“用双手一齐插，也会快。”有一名幼儿虽然不言语，但看得出来他也在想办法，只见他把4个小插座轻轻地插在一起，放在其它棋子的上面，待老师又一次让大家准备插板时，他是第一个将插板支撑好。老师请他把自己的经验介绍给小朋友，根据他的办法，全班幼儿准备插板仅用三、四秒钟就可以完成。这样，使幼儿在操作时不仅提高了效率，而且尝到了动脑筋想办法解决的问题的乐趣。

2. 教育过程中的努力原则

努力是一种对事对任务的态度，是一种素质体现。该原则是指在学习过程中，要使幼儿通过一定的努力去获得成功，这是一种完成任务不可缺少的力量。努力往往与兴趣结伴而行，因为兴趣往往是产生努力的动因。因此应用这一原则时，一要注意教材的难易程度要适合幼儿的程度和能力；二要注意引起幼儿学习的动机；三要用良好的态度，灵活多变的方式使幼儿产生自动性的努力而不是强迫性的努力。应用努力原则可使幼儿对事物产生兴趣，产生成功感，增强自信心，从而多方面切合了素质教育的要求。例如，为使幼儿知道油田为国家所作的贡献，了解石油工人的辛苦，培养幼儿热爱油田的情感，我们设计了“我爱油田”系列活动。活动之一是为采油井站的叔叔阿姨送水。送水活动前幼儿已有了对石油用途的初步了解，又听了采油工人叔叔的工作经验讲述，产生了强烈的采油井站看一看的愿望。当教师组织幼儿背上小水壶，去为井站的叔叔阿姨送水时，孩子们情绪高昂，兴趣浓烈。井站距离幼儿园有1.2公里路途，事先教师有意识地每隔300米处就插上一面红旗，看看红旗一面又一面地被夺取，井站也就在眼前了。尽管孩子们又热又累，但看到采油工人们喝着他们送来的凉开水，情绪更加热烈，体会到我也能干的成功喜悦，而且耐力和意志也得到了锻炼。

3. 教育过程中的个性适应原则

每一幼儿的素质基础，素质特点是不同的，因此，素质培养不能搞一刀切，只有因人施教，才能促进每个幼儿在不同水平上的提高，这一原则的应用表现为：

(1)在同一教育目标下，面对全体幼儿时，要求应有差异性，对个别幼儿的要求应有针对性。比如：中班有学会拍球，大班有学会跳绳的教育目标。在落实这一教育目标的过程中，对能力弱的幼儿只要求会正确地拍(跳)，尽量提高拍(跳)的频率就行了。对能力强的幼儿就不仅要求会正确地拍(跳)，有较高的频率，而且要求有较多拍(跳)的花样。

(2)在教材上对不同幼儿作适当调整。例如，在落实“会自编10以内的加减法应用题”这一教育目标时，教材的选用根据幼儿的实际水平而有区别：对抽象思维较好的幼儿可提供数字符号；对抽象思维较差的幼儿可提供实物；处于中间水平的幼儿可提供半抽象物，使同步教育异步发展，缩小个体和群体的差异。

(3)在指导方法上要注意每个幼儿的学习特点。

(4)在组织形式上有按能力和兴趣分组等。

4. 教育过程中的社会化原则

这一原则是根据受教育者适应社会并最终服务社会的理论确定的。这就要求教师多选用和创编社会生活应用多的教材，而且要放眼未来，以培养幼儿适应未来社会的需要。在教育方法上，既要照顾个人特点，又要提倡合作精神，创新意识和竞争意识。例如，教育活动“小小统计员”是为落实“知道学习知识最主要的方法是细细地听，认真地想，主动地做”这一教育目标而设计的。

教材：各种颜色的几何图形，统计表，胶水，铅笔等。

方式：观察、讲解示范、练习。

全班同时进行。

(1)复习认识几何图形的形状颜色。

(2)幼儿观察图形组合画，并说出房子、小树是由哪些颜色的图形拼成的。

(3)出示标记符号，幼儿按标记给组合画上的图形分类并记录(记数)。

(4)认识统计表，教师讲解示范统计表中部分量的填法。

	△	○	□		△□ ○
红					
蓝					
黄					
绿					
红兰 黄绿					

(5)幼儿用几何图形组画，并进行统计。

在幼儿练习时，教师鼓励幼儿根据自己的想象用不同的几何图形粘贴不同的画面(创新意识)，并提出最先粘贴好并统计完的前10名幼儿把自己的作品按先后顺序展示在前面。

还有许多有规则的竞赛性集体游戏如“小马运粮”、“拍球接力”、“炸敌堡”，等等，既可以培养幼儿的集体意识，规则意识，还可以培养幼儿的合作精神、竞争精神。

综上所述“幼儿园的教育活动是有目的、有计划引导幼儿主动活动的多种形式的教育过程”。教育目标是在日复一日的教育过程中逐步实现的，幼儿的素质基础是在日复一日的教育过程中逐渐形成、提高的。要注重教育过程，不仅要注重认真制订教育活动计划，更重要的是教师要在幼儿活动的过程中投入全部的情感、智慧和爱心，灵活地应用教育过程中的几个原则，不断提高教育机制，以达到教育目标和教育过程的统一。

辽河油田教育培训部

辽河油田兴采机关幼儿园

幼儿分组教学的实践与探索

方 红

在“适应我国国情，提高幼儿素质的实验研究”中，有许多的教育活动采取了分组教学的形式来完成。因为这种教育教学形式一方面适合我国幼儿园，班容量较大，以往教学无法面向每个幼儿的情况；另一方面它又有较强的目的性，真正使每个幼儿都能在原有水平上得到发展。

那么，分组教学是如何实施的呢？下面以一节计算活动为例来说明（见 243 附页）。简单地说，分组教学就是将幼儿分成若干组，教师分别传授教育内容。具体地讲，它是一个由“A→E”的循环过程。

A→B→C
↑　↓
E→D

A. 调查了解幼儿各方面能力情况。

B. 确定总的教学目标。

C. 分解总目标，设计活动内容。

D. 观察评估幼儿完成目标情况。

E. 调查修改总目标。

分组教学，不是单纯的在形式上将幼儿分成若干组，将原来集体教学的内容重新灌输给幼儿，而是着重从幼儿的实际能力出发，充分考虑幼儿的个别差异，运用幼儿能接受的手段、形式，促进幼儿个体的发展。因此，进行分组教学，首先需要了解幼儿各方面发展情况，对幼儿的情况要心中有数。对于新入园幼儿，可以通过日常观察及家访、调查问卷等与家长沟通的方式。掌握幼儿发展情况；如果是在中大班进行分组教学，则要求教师坚持做好各项活动的观察评估记录，以便了解幼儿的现有水平，在此基础上，确定出一个单位时间内幼儿需达到的总目标，也就是上述过程的“A”与“B”。从整个分组过程来看，“C”和“D”是比较关键的两个步骤，“C”是分组教学的实施，即在分解总目标以及了解幼儿能力不同的基础上，对幼儿进行分组，施以不同程度的教学内容；“D”则最终实现了分组教学，体现了分组教学的优点。最后的过程“E”，是对整个教学过程的总结与反馈，为下一段的教育教学服务。

分组的目的是为了促进幼儿在原有水平上得到发展，因此，了解幼儿的原有水平是非常必要的。比如有的幼儿刚刚会用剪刀，有的幼儿已基本掌握了剪直线、曲线，这样，在具体活动中就不能统一要求他们都去剪花瓣；在完成总目标为“比较不同数量的物品，指出它们谁多、谁少、谁最多，还是一样多”的教学活动中，由于幼儿目测及点数能力不同，因此在组织活动过程中，对能力强的幼儿提出了掌握 8 以内数比较的要求，能力差的幼儿能对 4 以内的数进行比较即可，关键是掌握一一对应的比较方法。对能力不同的幼儿，可以提不同的要求，刚刚会用剪刀的幼儿可以练习剪面条、气球等单一线条的物品，能力强的幼儿可以剪复杂些的花瓣；也可以为达到同一目标，在教学手段、形式、时间上有所不同，对待能力强的幼儿，除了提出的问题要难度大一些外，还要给幼儿继续发展的机会，比如有的幼儿比较容易就掌握了“6”以内三组实物多少的比较，那么教师就可以在此基础上进行 7 以内，8 以内……更多组数目的比较，还可以打乱实物排列顺序，让幼儿进行目测比较，训练其守恒能力。对于能力稍差的幼儿，教师的启发性语言及示范性动作一定要多，以帮助幼儿理解、掌握比较方法，保持不断学习的自信心。经过分解后的总目标，一定要明确与具体，切忌大而空，通过一个活动培养孩子多种能力不大可能做到，即便做到，也是蜻蜓点水，一带而过。简单明确的目标更利于教师评估幼儿完成目标的情况。

在活动中，如何把握是否需要分组，怎样分组以及如何协调组与组之间的关系，是充分发挥分组教学优点的几个关键性问题。是否需要分组，主要取决于活动的性质和内容。比如语言活动，如果是新授故事、新授儿歌教学，大可不必分组，因为分组不仅实际意义不大，而且重复上课加重了教师负担。如果是需要分组进行的活动，则可以按能力、兴趣分，也可以自然分组或强弱搭配分组。如同样是美工活动，如果活动的目的是传授某一技能技巧，由于幼儿在此之前的基础不同，因此可以按能力强弱进行分组；如果是进行主题画活动，则可以自然分组或不分组；倘若是再现活动，就可以按兴趣分成泥工、绘画、剪贴等不同的组。

在分组教学中，教师直接面对一组幼儿进行教育活动，我们称其为主组，另一些幼儿所在的组则称其为附组。由于大部分幼儿参与的是附组活动，因此，附组活动的好坏直接关系到主活动目标的完成。开始时幼儿对分组教学形式不熟悉、不适应，加之幼儿自制能力差及活动内容单调，幼儿兴趣不高，常使得附组活动很乱，为了解决这个问题，我们除了精心设计附组活动内容外，还经历了“保育员配合——小组长制——自我约束”三个阶段。保育员配合的方法适用于年龄小或对分组教学形式陌生的幼儿，具体办法可由教师将附组活动的主要内容与保育员沟通，由保育员配合教师指导附组幼儿完成目标。到了中班，幼儿自制能力增强，可以采用请能力强的幼儿担任小组长的方法，小组长协助教师发放教具，提醒其他幼儿改正不规范行为。大班后，幼儿自我约束能力加强，可以自己管好自己，无需教师多费口舌了。

需要注意的是，附组活动不是简单地让幼儿有事可做，而是素质目标的巩固和加深，因此在具体施行过程中应注意以下三点：

首先，合理安排附组活动内容。由于附组在活动中得到教师的指导较少，因此不宜选用幼儿陌生的内容，可安排复习内容或对主组活动内容作准备。如例举的计算活动中，第一组幼儿进行主活动时，第二、三组的幼儿可进行分类与穿绳的活动，即复习了分类，又为主活动多类物品的比较做了基础知识的准备，而选择最多、最少物品涂色活动，则是对主活动内容的巩固和加深，教师可根据不同组幼儿的能力情况，选择合适的数量让幼儿进行比较，教师在附组活动时，同时要注意动静交替，以免附组幼儿参加主活动时注意力集中不起来，影响主要目标的完成。总之，教师应利用好附组活动的机会，使幼儿的各方面素质得以巩固和提高。

其次，对那些教师不能直接观察到结果的活动，教师要为每个幼儿准备一个学习资料袋或其它可供幼儿展示活动成果的东西，如钉有木钉的小门框，可供幼儿挂自己穿好的动物图片，幼儿每次活动结束后，将活动资料放好，这样，教师就可以了解幼儿完成活动情况，明确哪些目标应继续练习，哪些应提高难度，为下一个活动的设计提供了依据。

最后，养成幼儿自主活动的习惯，附组活动中，涉及到更换活动内容、入厕、喝水等事情，因此，一定要让幼儿养成根据自身要求去喝水、入厕的习惯，尤其是大班幼儿，更应摆脱成人提醒或不根据自身需要喝水、入厕的习惯。主附组内容的调换，需选择适合本班幼儿的方法。既可以让幼儿更换座位，也可以教师更换教具，幼儿适应后，便可以养成一种自觉的行动。

三年来的实验研究证明，在教育活动中采取恰当的教育教学形式，对幼儿的全面发展，提高幼儿素质起到了明显的促进作用。由于充分考虑了幼儿的个体差异，因此，分组教学在一定程度上解决了幼儿“吃不饱”、“吃不好”的问题，同时也体现了它是以幼儿为主体，尊重幼儿身心发展规律的这一特点，使素质教育真正落到实处。

当然，这些并不意味着不要全体教学和个别教学，具体问题要具体分析，不适合分组的活动决不强求，各种教学形式的有机结合才更符合《规程》中提到的“组织教育活动应根据不同教育内容……灵活运用集体活动与个别活动的形式。为幼儿提供充分活动的机会，促进每个幼儿在不同水平上发展的要求。

附页：

总目标	练习比较不同数量的物品，指出它们谁多，谁少，谁最多，还是一样多		
组别	Ⅰ（能力最强）	Ⅱ（能力一般）	Ⅲ（能力稍差）
分解目标	学习用一一对应的方法比较6—8以内三组物品	学习用一一对应的方法比较数量为4—6的三组物品	学习用一一对应的方法比较4以内三组物品数量
教具及运用	数量分别为6，7，8的三种动物塑料片，虾8个，兔7个，鱼4个	数量分别为4，5，6的三种动物塑料片，其中虾6个，兔5个，鱼4个	数量分别为2，3，4的三种动物塑料片，其中虾4个，兔3个，鱼2个
活动过程	1. 从小筐中挑出6只虾，一个一个地摆成横排 2. 再拿出5只兔子与虾一一对应摆好 3. 最后拿出4条鱼一一对应摆在虾和兔子下面 4. 学习如何比较最多 5. 用同样方法比较最少 6. 如何使二种动物一样多，先用语言归纳，然后动手验证 7. 如何使三种动物一样多	1. 从小筐中挑出5只虾，一只一只摆成横排 2. 再拿出4只兔子与虾一一对应摆好 3. 最后拿出3条鱼一一对应摆在虾和兔子下面 4. 学习比较最多，重点使本组幼儿从比较两组物品开始过渡到三组物品的比较 5. 在教师指导下比较最少 6. 从使二种物品一样多过渡到使三种物品一样多	1. 从小筐中挑出4只虾，一只一只摆成横排 2. 再出3只兔子与虾一一对应摆好 3. 比较这两种物品的多与少 4. 将两条鱼与虾与兔子一一对应摆好，并相互比较哪种最多，哪种最少 5. 自己动手先尝试，然后总结出使其一样多的方法
	尽量减少示范动作，多用言语提示	示范与言语同时进行	增加演示次数，特别是难懂之处，如…对应摆图片
效果记录	略	略	略
总体分析	幼儿对比较最多最少的方法均能掌握，但方法不同，有的幼儿直接目测观察，有的则需反复比较		

附组Ⅰ：

名称：分类与穿绳

准备：不同种类的动物塑料片若干，每人一份，细绳

方法：将动物按种类不同分好类后，再按类将动物一个一个穿在绳上

附组Ⅱ：

名称：选出最多与最少并涂色

准备：梨、西瓜、苹果图片，每人若干

方法：幼儿用一一对应方法将三种物品进行数量比较，选最多（Ⅰ、Ⅱ组）或最少的水果涂色（Ⅲ组）

大连市妇联"六一"幼儿园

提高幼儿身体素质的实践性研究

高慧萼

一、问题的提出

身体素质是体质的一个基本要素和组成部分，它是衡量幼儿体质状况的一个重要方面。身体素质的发展水平直接影响到幼儿身体主要器官系统的结构和机能状况，是幼儿体能增强的重要标志。因此，提高和发展幼儿的身体素质，可以有效地促进幼儿正常的生长发育和增强幼儿的体质。许多幼儿教师没有认识到这一点，其原因是多方面的。例如，我国有关幼儿身体素质方面的理论研究和实践甚少，幼师教材中论述的又简单、笼统等，都是造成幼儿教师在实践中没有重视或有意识地从提高幼儿身体素质入手，来增强幼儿体质的根本原因。我班幼儿在幼儿刚入园的第一学期时，由于自己本身对提高幼儿身体素质理解的不深，忽视了幼儿体质方面的提高，因此，在秋冬季节到来时，幼儿的发病率较高，带药的增多，不能出勤的也相应地增加了，影响了正常的教育教学工作及其它各方面活动的开展，这都是没能重视幼儿身体锻炼所造成的。

另外，从许多测查结果中得知，我国幼儿与日本国幼儿在体质状况上比较时，发现我国有部分年龄组的幼儿在身体形态，生理机能和基本体育活动能力的许多方面，比日本同年龄幼儿要低要差。如：身高、体重、胸围等，这与日本较重视幼儿运动能力的培养有密切关系。为此，我们着重进行了提高和发展幼儿身体素质的尝试。

二、指导思想

幼儿期身体各器官系统正处于迅速发育不断完善的过程，如能有意识地逐步提高和发展幼儿的身体素质，有助于增强和完善幼儿身体主要器官系统的功能，这对从根本上增强幼儿体质具有特殊的作用和意义。同时，也为幼儿获得身体的基本活动能力，更好地适应社会生活、学习和劳动，奠定着重要的物质基础。这也正是幼儿体育活动的主要目的和任务。

三、实施过程

（一）做好预防工作是提高和发展幼儿身体素质的必要条件。

为了保证幼儿在换季时不易传染上各种疾病，我们采取了以下预防措施：首先做到及时提醒家长们为幼儿增减衣服，指导那些不知如何为孩子增减衣服的家长们。如孙赵欣的姥姥，对孩子特别溺爱，孩子入园时，总是不放心；特别是在天气稍冷时，她就给孩子增添了许多的衣服，穿得严严实实的，生怕被冻着，这样一来影响了孩子参加各项户外体育活动，因此，对于这种类型的家长，我们做为重点指导对象，帮助她们（他们）解决这一难题。

其次，我们还在流行病，传染病盛行时，给班级的活动室、寝室进行了“紫外线”消毒，提醒家长们给孩子服一些预防传染病、流行病的中药，如“板兰根”等。并提醒孩子自己预防随季节变化及时增减衣服，使我们班的幼儿在全园的出勤率都较低的情况下，能够保证每天出勤百分之九十以上，基本上杜绝了一些常见病的发生，如感冒等，保证了我们正常的教育教学工作的开展。所以，要以“预防为主”这句话是认真地去做了。

（二）体育锻炼是提高和发展幼儿身体素质的重要措施。

从身体锻炼的特点上来看，只有经常地坚持不懈地进行身体运动，才能有效地促进幼儿机体的生长发育，提高幼儿身体的适应能力，尤其是幼儿身体素质的培养，必须科学合理地安排在一日生活中，才能达到良好的效果。

我国有这样几句体育卫生谚语："捂捂盖盖脸皮黄，冻冻晒晒身体强，懒懒洋洋好生病，蹦蹦跳跳增健康"。有些幼儿白白胖胖的看上去很健康，可是稍一活动就气喘虚虚，大汗淋漓，一旦环境气候变化就生病，这就是因为缺乏体育锻炼，因此机体能力和适应能力都比较差。如："张弘强，个头到不矮，体重也不轻，可是就是腿脚不灵活，上楼梯时腿都颤抖，气候稍微有点变化，他就会生病，影响参加班里的各项活动。原因是什么呢？就是奶奶在家照管时，从来不让孩子下楼玩，就是下楼也不自己走都是由大人抱着、背着，造成孩子体质特别差，抵抗能力也相应差。看到这些，我更加坚定信心，一定要组织好幼儿坚持每天进行体育锻炼，如：早操活动和户外活动。无论天气怎样变化，半年多以来，从没间断。每天坚持早操活动时间在 10—15 分钟这间；每天坚持户外活动时间 45—60 分钟之间（冬季），天气暖时坚持 80—100 分钟左右。锻炼的内容是：走、慢跑、走跑交替、深呼吸、立定跳远、听音乐做模仿操、韵律操，有时还跳集体舞和玩各种游戏等。特别在冬季开展一系列幼儿喜爱的体育活动：登山、滑雪撬、打冰嘎、滑冰等。总之，所有的锻炼项目都有计划、有目的进行。其方法是：逐渐延长幼儿各种身体锻炼的时间；逐渐增大幼儿运动的密度和强度，在运动中如发现幼儿呼吸急促，出现紊乱，没有规律，上气不接下气等不正常现象时，我们能做到及时调整幼儿的活动量，杜绝了幼儿过于疲劳的状况过于疲劳也是降低幼儿抵抗疾病能力的一个因素。本着这一原则，经过三年来的体育锻炼，我班的幼儿对气候变化有了较强的适应能力，没有一名幼儿因天气变冷而不参加锻炼，也没有因为怕累而害怕锻炼，每天都是高高兴兴地来园，积极地参加各项体育教学活动，充分地完成教育任务，增强了体力、锻炼了耐力大大地提高了幼儿的身体素质。

（三）科学的营养膳食是提高幼儿身体素质的保证。

幼儿正处在迅速生长发育阶段，必须由外界吸收足够的营养，尤其是足够的热量和优质的蛋白质，足够的铁、钙和各种维生素等作为生长发育的物质基础。营养丰富的膳食能促进幼儿生长发育，反之缺乏营养的膳食，不仅影响正常的生长发育，还会导致营养不良及各种营养缺乏症，这些光靠预防和体育锻炼是不够的，是得不到的，只有从幼儿平时的饮食中摄取才能得到平衡，因此，我们将营养膳食这一方面做为提高和发展幼儿身体素质的重要保证，并有计划、有目的地对幼儿进行教育。如：我们设立了“进餐记录本”对偏食、挑食、厌食的幼儿进行详细的观察记录，并给家长发了一份“进餐调查表”，了解幼儿在家的进餐情况，然后针对不同的情况，有计划地开展工作。一方面通过讲故事，学知识，做游戏等活动向幼儿介绍蔬菜、水果等，让幼儿知道它们的营养成分，讲解偏食、挑食、厌食的危害，另一方面在幼儿进餐时，采用介绍饭菜的色、香、味、食谱及营养成分，多鼓励、表扬、以及榜样的影响等方法，引起幼儿的食欲，并根据不同情况给予不同的具体帮助，以纠正偏食、挑食、厌食的行为为目的，如：周俏小朋友不喜欢吃青菜和葱花，我就采用由少量开始，逐渐增加的方法，让她适应着吃，同时不断地鼓励、表扬，逐渐的她对青菜和葱花有了适应，并喜欢吃了，还常常把在家里吃青菜和葱花的情况跟老师讲，以求得老师的评价。就这样我班目前已经杜绝了偏食、挑食、厌食的现象。

另外，现在的孩子都是独生子女，家长们都舍得钱给孩子买吃的，但由于家长们缺乏营养知识，不懂科学喂养，加上孩子任性的原因往往造成部分幼儿膳食不合理、不平衡了。如：高越特别喜欢吃雪糕、冰淇淋等冷饮，每天回家后吃的较多，结果胃肠功能减弱，影响正常的食欲，还有杨昀昊小朋友晚睡前吃的太多，结果造成营养过剩，消化不良等，为此我们在“家园联系栏”和“家长会”、“家园信箱”中给予明确指出，并与家长们共同商讨纠正的方法，基本上达到营养的合理化，促进了幼儿体质健康的发展，满足了幼儿身体的需要，为提高和发展幼儿身体素质起到了保证的作用。

(四)家长工作对提高和发展幼儿身体素质起着关键的作用

每个家长对幼儿园的工作有着不同的要求和认识，有的认为孩子送到幼儿园只要不磕磕碰碰，吃饱饭、冻不着就行了，有的认为学点知识，开发点智力也不错，对身体素质方面的提高根据就认识不上去，特别是对冬天到外面跑跑跳跳，更不理解，天气刚冷有的家长就提出来“我的孩子身体不好，别让他(她)出去跑”、“她今天身上不舒服，不能出去”等等，总之常找些理由不参加户外活动、“早操活动”弄得我们没法子，顾虑重重，为了能够得到家长们的理解和支持，我们采取了家访、面谈、讲座、家园联系册等一系列措施和手段，消除了家长们对孩子的不利影响，使家长从溺爱的误区中走出来，学会真正的爱孩子、教育孩子，也消除了一些家长认为教育孩子是幼儿园的事的思想，从而达到家园两者的统一。同时还用我们的实际行动减少了家长们的不必要的担心。如：及时提醒家长如何为幼儿增减衣服，外出时对幼儿的细心照料，特别是在传染病，流行病盛行时，能够及时提醒家长不要带孩子到公共场所去给孩子服一些预防药，还为班级活动室、寝室消毒，使家长们受到感动，逐渐地缩短了我们与家长间的距离，从而得到家长们的信任和支持，如每天能按时送孩子到幼儿园参加早操活动，从不受天气的影响，有的家长星期天休息时，还能坚持领自己的孩子到室外进行适当的锻炼。大多数家长每天早早地把孩子送到幼儿园，参加早操活动。因为有了家长们的支持，才使我们的工作有了成效。

四、效果分析

通过三年来的实践，我班幼儿的身体素质有了明显的提高。

（一）促进幼儿适应能力的发展

所谓“适应能力”就是对外界环境的适应能力和对疾病的抵抗能力。我班幼儿在刚入园时，身体适应能力较差，在秋冬季节到来时，感冒的咳嗽的很多，几乎每天带药的占总人数的30%左右，要是遇上流行病、传染病盛行时全班的出勤率只占总数70%左右，严重地影响了正常的教育教学工作，而在入园后的第二个秋季节到来时，幼儿的适应能力有了大大的提高，原因是我们重视了组织幼儿坚持参加体育锻炼及提高幼儿身体素质的培养等，使幼儿的发病率有了较大程度的降低，带药的人数只占总数的6%，幼儿的出勤率得到了保证，就在流行病，传染病盛行时，也没有受到影响，参看表1，保证了正常的教育教学工作的进展，促进了幼儿身体各方面的发育，受到了家长们的好评。

表1　**传染病盛行时各班幼儿出勤人数的对比**

	实验班	中一	中三	中四	大一	大二	大三
总数	35人	42人	38人	56人	54人	52人	
出勤	29—33人	14—23人	8—20人	13—21人	23—26人	20—25人	21—25人

（二）促进了幼儿的生长发育

幼儿的生长发育是由量变到质变的复杂过程。人体由小到大，由轻到重，由矮到高，是构成人体的细胞不断繁殖和细胞间质不断增多的结果，是个体量的渐变过程，这叫做“生长”。人体细胞与器官的不断分化，机能逐渐成熟，形态逐渐完善，是个体的变化过程，这叫做“发育”。“生长”和“发育”既有区别，又有联系，它们都受遗传、营养、环境和自然生长的影响，但是体育活动能够加速这个过程，并使之更加完善，请见表 2、表 3、表 4。可以有效地说明这一问题。

表 2　　4 岁组幼儿身高、体重对比

	标准(85)	实验班	对比班	标准(85)	实验班	对比班
	身高(cm)	身高(cm)	身高(cm)	体重(kg)	体重(kg)	体重(kg)
男(4 岁)	102.1±4.1	108.5	105.9	15.61±1.75	20.8	18.2
女(4 岁)	101.2±4.1	105.7	101.6	15.21±1.75	18.3	16.7

表 3　　5 岁组幼儿身高、体重对比

	标准(85)	实验班	对比班	标准(85)	实验班	对比班
	身高(cm)	身高(cm)	身高(cm)	体重(kg)	体重(kg)	体重(kg)
男(5 岁)	108.6±4.5	114.8	112.8	17.39±2.05	22.4	20.2
女(5 岁)	107.6±4.2	111.6	109.2	16.79±1.82	20.6	18.9

表 4　　6 岁组幼儿身高、体重对比

	标准(85)	实验班	对比班	标准(85)	实验班	对比班
	身高(cm)	身高(cm)	身高(cm)	体重(kg)	体重(kg)	体重(kg)
男(6 岁)	116.2±4.9	119.9	117.4	19.81±2.56	24.4	22.4
女(6 岁)	115.1±4.9	117.8	113.8	19.08±1.42	22.1	20.3

(三)促进了幼儿心理的健康发展

幼儿期是“自我”的萌芽时期，是个性的最初形成时期，幼儿处在什么样的环境具有什么样的经验，以及外界对他的态度与评价如何，在很大程度上将决定其形成什么样的自我概念，将成为以后个性发展的基础。

幼儿年龄越小，身体活动能力越成为他一切行动的基础，幼儿能够做什么、不能做什么，主要是由其身体活动能力来决定的，因此，幼儿对自己身体活动能力的确认，有可能成为其“自我概念”的一个中心。例如：能自己勇敢地登上攀登架，能自己穿脱衣服，自己扣钮扣、系鞋带，能比别人更早地学会独自跳绳，拍球等，这往往会受到成人的称赞，小伙伴的羡慕，自己也觉得很了不起增强了自信心，做事情也就处于积极、主动的位置，相反则缺乏自信心，产生不良的心理障碍。

例如，我班有几名幼儿以前胆小不爱说话，性格内向，做事情不积极、主动，通过经常地坚持身体锻炼等，使他（她）们的体质增强了，性格也变的活泼了开朗了，并能主动与人交谈，做事情比以前积极主动了。因此说，有了良好的身体素质，对幼儿形成良好的心理品质，起着举足轻重的作用，它能使幼儿获得更多成功的体验和对自己的确信，有助于幼儿变得更加积极、主动、自信和独立，同时也会激发幼儿的愉快情绪。

五、讨论与建议

根据幼儿身体运动的目的，幼儿身心发展水平与特点，以及幼儿教育的基本原理，在幼儿期提高幼儿身体素质，必须遵循以下两个方面的原则：

（1）增强幼儿体质，避免进行对幼儿身体有任何伤害的身体运动。

身体运动的种类繁多，内容丰富，但并不是所有身体运动都适合于幼儿。提高幼儿身体素质的目的，是增强幼儿体质，促进幼儿身体全面、协调、发展。因此在为幼儿选择身体运动的项目和内容，采用具体的方式、方法时，一定要考虑到不能违背以上的宗旨。对幼儿身体的生长发育不利或有可能造成危害的身体运动，必须绝对禁止，对没有把握的身体运动，必须进行科学的研究，一切应采取严肃、谨慎、认真、负责的态度。

(2)必须遵循幼儿身心发展的水平与特点，避免运动员化，成人化或小学化。

对幼儿身体素质培养，不是为了培养专门的体育运动竞赛的人才，因此，必须避免身体素质培养的专项化或早期定向，也就是要防止运动员化。

对于幼儿来说，身体素质的培养是通过丰富多彩，趣味性强，深受幼儿喜爱的各种身体活动来实现的，强调以游戏为基本活动方式，以各种身体的基本活动为其主要内容。必须避免专门的、枯燥的练习或专门的身体训练。

本钢东明幼儿园

浅谈组织与指导幼儿户外体育活动

姜凤君

幼儿园的任务是“实行保育与教育相结合，对幼儿实施体、智、德、美全面发展的教育，促进其身心和谐发展。”可见，幼儿体育也是幼儿教育的重要组成部分。幼儿体育活动的组织形式是多种多样，其中幼儿户外体育活动是幼儿体育活动的一项基本的组织形式。以往的户外体育活动出现了种种弊端，影响了幼儿的生长发育和良好的行为品质 形成，通过进行素质实验，我们对户外体育活动重新进行了组织与指导。

一、调整活动方式

实验前，幼儿户外体育活动有两种方式：一种是以集体的形式，以完成一定的任务为目标的活动。这种活动方式组织性、目的性较强，但很难满足幼儿的不同需要，幼儿的自由活动也被束缚。另一种是放任自流的自由活动，这种活动方式，无组织性和目的性。在进行素质实验后，我们对户外体育活动进行了调整和革新，即从目标出发，以满足幼儿的不同需要为出发点，根据幼儿的兴趣，爱好和能力等方面的特点，组织幼儿户外体育活动。如小班体育锻炼有一条目标“纵跳摸高 20 厘米”，为了让幼儿达到这个目标，根据幼儿掌握技能的程度不同，我们先后准备了几种高矮不同的摸高触物活动，像纵跳摸铃，纵跳摸鼓，纵跳摸球等，让幼儿根据自己的兴趣、爱好和能力去选择活动。能摸高的去摸高的，能摸矮的去摸矮的，让幼儿通过实践自己选择摸哪一种物体，从而达到纵跳摸高 20 厘米的目标。在活动过程中，教师不要硬行指定哪个小朋友选择哪一组活动，而是让幼儿自由选择，自由结伴，从而增加儿童活动的自主性，并增加幼儿活动的机会，使幼儿在活动中得到锻炼，增强了幼儿的身体素质。

二、增加活动类型

实验前，在幼儿进行户外体育活动时，教师对幼儿实行“一刀切”。教师为幼儿提供较少的户外活动玩具，能力强的幼儿不愿玩，能力差的幼儿完不成目标，在进行素质实验后，我们对户外活动实行了分组，缩短了幼儿单项活动时间，增加了幼儿活动的种类，使幼儿在教师的组织指导下有计划地活动，而且遵循了动静交替的原则，极大地调动了幼儿活动的积极性。如中班体育锻炼有一条目标是“让幼儿学习垫上活动”，我们把它做为主组活动，又安排了一组附组活动，即学会自抛自接向上的球，幼儿在老师的指导下进行活动，不仅学习了垫上前滚翻，而且进一步复习了自抛自接向上的球，促进了幼儿上下肢能力的发展，使幼儿在自身基础上都得到了进一步的提高。

三、控制合理运动量

实验前，幼儿户外体育活动存在活动量大或活动量不足的现象。幼儿喜欢玩的项目活动量过大，运动的强度超出了幼儿身体所能承受的限度，幼儿不喜欢玩的项目活动量过小，这就起不到锻炼身体，增强体质的作用。进行素质实验后，我们经过不断地研究和探索，总结出了适应幼儿体能的合理运动量。如幼儿很喜欢活动量较大的体育游戏《老狼老狼几点了》，有时玩得满头大汗，气喘嘘嘘，但还要坚持玩，这时教师可以带他们一起玩活动量较少的体育游戏《我们邀请一个人》，控制和调节幼儿的运动量，这样就能更好地组织与指导幼儿的户外体育活动。

总之，合理的组织与指导幼儿户外体育活动，不仅能促进幼儿生长发育，而且推动幼儿形成良好的行为品质，增强幼儿体质。同时，也为幼儿今后更好地学习和工作，适应社会生活奠定良好的基础，可见，幼儿体育是着眼于未来的“事业”，今天的儿童将是21世纪我国社会主义现代化建设各条战线上的主力军，我们要在这任重而道远的工作中，不断探索，不断创新。

大连市“六一”幼儿园

开展学习解放军和英模活动，促进幼儿社会性发展

刘 娟 高 敏

在素质教育实验中，落实“课程标准”第4项时，我们决定发挥军队幼儿园的优势和有利条件，开展了“向解放军学习”的主题教育活动，在幼儿社会性教育，情感教育方面搞出特色。以身边的生动形象教育和激励幼儿立志从小学本领，长大为祖国建设出力，树立为国争光的远大志向。

(一)开展学习解放军活动，促进幼儿生活能力的提高，促进幼儿集体意识、组织纪律观念的增强。

《学习解放军》主题活动由三个部分组成。

活动之一，参观军营。

95年9月5日上午，小朋友来到辽宁省军区通信营无线连驻地，首先参观了解放军营房。在战士们的宿舍里看到了叠得方方正正的被子，摆放整齐的桌椅、水杯、脸盆，战士的床头柜里物品井然有序，指导员程叔叔还为小朋友表演了叠被子。

训练场上，解放军同志正在操练，初秋的骄阳火一样炎热，战士们全副武装，紧束腰带，按着指挥员的命令步调一致地走步、跑步，汗水湿透了军装，但个个精神抖擞，目不斜视，孩子们被军人的风貌所感染，不时地响起热烈地掌声，由跃跃欲试到情不自禁地跑到解放军的队伍后面，随着叔叔的口令，噼噼啪啪地跟着练了起来。

活动之二，解放军叔叔来到我们班。

9月11日上午，无线连程指导员带领一个班战士来到我们实

验班。程叔叔先给小朋友讲述了他们连队参加抗洪抢险的情况，还把在抗洪抢险中立功的两位解放军战士介绍给小朋友，这两位同志从洪水中救起了许多人，他们在洪水中奋战几昼夜，吃不上饭，睡不了觉，身体累瘦了，累病了，发着高烧，仍然坚持救助他人，直到洪水退去，此刻他们就坐在小朋友中间，他们的事迹感动了小朋友，孩子们拉着他们的手关切地问："叔叔，你的病好了吗？明天我给你带药来！""叔叔，我一定向你学习，长大也当解放军，把淹在洪水里的人都救出来！"看着孩子们稚嫩的脸，听着孩子们真诚的话语，战士们同样被感动了，他们满含热泪，全班起立，给孩子们敬了个庄重的军礼。接着，孩子们把自己早已准备好的小礼物一一送给了解放军，有的孩子从家里带来一袋洗衣粉送到解放军手中说："叔叔，这是'碧浪牌'洗衣粉，你训练穿脏了的衣服用它一洗又干净又省力。"女孩子们折了一长串"千纸鹤"，送给解放军，她们说：老师告诉她们"千纸鹤"象征着平安、吉祥。叔叔们有了这串"千纸鹤"，在抗洪抢险中一定会平安吉祥。一块小手绢、一块糖果，它们代表了孩子们的一颗颗心。

活动之三：解放军叔叔的现场指导。

9 月 19 日，我们再次把程指导和他的战友们请到了幼儿园，这次是请解放军叔叔教小朋友叠被子，教小朋友练走步。

操场上，小朋友在叔叔们的指导下，知道了走步先抬左脚，立定也是先收左脚，个个表情严肃认真，练了一遍又一遍，腿疼了，流汗了，孩子们像小战士一样，不怕苦，不怕累，个个坚持到最后。

学习叠被子的朋友更是不怕困难，叠了一遍又一遍，刘依娜小朋友身体瘦弱，面对厚厚的被子，她的一双小手是多么力不从心，叔叔劝她休息一会再练，她却执拗地说："我就不信叠不好它！"

学习解放军主题活动结束了，孩子们却久久不能忘记叔叔们，他们忘不了叔叔讲的故事，忘不了叔叔教的本领，听从指挥，严格遵守纪律步调一致的好作风深深地印在孩子们的脑海中，现在谁的被子没叠好，不用老师说，小朋友之间就会互相督促，帮助整理好，地面脏了，玩具乱了都会有人主动清理打扫。张夕月、车文博等小朋友发现图书破损了，悄悄带回家，粘好了又不声不响地放回图书角，老师发现了，问他们为什么这么做，他们说："雷锋叔叔就是这样的，做了好事不留名。"偶尔也有小朋友做错了事情又不虚心改正，小朋友就会对他提出诚恳的批评："你这样做对得起老师吗？对得起解放军叔叔吗？"

学习解放军活动增强了小朋友们的组织纪律性，促进了自控能力的形成，现在老师不用大声讲话，一个手势、一个眼神、一支短小的乐曲，孩子们就能心领神会，知道他们该做什么了，老师们也说："学军活动的成果太大了，同是一个教育内容，解放军和老师教效果就是不一样，看来教育活动不能光靠老师组织，我们也要向解放军学习！"

（二）以身边的模范人物为榜样，教育小朋友树立远大志向，长大为祖国争光。

"课程标准"第4项指出：(1)扩大对周围环境的认识；(2)增强对幼儿园所在地区变化的认识与感情；(3)增强对首都北京的认识与感情；(4)增强对祖国的热爱，加强对世界一些国家的认识，知道"世界"的概念。

我们理解：幼儿通过对环境的认识，知道环境与人们生活的关系，从而懂得要爱护环境，改造环境，建设环境。通过对环境的认识扩大到对社会的认识，再扩大到对"国家"概念，对"世界"概念的感知，最终目的在于教育幼儿从小热爱自己的祖国，像历代名人那样，为国家建设做贡献，把祖国建设成世界上最强盛的国家。

在落实这项目标过程中，我们采取了多种形式开展教育活动，如谈话形式，请小朋友谈他们的旅游见闻；放假之前布置小朋友把假期经历的最有趣的事请家长记录下来带到班上。恭骏小朋友在描述他到"夏宫"玩的情景时说："夏宫像个透明的大白馒头。"真是又生动又有趣。此外，还利用环境创设使幼儿了解中国古代的四大发明；利用图片介绍首都北京；利用世界地图介绍其他国家的风情，孩子们从家里带来许多国家的国旗图片，贴在地图相应的位置上，孩子们的知识增加了，眼界扩大了。

下面介绍如何利用身边的出色人才对儿童进行品德教育、情感教育的情况。

过去谈论奥运会觉得离我们是多么遥远，那些奥运冠军一串串的洋名字听起来又是多么陌生。可是今天，奥运会冠军就生活在我们身边。我国体坛尖兵，奥运会速滑冠军叶乔波的所在单位——中国人民解放军八一速滑队只与我们幼儿园一墙之隔；我们实验班孙啸宇小朋友的妈妈高娥同志是我国优秀的射击运动员，就在上届奥运会上她摘取了一个射击项目的桂冠，获得了金牌。高娥是中国的骄傲，是我们辽宁人的骄傲，她的儿子在我们班，小朋友们感到无比的骄傲和自豪。

今年三月的一天，我们请来了高娥同志，她带来了那块金灿灿的奥运金牌，小朋友们围着她问长问短，抚摸着金牌羡慕极了。高娥非常理解孩子们的心情，她把金牌分别挂在每个孩子的脖子上，孩子们情不自禁地一遍遍高唱国歌，举起小手向国旗敬礼，孩子们体验着当冠军的喜悦，体验着金牌的喜悦，这个说："我长大了一定要当世界冠军！"那个说："我长大了当摩托车运动员，飞跃长城！"高娥同志还不失时机地鼓励孩子们："你们长大了定能拿更多的金牌，为祖国争得荣誉。"

新年联欢会上我们再次请来高娥同志，家长们纷纷赞誉她"了不起！""好样的！"高娥同志谦虚地说："我只是一个平常的人，没什么了不起，是党和人民培育了我，我理应为国争光，这是我对祖国和人民的回报。"高娥同志教育了我们，更教育了孩子们，使孩子们懂得了长大要报效祖国。

除此之外，我们还有许多家长，像杨昊天的爸爸、刘依娜的爸爸、董文的爸爸，他们都是抗洪抢险中的模范人物，杨昊天的妈妈还是世界妇女大会的代表呢！还有前边提到的那些解放军同志，在孩子们的心目中，他们都是那样英武，他们都是英雄，他们就生活在小朋友身边，他们将永远激励着小朋友们不断地学习，不断地进步。

辽宁省军区幼儿园

对幼儿友爱感的培养

孙丽敏

友爱情感的培养是幼儿形成其他高级情感的基础。在对幼儿进行良好品德教育中，注重幼儿对周围人和事的友爱情感的培养与教育，为幼儿在将来形成爱祖国、爱人民、爱集体的最高道德情感打下良好的基础。在此，就三年来素质实验中对幼儿友爱情感培养的尝试刍议如下：

一、培养幼儿的友爱意识

在我们实验班中共有30名幼儿，其中28名为独生子女，他们得到来自家庭、亲友、邻居、老师……多方的关怀，照顾与爱护、快乐地成长。天真、活泼，聪明伶俐几乎成了他们的鲜明品格特点，但也正是由于这种客观教育环境的有形无形的熏染，使一些幼儿不同程度地表现出任性、孤僻、自私……等弱点，因此，我在对他们进行品德教育中，注重了对他们进行关心他人、照顾他人、体贴他人、友爱他人、乐与他人相处的教育，即友爱意识的培养。

我在教学中，运用形象的教育手段，如通过讲故事、看图片、念儿歌、唱歌曲、演木偶戏、幻灯电影片断或情景表演等方式，向幼儿提供一些生活中常遇到而又感到困惑的较为典型的道德情境，引发幼儿思考，让幼儿跳出自我，站在某一社会角色的立场来考虑问题，处理问题，了解别人的需求和感受，不断增强幼儿团结友爱的思想意识，萌发关心别人帮助别人的情感及愿望。例如：故事《你帮我、我帮你》，我首先用木偶在桌面表演，最后用唱歌曲《好朋友》结束。从情感入手,使幼儿知道关心人是好孩子应有的情感与态度,每个人都是在别人的关心下成长的,也知道任何事物都需要人们的关心,从而,班里幼儿对关心人、帮助别人的意识开始形成,如玩时哪个小朋友不小心跌倒了,幼儿们都会马上去搀扶,有的小朋友来园时有些不高兴,其余小朋友会安慰他、陪他玩。种植区中的植物不但无人损坏,而且还会自觉地去关心照顾。

二、教给幼儿友爱的行为方式

方式是表达情感与态度的桥梁,恰到好处的行为方式,能使良好的动机如愿以偿。不妥当的行为方式,会导致事与愿违的后果,友好的动机由于表达方式的不妥,可能引起误解与冲突,表达方式恰当,就能达到友好的愿望与目的。可见,行为方式在人与人交往中的地位与作用。因此,幼儿产生了关心帮助别人的情感愿望,就要及时地教会幼儿友爱的行为方式。例如:有一次,赵浩小朋友发现小伙伴顾凡打不开食品袋,急于去帮忙,抢过来就撕。这一冒失行动,引起顾凡的误会,以为赵浩小朋友去抢他的食品,结果两人大声争吵起来。这种费力不讨好的事例在班上的幼儿交往中经常出现。查其根源是由于这些幼儿不懂相互友爱,帮助别人的妥善方式。因此,我在对幼儿进行友爱情感与态度的教育中,注意根据幼儿不同特点有的放矢地向幼儿讲解,传授互相帮助的行为方式。如根据教师所提供的情境提问:“如果你遇到这种情况会怎样做……想一想还有没有什么好的方法?”鼓励幼儿充分思考,尽可能地列出解决问题的途径和方法,然后让幼儿进入角色想象后果。即老师提出:“这样做最后会怎样呢?”“那样去做又会是怎样的结果呢?”让幼儿充分考虑到每一种方法可能会引起的不同后果,然后加以比较。比如有的方法实施后可能会顺利地解决问题,有的方法实施后虽然解决了问题却会引起许多冲突,有的方法实施后不但没有解决问题，而且还会造成不好后果，就如上例。所以，教育幼儿帮助别人之前，可说声："你需要我帮助你吗？""让我来帮助你好吗？"等等。或经常对一些问题师生共同讨论得出正确表示友爱的方式，例如《看人跌倒你怎么办》、《有人不小心，碰到你怎么办》、《有人坐了你的座位你将怎么办》等等，又如午睡时，需脱衣服，我就让衣服背后系带子或扣钮扣的小朋友与邻近小伙伴结成同伴，互相帮助，互相说："我来帮你""谢谢""不客气"等文明用语，从而使幼儿学会解决与同伴之间发生的问题培养孩子能和小朋友愉快地相处、交往、合作的能力。此外其方法要巧妙地与体、智、美等教育活动相结合，随时随地不失时机地进行友爱情感的培养。

三、诱导幼儿友爱，关怀他人

幼儿好胜心强，喜欢别人夸奖。因此，我对孩子助人为乐的行为，及时给予表扬和鼓励，即使是一个普普通通的生活中的小事也要如此，我还把孩子帮助别人的好事通过木偶戏表演出来，在《看谁进步快》栏中，"小汽车"向前开一段作为奖励，并选出事例登在家长栏内，使家长看到别人孩子进步，来鼓励自己的孩子。例如：陶然小朋友是班上一个不太关心别人，爱打架的孩子。一次，孙一萌小朋友在游戏时不小心跌倒哭了，李昊赶快上前扶她起来，其他小朋友也围起来，有的替她掸土，有的亲切安慰她："勇敢些不怕！"曲露小朋友还陪着她去医务室上了药。只有陶然在旁拍着手笑。我抓住这一时机，回教室后，把情景在黑板上画了出来，并且巧妙地解释给大家说："李昊小朋友把孙一萌小朋友扶起来，小朋友上前安慰孙一萌小朋友，陶然小朋友在旁边为大家团结友爱而高兴地鼓掌呢！"陶然小朋友听了低下了头，从此，陶然有了大转变，不但不打架了，而且还关心别人，经常做好事。对类似变消极为积极，积极更主动的友爱现象及时给予表扬和鼓励，同时，提出一些更高的品德要求，以使孩子不满足于已有的成绩、不断进步，愿意学习小朋友们的优点，能为同伴的进步而高兴，关心他人，同时对不良情况讲究教育方式，及时准确地给予必要的批评指正，使之转化。

四、发挥教师、家长在幼儿友爱情感形成中的榜样作用

对幼儿友爱情感教育是一项社会系统工程，幼儿互相友爱的良好行为形成，要靠幼儿园、家庭和整个社会的协同教育。模仿是幼儿知识品德形成的主要方式，教师、家长良好行为的榜样作用，在幼儿友爱情感形成中能起到不可估量的作用。要求幼儿怎样做，教师首先做到，父母、教师的一言一行将对孩子起潜移默化的作用，因此，我在家长园地中对表现好、配合好的家长给予表扬、感谢。希望继续得到支持配合。榜样的力量是无穷的，利用榜样进行品德教育，不但把抽象的道德认识具体化、形象化，而且幼儿易于接受，所以，我总是用自己的行为去影响孩子们，不失时机地向他们进行关心他人、帮助他人的教育。例如：一次，王超吃饭的时候，突然吐了，有的小朋友喊起来："脏死啦""真恶心"，有的捂鼻子，有的皱眉头，我赶忙扶起王超亲切地问："你哪儿不舒服了，肚子疼吧？吐了不要紧，我帮你洗干净"我边动手，一边对全班小朋友说："要是你在家生病了，爸爸妈妈是怎样照顾你的？"孩子们立刻反应过来，帮助擦桌子、端水，有的还轻轻拍王超的后背，我表扬了孩子们的做法并说："当一个人不舒服或生病的时候，我们要向爸爸妈妈那样去关心爱护小朋友"。

五、形成团结友爱的集体氛围

在培养幼儿友爱情感过程中，注意幼儿主体作用的发挥，让他

们自己讲述帮助别人的故事，讲述大家帮助一人的故事，自己认识自己，自己肯定自己，形成友爱团结的班级氛围。

当许多小朋友都进步了，做了许多好事后及时给予巩固强化。如开展命题讲述鼓励幼儿大胆地讲述自己或自己的所见所闻。《我最快乐的一天》、《我帮助他人的时候》、《班上的活雷锋》。在命题讲述中，王雪讲："星期天吃饭后我和妈妈一起散步，看见前面一个小弟弟走几步，跑几步，一不小心跌倒了，我赶紧跑过去把小弟弟扶起来，并对他说："不要哭了，勇敢些"。可他还是哭，我就把手中的折纸船送给他。看他不哭啦！我问他："你喜欢吗？"他连说："喜欢！"我说："那就送给你吧！"，小弟弟非常高兴地笑啦。此外，我在幼儿玩他们喜欢玩的玩具时，让他们轮流玩，共享玩具，合作游戏。把团结友爱助人为乐的事用笔画出来、展示出来、表演出来，在幼儿园，教师和小朋友一起为一些幼儿过生日，送一件自制的小玩具、小礼品给幼儿留下终生难忘的深刻印象，也为孩子们之间的相互关系带来友爱的气氛。

六、创设幼儿表达友爱情感的良机和环境

快乐是幼儿心理发展的需要，要满足这一需要，就应尊重幼儿好动、好奇、好玩、喜欢成功，乐于赞扬的天性，为其创造愉悦的友爱天地，使其生动活泼的发展，我在对幼儿品德教育中注意为他们创造频繁交往的条件。如在室内设计了各种活动区，"娃娃家"、"医院"、"商店"等等。如让幼儿表演医生，表现出认真爱护安慰患者之情，顾客与售货员之间友爱礼貌，扮演民警帮助迷路的小孩，谦让座位等等，还定期更换主题画《小雷锋》、《团结友爱笑哈哈》等，展示系列培养友爱感的连环图片，总之要尽可能的提供幼儿一个安全的物质环境，一个充满爱与温暖的情感环境一个能给幼儿成长所需的学习环境，一个帮助幼儿发展友爱情感的社会环境，使他们

在交往中发展友爱情感、在充满友爱之情中进行角色交往，在知情、表情，以意导行中形成优良品德，我对幼儿友爱情感的培养，友爱方式的指点，友爱行为的诱导，榜样行为的影响，友爱集体氛围的形成，发展情感环境的创设等工作，经过三年实验的检验，确认是成功的，孩子们对他人的关心、同情、安慰、援助，给予、合作、谦让等优良品格的快速形成，就是鲜明的例证。

辽河油田兴采机关幼儿园

通过分享活动促进幼儿亲社会行为的发展

齐　悦

所谓亲社会行为，西方心理学家认为是对别人，对社会有利的行为。表现为：轮流、助人、合作、谦让、分享及利他主义等。

在我国，随着家庭结构的变化，独生子女与日俱增，优越的社会条件，特殊的家庭位置，使他们倍受娇宠。无论是物质上还是精神上都能得到极大的满足，他们智商高、聪明、活泼，但却不同程度地表现出任性、骄横、自私、懦弱、依赖，以自我为中心，这些行为品质对幼儿的身心健康极为有害，同时也无法适应未来社会的需要。

今天的幼儿是21世纪的主人，他们肩负着比父辈、祖辈更重要的使命，新世纪对新一代人的要求，不仅是体力、智力的充分发展，而且更要具有极强的社会适应能力和优秀品质，因而，幼儿教育提出了培养“完整儿童”的目标，旨在促进幼儿生理、心理、智力、人格的全面发展，为其一生奠定良好的素质基础。

所谓分享，是指将自己喜爱的物品，美好的情感体验及劳动成果与他人共享的过程，它是幼儿个体亲近群体，克服自我中心的有力手段之一。

一、分享活动给幼儿提供了交流的机会，促进了幼儿交往能力的发展，并使幼儿学会了交换、轮流和独立解决问题。

我们首先从实物分享开始，组织“我的玩具大家玩”、“我的图书大家看”等主题分享活动，设立分享活动日，在家长的协助下，孩子们从家里带来最心爱的玩具放在玩具柜上，午睡前，教师随便拿出几件好玩的玩具问：呀！这么漂亮的玩具真好玩，这是谁的呀？在老师的鼓励、引导下，幼儿介绍自己的名字，玩具的由来，演示给大家玩具的玩法，并请他邀请几名喜欢这件玩具的小朋友和他一起玩。

在三年时间里，分享活动日逐步形成制度化，分享内容从物质的玩具、图书，发展到精神的知识、趣闻，分享时间也从小班的七、八分钟延长到半个小时，幼儿的交流内容也从个别幼儿在教师启发下的三言五语发展为全体幼儿自愿结伴的自主交流，每到分享日的前一天，孩子们之间便互相商量，明天要带什么玩具、图书，自己预定交换对象，在分享过程中，当幼儿交换对象发生冲突时，幼儿之间亦有矛盾产生，这时教师不是直接解决矛盾，而是幼儿自己想办法解决矛盾，否则终止发生矛盾幼儿的分享活动。在这个反复的矛盾——化解过程中，幼儿学会了轮流、等待和自己解决问题。同时幼儿为得到自己的交换对象而更加主动地交流，推销介绍自己的玩具。

二、通过分享活动让幼儿体会他人的不幸，从而懂得同情和关心

同情是指对别人的遭遇在感情上发生共鸣，进而在行动上予以关心和帮助，它是个性品质的重要组成部分，是人应有的健康情感之一。

在中班，我们组织了为期一个月每周一次的把健康、快乐分给孤残儿童的分享活动。

第一次去聋哑学校，我们到盲童班，孩子们虽然带着图书、玩具、小吃，却被动地坐在盲童中间，好奇地看看这个，看看那个，没什么交流。回园后，教师组织了一次特别的游戏：用毛巾把幼儿的

眼睛蒙上，让幼儿做表演游戏，开始孩子们觉得很有趣，可没过十分钟，有的幼儿就受不了了，偷偷解开毛巾，老师抓住时机提问：你们觉得蒙着眼睛做这个游戏怎么样？孩子们纷纷说：什么也看不见，怎么玩呀？老师马上说：是啊，看不见真不方便，你们想想，前几天我们去看盲童，他们看不见周围的一切——阳光、绿草、鲜花、美丽的图画，甚至看不见自己的妈妈，他们不能像小朋友一样，跑啊，跳啊，心理非常难过，有的孩子插嘴说：他们真可怜！老师又问：我们生活得比他们要幸福的多，我们能为他们做点什么呢？田诗韵说：我们每天高高兴兴的，让盲孩子也高高兴的吧！老师抓住时机问：怎么让他们高高兴兴的呢？孩子们争先恐后地说："我送给他们玩具，教他们怎么玩"、"他看不见，我拉着他的手，扶他走路"、"他不能到外面玩，多没意思，我陪他们说话"……。

在后三周的分享活动日，孩子们与盲童的交流越来越多，每次去之前，都自觉地带许多玩具、图书，到盲童班后，从被动地由教师安排结队子到主动找伙伴，给他们讲解自己的玩具是什么样子，什么颜色，有什么花纹，怎么玩，孩子们还扶着盲童到户外玩了开火车的游戏。虽然孩子们的年龄比盲童小，却俨然像个小大人一样，做出一副关心、爱护伙伴的样子。

在此之后，我们还组织幼儿到福利院去看望那些孤儿，孩子们表现的非常出色，他们知道孤儿是没有爸爸妈妈的孩子，很少有人给他们买新衣、玩具、图书，李响小朋友去之前，特意让妈妈买了十本新书，孩子们带的玩具、衣服、小吃、文具堆成了小山，在孤儿院，孩子们不再嘻闹，表演节目特别认真，游戏中也表现出对孤儿异常的谦让。

这几次不寻常的分享活动，在孩子们幼小的心灵中留下了深刻的印象，在班里表现为能主动关心生病的幼儿，乐于到小班帮助弟弟妹妹，能够原谅同伴的无意过失等。许多家长也反映，孩子常常说出几句体贴父母的话，做出一些关心大人的事。

三、在分享活动中使幼儿了解集体的概念，增强集体观念

中班下学期，我们组织了“中一班两岁生日”的分享活动，活动之前教师组织幼儿一起布置了教室，彩旗上别着幼儿自己剪的42匹小马(幼儿属马)，周围插着两根蜡烛的蛋糕旁边，上面写着“生日”、“中一班二岁”，老师为孩子们准备了一个大蛋糕，每人一支小蜡烛，在生日庆祝会上，老师讲了为什么要大家一起过生日，因为小朋友入园，从小一班到中一班，这个集体已经两岁了，我们都是中一班这个大家庭的一员，在这个家庭中，我是妈妈，你们是孩子，我们怎么做才能让这个班集体越来越好呢？老师让孩子们伴着生日的乐曲，默默地说一句话，并依次把蜡烛插在蛋糕上，许愿之后，分吃蛋糕之前，老师问大家说了什么，有的说：“我要在下次智力竞赛上努力，让咱班得第一”、“我做操时用力做”、“我要认真练拍球，玩大赛时得第一，让咱班光荣”。在轻松愉快的气氛中，幼儿了解了集体的意义，知道自己是集体的一员，并愿意为集体争光。

在幼儿园组织的卡拉OK赛、智力竞赛、绳球大赛中，孩子们为班级的得胜而积极准备，兴奋不已，也为失利而悲伤难过。在一次的同年组智力竞赛中，第一名的奖旗流动到别的班，孩子们失声痛哭，表现出强烈的集体荣誉感。

四、通过分享成果，体验劳动的快乐

大班课程标准第十四条指出：增强劳动意识，提高动手操作积极性和认真的态度。

幼儿升入大班，已经具备了初步的劳动能力，他们常有想帮大人做事的愿望，但多被家长的“机会剥夺”和“包办代替”所扼杀。

为此，在幼儿园我们为孩子提供了多种劳动锻炼的机会，如：值日生、手工区中的缝纫、木工，我们还多次组织孩子们包饺子，挖野菜等活动，并通过对这些劳动成果的分享，使幼儿产生自豪感。

如：在认识原料与成品的活动中，老师在认识面粉、肉、菜之后，组织了包饺子活动，孩子们自己包、自己煮，当香喷喷的饺子摆上餐桌时，他们吃得格外香甜，家长来接的第一件事就是报告：我们今天吃了自己包的饺子！那神态仿佛做了一件最了不起的事。

此外，我们还分享过幼儿自己挖的野菜，收获的实验田成果——毛豆、小白菜等，这些活动不仅使幼儿体会到劳动的快乐，产生劳动的愿望，学习简单的劳动技能，而且使幼儿懂得了劳动者的辛苦，并由此产生尊敬、热爱劳动人民，体谅父母、长辈的情感。

分享活动的开展，打开了独生子女个性弱点的突破口，它以生动活泼的方式为幼儿所乐于接受，使幼儿对人、对事产生积极的态度和情感体验，为其一生的品德素质的形成打下良好的基础。

鞍钢第一幼儿园

培养大班幼儿责任感的一点做法

唐 慧

幼儿责任感的形成是大班幼儿社会性发展的重要内容。在实验过程中，我们通过组织幼儿参加丰富多彩的"责任区"活动，来培养大班幼儿责任感，收到了较好的教育效果。下面谈几点体会。

一、责任区的创设

这项教育活动是我班在进行素质实验研究的重点之一。我班共有 37 名幼儿，创设了四个责任区。为了加强幼儿对他人、集体的责任感，根据大班幼儿年龄特点，我们把各种任务按某些要求划分成若干项，每一项落实到一个责任区，然后有目的、有计划地分配给幼儿，使幼儿主动承担起责任区工作，以此让幼儿去体验"责任"的含义。责任区有两种形式：

一种形式是，把班里创设的各种活动区，分配给幼儿作为自己的责任区，如：图书区、美工区、计算区、棋类区、编织区、结构区等。每个活动区就作为一个责任区。根据每一个区的性质的不同，对幼儿的要求也不一样，如美工区、图书区，幼儿比较喜欢，玩具材料也较多，面积大，这些区就需要三四个人负责管理；其他区相对来说二三个人负责就行了；责任区的另一种形式是班里的各种值日工作。如负责植物角的幼儿不但每天负责给植物浇水，同时还要向全班幼儿报告植物生长情况，"种子发芽了"、"小苗长高了"等。无论是何种形式的责任区，教师在给幼儿分配责任区时，都应注意根据每一个幼儿具体情况而定，使每个幼儿都在责任区活动中有所进步。

二、教师要对责任区进行指导及评价

（一）教师要幼儿明确责任区的任务要求，如，幼儿要负责好自己责任区的卫生、整洁、玩具的合理摆放等；监督指导其他幼儿在本区内爱护玩具；参与教师更换、调整该区材料等各项活动；幼儿每天入园后必须先整理自己的责任区，然后再进行自选活动；自选活动后再进入责任区检查。下面一例是幼儿责任区活动纪实情况观察记录：（张燕青、蓝歆负责图书区情况记录）"张燕青一早入园到图书区擦书柜和书桌，然后检查各类图书，发现科学类图书里有一本故事书，便拿出来放回故事类。这时蓝歆刚好入园走来问："你在干什么？"张说："检查书。"蓝说："我去那边看看。"走到美工类图书前检查，发现一本书皮破了，蓝说："这有一本书被撕破了。"张："我去拿胶水。"蓝说："张燕青再拿一张纸来。"然后两人动手把书粘好，蓝对看书小朋友说："小朋友看书时要爱护，小心些，有一本书都撕坏了，现在已经补好。"说完两人离开图书区。张燕青进入棋类区，蓝歆进入美工区进行自选活动。"上面这例观察记录充分说明，这两名幼儿基本明确自己责任区的责任并对所负责的责任区有了一定的责任感。他们的工作已不限于原来的值日生工作，更多地表现在对集体的关心，不仅自己能爱护图书，还能帮助监督别人也这样做。因此，教师只有让幼儿明确责任区的任务要求，才能促使幼儿提高责任感，做好本区工作。

（二）教师深入活动，随时指导。开始，幼儿的自我意识、自觉性都较差，在设立责任区活动时，由于幼儿还不能很好地理解任务要求，而且在活动时也容易使幼儿感到困惑，这就需要教师深入到幼儿活动中去，及时发现，指导他们怎样去做责任区工作，例如晨间活动多为自选活动，幼儿自选的活动区一般不是他负责的责任区，由于出于一种“责任心”，有些幼儿在自选活动过程中，总是担心自己的责任区被别的小朋友破坏，不能安心活动，发现这一问题以后，我就告诉幼儿，谁在哪个活动区活动出现了问题就由谁负责解决。这样，幼儿就能安心在活动区内进行活动了。

（三）掌握标准，及时评价。要想尽快使幼儿养成对自己责任区工作认真负责的好习惯，增强其责任感，教师在提出任务要求后要在观察的基础上及时对幼儿的表现进行评价。那么，怎样评价才能调动幼儿的积极性，使幼儿理解真正的责任呢？首先是坚持整体性原则，即班里的所有责任区都要达到要求，并且幼儿能对责任区发生的各种情况，共同商量合作，最终解决问题；其次是坚持差异性原则即根据每个幼儿的发展水平不同，教师的评价标准也应有所不同，对幼儿的看法要一分为二，以其积极因素克服消极因素。任何幼儿都有优缺点，因此要对他们进行全面地、正确地分析，发现和表扬他们的长处和微小进步，同时提出要求，经常提醒、督促、帮助他们改正缺点。应以发展的眼光看待幼儿，相信他们会有进步。

三、责任区工作的延伸

经过半年多“责任区”工作的实施，幼儿的责任感大大增强，养成了关心集体、爱护班级的好习惯。现在幼儿对责任的理解已不局限于自己的责任区工作了，还能对于班里出现的其他各种事情表示关心、负责，例如：放假期间幼儿来园人数少，许多责任区没有人负责，在园的幼儿除完成自己责任区工作的同时，不用教师提醒，就能主动承担起其他责任区的工作。幼儿的责任感已基本形成。

大连市妇联“六·一”幼儿园

对幼儿进行磨难教育的尝试

朱　玲　史景凤

在人生的旅途上没有一个人是一帆风顺的，挫折和困难总是随时伴随着我们，只有历经磨难的人，才懂得如何接受这种事实，才能使自己增长才干，将逆境转为挑战。坚韧不拔的意志来自于从挫折中获得“再接再厉”的人生态度，这是使人成功的重要因素。现在的孩子都是独生子女，家庭成员结构简单，经济负担较轻，家庭中有更多的物力和财力用于孩子身上，家长也有更多的时间和精力关心、照顾孩子，他们对孩子的一切尽可能地满足，尽可能地包办代替，让孩子过着温室中花朵的生活。久而久之，会形成孩子意志脆弱，好逸恶劳，形成只想依赖，不想独立，只要索取不愿奉献的不良习惯。如果一个人的一生都需要别人去铺路，又怎能去开拓，去进取呢？“夏令营的较量”使我们觉醒，中国和日本孩子相形见绌的情景引起我们极大地反思。让幼儿从小接受磨难教育，开始被教师和家长认同，并逐渐成为培养其独立、自主、自律等良好素质所不可取代的教育，成为幼儿从小学会做人，学会生存的需要。

《规程》中指出，幼儿园的任务是“对幼儿实施体、智、德、美全面发展的教育，促进其身心和谐发展”。幼儿时期是长身体的阶段，让幼儿接受一些磨难教育有助于培养幼儿的力量、耐力、速度、灵敏、协调、柔韧等身体素质，及对艰苦生活的适应能力；有助于培养幼儿在困难面前动脑筋想办法，不断丰富知识、积累经验，积极寻求分析问题、解决问题的方法和习惯，促进幼儿思维及自我调节，应变能力的发展；有助于培养幼儿友爱互助、艰苦朴素、文明礼貌等良好的思想品德，萌发幼儿可贵的情感及对美的鉴赏力，是促进幼儿全面发展的需要。

磨难教育就是对幼儿进行磨练意志品质，学会克服困难的教育。对于幼儿园来说，磨难教育应该是在全面落实教育目标的过程中，有意识地为幼儿创设一些逆境，让幼儿尝受困难、痛苦、挫折的滋味，从而使幼儿学会生活、学会学习、学会做人，逐渐形成坚韧不拔的意志，较强的应变能力和承受挫折的能力。

一、让幼儿在一日生活的各项活动中接受磨难教育，体验成功的快乐

（一）从小使幼儿树立自己的事情自己做的独立意识。让孩子从 3 岁开始，自己进餐、盥洗、入厕、睡眠、穿脱衣服、整理床铺、收拾玩具，对于幼儿来说并非容易的事情，要经过日积月累的反复训练，每提高一步都要吃点苦受点累。遇到一些困难，鼓励幼儿树立信心，想办法自己解决。使他们懂得，凡事都要先靠自己努力，这是我们进行磨难教育的开始。

（二）我们根据课程标准中“提高幼儿锻炼身体，增强体质，发展动作的主动性”的要求，采取多种体育活动形式，激发兴趣，增强幼儿动作的灵活性、耐力，培养克服困难，不怕挫折的意识和能力。

1. 走

让幼儿坚持 20 分钟徒步行走，训练幼儿的耐力，并逐渐加快走的速度。刚开始练习时，刚走 6 分钟有的幼儿喊脚痛，有的鞋掉了，有的大口喘气，有的干脆不走，蹲在地上不起来。后来经过训练，幼儿走的能力明显增强，我们到工厂、军营参观，到农村春游、秋游，到公园游玩，认识商场、电影院等都组织幼儿走着去。有时稍远一点的地方，从出发到返回一走就是近 2 小时，没有一个掉队的、喊累的。值得一提的是我班杨书天小朋友，家离幼儿园有两站地，还要经过一条 200 多米的坡路，每天上幼儿园不是让背、让抱，

就是搭车。爷爷奶奶送时就用小车推来，现在通过走的训练，每天坚持走着上幼儿园。在一次冬天下大雪时，妈妈要领他搭车，他不肯，一定坚持跟妈妈走回家。到家后，面对爷爷奶奶惊讶的神色，自豪地说："我们是走回来的。"第二天他妈妈跟我们说起这件事时，告诉我们："书天吃得也多，睡得也香甜，可我现在腿还痛呢！"

2. 爬

爬45度角河堤坡，坡面又光滑又长，有的幼儿没爬几步就滑下来。但他们都有一种决心，一定要克服困难爬上去。赵博涵小朋友，在第一次训练时，没爬上去，就利用每天晚饭后时间让爸爸领他去练习一次次爬上去，一次次的滑下来，手磨破了，袜子也露洞了。在我们第二次比赛时，他终于爬上去了，而且速度还很快。许多幼儿还能侧身从上面安全地走下来。谈话时，他们说，这是经过反复训练，使他们掌握了技巧，才获得了成功。

3. 骑小车

在寒冷的冬天，我们进入骑两轮小车训练，一次次跌倒，一次次爬起。在这跌倒与爬起中幼儿的意志力、坚持性、克服困难的信心得到了锻炼，同时还经受着寒冷的考验。经过两次骑小车表演赛后，80%的幼儿过关，能绕操场一圈一圈地骑。在游戏着的小朋友中间穿行，骑得灵活、自如，体会到了成功的喜悦。于言文更是学有所用。天气好时，就跟爷爷一起骑车上幼儿园。

二、与家长配合，创设富有情趣的主题活动"登山"

为了使我们的磨难教育得到综合性的检验，我们同家长共同为孩子精心设计并组织了野营拉练活动。走出去，利用大自然，大社会对幼儿进行一次经受挫折的考验。同时在特定的环境下，对幼儿的意志品质，克服困难的勇气和能力及耐挫能力进行一次检验。

并使幼儿的坚持性、独立性、自信心，交往、互助能力及同情心、关心他人等方面素质得到再提高。

这次活动围绕“登山、献爱心”两个活动内容进行。

1. 登山

在活动前，我们先对幼儿活动地点进行了实地考查，确定了“下哈达”的农村。这地方自然风光秀丽，群山连绵起伏，清澈的小溪绕山欢快地流淌。正值五月，青山绿水，山花烂漫，放眼望去远处半山腰还有一群群的白羊在悠闲地吃草，好似挂在天边的一朵朵白云在轻轻地飘动。置身在这样的环境中，幼儿会心境平和，心情舒畅，能充分体会到大自然的美，陶冶情操，开扩视野。在此，我们选择了即安全又有一定坡度的山。幼儿必须付出一定的辛苦，经过努力才能爬上去。为了增加难度，我们要求幼儿负重，每个幼儿要背一公升水，爬山时备用。山上到处都是落叶松，地上陈年树枝和叶子有一尺厚。枝叶很滑，幼儿必须穿胶鞋才不致于滑倒。在登山前，请几位家长先上去扫清道路，把一些长树枝、大石头清理掉。请一位家长举着园旗先到达预定目标，让幼儿朝着旗的目标走。同时我们还设了三关，幼儿每过一关，就会分别得到黄、兰、红色的小花戴在胸前。登山前，进行了登山动员，园长授旗，鼓励小朋友不怕困难，做勇敢的攀登者，并赠送礼物，给每个小朋友一顶小红帽。孩子们整装待发，个个信心百倍，精神十足。当出发号吹响时，只见小朋友个个像小老虎，争先恐后，你追我赶，不甘示弱。为了安全，孩子的妈妈成“U”字形跟在全体幼儿后面，爸爸有的为孩子照相，有的在孩子每通过一关时给鼓励、加油。仅用了 25 分钟，全体幼儿全部过关。有十几个身体素质好的幼儿又连续往上爬了 20 多米。当他们把高山踩在脚下的时候，虽然气喘嘘嘘，汗流浃背，但是仍抑制不住胜利的喜悦，齐声欢呼：“我们胜利了！我们胜利了！”欢声笑语在群山间久久回荡。

在登山活动中，还出现了许多小朋友勇于战胜困难，互相帮助的精彩场面。如：我班的于佳音、李智小朋友体质比较弱，平时又有些娇气，爬山时明显落后于其他小朋友。当他们用渴望的目光寻求帮助时，教师、家长、小朋友都给他们加油、鼓劲，使他们终于战胜了自我，经过坚持不懈地努力，终于得到了三朵小花。还有月亮小朋友，她是我班年龄最小的，长得也最小，但在爬山时表现得非常勇敢。正如她回来谈话时说的那样："我爬呀爬呀，差点滑下来，我赶紧抱住一颗大树休息一会，喝了一口水，我又继续往上爬，终于爬到了山顶，我高兴得跳了起来"。还有张一小朋友，长得非常瘦小，也是我班的小弟弟，平时自理能力较差，可在这次登山活动中表现特别突出。他已经登上去了，看到于佳音小朋友落在后面，就坐在山坡上往下退，准备去拉她，见离得远够不着，随手拾来一根长棍递过去，嘴里还安慰着说："于佳音别害怕，我来帮你！"好像一个小男子汉，像变了一个人，在他身上的依赖感荡然无存。孩子们通过这次登山活动，经受住了考验和锻炼，每个幼儿都有不同程度的收获。而且出乎家长和教师预料的是孩子潜在的能力非常大，我们还需继续放手，让孩子去尝试，去体验，去体会成功的喜悦。

2. 献爱心活动

现在全社会都在提倡献爱心活动。我们意识到从小培养幼儿心中有他人的良好品德非常重要。因此，我们搞了这次献爱心活动。我们带领幼儿到农家小院儿，参观这里的环境，感受乡村的气息。让孩子们主动去找乡村小伙伴交往。向他们赠送一本书、一个玩具、一件衣服，与他们建立友谊，体验关心别人、帮助别人的心情。另外，通过为小伙伴选择礼物，对幼儿来说是一个很好的爱的教育过程。如：我班蔡子良小朋友家经济条件比较好，以前，班级让带图书，玩具等与小朋友交换玩，他总是带又小又破的，然后去玩别人又大又好的。在这次为小伙伴选玩具时，他跟妈妈说："老师说送给农村孩子的礼物要能玩能用。"妈妈说："你自己去选吧"。他看看自己的玩具箱，挑挑捡捡，不知拿哪一个好，这时，妈妈又重复了教师的话，最后，他终于选择了一个又大又好的电动坦克和一本非常好看的书，还有一套自己穿小的但比较新的牛仔衣服。当他把这些礼物送到农村小朋友手里，那个小朋友说谢谢时，他高兴得不得了，连忙说："我教你这个坦克怎么玩，我给你讲故事。"并亲手把衣服给小朋友穿上，系好扣，搂着小伙伴的脖子与她合影。在回来的路上，他还乐滋滋地对妈妈说："小妹妹喜欢我的玩具和书。"他体会到了给别人带去欢乐的愉快感，那种兴奋、喜悦的心情溢于言表。又如：赵博涵小朋友，平时爱唱爱跳，还特别喜欢弹琴，选玩具时，他说："我送小电子琴吧，因为我喜欢，他们也会喜欢的"。活动后，孩子们争着让家长把合影给农村孩子寄去，孩子们真正进入了角色，心中有他人，关心他人的情感已经形成。

磨难教育不仅仅表现在对幼儿进行体能训练上，更重要的是对幼儿意志品质、克服困难、自信心等素质的培养。我们组织幼儿进行缝、绣、锉、钉等活动，幼儿做这些事情时，常会扎手、碰手。经过一次次锻炼，幼儿不怕疼，不怕吃苦，坚持做完活动，钉出了小桌子、小凳子、小玩具柜等。看到班级的小椅子、玩具坏了，拿起小锤叮叮铛铛就给修好了。李智、王策、马增珩说："针把我手扎破好几次，我终于学会了缝小衣服，缝裤子绣小鸡、船和苹果。对于杨书天、刘昕欣、崔炎这些胖呼呼小手，精细动作发展得不够好的幼儿来说，虽然他们的作品不如别人的好，但他们能一次次耐心细致地去做，去体验，良好的意志品质，自信心得到了很好的发展。

通过对幼儿进行磨难教育，我们感受到幼儿克服困难的意志品质有了很大的提高，独立性增强了，关心集体、关心他人的责任心提高了。对周围的事物敏感，乐于观察，接受事物快，爱动脑，学习的主动性、积极性、灵活性提高了。我们还举办了磨难教育影展，展出了三百多张照片。通过幼儿园这一窗口向家长，向社会宣传。家长反映，我们的素质实验搞得非常好。这次磨难教育活动不仅提高了幼儿身体素质、心理素质，同时也使教师和家长对幼儿有了更深一层的了解，这既是对教师向幼儿进行磨难教育效果的检验，同时也为教师今后的工作提出了更高的要求。家长在这次活动中深受教育，重新认识和了解了自己的孩子，使家长的教育观念也有了很大的转变，认识得到了提高。

磨难教育是全面素质教育的一个组成部分，在幼儿时期渗透磨难教育，体现了教育者教育思想的更新。我们说："要想成才，首先成人"这是时代的需要，是未来社会的需要。对于我们幼教工作者来说，这是摆在我们面前的重要课题，我们做得还很不够，还应更深入地继续探讨，尝试，为培养适应新时代需要的人才奠定坚实的基础。

抚顺市幼儿园

通过值日生活动培养幼儿亲社会行为

吴　彤　吴旭红　李　娜

婴幼儿从一个生物的人发展为一个社会的人，需要经过多种教育与实践，尤其在形成其良好的个性方面，更需要教育与环境为其提供多方面亲社会行为的机会与实践。

目前，我国独生子女比例在儿童人数中占绝对多数。他（她）们有较优裕的物质环境，并受到家中成员的厚爱与周到细致的照顾。如果在对他们的教育上缺乏明确目标或稍有忽视，就会造成幼儿自私、唯我独尊、不容他人、懒惰、无能、缺乏克服困难的意志力与坚持性。常此以往，幼儿不仅难以养成自立、自信、自强的良好品格，也更难以养成关心他人、同情他人、服务他人的社会心态与行为。

然而，这一代儿童正是21世纪的社会公民，他们将面临多方面的生活、学习、工作上的挑战。在其童年如不抓紧奠定21世纪人才素质的基础，将使其难以适应未来社会。所以，幼儿不仅要学会学习，而且要“学会关心”，要从小养成个体对社会的责任感。教育必须为孕育和培养这种新时代的价值观念而努力，使良好的道德从早抓起，并使之成为终身教育的重要内容。

幼儿园所开展的值日生活动，正是一种可以在每日生活中锻炼并养成幼儿的亲社会行为的良好活动。我们可以利用这一活动，培养幼儿关心他人、帮助他人、为集体服务、与人共享合作谦让等亲社会行为。

二

幼儿园的值日生工作，是我们“提高幼儿素质”整体实验的一个组成部分。一年来，我们对中班幼儿系统地开展了“学做值日生”的教育活动。

（一）制定值日生工作的具体要求。我们认为值日生工作并非是教师让幼儿帮助自己做些杂活，而应是教师有目的、有计划地不断地组织幼儿开展的亲社会行为的教育。因此我们要求幼儿：1.树立积极参与值日生工作的意识与态度，明确每一部分工作对值日生的要求与应完成的具体任务（详见中班值日生工作任务），努力学习有关的服务技能。2.在值日生工作中，逐步地了解、明确值日生工作的意义，由兴趣性向责任感过渡。3.明确值日生的权利与义务之间的关系。

（二）为幼儿提供值日生专门的衣、帽、标志与相应的并合理地安排每一周内每名幼儿担当值日生的伙伴与次数，激发幼儿参与活动的兴趣性、积极性，使幼儿明确自己当值日生的角色与时间。

（三）做好值日生工作完成情况的评价活动。在组织幼儿进行评价活动时，首先重视幼儿的自我评价，使幼儿在值日生工作中不断有意识地感受到自己劳动的成果，为他们服务的效果与质量。同时通过同伴和老师的评价，不断体验自我价值，从而加强与他人交往、合作，在服务中使其良好的自我体验不断升华。

（四）因材施教，注意使每个幼儿在原有水平上有所提高。由于每个幼儿独立性不同，自我意识发展水平不同，因此我们采取了面向全体与因材施教相结合的方法。

1.同一目标对于每个幼儿所要求的程度不同。如：铺被，能力强的幼儿不仅要求铺好底层塑料布，而且要求被单铺放整齐，枕头摆放整齐，被褥数目与幼儿实际相一致。能力稍差的幼儿要求抱被，被单铺好，枕头摆放整齐。

2. 对于能力差的幼儿多给他们创造一些锻炼机会。

3. 通过个别谈话的形式，鼓励能力差的幼儿完成好值日生工作。

4. 在每次值日生工作小结时，除肯定幼儿成绩外，还要表扬能力差的幼儿细微进步，让幼儿都能在原有水平上得到提高。

5. 做好家园配合工作。好的值日生工作需要家庭的积极支持与密切配合。如：早晨提前将幼儿送到幼儿园，积极鼓励幼儿做好值日。在家中培养幼儿好的行为习惯和劳动技能。因此，我们经常通过召开家长会或早晚接待等时间与家长沟通，及时评价幼儿值日生工作情况和需要努力的方向。

三

幼儿参与值日生工作一年多以来，我们认识到了值日生工作对幼儿良好品德形成良好个性的发展是具有重要作用的。

1. 提高了幼儿社会责任感，有力地促进了幼儿亲社会行为的形成。全班40名幼儿在执行值日生工作时没有一名迟到，大多数幼儿还提前到班，并且非常认真、有礼貌地迎接入园小朋友，在游戏中他们能友好的合作，互相谦让。

2. 促进了幼儿良好的自我意识的形成和意志品质的发展。在值日生工作中幼儿增长自信心、自尊心、自制力，努力克服困难与游戏心理，一件件地认真完成了值日生工作任务。通过小朋友和老师对自己的反映与判断，自我判断能力不断增强。

3. 增长了幼儿多方面的才能，提高了幼儿独立生活和工作的能力。如，幼儿有了较熟练的劳动技能，合作、交往能力明显提高。幼儿能够克制自己的不良情绪，严格要求自己，友善地与同伴交往。

4. 增强了幼儿的集体观念和利他行为。幼儿有了被集体欢迎的情感要求，能够主动地为集体服务。

5. 增长了幼儿热爱劳动、尊重劳动人民的好品德。幼儿的劳动意识增强了，他们知道了如何主动地去寻找工作，他们有了通过自身劳动给伙伴们带来快乐的情感体验，并希望有更多的这种情感体验。同时，他们也懂得了成人劳动的艰辛，知道了如何去尊重他人的劳动成果。

中班值日生工作任务

<table>
<tr><th>项目</th><th>工作内容</th><th>培养目标</th></tr>
<tr><td>晨　间</td><td>衣着整洁，站立整齐，文明礼貌地接待小朋友入园。</td><td rowspan="6">1. 参与值日生工作意识比较强烈，活动时有一定独立处理问题能力，有一定的与同伴合作能力。
2. 通过值日生工作，对集体的从属感基本建立，对集体服务基本脱离兴趣性朝责任感过渡。
3. 有较明显的是非标准，学习克制自己不良情绪和行为，对别人的不良情绪予以帮助。
4. 能愉快地接受成人交给的任务，并知道通过努力去达到目标，锻炼自己持久性和耐力。</td></tr>
<tr><td>活动区活　动</td><td>帮助老师摆放桌椅、杯子和饼干盘子，邀请幼儿分成两组吃早点，监督幼儿餐前洗手，餐后漱口。</td></tr>
<tr><td>户外游戏活动</td><td>帮助老师收放游戏材料，并准备一条手绢，用于丢手绢活动。</td></tr>
<tr><td>进　餐</td><td>餐前帮助老师摆放桌椅、碗和盘子，餐后帮助老师擦桌子，督促小朋友餐前洗手、餐后刷牙。</td></tr>
<tr><td>午　睡</td><td>铺放必备的海绵床垫子，抱被，铺褥子、被单、枕头。要求床垫、被褥、枕头等数目与幼儿实际数目相一致。午睡后，帮助老师叠好被褥等。</td></tr>
<tr><td>离　园</td><td>提醒帮助伙伴拿好衣服、包和鞋等。</td></tr>
</table>

鞍山焦耐院幼儿园

小班幼儿良好生活习惯的培养

齐　丹　齐　悦

未来社会是具有高度的物质文明和精神文明的社会。文明人，是一个国家进步与发展的标志。良好的生活习惯作为文明人的素质之一，如何养成尤为重要。

中国有句古训——“先入为主”。所以，对刚入园的小班幼儿进行良好生活习惯的培养便是重中之重，是小班幼儿核心课程之一。通过实践使我们不断认识到，在对幼儿进行良好生活习惯的培养过程中，是行之有效的方法。

一、生活常规的培养应注意生动有趣

兴趣是幼儿学习的原动力，特别是对刚入园的小班幼儿来说，趣味性将使教师组织的各种活动产生事半功倍的效果。

幼儿入园之初，为了帮助幼儿尽快认识自己的口杯和毛巾，我们设计了这样一个小活动：准备一套与毛巾和杯子记号相同的小图片，在分组活动时，请幼儿按自己的意愿自由选择一张自己最喜欢的图片，看一看小图片上有什么，然后到毛巾架和杯子架前分别找出与小图片完全一样的标记。此时，我告诉幼儿：“好孩子，你找到了自己的毛巾和小杯子。这张漂亮的小图片就送给你作奖励”。孩子们积极参与活动，很快认识了自己的杯子和毛巾不会拿错。

在这个活动中，我改变了从前那种把杯子和毛巾直接分配给孩子的做法，而是以一个幼儿感兴趣的认识活动的形式出现，让孩子们按自己的意愿选择，并通过观察，自己寻找杯子和毛巾。

二、适时地讲解、示范、给幼儿以正确的概念

小班幼儿年龄小，对于许多生活习惯的正确与否没有准确的概念。对于幼儿的不良行为，教师不能简单地指责、阻止，而应正确地讲解、示范，使幼儿形成正向概念，有一个可效仿的榜样。如，幼儿在入园之初，多数幼儿拿椅子时只用一只手拖着椅子走，不懂得轻拿轻放，而且时常翘起椅子或互相碰撞。为此，在一次午餐前，我与幼儿进行了一次谈话。我说："昨天晚上，齐老师要回家的时候，听到教室里有谁哭，我找啊找，原来是小椅子，小椅子为什么哭呢？它告诉我，小朋友不爱护它，用一只手拖它，坐着的时候翘起它的两条腿，搬椅子的时候让它和别的椅子朋友撞在一起，弄疼了它。小椅子不愿意和小朋友做朋友了。怎么办？快想想办法吧。"孩子们纷纷说："我们不拖椅子了""我们不翘椅子了，行吧。"我说："那好吧，请小朋友像齐老师这样做。"我给孩子们做了示范，并详细讲解怎样双手拿椅子，怎样轻轻放椅子，然后，我又请小朋友做给我看。孩子们模仿着我的样子双手轻轻拿起椅子，小心翼翼地放回座位。从此，拖椅子的小朋友不见了，"砰砰叭叭"撞椅子的声音没有了，如果有谁偶尔忘记了，违反了要求，立刻就会有别的小朋友提醒他立即改正。

三、善于抓住时机，注重随机教育

有许多良好的习惯是在日常生活中随时随地习得的。因此，教师应重视日常生活中的随机教育。

一次户外活动回来，我发现几名幼儿在盥洗室里洗手，很久不肯出来。我好奇地走进去，看到万星宇、常欣等几名小朋友还在玩水，满身满脸湿淋淋，像一群"水鸭子"，真是又好气又好笑，我决定

好好利用这个机会进行教育。

我把孩子们分成两组分别带到盥洗室，在孩子面前关严了水龙头。我问幼儿："谁知道水有什么用？"孩子说："水能养鱼，煮饭要用水""口渴了要喝水……我说："水的用处可真大，白白流掉多可惜！在盥洗室玩水，又会把水溅得满地不清洁又不卫生。赵老师擦地可辛苦呢！"我拿来拖布把地面擦干净。随后，我请幼儿观看了我的示范，幼儿通过观察知道洗手时不把水龙头开得太大，洗手后轻轻把手上的水甩到水池里，再把水龙头关严。从此，孩子们懂得节约用水，懂得尊重老师的劳动，也掌握了正确的洗手方法。

当然，我并没有忽视对孩子们的要求。我为孩子们准备了水箱，在自由活动中允许幼儿自由玩水。孩子们喜欢玩水的问题也得到了解决。

四、创设有益的环境，充分发挥环境的教育作用

为了培养良好的卫生习惯，为了帮助幼儿养成饭前便后洗手的习惯，我给幼儿讲《小猪变干净》的故事，而且充分发挥了壁饰的作用，在盥洗室的墙壁上布置了《小猪变干净》的画面。不仅如此，我在水龙头边拴了几个洁净的肥皂袋，定期更换。这些环境对孩子良好卫生习惯的形成起到了一定的暗示作用。

五、重视表扬与奖励在良好生活习惯形成过程中的作用

幼儿入园不久，我发现绝大多数幼儿玩具玩完后，随手丢在一边，我常常为收拾玩具而发愁。当我发现潘叶诗每次玩玩具后都能把玩具收拾得整整齐齐，而且能帮助别的小朋友收拾玩具时，我在

晨谈时表扬了她。第二天，游戏后许多幼儿纷纷效仿潘叶诗的样子认真地收起玩具，我及时表扬了他们。为了巩固这一习惯，我还特意制作了两面小红旗。每次活动后进行评比，获得红旗的小组为“红旗组”。有一次评比后，我看到朱芸佩小朋友很不高兴地坐在那儿，我问：“朱芸佩你怎么了？”她委屈地哭起来“我们没得到红旗。”我故意问：“为什么会得不到红旗呢？”许骜说：因为我们没把玩具收整齐，“那怎么办？”我问。朱芸佩说：“以后我们认真收玩具，把红旗夺回来”。可见，在活动中还培养了孩子们的集体荣誉感。

应该说，尤其是对小班幼儿正面的鼓励常常是达到教育目的最有效方法。在这个过程中，教师对幼儿的进步给予积极的正面的导向与肯定，使幼儿增强自信心、受到鼓舞，明确了努力方向。

六、重视家长工作，使良好的习惯在家庭中得以强化

家长工作是幼儿园不可忽视的重要工作内容。很多幼儿在幼儿园里能够在教师的经常提醒与同伴的同一行动中保持良好的生活习惯，但回到家庭就完全变成了另一副样子。有一部分家长不知道对于这么大的孩子究竟应有什么样的要求，在家里听之任之，也有一部分家长想要求孩子又苦于无法。因此，教师不但在幼儿园里注意培养幼儿的好习惯，更应帮助家长掌握一些科学的家教方法。以使幼儿的良好行为在家庭中得到强化。

如，在家园联系园地中提出幼儿生活习惯的目标要求及请家长配合的内容，介绍一些家教方法。使家长了解幼儿园的要求，在家庭中也提出相一致的要求，使良好的生活习惯得以巩固。

用“家园快车”。在“火车”的窗口处可夹一张字条，每天把个别幼儿的进步情况写成字条，念给全班幼儿听后夹在“车窗”上。晚上，幼儿会很高兴地告诉家长并请家长把字条带回家或再读一遍

给他听，然后才高兴地离园。家长们也时常把幼儿在家庭中的表现情况写成字条，反馈给我。每次收字条，我都读给全班幼儿听。如“豆豆进步了，自己吃饭，吃得干干净净，妈妈真高兴，希望你继续努力”“张博言每天都不忘记刷牙，是个讲卫生的好孩子”等等，至今为止我已收到上百张这样的字条，收藏在幼儿的“个人档案中”。

这些简短的字条既便于老师和家长了解幼儿的表现情况、达到目标要求的情况，又对幼儿进行了个别教育，向更多的幼儿暗示应该怎样做，不应该怎样做。

坚持家园双向评估。

便于家长全面的了解本月的教育目标要求，做到心中有数，同时，也便于教师了解幼儿达到目标的情况，“对症下药”。

我国著名教育家陈鹤琴先生说：“幼稚教育是一种很复杂的事情，不是家庭一方面可以单独胜任的，也不是幼稚园一方面可以单独胜任的，必须要两方面结合方能取得充分的功效。”父母与孩子是一种血缘关系，有着亲子之情，在对子女的教育影响上感染力很强，尤其家庭对幼儿良好生活习惯的形成有着特殊的影响，因此，必须与家长共同合作。

鞍钢第一幼儿园

谈素质培养与种植活动的组织

付秀梅

国家教委发布的《幼儿园工作规程》(试行)已经六年多了,我们幼儿园领导和全体保教人员在《规程》的要求下,有目的、有计划、有安排、有组织地对幼儿进行科学方面的教育,尤其是通过种植小园田活动进行了有益的尝试,取得了较好的效果。经过这种小园田的种植活动,幼儿不仅学到了一定科学知识,而且培养了幼儿多方面的素质,同时也得到了幼儿家长们的赞扬。

《规程》指出:要"注意幼儿的实践活动","组织教育活动,应根据不同的教育内容,充分利用周围环境的有利条件,以积极运用感观为原则","为幼儿提供充分活动的机会,提供在活动中亲身经历和亲身体验"。按照这一要求,幼儿园给了我们实验班一块小园田,其目的就是要求我们组织幼儿开展种植活动,以培养孩子们的文化素质、智力素质和劳动素质。

过去我们也组织过这一活动,但却没能组织好。总结起来,存在三个问题:一是植物种上以后无人管理或管理不善;二是教师本身对这一工作重视不够,更缺乏种植经验;三是组织这项工作时无目的、无计划,所以收获不好。

近三年来,按照素质实验的要求,我们充分利用园里给我们班的向阳地块,积极地开展和组织幼儿的种植活动,并注意从我们教师自身做起,自我学习、自我提高、自我完善。然后,再组织幼儿开展这项活动,通过活动,与幼儿共同提高素质,体现了教学相长。我们让幼儿亲自动手操作,亲手接触实践而获得感性知识,亲身参加活动来体验收获,为幼儿提供探索和思考研究的机会。自然界的物体和现象以及其变化过程，引起了幼儿的极大兴趣，也引发了幼儿去认识周围环境与世界，接受科学教育的主动性。园田劳动具有其它教育所无法替代的优势，通过园田劳动对幼儿进行劳动意义的教育，粗浅地告诉幼儿，是劳动改造了自然，创造了世界，创造了人类。所以我们从小应该像大人一样去热爱劳动。就这样，我们把我们开展的小园田种植活动的实践与幼儿素质的培养有机地结合起来。

我们的具体做法和体会是：

1. 以认真的态度对待各种劳动任务是培养幼儿热爱劳动，学习科学知识的基础条件，在操作中告诉幼儿播种深度要适当，过深和过浅与收获的关系，应该用认真的态度保证种植的质量。通过选种、挖坑、下种、盖土、浇水、观察植物生长过程、照顾和爱护植物生长、收获这样一系列环节，使幼儿学习了较为系统的植物生长过程，增强了爱科学、爱劳动、爱自然的品德，提高了幼儿的素质。

2. 做好种植前的准备工作。让幼儿懂得，如果不做好思想和物质准备，任何事情都难以办好，例如，种植前让幼儿知道要疏松土壤，保持水分与营养，经过翻地培垅后方可种植，同时让幼儿拣除石块杂草，幼儿明白了整地与植物生长的关系。在和小朋友们一起讨论种什么植物时，许多小朋友们都提出要种西红柿和辣椒。这也许是由于小朋友们的好奇吧，我们教师迎合了孩子们的这种好奇，决定种这两种蔬菜。

室内花盆里我们提前种的西红柿籽已长出了秧苗，我们又买了几棵辣椒秧苗。这时我们将两种秧苗放在一起让小朋友们仔细观察和辨认，区别两种苗的同异，经过观察比较，使每位小朋友都区分和认识了西红柿秧和辣椒秧，这样做有效地避免了以后在园田管理中随时把秧苗当草拔掉的现象。

在栽种时，我们都先做讲授和示范，然后再让小朋友模仿教师将两种秧苗栽上。浇水、培土等动作完全由幼儿在教师指导下进行。是累也是高兴，孩子们的小脸一个个红扑扑的，我们做教师的一个个心里也美滋滋的。

3. 教师与幼儿共同管理田园。我们种植的数量不多也不密，目的就是为了让幼儿在有限的这块小天地里能够有活动和观察植物生长过程的地方。秧苗成活后，我们每周至少两次让幼儿进行日常的田园管理工作。在教师的指导和讲解下，幼儿连续不断地观察西红柿和辣椒的生长、发展和变化，并让幼儿在植物不同的生长时期内，掌握一些不同的劳动方法、知识和技巧，培养了孩子们耐心细致和坚持不懈的劳动态度。园田经常地浇水、松土、除草、打叉、搭架等，这正是教师和幼儿共同学习、观察，不断地摸索，不断地发现，不断地总结植物每段生长的过程。我们每次带幼儿去小园田参加种植活动后都做教学记录。记录的内容包括：1. 根据天气变化掌握土壤温度，如连续旱天且又阳光充分时，及时为植物补充水分，让幼儿了解植物和人一样离不开水。2. 经常观察植物生长期的变化情况，比较认识两种秧苗各在什么时候开花、结果，何时给西红柿秧打叉、搭架。3. 春夏大地杂草丛生，如不经常将草除去，既影响植物生长，又不利于幼儿的观察活动。所以每周带幼儿至少拔草一至二次。有一次我和幼儿蹲在苗前拔草时，我发现孩子们特别认真，连刚刚出土的小草都要拔干净。我向幼儿提问："如果不拔草，行不行呢？"孩子们抢着说："不行，不拔草我们栽的秧苗就长得慢了。"于是我抓住机会向孩子们讲解：不拔草，草就会与秧苗争夺土壤中的营养成分，将草拔掉才有利于秧苗的生长。这样每次除草，孩子都表现得积极、认真，不怕晒太阳、不怕累。大家以辛勤的劳动，为全班幼儿观察植物生长过程创造了良好的条件。4. 通过种植活动过程，锻炼了幼儿的耐心细致观察的性格。当植物生长有了新的变化时，孩子们会高兴地叫喊起来："老师快来看，这棵西红柿开了五朵花"、"老师这棵辣椒秧也开花了"等等。这时我便有意地启发道："它们开花之后，还会有什么变化呢？"有的幼儿抢着说：

“开花就快要结果了。”我肯定他们，说：“对，你们想得很对，开花以后就会结果，过些天就会在开花的地方结出果实来。”小朋友们听了之后非常高兴。当植物结出果实后，小朋友们更是喜出望外，个个拍手叫好。通过植物生长的全过程，孩子们知道了种植劳动与人类生存的关系，同时也培养锻炼了幼儿热爱劳动，满足了幼儿对未知事物的好奇与探索新事物的兴趣。甚至有的小朋友说：“等我长大了，也要搞科学实验，为人类创造出奇迹来，种出稀奇的果实来！”

通过种植活动，调动了幼儿接触事物的积极性、主动性；发展了幼儿的观察力、注意力、思维力；培养了幼儿的身心素质、才智素质。田间管理中的一切活动，培养了幼儿认真而科学的劳动态度，增强了幼儿对大自然的探索兴趣，使幼儿学到了一些过去没有学过的科学知识，提高了幼儿的操作技能，培养了坚持性，幼儿得到了良好的多方面的素质培养。

辽宁省军区幼儿园

加强幼儿园的语言教学
提高幼儿的语言素质

马国才

语言教学是幼儿园课程的重要组成部分。加强对幼儿的语言训练，对于提高幼儿的口语表达能力，培养幼儿的良好个性，促进其智力发展，尤其是促进思维的发展作用甚大。因为语言的准确性来源于思维的清晰性，语言的条理性来源于思维的周密性，语言的连贯性来源于思维的逻辑性，语言的流畅性来源于思维的敏捷性，语言的多样性来源于思维的丰富性。

然而在现今的幼儿园教学中，语言教学的地位与作用，语言本身的特点，它对教师的基本要求等，却是很多教师不能全面、科学把握的。因而本人想就幼儿园语言教学对教师的基本要求从素质教育的角度提出两点思考。

一、在语言教学的目标确立上，要求教师要把握两种水平，遵循一个原则

一种水平是要把握好不同年龄班幼儿的语言发展水平。《规程》中规定发展幼儿语言的任务是："培养幼儿发音清楚、正确，学习说普通话，丰富词汇，发展幼儿思维和口语表达能力，初步培养幼儿对文学作品的兴趣。"这个目标是国家对幼儿园语言教学的宏观要求，能够理解，但不宜具体操作，因而需要教师根据语言本身的特点和幼儿语言的发展规律，结合本地区、本园的实际，转化成若干可操作的微观发展目标。如"初步培养幼儿对文学作品的兴

趣”就可分解成：学习一些短小的、朗朗上口的优秀文学作品；体验这些优秀作品本身的语言美；体验作品的思想、感情脉络等的微观小目标，这样教起来就较容易。在《学前儿童语言教育》一书中，对3～6岁幼儿提出了如下的语言发展目标，（见下表）这可作为我们把握幼儿因不同年龄阶段语言发展水平的参照。

3～6岁

	小班	中班	大班
倾听	①喜欢听和谐悦耳的声音，乐意听别人说话 ②在集体中能听老师和同伴说话 ③能听懂普通话 ④倾听时能注意说话人的口形，辨别语音 ⑤听别人说话时，能保持安静，不打断别人说的话 ⑥能理解较简单的指令	①能耐心倾听别人说话 ②听别人说话时，眼睛看着对方，保持正确姿势 ③能区分普通话和方言的发音 ④能理解多重指令	①别人说话时，能认真地、有礼貌地倾听 ②能辨别不同的声调、语调 ③在集体中能专注地、较长时间地听别人说话 ④能理解较复杂的多重指令
表达	①愿意学说普通话，喜欢与老师、小朋友交谈 ②知道个别交谈时声音要轻，集体面前说话要响 ③会保护嗓子，不大声喊叫 ④别人说话时不随便插嘴，乐意回答别人提出的问题 ⑤能用简短的语言，表达自己的请求和愿望 ⑥能在集体面前讲述自己感兴趣的事 ⑦能独立念儿歌，复述简短故事	①能用语言表达自己的意思，说话声音适度 ②积极学说普通话，发音清楚 ③积极与别人交谈，不随便打断别人说话 ④会热情地与别人打招呼，乐意说出自己的意见 ⑤能用完整的句子较连贯地讲述自己经历的事，图片内容 ⑥能讲述观察到的事物现象，会有表情地朗诵儿歌和复述故事	①会在不同的场合用适度的音色，音量发音，说话声音好听，不妨碍别人 ②坚持说普通话，发音准确 ③能主动、热情地招呼熟人，有礼貌地招呼家人，能在适当场合主动与别人交谈 ④在集体面前说话，态度自然、大方，声音响亮 ⑤能主动表达自己的意思，勇于辩论，声调、语调自然大方，能根据不同情景、对方的身份，使用适当的词、句、语调 ⑥能连贯地讲一件事或图片，有表情的表演诗歌、故事，并能自编或和同伴一起编诗歌、故事

3～6 岁

欣赏文学作品	①愿意欣赏不同形式的文学作品 ②能初步感受不同体裁的儿童文学作品 ③能初步理解文学作品的内容 ④在保持原作品意思的基础上，学习改变其中的某些词句	①喜欢欣赏不同形式的文学作品 ②能初步理解文学作品的不同体裁及其构成因素，如故事由人物、情节、语言主题等构成 ③在理解文学作品内容的基础上，会初步归纳主题 ④能根据作品提供的线索，进行文学作品想象和创造，延续作品内容	①乐意、主动地欣赏不同形式的儿童文学作品，并积极地参与文学活动 ②能理解不同文学作品的不同体裁及其构成因素 ③在理解作品内容，归纳主题的基础上，在教师的帮助下分析作品中的特殊表现手法，能体验作品的思想和感情脉络
早期阅读	①知道一幅图画可以用一段话来说出它的意思 ②知道一个字代表一字的意思，不同的字有不同的发音 ③喜欢看书，对文字感兴趣，能学认常见的简单的文字 ④学习看书的基本方法，会一页一页地翻书，知道故事从哪里开始，能看出画面的主要变化 ⑤喜欢听成人讲述和朗读图画书的内容 ⑥能爱护图书	①知道说的话可以写成字，写的字可以读成话 ②对图书的文字感兴趣，能主动学认常见的文字 ③能按顺序翻阅图书（片），独立地细看熟悉的、感兴趣的图书 ④能集中注意倾听成人讲述和朗诵图片内容，理解书面语言 ⑤喜欢描画简单的图形，能有顺序地书写图案符号，保持正确的书写姿势 ⑥爱护图书，并能按一定规则整理，整好图书	①知道书面语言和口语的不同表达方式 ②对阅读文字感兴趣，积极学认常见的文字 ③能观察到画面的细微变化，根据对画面的理解扩句和缩句 ④会保护和修补图书。会用绘画制作图书，并理解解说词（由老师代写） ⑤喜欢按一定规则画出图形，写独体字，握笔姿势正确 ⑥会按规范的笔顺书写自己的名字

教师在把握幼儿年龄阶段语言发展水平时，可以从以下几方面考虑：

培养幼儿注意倾听的习惯和能力；

培养幼儿正确说普通话；

培养幼儿的对话能力；

培养幼儿的讲述能力(即连贯性语言)；

培养幼儿良好的讲话习惯；

培养幼儿对文学作品的兴趣和爱好。

另一种水平是要把握好本班幼儿的现有语言发展水平。由于幼儿的遗传素质、家长的文化层次、教师的教学水平、地区文化氛围、经济发展状况以及对外开放的程度等各种因素的不同，必然存在着幼儿语言发展水平的迥异。因此，教师必须充分了解、掌握现有幼儿语言发展水平。对他们的词汇掌握量、语言表达是否主动、准确、流畅、富有逻辑性，对文学作品的理解与感受程度等作一个“档案”记载，并揭示出这种现状的原因(包括语言发展好的幼儿能够达到什么水平，差的差到什么程度，大多数幼儿怎样)，以便为下一步教育单元目标或教育行为目标的调整、确立找到依据。(注：单元目标即周目标或主题活动单元目标，教育行为目标即一次教育活动所追求的效果)。

教师在把握上面两种水平的基础上，确立下一步语言教学活动的目标时，必须遵循一个原则：“最近发展区”的原则。即目标的确立要略高于幼儿现有语言发展水平，使幼儿经过一定努力能够完成这个目标，并具有战胜“困难”后的成功感，这样便能最大限度地激发幼儿活动的愿望，促进幼儿语言的发展。如果目标过高，幼儿经过一定努力也难以完成，幼儿便会丧失信心，如果目标过低，不需经过多大努力，幼儿就能完成目标，也会降低幼儿的兴趣，更会使幼儿有一种“飘飘然”感。

下面以某一幼儿园设计的小班语言活动“趣味脸谱”来说明上述观点。小班幼儿在语言表达上的年龄目标主要是：能够正确发音，大胆表达愿望、回答问题、会说完整句、语言清楚地交谈。而该园最初确立的目标是让幼儿在比较“生气”、“高兴”、“愤怒”三个不同脸谱后，概括出每个脸谱的特征并比较它们的不同。这个目标的确立过高，因为该园小班幼儿词汇量少，观察能力较低，还不能透过事物现象概括出实质，因而根本不能说出高兴时眉毛“舒展”，愤怒时眉头“紧锁”等实质特征。因此整个活动都很沉闷。之后对目标重新调整，确立的新目标是：让幼儿学习描述“高兴”，“生气”时的表情词语，并用来说一句话。如妈妈给我买了一件花裙子，我高兴极了，眉毛都舒展开了。这样，目标的重新确立就基本符合小班的年龄特点和语言发展水平，活动的效果就比较理想。

二、在语言教学活动的组织上要求教师要把握一个“适应”，铭记两个“重点”，体现一个“落实”

“把握一个适应”是指活动的内容与活动的形式要相适应。当然，要做到活动的内容与活动的形式的相适应，前提必须是活动的内容与活动目标的相适应，因为内容和形式的选择都是为完成目标服务的。在语言教育活动中，活动的内容与活动的形式没有必然的联系，不同的活动内容可以选择相同的活动方式，同一活动内容也可以选择不同的活动方式，但活动形式的确定是否适当，对活动的教育效果却有直接影响。

一般来讲，教师设计的活动内容如果是训练幼儿某些难发的音或者是让幼儿练习正确使用某些词时，就适合采用语言游戏的方式。因为练习发音和正确使用词，均属比较枯燥的内容，采用生动活泼的游戏方式，不但可以提高学习的兴趣，而且是让幼儿在“玩”的过程中学习，可使幼儿为了“玩”而克服困难，从而收到较好的教育效果。如果运用故事一类的文学作品发展幼儿语言，就应根据作品内容的不同，采用不同方式。有的作品情节较简单，且有较多重复，角色对话亦多的，就适合采用表演的方式让幼儿复述作品；有的作品篇幅较长，情节较复杂，就适合由教师讲述；如果以培养幼儿创造性讲述能力为目的活动，就适合与幼儿操作活动结合进行，如让幼儿先凭自己的想象绘画或制作其它手工制作，然后凭借自己的绘画或演示自己的手工制品进行创造性讲述。

“铭记两个重点”是指教师在语言活动的组织上要有活动的“重点”内容，有“重点”指导的幼儿。

“有活动的重点内容”是指在语言活动的组织中，活动的内容必须有所侧重，又具体明确，以发展语言为主的“发展幼儿的口语表达能力”，就要具体落实到是让幼儿学会某些新的句式，如“有…有…还有…”，“一…就…”，“因为…所以…”等，还应要求幼儿能用完整的句子，比较连贯地讲述图片，或讲述自己经历过一件事情等，切忌“笼统”和面面俱到。

“有重点指导的幼儿”是指活动的组织既要面向全体幼儿，又要注意幼儿的个别差异，尤其是“两端”的幼儿。借鉴布鲁姆的“目标分类”、“掌握学习”的理论，教师在语言活动的组织上应体现“分类要求、全面挖掘、扬长避短，以保障优秀幼儿的正常发展，提高中等幼儿的现有水平，转变后进幼儿的滑坡态势。例如，在排图讲述的语言活动中（大班），对于大多数幼儿而言，教师只需引导其按事件发展的先后顺序，编排图片内容，并给其在同伴面前讲述的机会（同伴之间可互讲）。这时教师重点指导的幼儿应放在“两端”幼儿上。对于语言发展较好的幼儿，教师可指导其从不同角度观察图片内容，展开想象，以反映“与众不同”，对于语言较差的幼儿，教师可暗示其遵循编故事的基本要求（有两头、有中间、有时间、有地点、有人物对话、有心理活动等），以完成教学的基本要求，教师切忌语言活动的“一化”“一刀切”和只注重思维活跃，发言积极、表达好的幼儿，而忽视大多数幼儿语言发展的作法。

“体现一个落实”是指语言活动的最终落脚点要落实到幼儿语言素质的提高上。幼儿园素质教育的实质应是注重每一个幼儿，注重每一个幼儿的每一个方面，使其在原有水平上有所提高。

首先，教师要为幼儿营造一种能够极大调动幼儿活动积极性，使其“听”与“说”都能处于最佳状态这样一种氛围。

其次，教师应实施一种“成功教育”，使每一个幼儿都有一种活动成功后的喜悦感和进取心。

第三，教师要平等地对待幼儿，要以表扬鼓励为主。按照“皮革马利翁效应”的心理学观点，教师哪怕是一个爱抚的动作、一个鼓励的眼神、一句赞扬点滴进步的话语对幼儿来讲都是一种莫大的奖赏。

最后，从语言教学的学科特点上讲，语言属一门表现学科，同时又是一门工具学科。因此教师不仅要把幼儿的语言教育贯穿于一日生活的各个环节，更要加强规范的、系统的语言训练，只有这样，才能真正落实到幼儿语言素质的提高上。

总之，语言教学属于幼儿园的一门重要课程，教师要从幼儿期的语言特点出发，从幼儿的语言发展规律出发，不仅研究教师如何“教”，更要研究幼儿如何“学”，以此来带动幼儿园其它各门学科素质教育的开展，真正促进幼儿全面素质的提高。

鞍山市教育研究中心幼教部

发展幼儿看图折纸的能力

吴旭红

为落实《幼儿园工程规程》中提出的“培养幼儿具有初步的感受美和表现美的情趣和能力”的教育目标，素质实验提出了“培养幼儿具有一定折纸能力，提高幼儿表达美的情趣和能力”的教育目标。而我们以往的折纸教学通常是教师折一步，幼儿跟着折一步，幼儿只是机械地被动地模仿，缺乏主动参与折纸活动的积极性、创造性，造成了幼儿只会折老师教过的。为此，我们改革了以往的折纸教学活动，教幼儿掌握“看图例折纸”和“拆开物体样本后折纸”的方法。在培养幼儿具有一定折纸能力的同时，注重幼儿观察力、空间转换能力、想象力及动手操作能力的培养，注重在折纸过程中提高幼儿的综合素质。

一、我们从中班下学期开始，系统地开展了看图折纸的教学活动

(一)激发幼儿看图折纸的兴趣

我们设计了一次集中教育活动。首先，教师折了几个幼儿喜欢的小动物，请幼儿欣赏，孩子们争先恐后地要跟老师学习折小动物。教师告诉小朋友：这些小动物是老师看图例折出来的，如果小朋友学会了看图例，自己就能折了，而且还能折出更多的东西。以此激发幼儿学习看图折纸的积极性。与此同时，老师教小朋友认识了一些折叠符号。如：峰线、谷线、正折、反折符号以及它们的折叠方法，并且提供了“狗头、猫头、猪头、娃娃头”的图例，让小朋友按

照老师刚教的折叠符号折纸，比赛看哪个小朋友最先折出来。孩子们拿着自己看图例折出来的作品自豪地告诉爸爸，“这是我自己折出来的。”

幼儿对图例是否感兴趣，取决于要折的物体对幼儿是否具有吸引力。所以，我们在幼儿开始看图折纸时选择了那些幼儿喜欢又符合其折叠水平的物体的。同时提供给幼儿造型好看，折叠工整的范例，既激发幼儿看图折纸的兴趣，又为幼儿欣赏折纸作品提供了机会。我们还利用各种形式巩固幼儿对折叠符号的理解和运用。从材料上提供各种形状和颜色的纸、图例、展示板、折纸书，供幼儿折纸使用；从练习途径上在活动区设置总工区，利用集中教学、分组教学和个别教学等形式，保证每名幼儿有练习机会，以达到目标要求。每次折纸结束教师都要小结，除了肯定成绩外，还特别鼓励表扬虽未折好但积极参与折纸的幼儿，并把折得正确、工整、美观的作品放到展示板上。激励别的幼儿去看图折纸。

（二）引导幼儿掌握八种基本的看图折叠的方法

实践中，我们遵循由浅入深、由简到繁、由易到难、循序渐进的原则提供图例，引导幼儿学习基本的折叠方法。如：先学习对边折、对角折，再学习集中一角折、四角间中心折、单菱形折、双菱形折、双三角折、双正方形折等。同时，在幼儿学习某个基本折法的时候，提供与这一折法相关的多种图例，巩固对基本折法的掌握。如：学习双菱形折法时，提供的菱形的变形——茶壶、啄木鸟、鹤的图例。这种举一反三的教学方法，不但使幼儿学会了一个基本折法，而且为将一物体变形成另一物体打下了基础，开拓了幼儿思维的多维性。

（三）在折纸教学中，注重因人施教，促进每个幼儿在原有水平上的提高。因幼儿折纸水平不同，所以我们采用面向全体与因材施教相结合的原则。

1. 面向全体提出要求。刚开始让幼儿学习看图折纸时，我们采用集中教学的形式，启发、引导幼儿掌握基本折叠方法，提出折叠要求，如：边和边，角和角对整齐，折痕压平整等。

2. 通过分组教学、个别指导的形式指导每名幼儿在原有水平上提高。分组原则视具体教育目标而定，有时按能力强、中、差分为三组；有时按以强带弱的形式混合分组。对于能力强的幼儿侧重于培养幼儿独立突破难点完成作品的能力，而且折叠的作品要造型美观、棱角分明。对于能力差的幼儿注重其观感力的培养，通过教师引导、示范或让小朋友帮助其折出物体，允许幼儿拆开范例，跟别人学折难点部分来逐步培养幼儿独立动手操作的能力和求新、求异的思维品质。

(四)看图折纸过程中，教师抓住重点，突破难点

抓住重点即指教育目标单一，教师对各层次幼儿应达到什么水平做到心中有数。难度适中是指每幅图例的难点只有1～2处，大多数幼儿能在老师的提示下独立思考后完成作品。

二、幼儿认识了六种折叠符号，完全掌握了八种基本折叠方法

(一)促进了幼儿观察力的发展

在幼儿看图例折纸过程中，我们引导幼儿按照数字提示的顺序或“⇒”所指方向观察图例折纸。启发幼儿认真细致地观察图例上的细小差别。

如：我们在引导中班幼儿折纸兔子时，第8步易折成

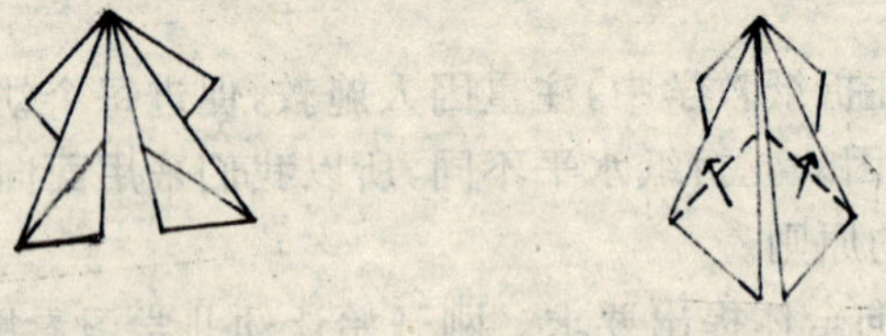

形状，这是由于幼儿将↑斜线看成——↑——峰线的原因。所以，我们在组织幼儿折纸时将第 8 步做为难点提示幼儿仔细观察后再折叠。这种注重培养幼儿认真细致的观察态度、观察物体要有顺序性的训练促进了幼儿观察水平的提高。

（二）促进了幼儿空间知觉的发展

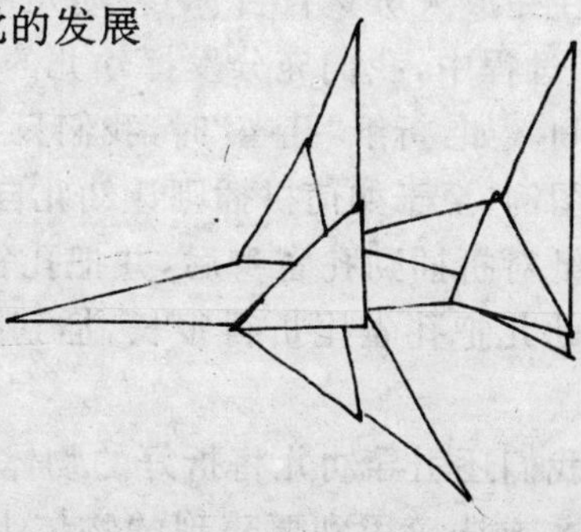

空间知觉包括方位的辨别和对几何图形的知觉。折纸本身就是对几何图形的知觉过程。如：正方形变成三角形，双三角形变成双正方形。幼儿对方位在不同年龄段表现为不同的特点：中大班幼儿还是以自身为中心辨别左右，相对的左右方位关系的辨别掌握得不好。而看图折纸为幼儿辨别方位关系创造了机会和条件，促进了幼儿空间知觉转换能力的发展。如：折纸飞机时，幼儿按图例折出五个大小形状一样的三角形，在拼插过程中，我们引导幼儿将要拼插的三角形与图例上的三角形保持一致方向，使平面变成立体的物体。同时，我们很注重启发性语言在发展幼儿空间知觉能力中的作用。比如：折“机枪”中第 5 步到第 6 步，（见下图）。

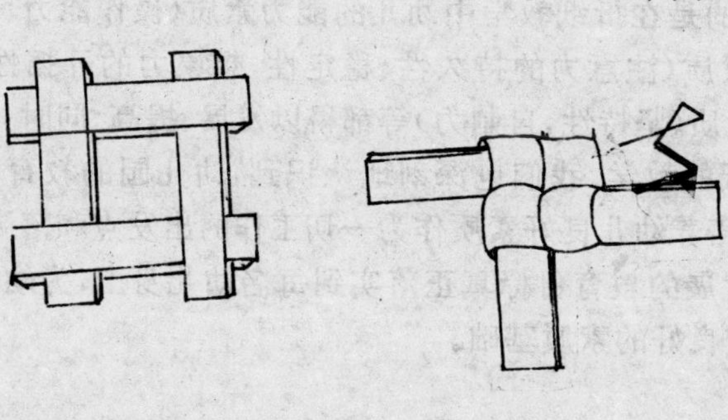

幼儿不知如何完成，为调动幼儿思维的积极性、主动性，促进空间

转换能力的发展，我们运用了启发性的语言，如："请你想个办法将四个纸条聚拢在一起而不让它松开"。启发性语言的运用促使幼儿手、眼、脑共同协作解决了困难。

(三)促进了幼儿想象力及动手操作能力的发展

在完成大班教育目标"教幼儿用两张以上的纸折成简单的组合物"过程中，我们充分发挥幼儿的想象力，为幼儿提供充分的想象空间。如：折纸"孔雀"时，我们只为幼儿提供孔雀身和孔雀尾的折法图例，至于如何拼插则让幼儿自由想象拼插。有的幼儿将瓦楞状的纸对折插到孔雀身后，并把孔雀尾展开说是"孔雀开屏了！"，有的幼儿把孔雀尾折得很长，插到孔雀身后，说："孔雀正在散步呢"。

我们还引导幼儿将折好的物体变成另一物体，把折过的物体的折叠方法应用到要表现的物体上，如：把折好的衣服变形成裤子、船、桌子、沙发、车等物体。这种培养幼儿具有灵活运用所学知识的能力正是我们素质教育所要求完成的目标。

幼儿在看图折纸过程中，将一张普通的纸折成了各种形态、造型各异的物体，获得了成功感和满足感，也为培养幼儿最初感受美、表现美的情趣和能力创造了机会和条件。

综上所述：学习看图例折纸，不仅使幼儿学会了一种折纸方法，更重要的是在折纸教学中幼儿的能力素质(操作能力、审美能力)、智力素质(注意力的持久性、稳定性，想象力的开拓性、新颖性)、心理素质(坚持性，自制力)等都得以发展、提高。同时，通过开展看图折纸的教学，我们也深刻地认识到：幼儿园的教育教学工作，必须把培养幼儿良好素质作为一切工作的出发点和落脚点，才能使全面发展的教育目标真正落实到每名幼儿身上，为幼儿一生的发展奠定良好的素质基础。

鞍山焦耐院幼儿园

对幼儿动手操作能力的培养

齐　丹

一、课题的目的意义

幼儿动手操作能力的培养，是幼儿教育的重要内容，对幼儿全面、和谐发展具有着积极的意义。

对幼儿进行动手操作能力的培养，是为了适应未来社会的需要。我们培养的是未来社会的建设者，他们应该热爱劳动具有一定的劳动技能。幼儿时期，对幼儿进行动手操作能力的培养，正是为未来的劳动奠定心理基础和物质基础。

对幼儿进行动手操作能力的培养，是为适应幼儿个体发展的需要。

幼儿期，手部肌肉发育不完善，动作不灵活，影响幼儿的认识和探索。有目的、有计划地对幼儿进行动手操作能力培养，可以有效地促进幼儿肌肉的发育和完善，促进幼儿动作的协调发展。

孩子的智慧在他们的手指尖上。"手是思维的镜子，是意识的培育者，是智慧的创造者。"幼儿手部肌肉活动越多、越丰富、越精细，就越能开发幼儿大脑的潜能，促进智力的发展。

幼儿年龄幼小，对周围事物感到新鲜有趣，因此，产生探索的兴趣和愿望。他们喜欢独立完成自己能够完成的任务，而且为自己能够完成任务而骄傲，从而养成独立性、建立自信心、增强责任感和意志力，获得成功感。可见，操作活动可以有效地促进幼儿智力因素与非智力因素的同步发展。

在操作活动中，幼儿往往需要克服困难、相互帮助、团结协作才能完成任务。因此,幼儿动手能力的培养有利于幼儿不怕困难、团结友爱、乐于助人等良好品德的形成。

以上,是我们对幼儿进行动手能力培养的重要性的认识。那么,幼儿动手操作能力的实际情况又是怎样的呢?

二、通过家庭问卷的形式对幼儿园小一班 30 名幼儿进行了现状调查分析

通过调查,我们发现为数不少的家长因疼爱子女,事事包办使孩子丧失了动手机会与条件,做事依赖性强,缺乏主动性与独立性。在 30 名测查幼儿中,能独立穿、脱衣服的为 5 人,占总人数的 16.7%,能独立进餐的幼儿为 12 人,占总数 40%。可见,幼儿动手操作机会极度欠缺,许多幼儿不具备基本的生活自理的能力。

因此,对幼儿进行动手操作能力的培养与训练,势在必行,迫在眉睫。

三、根据以上情况,我们确立了以下教育目标

(一)培养幼儿操作的兴趣和愿望,初步具备动手操作技能。

(二)进行自我服务的技能训练,使幼儿具备生活自理能力,如:穿脱衣服、鞋袜、独立进餐、刷牙、洗脸、梳头、叠被子、整理书包和文具。

(三)初步进行为集体服务的技能训练,具备简单的劳动技能,如:参加力所能及的集体劳动,认真努力地做好值日工作,参加园地种植劳动。

(四)逐步使动手操作能力成为幼儿内在的稳定的素质,促进幼儿全面发展。

四、教育过程的组织

(一)开展丰富多彩的游戏,激发幼儿动手操作的兴趣和愿望

1. 角色游戏中的动手操作活动。幼儿入园之初,最喜欢"娃娃家"游戏,幼儿在扮爸爸妈妈的过程中模仿成人的劳动,如:抱娃娃、给娃娃穿衣服、解、系扣子,游戏后,学习收拾玩具材料;中班时,幼儿开始在"娃娃家"中练习梳头、折叠毛巾被、整理玩具材料;到了大班,幼儿主动扫地、洗手帕、洗袜子、清洗玩具材料,将玩过的玩具材料整理得井井有条。

2. 体育游戏中的操作活动,根据幼儿特点,将动手能力的培养融于体育活动之中,使幼儿在拍球、跳绳、滚圈、打羽毛球、骑自行车等活动中提高手眼、手脑的协调能力。到中班的第二学期,幼儿拍球技能不断提高,在全国的拍球比赛中获得第一名,还进行了观摩表演。与此同时,接近半数的幼儿学会了跳绳,促进幼儿肌体的协调发展。

3. 大班科学角中的操作活动。如:用小灯泡接通干电池的实验、容积守恒实验、质量守恒的实验、小制做:弹力球、磁铁玩具、充气娃娃等。有趣的实验,激发了幼儿探索的兴趣和动手实践的愿望。

(二)开辟"玩玩做做"的天地,有目的、有计划地对幼儿进行动手操作能力的培养和训练。

1. 提供多种类、可操作材料。

(1)充分利用现成的玩具、材料,如小班的串珠。

(2)教师自制玩具。教师可以有目的的制做一些玩、教具,如供小班幼儿练习系扣子的菊花扣、布带玩具,供中班幼儿编辫子的娃娃,中班末期供幼儿练习系鞋带的小鞋子。

(3)以废旧物品为主的原材料,如:包装纸、糖纸、旧纸盒、毛

线、碎线头、果核、瓜籽皮、蛋壳、旧挂历纸、针、线、毛衣针等。这些材料随手可得，可由教师和幼儿共同搜集。

2. 提供多层次的、可操作材料。在为幼儿提供材料时，我们充分考虑幼儿的年龄特点和能力水平，为达到同一目标由浅入深地投放不同的材料，如：中班时要求幼儿使用筷子，我们在手工区投放了筷子、纸条、小积木、小豆等难易程度不同的材料。又如：让幼儿学习折纸青蛙，我们在手工区投放了供折叠的纸、半成品、供拆开学习折叠方法的样品及图示，适应不同能力水平幼儿的需求。

3. 提供开展活动的时间。每周四下午是专门的“玩玩做做”活动时间，幼儿可以在教师有目的、有计划的指导下完成“玩玩做做”的任务，也可以按自己的意愿选择手工游戏。

每到这时，孩子们剪的剪、粘的粘、钉的钉、敲的敲、织的织、缝的缝。男孩子们也拿起了毛衣针，张梦彤、张博言织得可带劲了。孩子们还学会用旧挂历纸制作纸塑时装。当孩子们穿着自己制做的时装，骄傲地迈着时装步进行时装表演时，成功的喜悦就写在那一张张稚嫩的小脸上。

4. 举办作品展览。我们把孩子的作品收集起来，写好名字进行展览，有绣线作品、木制的椅子、为小弟弟小妹妹制做的练习系扣子的布带玩具、小花蓝、立体小雨伞、小拖鞋、手指偶、蛋壳偶、瓜籽皮、鸡蛋皮和旧毛线粘贴的小动物，宽窄不齐的毛线片，我们把它缝几针就变成了漂亮的小兜子……真是琳琅满目。

孩子毕竟是孩子，能做出象样的作品只是少数，大多数作品很粗糙。如果教师能热情地对待每一个孩子的每项成果，让他们看到自己的成功，就能诱发幼儿动手创造的热情，使孩子树立“我能做得更好”的自信心。

5. 美工活动中鼓励幼儿用双手表现美。从中班开始，我们逐渐在美工角增设了染纸、吹点画、喷画、蜡笔排水画等绘画内容，大班开始增设了水墨画，鼓励幼儿选择不同的方式，练习操作不同的绘画工具，用双手来表现美。

（三）鼓励幼儿动手参加环境创设

1．共同布置主题墙，夏天来临，我们请幼儿绘画我们眼里的夏天。然后，把自己最满意的部分剪下来，互相协商，贴在主题墙的适当位置，构成主题《夏天》的壁饰。李响小朋友说："噢，真不敢相信，这是我们的杰作！"自豪感溢于言表。

2．参与节日环境布置：从入园开始，每到节日，我们都鼓励幼儿动脑动手，参与美化环境的活动。如：粘贴彩链，在教师画好的图案上装饰、涂色、或按自己的意愿制做小饰物。

（四）在日常生活中，对操作技能加以强化，使之转化为基本的劳动技能。

1．自制食品的活动。

（1）包饺子活动。幼儿在活动中自己和面，体会水、面的多少与面的软硬的关系。我们将幼儿分成两组，一组擀皮、一组负责包饺子，孩子配合默契，兴趣浓厚，连平时最懒得动手的常欣也包了七个饺子。孩子在包饺子后还能主动清理桌面和地面，巩固了良好的卫生习惯。

（2）自制饮料。幼儿自己动手配料、搅拌、自制饮料的过程中，让幼儿体会水、奶粉或糖的多少与味道的关系，观察溶解现象。通过这一活动提高了幼儿手脑并用的能力。

2．建立周末劳动制度。每到周末，幼儿一起清理玩具柜、清洗玩具、擦桌椅、将散落的书页重新装钉变成新图书、修钉桌椅等。在劳动中强化幼儿操作技能，体验劳动的不易，从而懂得尊重他人的劳动。

3．强化值日生工作。

（1）对值日生提出具体要求：照顾自然角的植物和动物角的动物、绘画天气日报和植物生长情况记录，做餐桌和作业助手，整理玩具柜、体育用品柜、清扫地面等。

(2)设置评价表格、对值日生工作及时评价,表格如下:

项目 组别	擦桌椅	分发 碗筷	植物生长 情况记录	管理 自然角	管理 小动物	绘画天 气日报
红组						
绿组						
黄组						
蓝组						

备注:好用"√"表示,一般用"△"表示;较差用"×"表示。

每天对幼儿值日情况进行评价,便于教师了解值日情况,有针对性地进行指导,有利于培养幼儿的工作独立性和责任心。

4. 开展"大带小"活动。午睡起床后,请值日生到小班帮助弟弟妹妹穿衣服、鞋子、叠被子。当弟弟妹妹说声"谢谢哥哥姐姐"时,幼儿体验到为他人服务的快乐。

5. 开展园地劳动

(1)种植活动:幼儿在教师指导下开辟园地,进行种植活动。幼儿亲自参加整地、选种、播种、管理和收获,观察记录植物生长情况,有利于培养幼儿认真负责、持久细心的劳动态度和良好的劳动习惯,更重要的是让幼儿在劳动中提高使用工具的操作技能。

收获的季节,幼儿把收获的果实拿到小班,和弟弟、妹妹共同品尝,分享丰收的喜悦,同时体验到劳动的辛苦,懂得珍惜和爱护劳动成果,产生爱劳动的情感。

(2)挖野菜。在幼儿认识蒲公英的基础上,组织幼儿挖野菜。幼儿亲自动手,铲的铲、挖的挖,不一会就挖了满满一篮子。然后自己动手挑选,清洗,午餐时,孩子们吃得格外香。

(五)密切家园联系,保持家园教育的一致性

1. 设置"家园之窗"专栏。向家长宣传培养幼儿动手能力的重要性,帮助家长转变观念,向家长介绍一些培养幼儿动手能力的经验和方法。

2. 设置“家园快车”专栏，及时进行家园双向反馈。幼儿入园之初，幼儿依赖性强，工作难度较大，需要及时鼓励和家园的密切配合。于是我们每天将幼儿进步情况写成简短的字条，插入“快乐列车”，进行双向反馈，这种方法便利、及时、有效，是进行个别教育的有效途径。

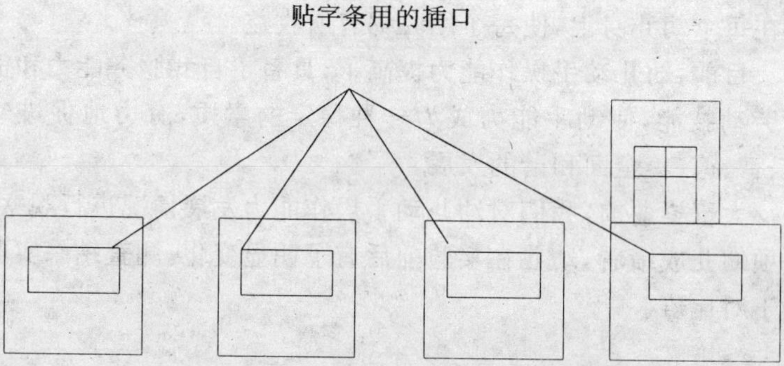

建立家园评估制度。为了便于家长和教师详实地掌握幼儿达到目标情况，有效地调控，有针对性地进行个别教育，我们设计了“家园评估表”，对达标情况进行直观的评价。

幼儿发展双向评估表

第一周教育目标：						
目标号 姓名	1		2		3	
	家	园	家	园	家	园

备注：达到目标用“√”表示；需要巩固用“△”表示；尚未达到目标用“×”表示。

（六）教育效果

在三年教育活动中，充分考虑幼儿生理、心理特点及个体水平差异，有目的、有计划、有针对性地将动手能力的培养贯穿于一日生活及各类活动之中，积极为幼儿创设有利的环境，深刻挖掘动手操作的多方面教育因素，将幼儿动手能力作为一种素质，切实地落实在每个幼儿身上，使每个幼儿都有所收益。

目前，幼儿动手操作能力提高了，具备了自我服务能力和简单的劳动技能，使动手能力成为一种稳定的素质，有力地促进幼儿体、智、德、美全面和谐的发展。

大班毕业前，我们对幼儿动手操作能力发展情况进行观察，从各项幼儿成绩看，幼儿在实验前后有了明显变化。测查结果实验班好于对比班。

幼儿动手操作能力发展情况测查结果

班　级	n	Σ	$\bar{x}$	s
实验班	30	2802	93.4	8.4
对比班	30	1429	47.63	8.8
$t=20.6$　$p<0.01$ 差异显著				

从表中可以看出，实验取得了明显效果。

潘叶诗小朋友从前做事依赖性强，现在不但具备自我服务能力，还能主动帮助其他小朋友做事，如帮助其他女孩子梳辫子等，做老师的小帮手，工作具有主动性和积极性。

常欣活泼好动，做事缺乏耐心，注意力易分散，毛线编织织成一个大窟窿，粘贴画时把胶水洒满桌子，现在能安静地钉钮扣、进行毛线编织，颇有耐心。

（七）几点体会

1. 在动手操作能力培养过程中，对幼儿的要求有可接受性。

陈鹤琴先生说："叫小孩子做事不可太易，也不宜太难，须在他们的能力以内，又必须是非用力不可的。"要求过低，会使幼儿滞留在原来水平，阻碍发展。要求过高，把力不能及的任务交给幼儿，不仅不利于幼儿动手能力的发展；还会使幼儿产生畏难情绪和自卑感。因此，教师选择的教育内容和提出的要求要适应幼儿发展水平，恰如其分。

2. 对幼儿进行动手操作能力的培养应注重随机性。

动手操作能力的培养没有固定模式，它包括在各类活动之中，教师要做教育的有心人，尽可能创造条件，抓住契机。

3. 动手操作能力的培养，要面向全体，持之以恒。

动手操作能力的培养与训练不能只集中在能力强或能力差的幼儿身上，而要面向全体，促进每个幼儿在原有水平基础上最大限度地提高与发展。同时动手操作能力的培养并非是一朝一夕的事，要杜绝"一阵风"的做法，坚持经常。

4. 树立正确的教育观，充分尊重幼儿。

动手、动口、动脑是幼儿发展的需要，教师要充分尊重幼儿发展的权利，理解和重视幼儿发展的需求，让幼儿在做中学、玩中学、在做中求进步，这是对幼儿进行动手能力培养的根本和关键。

作为教育工作者和幼儿家长要首先解放思想，转变观念，探索培养幼儿动手操作能力的多种途径，为使幼儿成为体、智、德、美全面发展的、未来建设的合格人才奠定坚实的基础。

鞍钢第一幼儿园

观察分析，因人施教

戚亚辉

长期以来，我们在幼教工作中比较重视按统一的要求，开展统一的活动，对幼儿进行教育，只注意了儿童的共性而往往忽视儿童的个人特点，在改革大潮的冲击下，使我认识到在教育过程中，由于先天素质，生活环境，所受的教育以及主观努力不同，每个孩子的身心发展的可能性和发展水平是存在差异的，因此，规程中也指出，要注重个体差异，因人施教，引导幼儿个性健康发展，但要做好这一点是很不容易的，那么，我们应该怎样做，才能使这一原则得以充分落实，进而促进每一名幼儿在原有基础上的发展。三年的素质实验，在这方面做了一些尝试，取得了一定成效，在实践中有许多体会，现在把我的一些作法介绍给大家。

一、观察是因人施教的前提

因人施教，首先就要了解孩子，及时掌握幼儿各方面的表现，掌握个体素质的发展水平，这样才能有针对性进行教育，那么要做到“了解”第一步就是“观察”，这也是我们认识幼儿的必要途径，是走向幼儿世界的必经之门，因此，我们要树立明确的观察意识，幼儿的任何行为，任何情绪反应，在我们眼中都不应该是无意义的，而应该成为我们观察的素材，在观察中积累更多的素材，进而掌握幼儿的个体特征、发展水平，因此，在日常教育中，我们利用多种形式进行观察，如个案记录、表格记录等等，下面就是根据教育目标，对幼儿自理能力观察记录：

观察内容＼评价＼姓名	李琳	顾凡	王智祥	李研峰	杨俊夺	苏颖超	王超	段荣	曲璐	李寒玉	王磊	张乔	顾春雪	关月	陶然	刘文迪	李浩	赵浩
收拾玩具	✓	✓	✓	✓	✓	✓		✓	✓			✓	✓	✓		✓	✓	
叠被	✓		✓	✓		✓	✓		✓			✓				✓		
穿衣	✓	✓		✓		✓			✓	✓	✓		✓		✓	✓	✓	✓
系鞋带				✓		✓			✓				✓	✓		✓	✓	

通过观察，对幼儿的自理能力有了一定的了解，从而在以后设计活动时就特别注重个体差异，另外从表中还可以看出，叠被子、系鞋带是我班薄弱环节，一部分幼儿不能独立操作，类似这样简便的观察记录表，我们还设计了一些，这些资料积累多了，对孩子的各方面发展状况就可以进行准确地分析和了解。

二、分析是因人施教的基础

我们在观察儿童问题行为的基础上，要进行正确地分析，分析幼儿出现这种问题行为的原因，假如，将儿童问题行为视作某种“病症”、“病状”，则患“病”儿童的“病因”、“病根”需要从所处环境、所受教育上去寻找，治好孩子的“病”最终还要从这些“病因”、“病根”上着手。例如：班上的顾华君小朋友，性格内向，胆小，他的懦弱行为十分典型，刚入小班时，几乎听不到他说话的声音，上课发言尽管老师怎样激励他，也无济于事，一声不吱，在我们实验第一阶段测查时，他仍然拒绝回答测评老师的提问，作为老师非常焦急，但我决心想改变他的这种个性。首先，我进行了调查、分析，跟他父母谈过几次，每次说起这件事，他的父母也常常带有责怪孩子的神情，他妈妈说："他生来就胆小，不爱说话，另外，他说话不清楚，跟别人说话人家总是笑他说话不清，当看到这孩子，别人跟他说话不吱声时，我就非常生气，怎么说他，他就是不开口"。原来，这个孩子一方面是自身性格就内向，另外，语言表达能力差，发音不清曾遭到别人讥笑，产生一种自卑感，而做为父母的，由于改掉孩子这种行为心切，动辄打骂，造成孩子惧怕心理，因此，多方面的原因造成孩子不良个性得不到改变，通过调查分析，找到了问题的根本，为下一步实施教育打下了基础。

三、选择恰当的教育方法，教育手段是因人施教的重点

1. 针对不同个性的幼儿采取不同的教育方法

陶然小朋友"攻击性"非常强，在班里常常会听到有人告他的状，多少次问题出现，老师劝说他，他就是不听，可以说，他在小朋友的眼里是最不受欢迎的人，有时，我真想大声训斥他几句，可这样会损伤他的自尊心，于是我便低声调地与他说起了悄悄话，这样一来，每次说完悄悄话，看得出他都非常得意，把小胸脯挺得高高的，但在行动上并不那么"蛮干"了，在此基础上，我就马上在全班小朋友面前表扬他，效果非常好。平时，我也不放过教育他的机会，一有时间，便与他说上几句，讲故事、讲道理，如：《打架王》的故事，对他的启迪非常大。通过运用恰当的方法进行引导，现在陶然小朋友打人的现象明显减少，而且还经常帮助别人，他的家长也常常与老师谈起这件事，并说，你们的教育真有方法。

2. 根据幼儿发展水平不同，采取相应的组织形式，小组或个别指导。比如在小组活动中，进行分类指导，对孩子的要求也有一定的层次性，如，小班学习有顺序地涂色，对能力强的幼儿要求他

们能有顺序地涂色，尽量涂满，不出轮廓线，对中等水平的幼儿要求能按顺序涂色，少出轮廓线，而对低水平的幼儿则要求，能按顺序涂色，掌握方法即可。另外，就是在活动中为不同能力的幼儿提供不同的活动，如：夹豆活动，我们在盘中分别放入黄豆、杏核、核桃等大小不同的材料，手部小肌肉群发展好的幼儿可以夹黄豆，发展较差的可以夹核桃，这样，不同水平的幼儿都获得了满足，在原有的基础上都得到了发展、提高。

3. 家庭配合也是完成因人施教的重要途径

根据孩子的不同情况，对家长提出不同的要求，使幼儿在园的教育与在家的教育协调一致，就自理能力这一方面，小班初期，一部分孩子的自理能力差，由于他们都是独生子女，个别家长过分宠爱，全方位照顾，如：早晨孩子想自己穿衣服，有的家长怕穿得慢、穿不好；孩子想自己洗脸，又怕把衣服弄湿了……这样，把孩子包围在照顾之中，因此，我们通过建立家长联系手册，开小型座谈会，与个别家长及时交谈等形式，向他们宣传教育方法，尤其让那些自理能力差的幼儿，做一些力所能及的事。通过家园的密切联系配合，孩子的自理能力有很大提高，就叠被子一项，到小班学期末，有百分之九十五的幼儿能独立操作，效果非常好。

四、促进幼儿在原有基础上的发展是因人施教的目的

因人施教的目的就是要促进幼儿在原有基础上得到发展，因此，在教育中，不搞一刀切、齐步走、用一把尺去衡量他们，在了解孩子的基础上，为他们制定不同的发展规则，就是在个别儿童现有水平上，制定新的发展目标，另外在教育评价过程中，我们并不像以前有的教师总是凭着先入为主的成见，对于那些一贯表现好的幼儿，不管他在原有基础上是否有进步，总是被评价到最好的水平

上,那些水平差,能力低的幼儿,总是被丢到后面,因此,我们在评价时,经常与他自身进行纵向相比,下面就是前面提到的顾华军小朋友在言语发展上与班平均值比较表:

类别 \ 时间 \ 分数	小班初	中班初	大班初	大班下
平均值	79.5	74.6	53.6	80.7
顾华军	21.5	23.4	34.3	58.9

从表中可以看出,顾华军小朋友言语发展水平在大班下学期还低于平均值,但他提高的幅度远远超过班平均值提高幅度,他与以前相比,可以说,有了长足的进步,因此说,如果孩子能以最快的速度在原有的基础得到发展了,那就证明,我们因人施教,做到了实处,取得了成效。

因此,三年的素质实验,我最深的体会是,在教育中要想取得最好的效益,必须先了解和研究幼儿,只有这样,我们的教育才能符合实际,对幼儿教育才能有的放矢,最大幅度地促进幼儿在原有基础上的发展,面向全体,因人施教,全面提高幼儿素质。

兴隆台采油厂机关幼儿园

实验班幼儿教育活动初探

于　涛　马玉香

《幼儿园工作规程》指出："幼儿园教育活动是有目的、有计划引导幼儿主动的、多种形式的教育过程。"

幼儿园以往的教育活动大多是沿用了德国赫尔巴特为代表的传统教育学派主张的"以教师为中心；以课堂为中心；以课本为中心"的传统教育观念。这对幼儿园的教育影响比较深，在这种观念的指导下，在教育活动中目无儿童，只重视研究教师怎样教，不注意研究儿童如何学。重视备课，只单纯地备教材教法，却不注重研究以儿童为备课基础，忽视了儿童主体发展的能动性。在贯彻《规程》中，我们实验班对教育活动进行探索，在教育内容、手段、环境创设等方面都以促进幼儿全面发展为主，改变了旧的教育观和儿童观。

一、注重幼儿主动活动，为幼儿提供充分的探索、操作和主动参与学习的机会

幼儿是学习的主人，教师一切教学都是为了促进幼儿的发展。幼儿自身的活动能激起其体力的、智力的、情感的、行为的与其水平相适应的发展。为此，我们从实验开始，就以教育贯穿于日常各种活动里进行的教育的模式，破以一日上两节课为主进行的教育习惯，我们在活动室内建立了接近幼儿年龄特点，并易于操作的各种活动区(角)。如："娃娃家"、"小医院"、"图书角"、"夹豆角"、"玩线区"、"拼图角"、"绘画角"等。由于这些区(角)都是幼儿日常接触

的内容，因此，幼儿能主动积极地参与活动，他们通过亲自摆弄和操作去感知事物，进行观察、注意和思考，去发现问题、解决问题。比如：在夹豆时，有的幼儿发现用有棱角的筷子比用圆滑的筷子夹豆好夹，夹得快。在娃娃家的幼儿能主动抱娃娃去医院看病，去商店买东西等等。在各种活动中，尽可能让幼儿多看、多听、用动作表达，以语言表达，让幼儿在活动中产生情感的体验，鼓励每个幼儿参与活动，提高他们参加活动的兴趣和信心，而不是让幼儿机械地模仿或记住若干知识，学习某种技能，从而，在幼儿主动活动的过程中逐渐形成合作平等的师幼关系。实践证明：幼儿期的思维和智力活动，只有在他们主动活动的过程中，亲身体验之后才能发展和深化。没有主动活动的直接体验，光凭抽象的语言概念的学习，会影响幼儿智力的发展，延缓由动作、形象思维向抽象思维的转化。

二、创设良好的物质环境和心理环境，促进幼儿的发展

《规程》第 20 条明确提出“创设与教育相适应的良好环境，为幼儿提供活动和表现能力的机会和条件”。现代的幼儿教育，十分重视环境对幼儿发展的作用，人们已普遍认识到为幼儿创设良好的物质环境和心理环境的重要性。为了使活动区内容符合每个幼儿年龄特点，我们力求不同的活动内容要有相对稳定的活动区，材料和工具要便于幼儿取放，培养幼儿玩后放回原处。每个活动区不断有新的内容外，还不断补充和发展。同时，还注意活动区动静得当，互相有联系而又相对独立，并且有灵活性。为了及时了解幼儿活动操作情况，班上为每个幼儿准备了自动手戳，幼儿在进区活动时，在进区卡上印上自己的名字，以便教师进一步了解幼儿活动区使用频率，材料是否适合幼儿，为不同能力的幼儿提供不同的操作材料，从而满足幼儿求知学习的需要。

在注重物质环境创设的同时，我们实验班的教师还强调了良好的心理环境的创设。因为，良好的心理环境不仅有助于幼儿身心健康成长，而且也是幼儿获得知识和主动学习的重要前提。只有为幼儿提供一个能够使他们感到安全的、温暖的、可信任、能够鼓励他们探索与创造的环境，幼儿才能愉快活泼地生活，积极主动地活动和学习，获得良好的发展。为此，实验班教师每天做到用微笑接待每一个幼儿，和他们做知心朋友，平等相处。不仅对活泼可爱、聪明伶俐的孩子要爱，也爱那些性格内向、不引人注意的孩子。例如：实验班上的周俏小朋友性格比较内向，平时很少在集体面前大胆讲话，班上的两位教师经常接近她，问这问那，并针对她的特点，在活动时，尽量让她坐在教师身边。开始她也不愿意参与活动，教师就用“说悄悄话”的形式，将她想说的话转告给全班幼儿，并不时给她以鼓励。渐渐地使她树立了自信心，在以后活动中，周俏小朋友能大胆友好地与同伴及教师交谈，一些幼儿能积极主动地找周俏小朋友玩游戏。这样，教师的言行给幼儿潜移默化地影响，激发了幼儿关心弱者的情感，从而体现了幼儿身为环境的主人和教师所结成的深厚友情的良好气氛。再如：班上的郝云鹏小朋友，由于入园前在家由保姆带着，自私、任性在他身上表现得尤为突出。无论班上谁的玩具，他都想先玩到，教师说他，他就哭，他爸爸在家也经常打他。因此，每次犯了错误，他总是怕教师告诉爸爸。父母来接时，他低着头不说话。针对这一情况，班上的教师及时地做他爸爸的工作，并沟通了教育思想，以后，每天让他将自己的表现当着教师的面说给家长听。对他做错的事，教师和家长给他讲清道理，共同帮助他改正。这样，这个小朋友渐渐地消除了恐惧心理，对教师产生了信任感。每逢做错了事，他能主动地向教师和家长承认错误，并能及时地向同伴道歉。

在实验班，教师与幼儿之间形成了尊重、信任、友爱、和谐的气氛。教师努力发现每个幼儿闪光点，不让幼儿有任何压力，使他们在和谐环境中，身心得到健康的发展。

三、面向全体，促进每个幼儿在不同水平上得到发展

由于受遗传、环境的影响，每个幼儿在生理和心理方面有不同程度的差异。每个人都有自己的个性，有的活泼开朗，喜欢表现自己；有的性格内向、不善言语交谈……。另外，幼儿在发展速度上也不是完全相同的，有快有慢，水平有高有低，因此，教育上必须了解和研究幼儿的个性特点，做到因人施教，使每个幼儿在自身发展的基础上得到提高。

实验班教师，首先改变了用同一标准去衡量和要求发展水平不一的幼儿的做法，从观察幼儿、研究幼儿入手，设法使每个幼儿的潜在能力获得充分的发展。在教学形式上采用分组教学和个别教育，将全班幼儿按能力、兴趣分组，然后教师根据具体情况分类指导。同时，活动区材料按不同层次进行投放，使能力差的幼儿得到满足，能力强的幼儿得到提高。如：在操作区即有易于操作的夹豆、玩线材料，又有难度较大的编辫、系鞋带、缝扣等材料。《规程》第二十三条在谈到教育活动时强调了促进每个幼儿不同水平上的发展。第二十六条要求幼儿园的各项活动形式和方法，不要强求一律。由于，我们采取了分组教学形式和个别教育，所以，幼儿观察机会多，主动操作机会多，发表自己见解机会多，和同伴、教师交流机会多。例如：活动目标，培养幼儿遇到困难时，想办法解决。实验班的教师在进行小组活动时，为幼儿创设了多种情节，让每个幼儿自己想办法，这样，每个幼儿都积极开动脑筋，发表自己的见解。然后教师帮助总结出最好的方法。从而，不仅使教师在活动中了解每个幼儿提出的方法，有针对性地开展讨论，而且较内向的幼儿，也有了充分地表现自己才能的机会，使他们的个性也得到良好的发展。

与此同时，实验班的教师根据各组幼儿的发展水平的差异，在设计活动时，能针对各组幼儿的特点，设计不同要求的教学方法，提供不同的教具、用具，以此来满足不同能力的幼儿的求知欲，让幼儿在自己力所能及的范围内得到提高。

总之，让幼儿主动活动，创设与教育相适应的环境，促进每个幼儿在不同水平上得到发展，使幼儿有更多的机会去探索，去创造，是我们幼教工作者长期的任务，需不断的实践、研究、总结经验、吸取、收集大量信息，以促进我们的工作更上一层楼。

本钢生活服务总公司东明幼儿园

重新认识活动区的创设与指导

王艳萍

对于幼儿教师来说,“活动区”一词并不陌生,很多幼儿园都设有一些积木角、图书角、娃娃家之类的活动区,但从实效性来看,没有很好地体现出活动区的教育价值,形同虚设,而最终演变为幼儿课余打发时间的地方,幸运的是,1993年我参加了中央教科所的素质实验,前后历经三年,在专家的指导下,使我对活动区有了新的认识,真正理解、领会了《规程》中所提出的“为幼儿创设与教育相适应的环境”这一内涵实质,下面谈谈自己的认识与做法。

一、活动区的创设要安全、卫生、互不干扰

1. 安全:消除一切隐患,如:家具要平稳;活动材料以木制、塑料为主;美工区内的刀剪不能过尖、过钝;大型积木不要堆放过高;墙画固定宜用双面胶带,不要用大头针;活动区内挂置东西的钉子,应高于幼儿头部,最好用塑料挂钩代替……良好的学习环境首先应该是安全的。

2. 卫生:用眼较多的活动区应安排在靠近窗的地方,如:图书区、美工区、科学区,不要让幼儿坐在采光不好的地方或背光坐着。

3. 互不干扰:有些区的活动量小,需要安静,如图书区、益智区等;有些区则比较热闹,容易喧哗,如角色区,建构区等,这两类活动区最好离得远一些,以满足某些区域对“安静”的需要。

二、活动区的创设要为幼儿提供丰富的物质材料

1．材料要有层次性，为不同水平的幼儿提供活动的机会和条件。

每个幼儿的能力水平不同，因此材料投放要兼顾每个层次的幼儿，不能都简单，也不能都复杂，比如：幼儿学习使用筷子，我们分层次投放了材料：为能力强的幼儿投放红豆、绿豆，为能力中等幼儿投放蚕豆、花生，为能力弱的不太会用筷子的幼儿投放绵块、木头珠。

2．材料要有计划性，由易到难，循序渐进。

比如涂色活动刚进行时，我们为幼儿提供的是苹果的涂色，然后提供香蕉的涂色，最后是葡萄的涂色，涂面面积由大变小，要求幼儿不出轮廓地涂色，难度增加。

3．充分利用当地资源和废旧材料。

在准备活动材料时，应尽量从本园、本地的实际情况出发，充分利用当地资源和废旧材料，这样不仅可以节省资金，有时还会取得意想不到的教育效果。比如：海，是我们大连的丰富资源，手工区里收集了大量的贝壳，各种造型颜色，孩子们用它们粘贴出一幅幅清新的图画，把对家乡深深的爱恋之情融汇在其中，再如：角色区里的许多用具都是利用废旧材料制作而成，酸奶瓶改制的电吹风；易拉罐加工的厨房炊具；果冻盒制成的大吊灯等等都深受幼儿喜爱，也萌发了他们利用废旧物品自制玩具的兴趣。

三、活动区的创设要根据当前的教育目标和幼儿的兴趣需要

1. 根据当前的教育目标创设活动区。

幼儿刚入园时，情绪状态不稳定，我们的目标就是减少幼儿紧张的心理，使他们喜欢幼儿园，于是我们为幼儿创设了娱乐区，提供各种形象化玩具，三岁幼儿，还不具备玩各种建构材料的能力，对幼儿吸引力很大的还是那些各种造型、有声有响的电动玩具，女孩子则很喜欢长毛绒玩具，抱在怀里爱不释手，此类玩具具有柔软、舒适的手感，好似妈妈温暖的怀抱，让幼儿有一种亲近感。在幼儿情绪稳定之后，我们撤下了娱乐区，根据新的目标，创设与之相应的活动区。

2. 根据幼儿的兴趣需要创设活动区。

在游戏活动中，我发现女孩子喜欢把插片插得满头都是，并说："妈妈洗完头，用发卷卷头发就是这样的，干了把发卷一拆，头发可漂亮了。"有的小朋友不仅自己满头插，还给别人插，有的幼儿在玩娃娃家时提出："我的宝宝头发长了，该怎么办？"许多小朋友争先恐后地说："我想当理发员。"根据幼儿的这一兴趣需要，我和孩子们一起创设了理发店，幼儿从家里拿来各种洗发液的空瓶和小梳子、小刷子等物品，或利用幼儿喝完的乐百氏小瓶制成电吹风，卷发器，由于理发店是幼儿自己提出的，充分满足了幼儿的愿望和需要，因此，幼儿在活动区游戏中不仅兴趣浓，而且人际交往、语言等多方面的能力也得到了主动发展。

四、活动区的创设要有与之相适应的规则。

俗话说："没有规矩，难成方圆。"任何活动的顺利开展，都必须

有一定的规则做保障，活动区也不例外，虽然它是幼儿自由活动的场所，但自由并不等于放任，为所欲为，而应该是在充分理解和掌握规则之后的一种自主性。

1. 限制人数的规则。

活动区游戏经常会出现众多幼儿拥挤在一个区里，而其它活动区冷冷清清这种现象，为了限制每个活动区的人数，我们制定出规则，小班为“挂牌制”，每人进区时取下小牌挂在脖子上，出区时放回原处，这样活动区有无空额，一目了然；中班采用“图示制”，在每个活动区上贴有象征人数的小花，如建构区限制 5 人玩，门口就贴上 5 朵小花，也培养了幼儿数数能力；大班采用“数字制”，用数字卡明确表示该区的人数。

2. 使用材料的规则。

对于玩具用完后如何收拾，可以在玩具柜上贴上标志：一把剪刀的图形告诉儿童，这是放剪刀之处，贴着红纸条的笔筒表示这里是放红颜色铅笔的……这样做还能起到教幼儿学习对应分类的作用，对于要变换活动区的幼儿，一定要收拾整理好自己玩过的材料，才能进入下一个活动区，每天值日生负责检查、整理。

五、活动区的创设要发挥教师的主导作用

在活动区中，教师是观察者、引导者，根据幼儿在活动区中的表现，随时给予一定的帮助指导，这种指导分为显性指导和隐性指导。

1. 显性指导。

教师在幼儿游戏中起着组织作用、导向作用、促进作用，这些作用明显地表现出来，人们称之为“显性”作用，但活动区游戏是孩子们自己的事，如果教师作用太突出，完全处在一种主导、主动、主持的地位，孩子们会索然无味，甚至会完全失去兴趣，所以活动区

指导较少使用这种做法。

2. 隐性指导。

活动区游戏，教师多采用隐性指导。隐性者，藏而不露，古语曰："隐者，事外之玄旨也。"瑞士心理学家皮亚杰也指出："在游戏中，儿童是自我主宰世界。"这里所说的"主宰"，是说游戏由幼儿自己选择，创造与表现自己的一种轻松愉快的活动，人们不能强加给他们或进行替代。比如：角色游戏时，医院角里冷冷清清，只有大夫和护士在那里，无所事事，而旁边娃娃家的"妈妈"抱着宝宝，不停地喂饭、喝水，好像在没有其它事情可做，这时就需要教师的导向作用，以一个参与者的身份加入，要真切、自然尽情，让孩子忘却你是老师，才能更好地发挥隐性指导作用。我扮作孩子的姥姥，到娃娃家看看我的小外孙，"妈妈"也因为我的加入，显得很兴奋，又是倒水，又是端茶，当我接过孩子，忽然装作吃惊的样子，说："我的小外孙，怎么浑身这么烫啊，是不是感冒发烧啊？快去医院看看吧。""妈妈"听我这么一说，赶紧过来摸摸孩子的头，肯定地说："对，一定是感冒发烧了，我得赶快去医院。"这样，原本冷冷清清的医院变得热闹起来，娃娃家和医院角的活动又得以继续开展下去，这就是隐性指导的作用。

3. 个别指导。

每个幼儿的能力水平不同，因此他在活动区的表现也不同，教师根据目标有针对性地指导个别儿童。比如，我班幼儿尹彦特别不喜欢计算，在课堂上从来不主动举手发言，不是唉声叹气，就是连想都不想地说："不知道。"所以尹彦从来都不到计算区里活动。相反，他却很喜欢建构区，针对这一特点，我就在建构区里对他单独辅导，我说："这五块积木能搭成房子吗？""能，四块当墙，一块当顶。""5 可以分成几和几呀？""5 可以分成 1 和 4 呗！"他在游戏中自然地学习，放下了包袱，还对计算区产生了兴趣。

三年来，通过素质实验，在如何通过活动区的创设与指导幼儿提高素质方面有了几点尝试与体会，今后还需要不断地探索、研究，一方面落实目标要求，一方面又使幼儿能按自己的兴趣、能力去行动，在自己的认知水平上、操作水平上学习，把活动区这种潜在的教育价值转化为素质提高的现实价值。

大连市妇联“六一”幼儿园

创设与教育相适应的环境

史克新　周　静

马克思曾经说过:“人创造环境,同样环境也创造了人”。这句话深刻地阐述了环境对人的作用。同时《规程》中也明确指出:“要创设与幼儿教育相适应的环境,为幼儿提供活动和表现能力的机会与条件”。我们在贯彻《规程》的过程中,特别是我们参加“适合我国国情,提高幼儿素质实验”研究后,深深地体会到环境对教育的重要作用,也知道以往工作存在的不足。例如:过去我们在创设环境时,比较注重美观、整洁、安全,而轻视了其中的教育因素。因此,在实验过程中我们重新对环境的创设加以认识,得到了以下的体会:

一、在创设环境时必须考虑适合孩子的年龄特征

幼儿年龄不同,心理发展水平也不同,因此他们对环境的要求也不同。例如:我班幼儿三岁入园,他们走出家庭的怀抱,离开自己的亲人,来到一个陌生的环境,非常依恋自己的亲人,寻求安全感。如何使幼儿很快适应这个环境呢?三岁幼儿的心理特点是容易被他们喜爱与熟悉的物体所吸引,具有强烈的情绪性。因此,我们考虑让孩子父母的形象出现在活动室环境中,成为我们班级一员。于是我们创设了一个专栏“我们拥有一个家”。把全班每名小朋友的全家照片贴在上面,使他们感到父母与他们在一起。同时,在开学的第一天,让小朋友拿着自己的全家照片,向全体小朋友介绍自己

的名字，以及父母的名字。小朋友之间通过这种活动相互熟悉起来，亲近感油然而生，很快就适应了幼儿园的生活。此外我们还采取了“小标志”、家访等一系列活动，使幼儿顺利渡过入园难关。

另外，活动区的创设及各活动区的玩教具也是随着幼儿年龄特点而进行更换。

二、环境要具有促进幼儿学习和为完成教育目标服务的功能

幼儿最初的认识是通过自身与环境的相互作用而得来的。因此，我们在创设各个环境时，既要考虑符合幼儿的直观性与形象性的特点，给幼儿以美感，陶冶幼儿美的情操，使幼儿能够喜欢，同时又要考虑能适应幼儿的学习，对完成教育目标有促进作用。

(一)摆脱过去一味注重墙面装饰，而忽视教育的形式主义，有目的的进行环境创设。

我们的主环境主要根据季节(如春、夏、秋、冬)、节日、教育目标这三大方面进行创设更换，有时侧重某一方面，有时是将三方面结合起来，使环境的创设不再是单一的装饰，而是起到活动延续的作用。例如：在“十一”即将到来的时候，我们布置了庆“十一”的墙面环境，教育他们热爱自己的祖国。同时我们还通过环境布置，让幼儿认识了少数民族及秋收的产品，告诉孩子不仅我们热爱自己的祖国，我们国家的每一个民族，每一个人都热爱她，并用丰收来庆祝国庆。又如：我们学习复述故事《拔萝卜》、《三只蝴蝶》、《三只小猪》，通过墙面布置的形式，幼儿每天都能看到这个环境，会情不自禁地去想去复述。小朋友之间也互相讲述，很快就能把故事复述下来，环境真正起到为教育服务的作用。

(二)充分利用空间，根据静、动、闹的不同层次创设活动区。

首先，我们考虑如何最大程度地创设幼儿活动的空间。我们不

仅利用了活动室，还开辟了寝室(把床改为折叠床)，走廊也成为孩子活动的天地，使孩子有了一个宽松、明亮的活动场地。其次，我们根据静、动、闹的不同层次创设活动区，把光线好的地方安排一些动手、动脑较安静的活动区，利用低柜把各区隔开，把材料放在低柜内，便于幼儿取放。活动室中间是集体活动区。寝室及走廊大多为动、闹的各区，具体分为：

(1)自然角和科学区：设在活动室的一角，让幼儿通过观察、触摸或进行实验，来认识物品的类别和性质，主要有物品的样本和图片，作观察和实验用的设备，作书写用的文具。我们在窗台上摆设了自然角的物品或样本，都是幼儿有机会接触到的东西，如：我们饲养过鱼、小乌龟、青蛙、小蜗牛等，还让幼儿观察到了蝌蚪的成长全过程。还有昆虫标本、不同种类的树叶、果实、种子等。以上这些不但可以引发幼儿对植物的生长、动物的习性的观察兴趣，锻炼幼儿作记录的能力，同时也丰富了幼儿的知识。

在低柜里摆放了作实验和观察用的物品。如：放大镜、磁石、小镜片、三棱镜、凹凸镜、电池、滚珠、石子、贝壳等。让幼儿边实验操作边把观察到的记录下来，达到最佳的教育效果。

(2)图书区：它是让幼儿阅览图书的地方，要求光线充足，比较安静。我们把活动室光线充足的窗户下，用低柜隔开，作为图书区。图书种类也很多，因为图书太单调，幼儿会觉得内容千篇一律，从而降低阅读的兴趣。我们安排的图书类别有故事书，有自然知识、科学知识、社会知识的书及幼儿自制的图书(字大图小的图书主要以认字为主)。幼儿非常喜欢到图书区来，选择自己喜爱的图书进行安静的阅读。我们在大班还实施了借阅制度。

(3)美工区：这是一个自由创作的空间，是陶冶情操和培养幼儿美感，发展幼儿感受美、表现美能力的场所。在隔断的低柜里放置美工用品(彩笔、剪刀、各色纸、橡皮泥、颜料、调色盘等)，墙上贴着有观赏价值的艺术作品和一些示范图。幼儿运用已有的知识和技巧，创作出丰富多彩的作品，展在窗台上。同时，我们还设有供幼儿摆放未完成作品的地方，以便下次活动继续进行。

(4)语言区：这是一个较安静而又忙碌的角落，能让幼儿集中精神进行学习。在语言区内我们摆放了录音机、录音带，让幼儿自己欣赏故事、诗歌等。文字贮存盒是用来进行看图配字、配词的游戏。笔和纸张用来让幼儿通过画来表达自己创编的故事。还让幼儿通过表演，不自觉地练习说话。除此之外还设有邮箱、通讯墙等，幼儿通过各种方式丰富了自己的语言。

(5)计算区：它的材料也放在低柜里，根据每周的教育目标投放和更换相应的材料。例如：在学习数的加减法时，我们就在区内放置的盘里放了算式卡，写出题，答案由幼儿来写。在自编应用题时，小碗里放了各种各样的每样十个的小玩具，还有一些有关计算的图片，每盘里都放有纸和笔，幼儿不仅能够练习加减法，还能够利用玩具和图片表示出的数量关系，创编应用题和进行连加、连减运算，锻炼幼儿独立思考，自我学习的能力。

(6)操作区：我们在操作区给孩子们准备的材料有：缝纫用的针、线、布；织衣用的针和毛线；绣花用的花绷子、绣花针和线；木工材料用的锤子、木头、箱子等工具。根据教育目标的变化不断投放到活动区内。幼儿通过这些发展了手部小肌肉运动的灵活性和精细动作。

(7)建构区：这是一个有较高活动性，充满乐趣、自由创作的角落。我们把它放置在寝室的地板革上，给孩子准备许多建构材料：积木、插塑、粘粒、构造玩具等，幼儿发挥想象力和联想力创造出的玩具摆在桌上进行展览。

(8)表演区：这是幼儿充分表现自我和相互配合的场地，在此区里我们准备了各种乐器、录音机、录音带、头饰、麦克风、各种时装表演的衣服等。幼儿可以唱、跳、说、时装表演等，使幼儿充分发挥自己的长处，满足幼儿的表现欲望。

(9)角色游戏区:是幼儿通过扮演自己喜爱的角色,来满足参加成人社会活动的欲望。我们首先从娃娃家开始,逐渐开设了医院、理发店、银行、自选商场、小餐厅等。规则及要求也从简单逐渐严格,各活动角所需要的物品都是教师和幼儿共同制作,幼儿非常喜欢参加这个区的活动,并通过此活动,发展了幼儿的语言表达能力及与人交往能力。

我们这些区角的创设不是固定的,一成不变的,它本身是处在动态变化之中,需要经常调整,使它更加适合幼儿发展的最佳状态。

三、充分发挥教师的主导作用和幼儿的主体作用

我们知道:一个再好的玩具,如果不知其玩法,也如同废品一样。一个设置再好的环境,如果不会正确运用,也起不到真正的作用,因此,作为教师应注意引导幼儿主动、积极地参与环境的活动,真正帮助幼儿成为活动的主体。

第一,根据教育目标,投放活动材料。活动材料不是随意摆放的,它是根据教育目标的要求出现和更换的。例如:本周教育目标中要求幼儿区分一个和许多,我们在计算区的每个玩具盘里放置很多关于一个和许多的玩具。又如:在学习沉浮、金属导电、磁性、重心等小实验时,我们就在科学区里摆放相应的实验用具,幼儿通过自己操作、观察,很快掌握了这些知识。每一个目标都能在相应的活动区材料中体现出来,使环境真正起到教育的延续作用。

第二,介绍环境,让幼儿参与环境的创设。我们首先让幼儿参观每一个活动区,介绍活动区的名称,让幼儿观察活动区的玩具和材料。并通过教师的示范,把玩具从开始到结束,整个操作过程规范地演示给孩子,使幼儿清楚每个玩具的玩法及玩的规则。通过无

声的语言，细细的动作，给孩子留下深刻的印象。当幼儿熟悉了环境，掌握了玩法及规则后，我们则鼓励孩子自己主动去探索，去发现更深的奥秘。同时我们也让孩子同我们共同创设环境，共同研究活动区的摆放以及放什么材料，对于孩子们提出的意见，我们都给予肯定，并适当采纳，如：在布置新年环境时，孩子剪的窗花贴在玻璃上，做的拉花装饰着教室的四周，做的小礼物挂在了美丽的树上。由于幼儿参与布置，感到自己受到了重视，同时参与布置的过程，也是学习的过程。又如：在角色游戏中的玩具，大都是由孩子自己制作的，他们既高兴又爱惜，并且更加努力去制作更好的玩具。

第三，做好幼儿的观察记录。当幼儿进入活动区活动时，并不是教师放松的时间，而应注意观察每个孩子在活动中的情绪及表现，并把他们记录下来进行分析，这样才能正确地指导每个孩子进行适合他的活动。例如：我们班马增衡小朋友是一个活泼好动的孩子，每次自选活动时，他都是到建构区插出一些武器来，进行玩耍，总不能安静下来。根据这一情况，我们主动与他在一起活动，逐渐引导他到美术、语言、计算等安静的活动区进行活动，渐渐地他克服了多动的习惯，而能够动静结合。另外，对孩子们也能及时记录下来，并对其进行指导和纠正，达到活动的最佳效果。

创设一个既有教育作用，又轻松愉快的环境，既是每一个孩子所需要的，同时也是每一名教师努力的方向。让我们共同努力，为孩子们创设一个更加美好适合他们的环境。

抚顺市幼儿园

浅谈活动区的创设与指导在幼儿素质教育中的作用

孙涓梓

《幼儿园工作规程》明确地把“创设与教育相适应的良好环境，为幼儿提供活动和表现能力的机会和条件”作为幼儿园工作的原则提出，这一原则表明创设环境对幼儿园整体改革影响之重要。随着科技的迅猛发展，人才的资源开发越来越被整个世界所重视。80年代初期党和国家政府曾发出提高全民族素质的号召，而人的素质需要从小培养，幼儿期是一生发展的关键期，也是最佳期，可塑性很大，幼儿期打下良好基础会影响终生。也关系着才能的发挥与事业的成就。《适应我国国情，提高幼儿素质》这一科研课题正是对提高民族素质基础工程的全新探索，我们本钢东明幼儿园中二班作为辽宁省的实验点，在三年的实践中，对活动区的创设与指导进行初步的探讨，我们认为科学合理地创设活动区是实现教育目标的重要手段，教育者有目的、有计划地指导幼儿活动是因材施教，全面提高幼儿素质的重要途径。我们的实践与探讨如下：

一、科学合理地创设活动区

创设活动区的目的是为了给幼儿提供一个宽松、自由的学习环境，更好地促进幼儿身心全面和谐发展。科学合理地创设活动区不仅能为幼儿提供多种学习经验，提供动脑思考、动手操作、与人交往等大量活动机会，而且还能使幼儿在自选活动中充分表现其想象力、创造力，发挥其积极性、主动性，有效提高幼儿素质。我们在活动区的创设上做法如下：

1. 为幼儿提供足够的活动空间和时间

我们改革过去重视形式，强调观赏性、装饰性的旧观念，转变为强调环境布置的教育性、多功能性。充分利用有限的房间，扩大幼儿活动面积，如寝室每天只能利用2小时，无疑是很大浪费。我们投资2万多元改造了墙壁床和玩具柜，使寝室也成为幼儿活动的空间。幼儿期思维具有直观性和具体形象性，对事物的认识是通过自身的感知和活动形成的，我们根据幼儿年龄特点，以满足幼儿发展需要为前提，紧紧围绕本阶段教育目标，科学合理地设置、安排活动区，并允许幼儿自由选择，使幼儿真正成为环境的主人。

小班幼儿刚从家庭走向幼儿园，彼此不认识，极易产生孤独感，为此我们设置了玩具区、大型塑料积木积塑区、图书区、娃娃家四个区域，随着幼儿情绪的稳定，能力的发展，我们在小班上学期又添置了小肌肉操作区、美工区、音乐区、计算区、语言区、自然角、积塑角、体育角，小班下学期设置了两个娃娃家、大型积木、积塑区、植物角、美工区、操作区、语言区、音乐区、计算区、自然角、图书区、体育区。

中班设置了科学实验角、医院、商店、理发店、娃娃家、棋类区、美工区、图书区、语言区、操作区、计算区、体育区、音乐区、种植饲养区等，大班重点突出了科学实验区、版画制作区、计算区、语言区、棋类区、图书区、种植饲养区等。每个区域内容的安排都与本阶段的素质教育目标和谐一致，使活动区真正起到帮助、巩固、发展儿童的作用。在确定活动区的空间位置上，我们力求科学性与教育性相结合，由于幼儿期注意力持续时间较短，且易转移，我们做到区域间动、静分开，避免相互干扰，并利用玩具柜、小屏障进行封闭隔离，中、大班逐渐适当放开。我们将较安静的区域设在寝室，较动区域设在活动室。

合理地设置安排活动区，激起了幼儿主动探索与操作的愿望，幼儿通过亲身体验、操作、实践学会如何观察，描述、演示、测量、分析、实验等，为全面提高幼儿素质奠定基础。

在为幼儿提供足够空间的同时，我们把幼儿的时间最大限度地利用起来，使他们有充分的自由按自己意愿和兴趣选择游戏内容、玩具、材料和同伴，满足他们的内在需要，促进他们的认知、情感、动作、技能及社会性的发展。

2. 为幼儿提供足够并适合幼儿发展的活动区材料。

幼儿是在主动探索周围世界的过程中学习的，丰富的活动材料对幼儿的刺激能引起积极地、有教育价值的反映，幼儿是不断发展中的个体，活动区的材料应根据幼儿的发展而变化，为此，我们紧紧围绕教育目标有目的、有计划、由简到繁、由易到难地投放材料，并注重了材料投放的层次性，使不同水平的幼儿都有机会探索，体验成功。如幼儿初入园我们为幼儿提供了大量的电动、拖拉玩具，书籍是画面简单内容单一的实物，娃娃家内设有简单的家具、布娃娃及儿童生活照片，大型塑料薄膜积木，积塑色彩鲜艳，幼儿非常感兴趣。随着操作区的创设，我们为幼儿提供了用勺舀各种米粒、豆子，拉长短拉链，小扣子，小木珠，套碗等。不同能力水平的幼儿可选择不同的材料。随着幼儿能力的发展，小班下学期，我们为幼儿 穿小孔木珠、系塑料管、系鞋带，用筷子夹海绵块、纸团、木珠、黄豆粒。到中班我们为幼儿提供了有规则穿大、小木珠，系立体鞋带，编辫子，缝制图案，包糖果，用筷子夹各种豆类、玻璃球等，大班为幼儿提供毛线编织、纸条编织、缝纽扣、编花篮、用刀切食物、版画制作、使用锤子、摘菜、洗菜等材料，操作材料难度的加深，使幼儿在不断探索过程中，克服一个又一个困难，同时激起自信心，增强独立性和坚持性，手眼协调能力及手指小肌肉也得到锻炼和发展。

图书区我们由原来小班的平面书架到中、大班的立体书架，由简单的读物到将图书分类摆放，并在图书架内提供了胶水、纸张、钉书器、剪刀等材料，增加了修补图书项目。计算角由最初的点数实物、数字卡片、形体插板、拼板到认识时钟、物体守恒、物体分类、测量、排序、自编加减法应用题等。语言角由原来的图片讲述到录音机、故事磁带、木偶、纸偶、贴绒动物、人物、背景图画等讲述材料。角色区，随着幼儿知识经验的丰富，逐渐增加，材料难度也逐渐增大，如娃娃家由简单的家俱到复杂的炊具、餐具、家用电器等，从幼儿扮演两代人到扮演三代家庭成员等。科学角提供了味觉液体材料（牛奶、水、酱油、醋等）热胀冷缩材料、物体沉浮、金属导电、放大镜、显微镜、摩擦起电、摩擦力等。种植饲养区为每个孩子提供种植饲养材料，浇水，照料动植物。

活动区材料的投放，使幼儿在学习中不仅逐步会选择材料，会使用材料、利用材料，而且还可以使幼儿在直接感知、操作的活动过程中获得知识经验，适应了幼儿不同认知水平发展的需要，有效提高幼儿各种潜在能力。

二、活动区的指导

从创设活动区到全面开放活动区、从幼儿无目的的玩到自由选择、自主活动、自由交往都离不开教师有目的的引导与调控。因此幼儿在活动区活动中，我们坚持把教师的主导与幼儿的主体统一于活动过程中，并注意激发幼儿参与活动区活动的兴趣，遵守活动区规则。调动全体幼儿主动遵守规则参与活动的积极性，在活动区的指导上我们进行了如下尝试：

1. 活动区规则的建立

活动区是幼儿自由活动的场所，但并不是放任，活动区规则的建立，不仅可以培养幼儿的积极性、主动性，而且还可以培养孩子的自律行为和责任感，改变教师的指挥与导演，变教师的直接影响、直接干预为隐形指导。我们建立活动区规则之一是进区人数，每个活动区最多只容纳5人，娃娃家、大积木积塑区在地毯边印有五双小鞋印，鞋摆满了，意味着该区人数已满，其他区域分别挂有颜色、形状各异的小标牌，入区时带上标牌，出区时摘下标牌，如标牌已被带满，则该区暂不接纳新人。规则之二是取放材料物品规则，我们选择了色彩鲜艳的红、黄、蓝、绿四种颜色的塑料筐，整齐摆放在玩具柜中。幼儿用过材料后按照颜色放回原处。如剪刀放在红筐里，油画棒放在蓝筐里，摆放整齐的图书及各类材料似乎也在暗示幼儿用完后要放回原处。规则之三是同伴间要友爱谦让，不许大声讲话，对于谦让者教师及时鼓励，并在评比栏中将他的"小飞机"飞高一格。

2. 观察了解幼儿需要，及时调整活动区

设置活动区的目的，在于促进幼儿各种潜在能力的发展，较好实现教育目标。如果教师不掌握幼儿在活动区活动的情况，教育目标就不能落实到每个孩子身上，更谈不上因材施教。因此，为了解幼儿发展状况及幼儿需要，我们为每名幼儿准备了自动手戳，每天每个区都放有画好格子的卡片，幼儿进区活动时用自己的戳子在卡片上印章，教师每两周作一次统计，从而使我们能够及时了解每个活动区的使用频率，了解幼儿是否进入某区，有无偏区现象，进区之后持续多长时间，从中也及时了解该区是否符合孩子的兴趣和需要，了解活动材料的数量和难易程度，幼儿的兴趣及参与情况，如1994年3月份活动区活动使用频次见表一：

表一　　三月份幼儿参与活动区频次

区名 / 频次 / 性别	积塑	音乐	娃娃家	美工	操作区	图书	大积木积塑	计算	语言	体育
男	58	23	32	38	31	48	60	66	30	67
女	36	34	59	55	52	45	39	51	34	58

从表一可看出，男、女孩选择活动区活动存在着一定的差异，那些对幼儿发展有影响作用而恰被幼儿兴趣所忽视的区域，需要教师积极的诱导，才能使幼儿获得全面发展。为此，我们及时了解原因，对活动区材料进行了及时调整。如美工区增添了各种动物类、交通工具类图片等，深受男孩喜欢，我们还有意识地引导偏区幼儿积极参与各区活动，平衡了各区使用频率，促进了幼儿全面发展。4 月份幼儿活动区使用频率见表二：

表二　　4 月份幼儿参与活动区频次

区名 / 频次 / 性别	积塑	音乐	娃娃家	美工	操作区	图书	大积木积塑	计算	语言	体育
男	55	29	56	40	48	47	58	58	43	64
女	42	34	40	46	53	49	51	47	61	

从表二可看出 4 月份各区使用频率较为平衡，可见在教师有针对性的积极诱导下，调动了幼儿参与各区活动的积极性、主动性，为较好地实现教育目标提供了保证。

又如，94 年 6 月份，我们为幼儿创设了角色区商店，通过两周的观察与指导，我们发现孩子不能自如地在这个区活动，而且使用频率很低，前两周统计，男孩活动 3 次，女孩活动 5 次，后两周在教师的积极引导下，男孩活动 5 次、女孩活动 6 次，所以我们认为开商店不适合小班下学期儿童游戏，我们决定取消这个区域。

此外，我们每天都有目的、有计划、有重点地指导幼儿活动，并且注意幼儿良好行为习惯的养成，如在角色区我们重点指导幼儿的社会化能力，良好品德及口语发展水平，同时我们注重了指导的层次性，每一次指导都要比前一次加深，并注意教育目标的体现，如中班开商店这个游戏，我们首先让儿童认识使用复制的人民币卡片，懂得货币交换。在活动中我们又发现幼儿很容易在货币交换上形成错误，如买一罐饮料和买两罐、三罐饮料都用两元钱，买一斤黄瓜和买一根黄瓜都用一元钱，我们及时参与游戏并指导幼儿运用正确的货币交换关系。

活动区是幼儿活动极好的天地，它能够满足幼儿的好奇心和求知欲，但只有在教师的正确引导下，幼儿才能在动手、动脑、动口的操作中发展探索精神，培养交往能力、合作能力和解决问题能力，才能使幼儿真正成为活动的主人。

总之，三年的实践与尝试，使我们深深感到活动区是因人施教、开拓幼儿发散性思维、促进幼儿交往、合作、增强幼儿自信心和成功感及分析解决问题能力的最好场所，我们还将不断探索，进一步总结经验，为全面提高幼儿素质做出我们不懈的努力！

本钢生活服务总公司保教科

谈从"学会"到"会学"的点滴体会

李丛玉

教育是以育人为基本目的，作为幼教工作者所承担的任务，是以为幼儿奠定良好的素质基础为最终落脚点。要使这一目的真正落到幼儿园工作的实处，幼教机构的上上下下必须齐心协力，我们教师更要不断学习、研究幼教理论，改变传统的不适合的教育观念，进行思想认识和行动上的转轨。让幼儿从"学会"到"会学"就是在这一思想指导下，更新教育观念，在活动中，发挥教师主导作用和幼儿主体作用，挖掘幼儿自我发展的潜能，为幼儿奠定了良好的素质基础。下面就这一问题谈谈自己的一点体会。

"学会"与"会学"仅仅是两个字的颠倒，但其内涵却大不一样。"学会"着眼于让幼儿学到某些知识，记住某些东西，强调的是"教"的作用，注重教育结果；而"会学"则相反，它重视幼儿认识过程的发展，注重培养幼儿的学习兴趣，向幼儿传授掌握问题的方法，养成幼儿主动探索，动手操作的习惯等，它突出了以幼儿为主体，教师为主导，同时，两者也有联系。"学会"是目的，而"会学"则是达到这一目的的手段和方法。只有"会学"了，交给他们学习的钥匙，才能"学会"，打开科学知识的大门，达到掌握知识的目的。

培养幼儿学习兴趣。

兴趣是幼儿主动学习的重要因素，是打开幼儿学习内部动机的金钥匙，是使幼儿变"学会"为"会学"的前提条件。如：培养幼儿的绘画兴趣，实验前，我们根据幼儿园美术教材（教师用书），教师一笔笔教幼儿画各种物品，虽然教学目的里写到"培养幼儿的学习兴趣"，但却没有使其目的真正落到实处。而在素质实验的课程标准中，有让幼儿“学习把看到的东西画出来”。为达到此目的，必须培养幼儿强烈的绘画兴趣，同时掌握一定的绘画方法，才能使教育目标真正落到实处。实践中，我们运用种种方法，培养、引发幼儿的绘画兴趣。如：猜谜法，教师不说出所要画的内容，先在黑板上画出所画东西的基本形状，不画细节，让幼儿动脑子猜猜画的是什么。如画小兔子的头，先画一个圆，让幼儿猜，幼儿猜是一个球，再画上两只眼睛，幼儿猜是画人，又画出动物的鼻子和嘴，再加上几根胡须，最后又画上两只长耳朵，原来是只兔子。利用幼儿的好奇心，使其产生画的兴趣，然后带领幼儿亲自观察小兔子，最后自己动手画小兔子。再如滚画法，教育活动开始，我将一张白纸按在黑板上，然后再拿一些废纸卷成团，蘸上颜色在纸上来回滚动，幼儿都睁大眼睛，看老师在干什么，一会儿，纸上滚出了像布、大理石、地砖等一样美丽的花纹，幼儿边看边在手里团纸团，激起了浓厚的兴趣，同时，学到了不同的绘画方法。就这样，在实践中，我们真正改变了以往的做法，利用种种方法，培养幼儿各方面的兴趣，如：通过让幼儿操作纸偶，使幼儿对讲述产生了兴趣；通过让幼儿玩新奇的声控、电控玩具，使幼儿产生了科学探索的兴趣；通过让幼儿在体育活动中体验到成功，使他们对体育活动产生了兴趣……使幼儿成为学习的主人。

教会观察方法。

“会学”体现在注重向幼儿传授掌握问题的方法上。在教育教学实践中，我深刻体会到教会幼儿正确的观察比较方法是非常重要的一环，使幼儿能对细微的事物异中求同，同中求异。比如：在组织幼儿“比较两种事物的异同点”的活动，在以往的教育活动中，我首先请幼儿自己观察，找出异同，幼儿找出了一些异同，但还有一些遗漏。于是教师就及时进行补充，告诉他们，这样的教育，只能使幼儿找出事物之间明显的差异且不全面，如两事物间有 10 处不同点，能指出 4～5 处的幼儿已经相当不错。在素质实验中，重视了教会幼儿用正确观察比较的方法来学习知识。如在找出事物之间的不同之处时，我画了两个正在唱歌的小女孩(共10处不同)，开始还是让幼儿通过自己观察找出两个小女孩的不同之处，幼儿有的找出了3处，有的找出了4处，最多的找出了6处，这时我告诉孩子们，我找出了10处不同，许多幼儿不相信，我就同幼儿一起，从两个小女孩的头部开始一点点地比较，不到2分钟，大家很轻松地找出了10处不同。我问幼儿“为什么”，幼儿讨论，最后我们总结出正确的观察方法，即观察时要按照从上到下的顺序进行。在找相同的事物时，一图片上画了20个动植物，请幼儿分别找出所有的动物和植物，这次有5名幼儿分别找出了15个动物，5个植物，完全正确。我请他们说出自己是怎样找的，他们说:“从这头到那头，一个一个地找。”我们总结出另一种观察方法，即按从左到右的顺序进行观察比较。在日常生活中我们根据不同的观察对象，教给幼儿采用不同的观察方法，如观察玩具和动物时，可从上到下或从整体到局部;看图书和摆数字时可从左向右、从前向后等等，同时培养幼儿在日常生活中，运用正确的观察方法，获取知识，使幼儿真正做到变“学会”为“会学”。

重视幼儿动手操作。

在素质实验研究中，我深刻认识到必须重视幼儿的动手操作，尽可能地让幼儿在动手操作中学习、掌握知识。如“教幼儿认识钟点”这一目的，在以往的活动中，首先出示实物钟表，请幼儿观察钟表上的数字、时针、分针，然后向幼儿进行演示和讲解，教幼儿学习认识钟点。在此基础上，教师反复拨表针，请幼儿说时间，让幼儿反复练习认识钟点。由于在活动中没给幼儿动手操作、自己练习的机会，致使活动效果差，许多幼儿仍然不认识钟点。在素质实验研究中，同是这一目的，活动开始还是老师向幼儿演示讲解认识钟表，在此基础上，给每个幼儿一个小实物表，教师说时间，请幼儿自己拨表针，使幼儿在不断拨表针亲自动手操作中认识了钟点。活动后，将许多小钟表放在活动区中，幼儿在自由活动时，自己在玩中学，在学中玩，取得了良好的教育效果。

引导幼儿主动探索。

在幼儿学习的过程中，有许多抽象的难以理解的内容，为了能使幼儿容易理解接受，常常引导幼儿积极主动探索，使幼儿在探索思考中认识、理解、掌握知识。如科学教育中认识“重心”这一内容，在教育活动中，我不是生硬地让幼儿知道“重心”的定义，而是通过让幼儿摆弄不倒娃和布娃娃，使他们感知到不倒娃总也推不倒，然后问幼儿“为什么?”。幼儿说出了理由“不倒娃身体底部是圆的”，这时，我并没有否定幼儿的理由，而是又拿来了底部是圆的葫芦，请幼儿推一推，结果，葫芦一推就倒。我问幼儿“为什么?”幼儿产生了想拆开不倒娃看一看的愿望，我立即满足了他们的要求，孩子们拆开了不倒娃，看到了不倒娃身体内部的结构后，才恍然大悟，知道和理解了“重心”的意义和作用。这一活动，不是我向幼儿填鸭式地灌输知识，逼使他们机械地学会，而是幼儿通过自己积极主动地探索来学习和掌握知识，使幼儿变“学会”为“会学”。在科学区里，幼儿对摩擦生电、可溶性、弹性、磁性、热胀冷缩、沉与浮等进行探索，从而打开了科学知识的大门。

让幼儿从“学会”到“会学”，是把素质教育观念转变为可操作的教育实践的具体体现。有效地促进了幼儿各方面能力的提高：学习兴趣增强，从“要我学”转为“我要学”；观察能力有很大提高，由于观察方法得当，触动了他们观察愿望的提高，知道观察时要有顺序性，观察时要认真、细心；主动探索能力增强，遇到问题不是被动等待，依赖他人，而是通过自身探索，发现答案；幼儿思维活跃，具有自己的独立见解，不盲从。从而促进了幼儿潜能获得充分发展，为今后的学校学习奠定了良好的基础。

大连市甘井子区教委幼儿园

在素质教育实验中学会做家长工作

马桂荣 刘向红 李丛玉 王晓馥

一、转变旧的教育观念，是做好家长工作的前提

在幼儿园的工作计划中，每期都有家长工作这一条，同时也做了不少的工作，但回顾以往在做家长工作中还存在不少问题：

第一，重视幼儿园工作，轻视家长工作。

对幼儿园工作有计划，有安排，教师的功夫下在教育教学上，园长的检查也是教育教学，而对家长工作从园长到教师都重视不够，无论是园务计划还是班级计划都是一提而过。家长也认为教育孩子是幼儿园的事，是老师的事，甚至部分家长把孩子送到幼儿园就一切不管，尤其是个体户家长更为突出。教师对孩子注意知识教育。由于错误的观念使我们的家长工作，一直是可有可无的无计划状态。

第二，重视知识和技能技巧的传授，忽视全面发展教育，是家教中普遍存在的问题。

虽然都说全面发展，但在家长工作中暴露出重知识教育，轻德育，重技能教育，轻良好学习习惯的教育。把家庭作为幼儿园教育的延伸，一味地要求家长配合我们完成某些教学的任务，特别是教幼儿复述故事，背诵儿歌，算算术，画画等等。面对幼儿的思想品德行为表现，良好习惯只是轻描谈写地说一下或根本不闻不问。

第三，家长工作重形式，轻实效。

幼儿园家长工作存在缺乏针对性和实效性，形式主义严重，总的说存在“三多三少”的现象，布置任务多，宣传科学育儿的知识少，要求家长配合幼儿园做的事情多，解决家长实际困难少，共性问题谈的多，个性问题谈的少。通过素质教育实验我们反复学习了《规程》中要求“幼儿园应主动与幼儿家庭配合，帮助家长创设良好的家庭教育环境，向家长宣传科学保育、教育幼儿知识，共同担负教育幼儿的任务”。幼儿园领导班子事先行动，认真学习关于幼儿教育理论和有关专家的报告，认真讨论，有了新的认识，对提高幼儿的素质，提高家庭及家长教育的积极影响是极其重要的一环，认识到我们幼儿园不仅仅是让孩子学习一些知识技能，更重要的是实施“人之初”的教育；教会他们如何做人；为孩子的一生奠定良好的素质基础。幼儿教师是做好家长工作的桥梁，必须转变教育观念，走出家长工作的误区，树立正确的儿童观、发展观和大教育观，通过教师来影响家长，改变过去认为只有教师是教育者的错误认识，帮助家长克服在教育子女方面的各种偏差，大家认识到加强幼儿园的家长工作是现代化教育的发展趋势，是幼儿素质全面发展的需要，提高家长工作的质量势在必行。

二、从实际出发是做好家长工作的保证

我们将“一切从实际出发”作为作好家长工作的保证，三年来的实践使我们在不断探索中发展，发展中提高，我们的具体作法是：

(一)从调查研究入手

为了了解幼儿的实际情况及家庭、家长的自然状况，幼儿一入园，我们的家长工作随之开展，每个新入园的幼儿家长必须填写一份幼儿家庭情况调查表，了解幼儿家庭情况包括家庭结构、家长文化水平、职业、家长教育观念、教育方式、幼儿在家的个性表现、情

感、意志、个性等，以便使幼儿园教育与家庭教育密切配合（见表一、表二实验班家庭情况调查部分项目情况）。

表一　幼儿居室、父母文化程度

项目	幼儿居室情况			父母文化程度		
	同父母	同老人	独室	大专以上	高中（中专）	初中以下
（31人）%	81%	3%	16%	66%	31%	3%

表二　幼儿父母职业情况

职业	工人	教师	干部	科职员	工程师	驾驶、飞行员	其它（军人、医生、律师）
（31人）%	9.4%	19.4%	19.4%	29%	3.2%	3.2%	6.4%

从表中第一项幼儿居室情况看，81%的幼儿是与父母同居一室，而这些孩子在家的一切事情都是父母包办多，家长不信任孩子，造成孩子依赖性强，生活自理能力差的后果。根据这个情况，我们通过家长开放日，让家长实地考察他的孩子在幼儿园的表现。王博宇的妈妈看到自己的孩子在生活自理能力上与别人的孩子相差很大，深有感触地表示："在家里也要像老师一样要求孩子"，家长的认识提高了，在行为上改变了过去怕孩子小，不信任孩子，嫌孩子动作慢，怕麻烦和包办代替的错误思想和作法，并且在老师的指导下使孩子在家里和在幼儿园保持一致，使家庭教育和幼儿园教育接轨，同步同向地进行。表一中第二项幼儿父母文化程度，比其它班家长文化程度层次高，表二中父母职业情况看，纯工人的只占19.4%，而干部、教师、职员的占绝大多数，教师针对不同层次的家长，采取不同的形式提出不同程度的要求，帮助家长树立正确的教育思想，紧紧抓住教给孩子"如何做人"为重点，学会正确的教育子女的方

法就容易使家长工作开始步入正确的轨道。

(二)坚持原则

在制定家长工作方案时,我们是根据幼儿的年龄特点和实际水平,在正确理解《规程》精神和素质教育内涵的基础上,把家园双方的教育目标有机结合起来。在工作中我们注意贯彻以下几项原则:

1. 目标性原则

根据幼儿在园各发展阶段制定出家长工作的八项内容和十八条目标,克服过去家长工作的盲目性,以达到提高家长科学育儿的水平,最终目的是提高幼儿的素质。

2. 持续性原则

德国教育家福禄贝尔认为:“人的发展和培养乃是一个继续不断的态体,稳定性持续地前进着,并且逐步地上升”。幼儿是一个发展着的客体,幼儿教育的出发点和归宿是促进幼儿更好更完美地发展,家长工作必须是坚持持续性,不断巩固前一阶段的教育成果促进后一阶段的发展。因此幼儿园家长工作不是做两次就完,要不断地加深,持续不断地进行。

3. 灵活性原则

家长工作的内容很多,没有固定不变的模式,根据孩子的实际,灵活地开展个别或部分集体的家长工作,如:对个别幼儿的个别情况,多是利用个别家访,个别交谈互相沟通的形式进行工作,这样做的好处是能及时的有针对性地解决问题;对幼儿中共性的问题,多是采取小组集体,全班集体的家长工作,如:家长会、部分家长座谈会等,这样做的好处是能解决大面上的共同问题。

4. 主动性原则

幼儿园是幼儿教育专门机构,理应主动与家长研究幼儿教育问题,调动家长参与幼儿教育的积极性。

(三)讲究实效

在实践中，我们本着形式为内容服务的原则，使家长工作体现出一个实效性。如《家长园地》适合宣传大的目标，介绍学期和中期的教育目标，理论。开学初布置，往往半年就不变了，为了发挥其作用，经过大家讨论决定每学期更换两次，以季节为主线，为家长提供配合幼儿园教育的原则内容和方法。《小墙报》是班级门前的小黑板，最初只是写有关家长通知，后来我们发现它灵活性强，便利用它根据气候变化、社会发展等随时写一些"请家长注意传染病"、"请家长注意新闻报导"等消息弥补了《家长园地》的定期性的弱点，及时沟通信息。《家长联系册》是被许多人看好的一种家园联系形式。但在我们日托幼儿园实用性不强，天天填写家长麻烦，教师工作量大，不如个别交谈有效，因此我们从实际需要出发，仅限于父母不能来接的孩子，填写联系册，便于家长全面了解孩子的情况，不流于形式。《家长会》包括宣传幼儿园总目标，工作计划的内容，我们要搞素质实验，召开了全体实验班幼儿家长会，专门讲《实验》的目标，宣传我们为21世纪培养人才标准，家长听了后大开眼界，提高了认识，王岩灵的妈妈说："参加这次家长会收益太大了，教育孩子不只是幼儿园的事，全家人都必须发挥作用。"还有的说："下次再开会我让孩子的姥姥奶奶都来参加，受受教育"，使家长会真正起到了作用。学期初布置班级工作计划，期末的总结工作，节日的联欢、幼儿汇报会等都需要通过家长会来进行。但是无论是什么时期，还是什么内容，都是本着让家长明确任务，掌握方法，了解幼教的形势和信息，以便加强家教的力度，提高家教的水平。

（四）互相信任

取得家长对幼儿园、对老师的信任是做好家长工作的重要一环，只有信任才能有理解，只有理解才有配合。我们首先做到一切从家长和孩子的利益出发，为了他们的一切，一切为了孩子，要相信和依靠家长的教育影响。在实际中，我们发现家长心理存在"不放心"的因素，我的孩子交到你们幼儿园，老师对我的孩子怎么样，老师注意到我的孩子没有，我的孩子是否受欺负，我的孩子吃饱了没有，甚至有的个别家长偷偷听，扒窗看孩子怎样了。针对这样的情况，我们老师认真负责耐心真情关心幼儿，一视同仁地对待每一个孩子，不歧视任何有缺点的孩子，孩子不吃饭老师一勺一勺地喂着，孩子不睡觉，老师抱在怀里拍着。老师还用多才多艺的技能吸引着孩子，教孩子学习本领，不断提高保教质量，以实际行动感化家长，让家长放心，取得家长的理解和信任。另外，老师不以教者自居，平等待人，不因家长地位的高低而亲疏。教师除了对家长热心对孩子耐心外，还要特别注意谦虚谨慎，为人师表，言语举止大方可亲，对家长提出的意见虚心接受，特别是意见提得不合理或批评不符合事实的时候，教师要保持冷静的头脑和认真的态度，以解决问题为出发点，向家长解释，取得家长的理解，而且在以后的日常生活中及时发现和捕捉每个幼儿的闪光点，增强家长的信任，促进幼儿发展。做好家长工作，说起来容易，做起来并非想象的那么简单，怎样才能调动好每一位家长的积极性，怎样才能把握好尺度，不偏不倚，使双方的思想感情水乳交融地作用于幼儿身上，是一个持久的复杂的工作，在家长工作中，还常常出现反复，也出现矫枉过正的现象，旧的问题刚刚解决，新的矛盾又随之而来，需要教师以极大的耐心做持久的工作，真心实意地为家长解决问题。一切从实际出发，一步一步脚踏实地做耐心细致的家长工作。

三、不断改进家长工作方式是提高家长工作质量的条件

带着以往的工作经验，我们投入到素质实验中，实践使我们深深体会到，家庭教育在幼儿身心发展中有着不可替代的作用，实验班幼儿发展成绩表充分证明了这一点，见表三：

表三　　幼儿生活自理能力、行为习惯对比

班　次	n	εX	$\overline{X}$	S	Z
实验班	30	536	17.90	136	4.66**
对比班	30	463	15.43	2.57	

以上是小班阶段孩子在生活的自理能力和行为习惯方面水平与对比班有显著差异。我们总结其经验，家长的主动配合和所发挥的积极作用是重要原因之一。因此，我们主动争取家长的配合，发挥家教的作用，不断改进家长工作的形式，提高家长工作的质量。

第一，我们改革了"家长会"的形式。由过去的千篇一律的大范围宣讲大会，改为定期不定期的大、中、小型的家长会。我们发现更多的时候不适于大范围的家长会，采取少则几个人，多则十几个人，围绕一定的主题解决一两个小问题的小型会议，我们也叫"座谈会"、"讨论会"、"交流会"。这样的形式时间短，人数少，发言机会多，是行之有效、深受家长欢迎的好办法。

第二，改变幼儿活动记录的形式。在小班，因为大部分目标是培养幼儿养成良好生活卫生习惯和自理能力，需要家长配合协作的项目多，我们设计的观察记录表是由家长和老师共同填写，到了大班，由于目标的深化，孩子有了一定的明辨事理的能力，能正确认识自己的优缺点，我们设计了以周为单位的观察记录表，由家长、老师、幼儿共同参与的三位一体的作法，体现了它的真实和合作的效应。

第三，发挥现代化教育手段的作用。在班级几十名幼儿家长中有部分家长工作繁忙，有的不在本地，不能参加班级的开放日，因此对孩子在幼儿园的生活根本不了解，单凭老师的口头介绍很不全面。我们就用摄像机把孩子在园的一日生活录下来，家长看到孩子的真实情况，发现孩子的问题，心服口服地主动配合老师进行教育工作。

第四,重视家庭环境的创设,充分发挥其育人功能。据调查实验班幼儿家庭经济状况是82%达中等以上水平,家长对子女的智力投资是全力以赴的,孩子要什么就给买什么,我们就组织家长参观幼儿园的各活动区,并亲自指导家长创设良好的家庭教育环境,凡是对幼儿发展有利的玩具、材料,但不一定是买的,可以制做的或半成品,多给孩子准备。图书的内容尽量与目标相适应,一次不要买多,可一书多用。如:用一本书可培养幼儿观察、思维、阅读、语言表达,归纳主题思想大意的能力,还能考查幼儿良好的学习习惯如何,提高他的注意力、专注力、记忆力、识字能力,同时还要检查他的爱惜学习用具的习惯和整理学习用具的能力,使家长投资达到最高利用点。以上诸多形式上的改革带来了教育的丰硕成果,参加实验的三年中,我们就是在家长工作中,不断积累经验,善于从实践中学习、总结、改善、提高。我们还把别人创造的好经验好风格运用到我们的实践中,不断提高我园家长工作质量,不断提高幼儿的素质。

三年的家长工作,我们用真情和汗水换来了成功和喜悦,当我们听到家长满意地说:“我们走了几个幼儿园觉得只有这个幼儿园才是我们孩子的真正天地时,”我们深受鼓舞。而且最值得欣慰的是:在素质教育过程中,我们已逐步学会了做家长工作。

提高素质实验研究家长工作方案

马桂荣　刘向红　李丛玉

一、指导思想

以《幼儿园工作规程》为指南，以提高幼儿素质的目标为核心，家园同向、同步地提高幼儿园的保教工作质量。

二、内容和措施

在家长工作的内容上立足于提高幼儿素质这一目标，注意根据我园以往家长工作中存在的问题及目前要进行的工作，有计划的按幼儿在幼儿园的不同发展时期开展不同内容的家长工作，并配有一定的措施以保证计划的落实。

详见表一。

表一　　家长工作的内容与措施

主要内容	具体措施	备　注
提高领导班子的认识，树立大教育观，向家长宣传幼儿教育的重要性	学习有关理论，园长担任家长学校校长	实验开始及新入园幼儿家长
提高保教人员对家长工作的认识，树立正确的教育观，树立为家长为幼儿服务的思想	学习有关理论，了解家长的情况，虚心听取家长的意见和建议，进行民意测查。(做为教师考核标准之一)	
调查了解幼儿家庭、家长自然情况	由专人负责组织教师指导家长填写调查表，整理、分析	实验开始及新入园的家长
帮助家长创设良好的家庭教育环境	通过各种形式从不同角度向家长宣传，组织家长参观幼儿园和班级的环境创设	
宣传科学育儿的方法和原则	组织家长参加幼儿园和班级的家长会、座谈会	
研究和掌握家教的特点，发挥家教的优势	通过有关理论学习，总结以往家长工作中发现的问题，针对现有班内家长的具体情况分别进行工作	
成立家长委员会商讨参议幼儿园各种教育活动和家庭教育大事	从每个班选出1～2名热情关心幼教工作的家长组成家长委员会，设主任委员1名，付主任委员两名，委员10名	每一年调整一次，每月活动一次
总结和交流	每学期总结一次，做得好的撰写论文交流推广	

三、具体目标和形式方法

为了实现家长工作的目的，建立我园家长工作的自我发展机制，使家园两个轮子转起来，我们制定了以下具体目标，选择了相应的切实可行的形式方法，供实验班和全园教师参考使用。在使用的过程中要注意不搞形式主义，力求家长工作的实效性、坚持主动性的原则，积极与家长取得联系，做到为人师表，以身作则，热心为家长服务，保证教育要求和方法上的一致性，保证促进幼儿身心健康发展。详见表二。

表二　对家长家教工作的具体目标要求和形式方法

对家长的具体目标要求	形式和方法	备　注
明确幼儿教育和家庭教育的重要性	全园家长会、电视讲座、家长园地、幼教刊物	实验班家长单独召开家长会
了解孩子在幼儿园的主要活动内容和任务	班级家长会，教师宣布教育目标及主要课程标准，儿童发展联系册，教育园地	每学期一次
配合教师对幼儿的学习活动给予物质上的准备	教师将较优化的学习用品、玩具、材料等样品陈列在一定地方供家长参考选择	
知道家庭教育的重点是引导幼儿如何做人，纠正以往的偏差	通过问卷调查，了解家长对幼儿教育的基本观点和做法，针对不同认识分类型，分层次	层次指家长本身素质，家庭环境情况等
了解孩子所在班，家长中存在的偏差，认识自己存在问题的类型	班级专题家长会，小型家长座谈会	按层次召开
知道自身的家教优势，扬长避短	班级小型座谈会，个别交谈	

续表二

对家长的具体目标要求	形式和方法	备　注
了解学习别人家教的经验，家长之间相互学习，取长补短	家长经验交流会，典型引路，个别交谈	
家长对班级工作提出意见和建议	家长信箱、信件、交谈、调查	
提出在家教中的疑难问题	个别交谈（家长与教师、家长与家长）教师为家长提供幼教理论材料	
了解幼儿在园的表现情况	参加开放日，观看幼儿在园的一日活动情况和录像，每周了解查看幼儿目标完成记录表	开放日要求全体参加录像只在实验班，由家长自己提出或根据特殊情况教师安排
配合幼儿园培养幼儿良好的生活卫生习惯	教师利用个别家访和早晚接待时间互相了解沟通信息	小班期为重点
知道独生子女教养中注意的问题，克服不良的家教模式	注意在日常生活中发现孩子不良表现，查找原因，具体分析，采取相应的措施	原因是成人造成还是幼儿间影响
配合幼儿园培养幼儿良好行为习惯，保持家园的一致性	利用家访，早晚接待相互了解幼儿表现，互相配合同步进行教育	
重视幼儿学习态度，学习方法及独立思考的能力培养	通过对幼儿测查评价、召开家长会，克服重知识传授的思想	中、大班为重点
创设家庭幼儿活动区	家长参加幼儿园活动区，教师重点指导，家访	
参与幼儿园及孩子的活动	家园同步联欢会、庆祝会、集体过生日、外出郊游	不同年龄段程度不同

续表三

对家长的具体目标要求	形式和方法	备　注
提高科学育儿的水平	各班教师提出调查提纲(座谈提纲)经指导后进行各种形式的工作	
家教工作总结	幼儿园、班级家长会进行总结，表扬好典型，评选优秀家长上光荣榜	好典型包括家长和教师

以上《方案》是在以往家长工作的经验和取得广大家长信任及素质实验课题研究需要的基础上制定的。我们改变了过去家长工作中单求形式不求实效和缺乏针对性的不足之处，将此方案运用在整个实验改革之中，并不断得到检验，在实践中探索出新路子，不断提高幼儿园家长工作的水平。

大连市甘井子区教委幼儿园

让我们牵手，一起走进孩子的世界

李德凤　柏玉荣

当前，我国的幼教改革正在向纵深发展，时代要求幼儿教育的目标应由只对幼儿传授知识技能技巧转向提高幼儿素质、促进幼儿身心和谐发展上来。然而，幼儿教育不仅仅是幼儿园教育，它是幼儿园、家庭、社会共同的责任。需要专门从事幼儿教育的工作者和家长形成合力，重视它、学习它、研究它，共同提高教育质量。这样才能培养幼儿做人，做现代人，做跨世纪的人。

IEA 调查研究结果表明：即使受正规幼儿教育机构教育的儿童，家长的教育观点和教育行为，对他们的影响也是非常大的。由于家庭教育具备教养者和被教养者关系上的密切性、教育上的渗透性、影响上的深刻性的特点，因此我们在《适合我国国情，提高幼儿素质》的实验过程中，重视家长工作，挖掘家长资源，家园双方取得了较好的配合，促进了幼儿的全面发展。

一、幼儿家教现状

我班幼儿大多是独生子女，这些孩子生活上得到父母的关注，物质上得到充分的满足，父母对孩子的期望值较高，如果教育得法成才率将会很高。但是，家长往往缺乏正确的育儿观和科学的教育方法，对孩子娇宠过多，培育不足；迁就过多，指导不足；看管过多，放手不足，致使幼儿拥有一切物质环境，缺少一个独特的精神世界，使家教走进“过教育”、“不教育”、“教育不得法”的误区。

1. 过教育。一些家长望子成龙心切，为了圆自己的梦、不顾孩子的发展特点，为孩子编织人生。一味地向孩子灌输知识和搞特长教育，忽视了孩子良好的行为习惯和思想品德的形成和发展。

2. 不教育。我班有些幼儿家长仍然认为树大自然直，对孩子放任自流，任其发展。认为孩子吃好穿好就行，教育是幼儿园的事，使得幼儿在园好不容易学到的一些良好的习惯，回到家中得不到巩固和练习，反而被家长的一两句话搞得踪影全无，形成教育上的“拔河”的局面。

3. 教育不得法。有些家长知道育儿重要，但没有明确的目的，缺乏科学的育儿知识和正确的教育方法。盲目地从众，相互攀比，不顾幼儿发展水平和特点，给孩子施加压力，结果欲速则不达，妨碍了幼儿的健康发展。

二、走进孩子的世界，促进孩子的发展

（一）真切地牵起手

幼儿园是从事幼儿教育的机构，幼儿教师具有丰富的教育经验，担负着促进幼儿全面发展的重任。家庭是孩子的自然学校，父母是孩子第一任教师，有直接的育儿体验和感受，这种目的性与随意性、责任与亲情的教育，若统一在促进幼儿全面发展上，将会产生巨大效应。《规程》中明确指出“幼儿园应主动与幼儿家庭配合，帮助家长创设良好的家庭教育环境，向家长传授科学保育、教育幼儿知识，共同担负教育幼儿的任务。”因此，我们在家长工作中，积极从情感入手，主动与家长联系，真心实意地去帮助家长解决教育上的难题，取得家长的信任、理解与支持，帮助家长走出误区，共同关心孩子的进步与成长，达到同步教育。

1. 拉起爱的纽带，建立最初的情感

当我们已为接待新生入园做好了充分的准备，满怀信心地利

用业余时间家访时，便早已进行入沟通家、园联系桥梁的角色。通过老师与家长、孩子的接触，彼此逐渐了解，建立了最初的感情基础。从老师用心地去了解孩子会不会独立进餐，会不会蹲便，到帮助家长选择、创设一个家庭游戏空间，使家长感觉到自己的孩子在老师心目中的位置。家长认为把孩子交给这样的老师放心，同时感激老师为孩子所做的一切。

入园前三天的开放活动，也给家长、孩子创造了进一步了解幼儿园、了解老师、熟悉幼儿园环境的机会与条件。为幼儿产生“幼儿园像我家、老师像妈妈”的情感奠定了基础。

2. 开展丰富多彩的活动，共筑爱的氛围。

每逢“六一”、“元旦”等节日，我们都从如何给孩子最大快乐，让孩子愉快地接受最好的教育出发，与家长委员会在一起，根据幼儿的发展情况，确立不同主题的联谊活动。在活动过程中，使家长学会怎样利用鼓励的方法去关心、爱孩子，同时让孩子们感受到老师、家长共同的爱。主题确定后，老师和家长一同设计活动过程，一同筹备材料。如：小班时，我们为幼儿举办了“我为孩子献爱心活动”，家长利用废旧材料制做了火箭、军舰、大熊猫等50多种玩具，和老师制做的玩具一起进行展览，并投放到活动区，让幼儿操作。幼儿倍感亲切。它们的价值远远超过了购买的玩具。又如：中班“手拉手，献爱心”活动，大班的“骑两轮自行车”活动等，都是从家园联教出发，不仅为幼儿提供了充分表现的机会，提供了热爱家乡，拥抱大自然的条件，还使幼儿结识了新伙伴，培养了同情心、责任心和克服困难、战胜挫折、增强自信心等良好品德和行为。通过家园联教活动使家长亲自体验孩子的活动过程，从教师那里学到了一些育儿方法，不仅密切了老师、家长、幼儿之间的友情，更带动了家长主动积极参与活动，为孩子的成长做出有效的努力。

3. 理解孩子情感，同给孩子温暖。

张伊妮是个天真可爱的小姑娘，她和我是好朋友。上学期的一天，她神情忧郁，不爱吃饭，不想参加游戏，当我蹲下去同情地问她的时候，她的大眼睛回避了我的目光。我说："好朋友，看到你这样，我心里真难过，你有什么困难，请告诉我，我会帮助你的。"她"哇"地一声扑到我怀里："爸爸妈妈吵架了，妈妈不要我了。""不会的，老师来帮助你。"晚上我和她的母亲谈了很久，她泪流满面。我帮助她分析他们之间的"战争"只是一些琐事的积累和误会，我说："想想你们恋爱的情景，希望你们冷静一下重新开始。由于你们的争吵，给孩子幼小的心灵造成多大的创伤"。"只要张伊妮在我班一天，我就要为孩子负责，因为我实在不忍心看孩子那张痛苦的小脸。"事后又找孩子的父亲，劝他要体贴妻子，关心孩子，担负起做丈夫和做父亲的责任。在这之后的一段时间里，我用心观察张伊妮父母的情况，随时做一些工作，我班两次联谊活动都为他们设计了"全家长"的节目，使他们的关系有了好转，"五一"前我问张伊妮："老师一看见你那快乐的小脸，就知道爸爸妈妈和好了，是吗？"她说："我爸爸上北京了，没在家。"又说："爸爸在北京给妈妈买了一条漂亮的裙子。"噢！多么真切的希望和美丽的幻想啊！儿童节后，张伊妮像燕子一样"飞"到我身边，"爸爸妈妈带我上北陵公园了！"那兴奋的神情令我无限地欣慰和轻松。我为又一个家庭恢复了往日的温馨，为又一位小朋友绽开了笑脸而高兴。

由此可见，只要投入爱心，就能为孩子、家庭创造一片温暖的世界，这是做老师的责任。

（二）沟通产生共识

1. 沟通思想，树立正确的儿童观和教育观

家长不仅是养育孩子的父母，还是孩子终生教育的老师。所以帮助家长树立正确的儿童观和教育观很重要。我们采取不同形式的家长会、研讨会、经验介绍会、座谈会，帮助家长认识孩子是具有独立人格的个体，是发展着的人，他们有自己独特的精神世界和思维方式。在教育子女的问题上，家长潜移默化地引导，让孩子按照

自己的意愿去想、去说、去做、去探索，来塑造开拓型、创造型的儿童，是现代化教育的需要。同时，家长自身素质的提高，会给孩子带来终生的财富。

宋赞是个活泼开朗的孩子，小班的时候，一天，他把玩具扔了一地，以发泄他的情绪。当我问起他的时候，他说："我没淘气，爸爸就踢我的大汽车。"在家长小组会上，宋赞的父亲得知这一情况，大为惊叹！他认识到：父母的自身榜样是最直接、最具体、最有影响的教育因素。父母小小的失误，会给孩子造成终生的遗憾。从此之后，他每天都抽出一小时，和孩子一起看书、画画、做游戏，一起收拾玩具，使宋赞的行为受到了良好的熏陶，为宋赞从小学会做人打下了良好的基础。

2. 密切往来，了解孩子情况

为了使家长更深入地了解幼儿园、了解幼儿园的教育，了解老师在教育活动中如何发挥孩子的主体作用，了解孩子在集体中的表现，开放日是最好的途径。我们借助于开放日，向家长提供从另一个角度认识孩子的机会。在教师组织的各种教育活动中，家长亲眼看见了孩子参与情况，看自己孩子在集体中间的发展水平和个性特点，看自己孩子的优势与不足，从而使家长进一步了解孩子，也会使孩子表现得更积极。同时，家长向教师学会用什么样的态度、用什么样的方法来组织教育活动，逐渐地端正、提高了家长科学育儿的态度和水平。

3. 互通信息，家园同步教育

通过家长会，我们强调这样一个原则：谁与老师沟通得好，谁的孩子进步就大。在教育工作中我们主动向家长介绍幼儿在园情况，我们欢迎家长积极把孩子在家情况及时地反馈给老师。

杨书天小朋友记忆力、理解力、语言能力发展非常好；动手操作和创造能力比较差。每逢看图剪纸、建构、或活动总是落在同伴后面。每遇到新问题，他总是不知所措："老师，这怎么办呢？"我分析了杨书天的情况：书天和祖父母一起生活，他的知识来自于成人的灌输，缺乏独立思考、主动探索、动手操作的机会和条件。我多次与书天的母亲来探讨书天的发展情况，共同做书天的工作。我向书天推荐剪纸、折纸书籍，并指导他玩精细的建构玩具。一段时间过后，书天对动手操作发生了兴趣，今年“六·一”，书天折了一个和平鸽，飞翔在幼儿园的墙面上。

又如：赵心荷小朋友，生来腼腆、内向，她的母亲在她《成长日记》中是这样写的：小女儿入园已一学期了，因为女儿见熟人不爱打招呼，每天上路，我总是又叮嘱又鼓励：“宝宝最有礼貌啦！知道见到老师怎么办吗？”女儿点点头。可每每到了幼儿园，她还是一声不吱，弄得我在人前颇感无光。这学期，老师要求孩子入园时要大声向父母说再见，向老师、小朋友打招呼，这样一来，每天路上更要如此这般地说教了。我把这种情况反映给老师，希望得到老师的帮助。

今天我送女儿到幼儿园门口，刚好她班的李老师正和另一位老师走进门。李老师亲切地说：“心荷早！”女儿竟然声音很大：“李老师早！”我心头不禁一喜。李老师马上说：“心荷真有礼貌，这是刘老师(指那位老师)。女儿毫不犹豫地说：“刘老师早！”那一刻，她昂着小脸，眼里含笑，神情专注，仿佛一个胜利者！我心头一阵轻松欢悦，而李老师更加高兴，一下子抱住孩子，重重地在她面颊上亲了一下，说：“好宝宝！”。

晚上接女儿时，女儿很大方地和老师，和小朋友说再见。回到家我夸奖她：“今天宝宝真棒！又有礼貌又大方！”没等我说完小家伙使劲噘着小嘴说：“我今天可有礼貌了，向李老师问好，还向刘老师问好，李老师都亲我了！以后我还向老师问好。”

“老师亲我了！”这是孩子引以为荣的大事，是孩子得到的最高奖赏！这是那么的简单，又是那么丰富……我真心感谢女儿的老师！

从以上一页日记中可以看到，老师、家长在孩子进步的过程中，互通信息，共同配合，抓住一切有利时机对孩子进行教育，对孩子的一生有很大意义。

(三)协同教育结硕果

1. 请家长走进课堂。

我班家长来自各行各业，他们对自己的职业有切身的体会和独到的经验。请家长参加孩子的活动，能够增加孩子的学习兴趣，有助于丰富幼儿的生活经验。同时家长被邀请参加教育活动本身就有一种受到重视的感觉，他们会因为孩子做一些力所能及的事情感到自豪。在孩子眼里会觉得父母了不起，心中树立起父母的美好形象。

在教育活动中，家长的到来会给孩子带来新鲜感，激发孩子的学习兴趣。如：中班时，为了让孩子认识一些药物及其用途，我们请来了卫校专门从事讲授药理的高级讲师——张长浩的母亲杨秀华，当她穿上白大衣，戴上白帽子，向幼儿展示各类药物的时候，孩子们很快进入了情境。这次教育活动，给孩子留下了深刻的印象。孩子不仅能够分清口服药、外用药、针剂及用途，还能把得来的经验再现在游戏之中。杨老师说："走进儿子的课堂，给我全新的感受，儿子知道他母亲工作的性质及意义，老师无形中为我树立了威信。"

又如：在培养幼儿文明行为的过程中，我们请来了赵心荷的母亲，她是女子职业中专从事礼仪教育的高级讲师，她组织的活动生动、活泼，操作性强，并为孩子提供了充分表现的机会。孩子不仅学会了文明举止同时受到了美的熏陶。

三年来我们为家长提供了许多这样的机会，由于家长参与教育活动，让全班孩子都理解自己和伙伴父母的工作性质与意义，并由此扩大了对社会的认识，使幼儿园的生活更加丰富多彩。

2. 请家长组织参观。

家长配合班级进行参观活动，为孩子扩大了学习环境，使孩子有机会接触现代社会，接触现代人。三年来，我们邀请家长和我们一起组织孩子到大自然中去，到社会中去。如：张雷的妈妈给我们带到了自来水厂，对孩子进行公益教育；赵溥涵的爸爸把我们迎到部队，孩子们不仅认识了武器，还知道了国家有人保卫；许佳畔的爸爸领孩子们参观了无线电八厂，看小电视、大彩电，使孩子们感受到了高科技的进步；马增珩的爸爸和小朋友一起来到印刷厂，从铅字排版到胶板印刷，知道我国的印刷技术正向高科技发展；刘欣欣的爸爸把小朋友带到郊区，观看、参与菜农的劳动，使孩子感知个人的生活离不开各行各业的人的劳动，孩子们尝试到了汗滴禾下土的滋味。这些知识的获得以及与社会的交流是在活动室里得不到的，由于家长的帮助，孩子们尽早地获得了中国奔向21世纪的信息。在交往中，家长与孩子们加深了感情。

3. 把欢乐的假日给孩子。

双休日，给每个家庭带来了欢笑，使家长有时间进行亲子活动。然而，许多家长没有充分利用这宝贵的时间。于是，老师写了《把假日给孩子》一文，激起了家长的反响。我们利用双休日同家长一起为孩子们精心设计、组织了丰富多彩的活动，如登山、手拉手献爱心活动、踏青活动等，给家长很大的感触和启发。他们告别了麻将桌，为孩子设计有意义的活动。三四家聚在一起，拍皮球、练骑车、学游泳、滑冰，有的在一起跳大绳、讲故事、猜谜语，还有的请小朋友到家做游戏，使孩子们在假日里尽情地休息和娱乐，促进了亲子关系，增加了孩子之间友谊。

总之，是孩子把老师和家长紧紧连接在一起，又是老师和家长的同步教育促进了孩子的发展。

抚顺市幼儿园

提高青年教师素质
发挥其核心作用

王素娅

一、提高青年教师素质,发挥其核心作用的意义

教师工作是人类社会中不可缺少的重要工作,苏联教育家苏霍姆林斯基说:"教师要身兼三职:老师、阿姨、妈妈;还要肩负三责:"传知识、育思想、管生活"。教师素质的提高是幼儿素质提高的前提和关键,随着幼教事业的蓬勃发展,大批青年教师相继走上教坛,逐渐成为幼教战线上的生力军、主力军,他们素质的提高,更是摆在我们面前迫切需要解决的课题。

我园现有教师22名,其中青年教师17名,占全园教师的77%,提高青年教师的素质,发挥其做好幼教工作的核心作用是全面提高幼儿园工作质量的根本保证。

青年教师受传统教育观念束缚少,接受新思想、新事物比较快,而且本身素质比较好,她们的工作态度好坏和教育能力高低直接决定着幼儿园工作质量,所以提高青年教师素质,发挥其核心作用将推动全园工作质量的提高,同时也可以使青年教师适应和安心工作,可以在幼儿园这个天地里,重新找到自己的位置和价值,在理论和实践的结合上做出成绩,真正成为幼儿园的骨干。

二、提高青年教师思想、文化、专业素质，发挥其核心作用

《幼儿园工作规程》第六章第三十四条明确提出："幼儿园工作人员应该热爱幼儿教育事业，努力学习专业知识和技能，提高文化和专业水平"。依据《规程》精神，我们从教师的情感态度，教师的思想观念和教育技能的提高几方面入手，提高青年教师素质，发挥其核心作用。

(一)培养青年教师热爱幼儿，热爱幼教事业的情感态度。

热爱幼儿，热爱幼教事业，是幼儿教师最基本的素质，我们每年在教师中开展"为人师表、精心育人"，"假如我是幼儿家长"的讨论，要求教师做到关心、耐心、细心，与幼儿共同建立宽松、愉快、平等的精神环境，把幼儿素质的提高作为教育工作的出发点、落脚点。

(二)转变青年教师的教育观念。

以往的教育存在重知识传授，轻能力的培养，重教育的结果，轻教育过程等弊端，教师的思想受这些观念影响，很难将教改深入到提高幼儿素质上来，为此我们为教师创造学习、深造的机会，转变教育观，树立正确的儿童观。

1. 树立"儿童是人，他们有独立的人格、尊严"的观念

教师应以平等的态度教育幼儿，形成幼儿良好的情绪情感，因为好的情绪情感能使幼儿产生自信心，较强的求知欲望，对周围的事物有广泛的兴趣，有助于幼儿各种能力、个性健康全面地发展。

2. 遵循幼儿年龄特点和实际发展水平，因人施教。

3. 以发展的观点来实施教育。

儿童是在主客体的相互作用中发展的，教育不仅是实现社会的要求，而且是满足儿童个体发展的需要，教育不仅要面向现实幼

儿的需要，而且要面向未来的需要，为幼儿一生的发展奠定基础。

(三)提高青年教师的教育技能：

“学然后知不足，教然后知困”，青年教师通过一段时间的保教实践拥有更多的知识，但也会遇到许多新问题，新情况，感到原来所学知识的不足，需要扩充知识面，开阔眼界，及时获取有关信息。教师希望在事业上有所成就，培养出祖国的栋梁将来超越自已。所以园长应创造条件满足青年教师学习的需要，更新知识，以适应改革的需要，通过多种途径提高她们的教育技能。

1. 鼓励教师参加进修学习，提高理论修养。

首先三名园长为青年教师参加进修学习做出榜样，利用业余时间，假期参加函授大专学习。对参加进修的青年教师，从时间上给予保证，创造一切机会和安排好休假来保证教师参加面授。从经济上给予适当补贴，使她们安心学习，把所学理论运用到实践工作中，在本职工作岗位上施展才华。我园现有17名青年教师，由1991年1名大专毕业生到现在已有12名取得了大专毕业证，4名正在攻读大专，1名教师攻读大学本科，大专毕业和在读大专的青年教师达100%。

2. 舍得投资组织教师外出学习先进经验。

走出去向经验丰富、理论造诣精深的专家内行学习，不管哪有讲习班、专家报告会，我们从不放过机会，选派青年教师参加，哪怕路途遥远，经费紧张，也舍得投资。近几年共投资4万余元组织教师到广州、深圳、贵阳、上海、北京、天津、哈尔滨等地学习，使青年教师的理论知识不断得到更新，使幼儿园教育教学质量不断提高，教师教育技能大步提高。

3. 互相观摩教学，集体攻关、共同提高。

观摩教学不同于以往全园每人上课，而是几位青年教师选定同一课题，集体备课、制定计划、实施目标。由一人上课，大家互听互评集思广益，取长补短，反复实践，获得较理想的教学经验，取得较好的教学效果。这不仅可以让她们互相学习，互相切磋，而且可以发挥他们每个人的主动性和创造性。

4. 采用多种手段提高教师教育技能。

教师的教育技能包括技能、技巧等多方面的内容，我们采用多种手段提高教师的教育技能：

(1)培养教师观察力。

促进幼儿发展的前提是必须了解幼儿。了解幼儿的手段和方法多种多样，而观察是最重要最基本的，是幼儿教师不可缺少的一项基本能力。年初制定全园教学计划时，要求教师在观察本班幼儿基础上，做到有计划地观察，并记录观察日记、教育随笔，每学期不少于20篇。不仅观察幼儿行为表现，还要去透视，认真思考蕴藏在行为背后的意义，理解其外部行为所传达出的内部讯息，然后敏感地察觉出幼儿的需要，并根据个别差异作出及时的有利于幼儿发展的恰当反应。

(2)培养教师贯彻规程，创设与教育相适应的环境的能力。

几年来，我们要求教师认真学习规程精神实质，在集体学习的基础上，自学一些理论知识，并在每学期末检查青年教师的自学笔记，提高教师贯彻执行规程的自觉性，提高教育技能和教学质量。在学习规程的基础上，提高创设与教育相适应的环境的能力。据不完全统计，青年教师利用业余时间为幼儿美化环境，创设活动区，利用废旧物品自制玩教具几万件，为园节省上万元。

(3)建立青年教师自我提高机制，边实践，边提高，承担教科研课题。

青年教师在已经掌握了一定专业知识技能的基础上，引导她们不断的积累教学经验，及时捕捉、搜集新的信息，研究探索幼儿教育的新途径、新方法，并承接省素质实验的新课题和省市思维训练及院教科研的项目。在实验过程中，边实践，边学习，边提高，形成一支较强的教科研队伍，为提高教学质量做出贡献。五年中幼儿园获院科研成果奖 8 项，市科研成果奖 4 项，省实验项目 2 项，参加人数达 40 人次，其中青年教师人数达 24 人次，获国家级优秀论文奖 5 篇，3 名青年教师获省教改能手和教改新秀。3 名青年教师获市教改能手和教改新秀。3 名青年教师获铁东区教改先进教师。

三、通过多种方式，调动青年教师积极性，发挥其核心作用

青年教师素质的提高为幼教工作质量的提高奠定了基础，但还需园长通过多种方式更进一步调动青年教师积极性，使其更好地发挥核心作用，尽快成长起来，真正成为幼儿园一支强有力的骨干队伍。

(一)恰当运用奖励、赞赏等方式，调动青年教师工作的积极性

运用奖励赞赏时我们注意了以下问题：

(1)赞赏时机与场合应能为本人所接受，为其他教师所理解；(2)赞赏的内容要实事求是，有根有据，使人信服；(3)赞赏程度要恰当，不可说成十全十美；(4)赞赏要公正，不论亲疏好恶，一视同仁，一分为二，及时给予肯定；(5)多用精神奖励，这比物质奖励更能调动人的积极性。

(二)关心青年教师生活，提供合理的物质生活需要，使之安心工作

在实际生活中，她们会遇到各式各样的困难，所以我们针对不同情况帮她们解决住房、子女就学等难题，诚心诚意地关心她们的婚姻、恋爱等问题，遇到困难时，主动为她们排忧解难，使她们全身心投入到工作中去。

(三)为青年教师实现自我价值，提供表现机会

在工作中我主动关心她们的进步和前途，在一些大型教研活动中，大胆启用青年教师，敢于给她们压重担，创造条件。给他们提

供机会展示自己，给予平等竞争的机会。在1991年至1995年间，市区举办的教学活动观摩、技能技巧比赛，全部让青年教师参加，并请有经验的老教师给予指导，让她们在锻炼中尽快成长起来，在幼教战线上展露头角。

总之，在幼儿园管理实践中，提高青年教师素质，发挥其做好幼教工作的核心作用，使他们热情、愉快地活跃在幼教战线上，是更好的实施《幼儿园工作规程》的保证。

鞍山焦耐院幼儿园

以科研为契机，促进教研活动，全面提高教师群体素质

宫润莲 刘 岩

在贯彻《规程》不断深化幼教改革的进程中，我们以《素质教育实验》为契机，以科研促教研，不断增强素质教育研究的力度，在促进教师教育思想的更新，树立正确的教育观、儿童观，提高教师群体素质方面，进行了探讨并在促进幼儿发展上收到成效。

一、以科研促教研是我国素质教育的必由之路

幼儿素质水平发展如何，受教师群体素质的制约，教育思想是一种社会意识形态，它通过教师行为作用于幼儿。因此，更新教育思想、观念，是素质教育能否深入下去的关键，也是搞好科教研的首要问题，这一点我们经历了逐步认识的过程。

一段时间，我们在创设适应幼儿发展的外部环境，付出很多心血，幼儿园环境优雅达到了美化、绿化、规范化，但在软环境建设中，一度出现卡壳现象，感到深不下去……，正在我们困惑的时候，1993 年春，我园接受了中央教科所《适应我国国情，提高幼儿素质》的实验研究。其中两个班的参加实验教师赴北京培训，受益匪浅，可以说使我们茅塞顿开，找到了素质教育实验深不下去的原因。与此同时，以素质实验为契机，更新教育思想观念，提高教师群体素质，开展素质教育研究的方案酝酿产生后，对提高教师群体素质的作法是：

（一）明确指导思想

依据《规程》精神，以素质实验为龙头带动面上教研，促进教育思想观点的转轨，在“促幼儿发展”上下功夫。这是我们的根本指导思想。

（二）遵循的原则

1. 目标性：紧扣素质教育目标，有的放矢开展教研科研活动，克服盲目性和走过场。

2. 探索性：引导教师积极思索和参与教科研活动，在教育实践中探索教育规律，不使教师机械照搬他人的模式。

3. 层次性：考虑教师的个性差异，不搞一刀切的教研模式，积极创造条件和机遇，促进每个教师在原有水平上都得到提高。

（三）具体内容

1. 研究如何更新全体保教人员的教育思想观念，及相应的教育模式。

2. 探索提高教师群体的内在素质，逐步学会掌握适应素质教育的技能。

（四）具体措施

1. 健全科教研目标管理体系，保证素质教育开展。

（1）制订修订可行的前期、月教研计划安排及制度。

（2）落实岗位责任制，组织由园务委员会委员、教研组长、教师代表参与的考核小组，采取月评积分与年终综合评价相结合的形式，调动教师参与教研科研和实践的积极性。

2. 智力投资，提高教师水平。

创造条件，鼓励教师进修深造，三年至五年内力争教师文化水准达到大专毕业的占教师总数的80%以上。

3. 采取“请进”“走出”办法，学习考察。

（1）定期进行业务讲座，聘请教授及市科研所研究人员来园讲学。

(2)有计划分批组织教师赴外省市考察学习。

二、以科研为契机，更新教师的教育思想观念

(一)更新教育思想观念是提高教师群体素质的首要任务

采取学、听、摆、议、查开展教育原则大讨论。首先人手一册，反复学习《谈幼儿园的素质教育》丛书，及《规程》和有关的文章。组织听取赴北京培训班学习的园长和教师汇报，摆我们园的教育现状及不符合素质教育的种种表现，在此基础上议论分析，查找问题存在的原因和教研深不下去的根源。通过教育原则的大讨论，教师们弄清了幼教改革、教育研究深不下去的原因是我们的教育方向、教育思想不对头，过去的着眼点放在单纯传授知识技能上，教研活动单纯追求提高教师艺术技巧(唱、跳、画)。虽然精心设计不少教育方案去训练孩子，但就是把孩子当容器进行灌注，老师讲，孩子听，这种陈旧观念束缚幼儿全面素质的培养，抹煞了孩子独立自主的人格，看不到幼儿自身发展的潜力，把孩子当成小大人，忽视幼儿年龄特征和个性差异，违背了儿童心理特征和发展规律。说明教师缺乏正确的教育观、儿童观，对孩子了解得少，研究得少，因此，体罚幼儿现象时有发生。经过学、听、摆、议、查大讨论达到以下共识：

1. 我们过去的弊端是：受旧教育思想束缚，培养目标不明确，偏智育，单纯追求传授知识技能；轻幼儿心理素质培养，缺乏面向全体，因人施教。

2. 以教师为主，忽视启发调动幼儿的主观能动性。

3. 教育模式一刀切，忽视幼儿的个性差异。

经过这场大讨论，首先教师教育思想观念发生了实质性的变化。其二教育模式发生实质性的变化，其三教研内容、形式发生实质性变化，由过去单纯追求教师艺术技巧转向促进教师开始学会

掌握创设室内环境，观察、评价幼儿，幼儿常规培养，与幼儿交往，独立组织各种教育活动及家长工作等教育技能。

（二）以实验班为龙头开展多层次、不同类型教研活动，提高教师群体的业务水平。

我园38名教师，平均年龄24～25岁。资历，能力，心理素质都存在差异，单靠几个“头子”，素质教育很难全方位开展，幼教改革难以进展。

怎样提高教师群体素质，除了促进教师教育思想、观念的更新外，还应使教师个体在原有业务水平上都得到发展，这是促进幼儿发展的前提也是教科研的重要任务。为此我们开展了有的放矢的教科研活动培养幼儿教师。

1．培养导向型教研。

为深化教育目标意识，理解掌握素质教育课程目标，使教师学会分解目标。利用寒暑假组织由实验班全体教师，教研组长，骨干教师参加的培养班，在学习各年龄阶段课程目标内容的基础上，由实验班教师进行目标分解，把本学期要达到的目标分解成每月、每周要完成的数个小目标，为教研组教研和下步创设室内环境及教育目标的落实，起了导向作用，奠定了扎实基础。

2．观摩示范型教研。

教师上班到开学前的几天时间，教研的主要任务是在明确分解课程目标基础上为幼儿创设室内环境，在时间紧任务重情况下，采取观摩示范性教研，把口头上纸面上的教研与实践观摩教研结合起来，组织教师观摩实验班的室内环境创设。实验班教师详细讲解每个活动区的设置玩教具，图片实物的准备和摆放的目标依据，及预先要达到促进幼儿某方面发展的设想。这种突出了教育性、目标性、幼儿参与性的室内环境到创设的观摩活动，不仅为教师提供示范性学习机会，也拓展了教师学会室内环境创设的思路。风格各异的室内环境设置，曾受到参观者和家长的赞扬，室内环境创设的优秀率有极大的提高。

3. 专题、专项性教研。

是根据开学和制订的教研专题进行，每个学年都有不同侧重。如：“怎样观察评价儿童”填写幼儿发展记录册和“每周幼儿观察记录表”；“如何尊重儿童和孩子交朋友”；“怎样培养幼儿自由交往能力”；“怎样培养幼儿兴趣……”；“怎样启蒙幼儿关心他人、合作、分享意识”；“怎样培养幼儿良好行为习惯”；“如何学会家长工作”等等。

专题各有侧重，每个教研组，每位教师都把专题与平时教育实践结合，年终形成专题论文，首先在组内、园内交流。有些专题教育活动，如“双爱教育”、“常识教育”、“水的习性认识”、“参观厨房”等还进行专题研究，使教师教育活动的教育效果和组织能力得到很大的提高。

4. 机动灵活的评价型教研。

机动灵活的评价型教研是本园最基本最普通的教育活动，各班组为单位进行或由园长、副园长(主管教研)带头，吸收教研组长参加的评价活动，定期或随机深入到各班进行，实地教研有针对性地指导，很受教师欢迎。有时还利用电教资料不受时间空间限制的优越性，组织教师相互观摩互评，也可让主持教育活动的教师观看摄像片进行自我评价，不仅为教师提供学习交流机会，通过机动灵活的评价他人，也提高了自己的能力，而且说服力强，作用明显，影响素质教育的问题得以及时发现和纠正。我们在互相评价教研中发现了注重幼儿个性差异忽视常规教育；重视了素质教育，忽视保育现象，重视教师素质教育技能的培养，又忽视必备的基本功训练。我们采取相应措施予以纠正。教研组织音乐、简笔画观摩评比活动，教师幼儿的故事演讲。在小班进行半日常规的专题研究。这样通过不同层次不同类型的教研活动，大大提高教师群体素质，提高素质实验研究的效度。

三、科研教研双向促进，不断开创素质教育实验研究的新局面

以素质教育实验为龙头带动面上的教研活动对教师教育思想观念的更新内化，教师群体素质得以较大提高，形成科教研双向互促。

几年来，我园首批跨入省市示范园的行列，三年来幼儿园集体荣获省市各级表奖，1995 年来代表市、区通过了“全国幼教示范区”的验收，先后接待新加坡等中外专家及外省市幼教工作者和有关领导参观访问千余人次。我园教师 76%具有本科或大专文凭，骨干教师占全园教师总数 30%以上。教师素质教育技能普遍在原有水平都有提高。学会根据目标和幼儿个性差异创设环境，注重了观察幼儿，会填写幼儿发展记录表，有的利用各种环境、条件培养幼儿兴趣，启发幼儿思维和动手动脑能力，或充分利用户内外环境设施。带孩子到动物饲养场，引导幼儿与小动物接触，学会区分家畜，学会数小动物；在秋天，采集落叶活动中，让幼儿区分不同植物；利用废旧物品制作小玩具，培养幼儿动手动脑能力，萌发创造思维；在组织参与植物园果实收获和分类时启蒙幼儿合作分享意识；在指导角色游戏中潜移默化培养幼儿学会交往，关心他人的良好品质及培养良好生活习惯，组织幼儿参观农村果园、部队、机场、火车站……，使幼儿感知自然和社会知识经验，受到幼儿和家长欢迎。培养幼儿爱园如家的思想，幼儿入园率、出勤率高，甚至休息日不愿呆在家里。教师群体素质的全面提高，为幼儿的素质全面提高起到保证作用。

三年来，全园教师教育思想及理论水平在教育实践中不断升华，教师撰写的论文 60 余篇获各级优秀论文和交流论文奖，国家级论文 3 篇。其中《对幼儿异常心理行为调查》获中华医学会优秀

论文奖，《萌发大班幼儿劳动意识》在全国幼教五届年会交流；园长及参加实验教师撰写的 8 篇论文入选省实验论文汇编，5 篇在市级获奖，这些实验论文都有新意。另外《在常识活动中发挥幼儿的主动性》、《双写教育活动》在区级获奖和观摩。三年来，教师为来访组织示范观摩活动几十人次。幼儿的素质发展水平在原有基础上都得以提高，实验测查结果（第一阶段）显现差异显著。

大连市甘井子区教委幼儿园

发挥幼儿园科研小组作用
积极推进幼儿素质教育实验

刘丽萍

1993年,我园承担了《适应我国国情,提高幼儿素质》的实验研究。根据实验要求,我们成立了实验科研小组。三年来,科研小组开展了学习教育理论,指导教育实验,创设良好的实验环境等工作,并取得了一定的成效。

一、组织实验班教师学习教育理论知识

1. 组织教师学习幼教理论,帮助指导教学理论实验方案。

我园自承担素质实验课题以来,我们科研小组在自身学习、认识不断提高的基础上,组织教师反复学习了素质实验理论和当今幼教改革的新动向。通过学习,使教师们懂得了幼教改革的重要性和必要性,认识到幼教改革必须着眼于21世纪,幼儿教育不仅是为小学打基础,而且是为人的一生奠定基础的教育。实验方案是搞好实验的基础,我们反复学习,理解实验方案的精神原则要求,并根据我园的实际,制定出幼儿园实验的具体方案。这样就使我们能紧紧围绕素质实验的理论,开展实验研究。

2. 举办了一系列的科研讲座。

实验过程中,我们组织教师听取中央、省、市幼教专家和有关领导的讲课,并得到中央教科所幼教专家史慧中老师的指导。专家们从《幼儿园工作规程》的实质,教育思想的更新和意义等方面,给予我们以明确和细致的指导,使我们从中获取了幼教改革等内容

的大量信息和知识。通过听讲座和自身的学习，开阔了教师的视野，扩大了教师的知识面，提高了教师的理论修养，对我们今后的实验，起到了重要的指导意义。

3. 建立实验例会制度。

首先是园长定期同实验教师一起学习素质实验理论，及时将自己的学习体会、感想同教师交流，帮助教师解放思想，鼓励教师们大胆创新。同时结合本园的实际情况，针对本地区的特点，根据素质实验的要求，指导和协助教师制定出本班的教育计划，并肯定教师工作中的成绩，从而调动教师工作积极性，利用每次的例会，组织教师学习。通过学习，教师们认识到以往的教育教学中存在许多问题，如：在教学内容上搞“一刀切”、“齐步走”；在活动的安排上多以教师为主；在教学过程中追求“花架子”、“表演式”，结果真正落在幼儿身上的教育效果却很少。而今天的素质实验才真正是一切为提高幼儿素质着想，使幼儿在轻松愉快的环境中得到全面发展。

二、帮助教师解决实验中存在的具体问题

1. 对实验目标的理解和落实。

增强目标意识，加强对教育目标的理解，是搞好实验工作的前提。我们对每个阶段的教育目标，进行反复学习，首先是分清哪些是教育目的，哪些是教育手段和方法，此目标培养幼儿什么能力，落实在素质的哪个方面等。在理解、明确目标的基础上，同教师一起逐条进行分析，将每学期的教育目标科学的分解到每月、每周、每日，并制定出切实可行的计划、方法和步骤，使实验工作有条不紊地进行。

2. 解决实验过程中的困惑问题。

在实施目标过程中，对于出现的新情况、新问题及时加以解

决。在实验的第一阶段，教师对实验目标如何分解，教育计划如何制定等问题感到困惑。针对这一问题，我们组织教师学习了有关实验理论，教师认识到分解目标和制定计划要遵循的几个原则：增强目标意识，树立以幼儿为主体的思想；考虑体、智、德、美的互相渗透，互相影响；必须在观察、了解、分析、研究幼儿的基础上，达到教育目的；结合幼儿的生理特点及本班幼儿的实际，由浅入深，由易到难逐步落实目标内容；明确幼儿一日生活中的每一个环节，都是进行素质教育的好时机；充分利用自然环境、社会环境、活动区环境完成教育目标；对幼儿进行素质教育离不开家长的配合与支持等。通过目标的分解和计划的制订，教师在实际工作中，不断地认识、提高，再认识、再提高，使教师工作起来有的放矢，运用自如。

3. 进行教育教学"诊断"及"治疗"。

抓好教育教学的"诊断"工作是提高科研管理的重要环节。"诊断"是为了帮助教师在实施目标过程中发现问题，及时解决和改进的必要手段。我们对班级教育情况的"诊断"分两种，一种是静态性材料"诊断"，包括周、日计划的制定、观察记录、幼儿评价的分析、家长园地内容等。二是动态的"诊断"，看教师组织活动情况，教师在实施目标时效果如何，发现问题及时进行"治疗"，如：在一次思维训练"有规律排序"的分组教学中，教师准备了形状、颜色不同的两种卡片，要求他们一方一圆，一红一绿有规律地排序。他们发现有的幼儿很快排完，而有的少数还没有排好，形成能力强的"吃不饱"，能力弱的"吃不了"的现象，这显然不符合素质实验的要求，也失去了分组教学的意义。针对这种情况，我们帮助教师解决"吃不饱"和"吃不了"的问题，让教师真正理解分组教学的意义和内涵，建议教师再搞一次同样的活动。这次教师运用不同教具，并增多种类。教学过程中，教师注重每一个幼儿的发展，对能力强的，不断给他增添颜色，增加难度，而对能力弱的，又给予耐心指导，使每个幼儿在原有的水平上得到提高，取得了良好的效果。

三、帮助教师创设良好的实验环境

1. 提供实验所需材料和场所。

科研小组不但在教育科学上对实验教师进行指导帮助，而且在教学设施上也为其提供便利条件，帮助他们解决实验所需要的各种教学用具和物品。对于幼教刊物中好的经验、新的信息，及时传递给老师，并协助教师把实验进程中的经验、体会整理成经验材料，撰写成专题文章，组织安排实验过程中的大型活动，为教师工作提供了方便条件。

2. 组织教师互相观摩和参观学习。

互相观摩、交流经验，对教师教学过程中好的活动设计，好的经验，突出的教育效果，进行互相观摩学习，交流经验体会。同时还组织教师带着问题外出参观学习，如：到其他城市实验点鞍山、沈阳、抚顺、长春、太原和贵州省等地参观学习。通过参观学习，解决了教师在实验中感到困惑的一些问题。

3. 收集整理实验资料。

实验过程中，教师积累了大量的学习资料，科研小组帮助整理归类。如：每学期的周计划、日计划；教育教学计划、总结；每阶段幼儿发展记录表；家长问卷、家长联系册；幼儿被试档案、测试工具、各种培训资料、幼儿作品，活动图片、录像带等，同时还对每阶段的幼儿测查结果进行整理分析，为以后实验工作提供了科学依据。

总之，三年的素质实验，使我们感到，科研小组工作是一项艰巨而细微的工作，没有现成的模式可以套用，我们科研小组从我园的实际出发，努力探索，研究一条适合我园教育实验的新路，使我园教育科研再上一个新台阶。

大连市妇联“六一”幼儿园

幼儿园如何开展教育科研

王　鑫

一谈到科研，就想起了在幼教界广泛流传的一句话，说幼儿教师是“做的比说的好，说的又比写的好。”这句话是对当前幼儿园搞教育科研的一个真实写照。据了解，多数幼儿园的园长和教师是知道开展幼教科研的积极意义的，但对搞科研有一定的畏难情绪。其原因是幼儿教师不善于讲自己的经验，更不善于去写，缺乏科研经验，教育过程中好的做法和好的经验在条理性、普遍性和科学性等方面还存在一定的欠缺。为了解决这一问题，就幼儿园如何开展教育科研谈谈自己的一点想法。

幼儿园开展教育科研，就是在本幼儿园内部，以本园有关教师和保育员为研究主体。以本园工作实践中存在的问题为主要研究对象，以改进本园管理、教育和保育的实际工作为主要目的而开展的有计划、有组织、重应用的研究活动。如果这样去理解幼儿的教育科研，就不会把教育科研看得神秘了，它只不过是对于幼教实践的进一步的深入的思考而已，是任何一所幼儿园都可以开展，并且只要努力就一定能开展好的一项工作。那么这种园内教育科研活动有哪些特点呢？

实用性：园内教育科研首要的一点就是完全立足于本园的各项工作实际。科研选题来自于本园管理、教育和保育工作的现实需要。科研目的是为了科学、妥善地解决本园各项工作中存在的现实问题。科研成果表现在本园各项工作的改进上面。计划性：它包括两方面的意思，一是幼教科研本身强调计划性，二是强调与园内教育和保育工作计划的紧密结合。幼教科研计划与各项工作计划应是同步的，具体研究活动与具体管理、教育和保育实践也应是同步的。要通过研究随时改进工作中的问题，又通过实践随时调整研究的方向。抓住这一特点，可以有效地避免因开展科研活动而增加园领导和教师的工作负担。实验性：由于园内教育科研的成果强调表现在本园有关工作的改进上面，因此前一年度的研究成果应反映到下一年度的工作计划之中，上学期的研究成果应反映到下学期的各项工作实践中去；而这种反映，从科研意义上看，就是对于科研成果的实践验证。可以说，园内教育科研活动一般均表现为实验性研究。提高师资：通过幼儿园有计划、重实效的组织工作，使每一位教师和保育员就自己具体的教育、保育工作展开研究，使她们不仅把自己的工作当成一件任务，同时也当成一种研究的对象。通过研究，加以改进，而后再研究、再改进，这样循环往复，就可以使工作不断深入，使自己的教育和保育工作能力不断增强、不断提高。抓住这一特点，可以有效地激发教师和保育员对幼教职业的热情，提高每位教师和保育员的幼教研究和教育、保育工作水平。针对上述特点，那么如何组织园内教育科研活动呢？

国家教委今年六月颁布实施的《幼儿园工作规程》第三十七条四款，把参加“幼儿教育研究活动”列入到幼儿园教师的“主要职责”中。这表明，幼儿园开展幼儿教育科研活动已势在必行。建立一套科研活动是保证园内教育科研的前提。由于园内教育科研活动强调幼儿园自身的系统性和计划性，因此科研的组织系统应与幼儿园的教育和保育组织系统相吻合。规模较大的幼儿园可设立由园长主持的、由教师及保育员为代表参加组成的3～5人的园内教育科研领导小组。主要任务是：制订中长期园内科研规划；制定年度园内科研计划；调整、修订学期园内科研计划；检查、督促、指导园内科研活动的进展；评定园内科研的成果。由于领导小组的成员以园领导为主，所以它能够将研究计划与工作计划有机地揉为一体，能够将科研成果很好地吸收、利用到下一年度的工作计划中去，能够确保园内教育科研活动对于教保实践的直接服务和指导上。为了保证科研的正确方向，保证科研活动对实际教育、保育的促进作用，领导小组应经常对每一课题的研究过程作具体的指导，解决教师在研究过程中遇到的困难和问题。并应经常与专业科研机构联系，以取得必要的帮助和指导。那么，幼儿园搞科研常用哪些方法呢？

记录：按事先设计好的表册，每天把作为研究对象的幼儿（一个或一组）的有关情况、表现客观地记录下来。需要注意的是，记录的内容一定要是研究课题范围内的，一般情况下不要什么都记录。记录事项单一，有利于长期坚持，也有利最后的整理、分析。调查：又分谈话和问卷两种形式。园内教育科研中的调查多用于了解幼儿家庭情况和追踪幼儿上小学后的情况。调查与记录一样，要目标明确，内容单一。追踪调查听来深奥，其实也可以做简化使用。比如发现几个幼儿有某种个性表现，但不知这一表现对今后的小学生活是利是弊，那么通过对这几个幼儿入学后的学生生活的调查，就可以找出其联系，进而得出对今后同类个性幼儿的教育方法。实验：即对某一设想或结论的验证性研究。人家有一种好的教育或保育方法，拿到本园、本班是否有用？需要实验；自己有一个设想或一个研究的结论，是否可靠、可行、可推广？需要实验。

另外，有些教师认为研究报告的撰写是一大难题。其实研究报告的撰写也不是件复杂的，只要把研究的过程一一记述下来，就是一篇不错的研究报告。第一，写这个课题的基本想法，即为什么研究这个问题。第二，把采用的研究方法写下来。第三，把记录、调查的资料摘要写下来。第四，把分析、实验、对比等的过程和结果写下来。第五，把根据自己的结论所设想的改进某一工作的建议和意见写下来。如此写出的文字就可以说是一篇研究报告。

大连市教育科学研究所

我园三年的变化

侯菊香

三年的“素质实验”给大连市“六·一”幼儿园的幼教改革带来了生机和活力。回顾三年走过的路，内心万分感慨：是“素质实验”这片沃土使我找到了幼儿园健康发展的必由之路；是幼教专家和耕耘者的汗水滋润着“六·一”幼儿园的幼芽茁壮成长。

在“素质实验”接近尾声的时候，反思实验前我园的幼教改革，成效甚微。那时候，虽然也在奋力改革，并且也积极探究了分科教学、活动教学、综合教学的课程模式，但是，由于改革的目的不明确，不清楚改革应从哪儿入手，对旧的教育观、儿童观也没有足够的认识，致使改革的着眼点集中在“研究教学方法、追求教学形式，翻新教育花样上，注重教材的研究，注重知识的传授，但很少研究儿童，更不去考虑促进每一个儿童在原有水平上的发展。”因此，当时的幼儿教育出现了重上课、轻游戏，重知识、轻技能，重智力、轻能力的现象。由于教师的教育观、儿童观没得到解决，因此，只注重两节课的研究。备课不备人，内容在前，目的在后，用一把尺子衡量不同发展水平的儿童，教育活动“一刀切”，“齐步走”，至使《规程》的教育原则、教育任务、教育的总目标得不到全面地贯彻落实。

然而，三年的“素质实验”翻开了我园幼教改革史上的新篇章。使我深深地感到：如果不以素质教育为立足点，不以幼儿奠定良好素质基础为目的，“改革”必然没有生命力。

首先，实验从革除传统的旧教育观、儿童观入手，从放眼于21世纪建设者所应具备的素质要求来确立教育内容，并以素质教育为立足点，以受教育者身心得到健康、和谐发展为出发点和归宿，是以发展能力、培养个性为目的的基础教育。因而素质实验是我园幼教改革的一个根本性的转变，即由应试教育转向素质教育。面对这样一个战略性的变革，我们实现了两个转轨，即思想上和行动上的转轨。在反复学习、深刻领会《谈幼儿园的素质教育》一书中幼教专家的讲话精神的基础上，我们边学边破，边破边立。破以教材为主的习惯，立寓教育于一日生活之中的习惯；破以技能技巧和知识水平的提高为教育的主要目的的习惯，立以体智德美的教育目标为总目的的思想；破根据教材罗列具体目的的习惯，立根据具体目标确立手段和方式方法的工作程序；破“千人一面”的教学方法，立因材施教、因人而异的施以教育影响的做法。教育思想的转变，观念的更新是我们进行素质教育、搞好研究的基本保证。

其次，实验中，我们根据素质教育的需要，将学科课程计划性和系统性，活动课程中尊重儿童、了解儿童、观察儿童，三者统一到素质教育的实验中去，既发挥了教育的有效性，又体现了素质教育的特点。

面对课程标准，应考虑体智德美互相渗透，考虑它是培养幼儿哪方面能力的，考虑落实到素质教育的哪一个基点上，然后再根据幼儿的不同水平，制订计划、设计教育活动，提供相应的操作材料，这就彻底改变了过去的“内容在前，目的在后”备课不备人的做法。在教育活动中，充分发挥多种手段的作用，注重活动过程，注重过程中幼儿的感知、实践活动，注重幼儿的自我体验，让他们在充分地观察、感知、体验中领悟出方法，从而使教育到位于素质的基点上。

实验中，我们坚持了面向全体，因人施教的原则。在活动区里，教师提供的材料有层次性，适合各类发展水平的儿童。教育活动中，教师根据幼儿的能力、兴趣、爱好的不同，因人而异施以教育。在日常生活的各环节中，教师有目的观察儿童、了解儿童，随机对幼儿进行个别教育或分组指导。这样就有效地利用一日生活中的教育，改变了注重上课的单一教育模式，采用的是个人、小组、集体教育相结合的方法，充分地调动了幼儿学习的积极性、主动性和创造性。实验中，我们探索了分组教学，总结出了根据不同教学内容，采用按能力、兴趣，随机分组。在分组活动中，教师和孩子们坐在一起，直接示范、讲解、演示、指导，孩子们看得清、摸得着，教师面对面的对幼儿进行教育，使每一个孩子都有充分地操作、发言、细心观察的机会，密切了师生关系。

在实施教育的过程中，我们除了坚持保教结合的原则做到动静交替外，还注重了教育过程中的知、情、意、行并进，教师以良好的情感，和蔼的语言，去诱发幼儿的活动兴趣，引起幼儿参与学习的动机，培养幼儿良好的情绪，帮助他们获得成功，体验成功的喜悦。从而促进幼儿体、智、德、美全面发展。

实验中，我们还注重研究了潜在课程的作用。在积极为幼儿创设宽松和谐、愉快的精神环境的同时，我们也为幼儿创设良好的物质环境。实验中我们探索了环境教育的功能，研究了活动区的创设与利用。总结出为不同年龄阶段儿童创设活动区的原则。深深地感到：活动区的创设必须坚持目标性原则，即根据教育目标投放相应的教育材料，坚持灵活性原则，坚持个体差异的原则，即提供的材料满足不同层次、不同发展水平幼儿的需求。坚持安全、卫生，有利于幼儿身心健康的原则。同时活动区投放的材料、内容要丰富，种类要齐全。并要有成品、半成品，有结构、无结构的材料，以满足不同发展水平幼儿的需求，同时活动区必须进行动态管理、定期更换，从而使活动区更好地为教育目标服务。然而，良好的环境不单纯为了摆设，必须启发幼儿参与活动。实践中，教师充分地利用活动区为教育目标服务，让幼儿通过主动参与、动手操作、亲自体验，获得直接经验。同时教师为幼儿在活动区提供了自选活动的时间和机会，减少了一日生活中的“坐冷板凳”、“等待”的现象，较好地满足了幼儿内在的需求。通过对活动区的利用，我们深深体会到利用活动区培养了幼儿自我调节、自我控制的能力；利用活动区培养了幼儿礼貌、谦让、友爱、互助等优良品质；利用活动区发展了幼儿的想象力和创造力，培养了他们自立、自如、积极主动学习的能力；利用活动区锻炼了幼儿的意志品质，使他们具备了克服困难、独立解决问题的能力；利用活动区培养了幼儿热爱劳动、关心集体的个性品质。总之，利用活动区促进了幼儿个性健康发展。

在实践过程中，我们还注重幼儿园、家庭、社会环境在教育方面的一致性。在幼儿园创设良好环境的同时，充分利用具有特殊作用的社会环境，帮助家长改善家庭在教育子女方面的心态环境和物质环境。在经常性家长工作中，密切了家园的联系，沟通了情况，保持了家园教育的一致性。

三年的"素质实验"，我们根据实验方案，有计划、有步骤的进行了实验研究。实践中，我们探索了幼儿教育的规律，领悟到素质教育的重要所在，深刻地认识到：改革不是改良，而是观念的根本转变，改革不是形式和方法的变换，而应立足于有效促进幼儿发展的根本点上。

实验班已取得了阶段成果。仅从第二阶段的测查成绩看（中班阶段），在抽测的 24 项内容中，除体育的速跑和投掷两项实验班与对比班发展基本持平外，其余各项均超过对比班，并呈显著差异。说明素质实验的可行性。

到了大班阶段的实验班儿童，个个天真活泼、聪明可爱、思维敏捷、交往能力强，生人面前不需要提醒，主动打招呼，问早问好。客人面前喜欢表现自己，从不怯场，活泼开朗的性格逐渐形成，由于教师注重观察能力的培养和学习兴趣的诱发，实验班儿童绘画能力普遍发展好，他们不仅能独立作画，而且能合作出一个主题画，并且美工方面的折纸、撕纸、剪纸、剪粘、水墨画、泥工等项均成绩显著。经常受到参观者的好评。同时儿童责任感、独立性也基本形成，表现在晨间自选活动时，孩子们看到钟表的时间到了，就自动自觉地收拾玩具后坐好，自觉地等待组织教育活动，午间吃饭，吃完了就主动去添饭。午睡起床时间了，孩子们会自己起来穿好衣服、叠好被，盥洗后主动取间点，吃完后主动等待老师组织下午的教育活动，说明孩子们的独立性、自我服务能力已经具备。总之，实验班儿童体智德美诸方面均得到和谐发展。

在"素质实验"的影响下，我园保教人员的教育观、儿童观均发生了变化，教师们增强了爱事业、爱孩子、全心全意为幼儿服务的意识，大家遵守职业道德，抵制行业不正之风，勤奋敬业，讲文明、有礼貌，良好的园风已逐步形成。工作中，教师们从注意知识传授转向注重能力培养，从注重两节课的教育，转向注重一日活动中的有效性教育，同时做到一日活动中心中有目标，积极为幼儿创造自由、自选活动的机会与条件，从而促进了幼儿个性的健康发展。

素质实验中，我园的教师们为幼儿创设与教育相适应的良好环境，既考虑外在的美化作用，又考虑内在的教育性，我园在以创设幼儿活动区为特色的基础上，每个班又根据幼儿年龄特点，结合班级实际、地区特点和季节特点开展了班级特色活动。现在全园15个班，班班有特色，使活动区活动锦上添花，通过幼儿的直接操作，较好地发展了思维力、想象力和创造力。

现在的"六一"幼儿园，大班四个班进行的是中央教科所"八五"课题素质实验，中班四个班进行的是大连教科所"九五"课题日本《公文式学习法》的探索研究，小班二个班进行的是辽宁省教科所的《综合构建》计算教学法研究，全园15个班都使用了素质实验课程标准。

总之，三年的素质教育实验，使我们更新了教育思想，明确了改革方向，锻炼了教师队伍，提高了教育质量，促进了我园幼儿体智德美全面发展。虽然"素质实验"第一轮即将结束，但素质教育却是一个永恒的主题，我们决心沿着素质教育的轨道继续前进。

大连市妇联"六一"幼儿园

园长应具有健康的心理素质

柏玉荣

随着教育事业的发展，学校教育已开始从应试教育转为素质教育，而素质教育应起始于幼儿时期，这样就对我们幼儿园办园目标提出了新的要求。适应我园园情，培养幼儿良好的素质，已成为我园全面发展改革的主要课题。为适应21世纪对人才的需求，我们广大幼教工作者正在转变观念，树立正确的教育观和儿童观，进行以素质教育为突破口，以奠定幼儿良好素质基础为目的的幼儿教育改革。随着改革的不断深入，对幼儿园园长的要求越来越高。一位合格的园长，必须在思想政治、品德修养、知识能力、管理技能、身体健康等方面具有比较高水准的素质，这样才会完成自己的主要职责和岗位要求，才会具备园长的任职条件。那么怎样提高诸方面的素质水准呢？我认为首先要具备高水准的心理素质。

人的心理活动包括两大方面：一是“心理能力”，人们总是凭借自己的感知、记忆、想象和思维等认识性的心理活动来反映和认识世界的。二是“心理活力”，人们总是凭借自己的注意、兴趣、动机、情感和意志等意向性的心理活动来改变和创造世界的。下面就自己多年的实践谈两点认识和体会。

一、办园育人，园长应具有良好的动机和超前意识

动机是激励人们去进行某些活动，以达到一定目的的内在原因，是行为的动力。它是在需要的基础上产生的，人们有什么样的

需要，就产生什么样的动机。我于1992年从师范学校调入市幼儿园，一个主要动机就是想将教育理论在一所幼儿园里得以实现。来园时正逢我园争创省示范园活动，我把创省示范作为奋斗目标。经过努力工作，我园于1993年首批进入省示范行列。但是今后如何保持和发展这一荣誉是幼儿园面临的一项更艰巨的任务。因此我们在办园育人上坚持省示范标准，在履行园长职责时不为舆论所左右，不受外界所干扰，坚持办园方向，遵循教育规律，把住育人目标。在幼儿园管理工作中克服重重困难，理顺各种关系，修定各种制度，采取必要措施……。这样依靠广大教工开展整体改革，以确保省示范园的标准。

有良好动机和超前意识，园长在履行职责时就不会计较个人得失，抛弃短期行为，做出科学的处事决策。园长的职务是短暂的，而幼教事业是永恒的。园长的决策应克服短期行为，不能只考虑眼前利益，才会做出有利于幼儿园长远打算的决策。如：我园青年教师多，又都是中幼师毕业生，为了幼儿园长远利益，我们鼓励支持广大教师进修“学前大专”。虽然教师进修学习会影响眼前的工作，加重管理负担，但为了幼儿园将来的发展还是必要的。我园现有教师23人，22人专科毕业，其中有4人大学本科毕业。为幼儿园管理后继有人奠定基础。对后备干部我们也支持她们进行教育管理的本科学习。再如：为了适应幼儿园体制改革，我园实行了教职员工聘任制和分配制度改革。分别制定了各类人员岗位责任制和考评百分细则。

园长如果具有远大目标，才会见微知著，站在整体育人的高度把握育人环境。无论是教工的仪表、言谈举止，还是幼儿园的绿化、卫生……等等园内各项工作都看成是育人的重要课程，从严治园，使幼儿园全方位工作全面丰收。我们幼儿园在各方面被省、市多次评为先进单位。

二、园长要始终保持积极热烈的情感

情感是人们对客观事物一种好恶倾向，一种爱憎态度，在为达到即定目的的活动中，起着巨大的推动作用。

园长在领导组织、支持和指导幼儿园工作中，既是领导者，又是参予者，既是指挥员，又是服务员；时时施教于人，又处处身体力行。其思想、行为、学识、风度，无时不在教育和影响全体教工。为此，园长说话办事要爱憎分明，以情动人，在指导工作时，要意气风发；要铁面无私，公正果断作出决策。无论是发出号召、指挥行动，还是检查、总结工作，都要带有一定的感情色彩。也就是要保持健康积极情绪。才能做出表率，感染教工，推动幼儿园工作的开展。

园长还要在办园工作中，保持充沛的热情，热情是一种强有力的特定而深刻的情感，没有充沛而深厚的热情要坚持艰巨的工作是不可能的。合格的园长应保持充沛而深厚的热情。怎样保持这种热烈的情感，我认为：1. 要有奉献精神。高尔基曾在写给他儿子的信中有一段名言："要是你在任何时候、任何地方，自已一生留给人们的都只是美好的东西，那你的生活将会是轻松和愉快的，那么你会感到所有的人都需要你，这种感觉会使你成为一个心灵丰富的人"。"要知道，给，永远比拿愉快"，做为园长就应当把高尔基的话作为座右铭，在一切活动中无私奉献。2. 要有进取精神，园长应是一个不断进取的创新者。3. 要有负责、务实的精神。对工作敢于负责，对工作踏踏实实，不搞花架子。4. 要有宽容的精神。容得下别人容得下强人，充分发挥所有人的作用，特别是强人作用，幼儿园工作才会发展。忍——忍得住不公平和委屈，有气量，有宽阔的胸怀，自律的精神，这样会处理好人与人之间多种关系，对不同观点和矛盾就会在宽容中解决，赢得人心。"得人心者得天下"。

抚顺市幼儿园

发挥区科研领导小组作用，积极推进幼儿素质教育实验的进程

毕美玲

1993年，我区教委接受了中央教科所关于《适应我国国情，提高幼儿素质的实验研究》(简称《素质实验》)。并选定教委一园为实验园，至今已近三年，作为我们区科研领导小组成员，负有直接领导和指导该园在项目进行过程中各项工作的责任，为此，我们从以下几方面着手做起。

一、坚持"三学"，实现转轨

当今，我们正面临着教育改革蓬勃发展的大好形势，幼儿教育的改革如何进一步深化，则是摆在我们每个幼教工作者面前的一项十分艰巨的任务。在这困惑之际，教委一园接受了《素质实验》这一课题研究，我们深感肩上担子的份量，因为要提高全民族的素质，必须从基础抓起，而《素质实验》正是提高全民族素质的奠基工程。所以从实验开始至今，我们同第一线 同志一起，坚持做到"三学"，即把每一次中央教科所有关专家的培训，讲学及来园指导做为我们学习、提高自己的极好机会，并利用假期，登门求教；认真向有实践经验的同行学习，我们组织实验园的领导和老师赴太原观摩教育教学活动及环境创设，听取经验介绍；努力向书本学习。《谈幼儿园的素质教育》对于这本书，我们采取集体学习和分组学习相结合的办法，每学一次，大家都有新的认识，新的提高。所以，我们把它做为指导实验的工具书。

通过一系列的学习，使我们实现了思想认识上的转轨，注重将教育落实到提高每个幼儿素质这一基本点上，制定计划，研究措施，以达到实验目的和推动全区幼教改革的深化。

二、创造条件，保证实验

中央教科所下发的“责任书”中明确指出：“区研究领导组成员需要为本区实验的顺利开展创造条件。”为此，我们竭尽全力履行责任，为保证实验顺利进行制定条件，如1994年初，小班进行了一学期的实验后，要进行测查，这就需要在我区其他园中找一个对比班，以验证实验的结果如何，市实验组领导同我们商定，确定在区劳动培训中心幼儿园一个小班，当时由于有的幼教工作者对科研的有关知识还不甚了解，所以这个园的同志难以接受做对比班的任务。她们认为教委一园的小班是搞实验的，而自己班没搞实验，测查结果肯定同教委一园的小班差一大截子，太掉架了。由于不理解而造成误解是不奇怪的，关键是我们需要做宣传、说服、教育工作，使其明确做对比班的重要意义及对整个实验的作用，并在全区幼教工作会上宣传这种顾全大局的精神，我们这样做的结果，不仅保证了实验园测查工作的顺利进行，而且使劳动培训中心园的领导领悟到实验与不实验就是不一样，并从中学到了许多有利于促进幼儿发展，提高幼儿素质的方法，同时，也使她们教育科研意识得到了明显增强。现在，这个园也积极参与了省实验课题的研究。再如随着实验工作的不断开展，大家更加感到运用现代化教育手段的重要。例如，大班上学期课程标准中关于“增强对首都北京的认识与感情要求：欣赏首都建设迅速发展的新面貌，并为此高兴，如北京的立交桥、高速公路、高楼大厦等等……，如何直观激发幼儿接受伟大祖国的情感呢？应通过录像，另外每个阶段根据实验目标所创设的环境及开展的活动，也需要录制下来作为资料。当实验园的领导提出要购买电教设备时,得到区教委的领导重视与支持,并在经济十分紧张的情况下,拨出专款给该园购置摄像机、编辑机等。他们缺少电教专业人员,我们便及时同电教部联系,帮助检验安装设备,进行技术培训指导加强对机器的保养等,以保证和促进了实验工作的深入进行。

俗话说:"编筐编篓,贵在收口"实验后期需要全面总结三年来的工作情况,如园里和教师的专题总结,实验报告等,任务之重,难度之大,是前所未有的。在这种情况下,我们区教委主任,进修学校校长,及时把大家召集起来进行研究,给予指导,并送去有关材料供同志们学习参考,如《中小学教育改革实验成果评估指标体系及其说明》,《教育科研基础知识》等,使大家深受感动,决心不辜负各级领导的期望,努力把实验总结工作做好。

三、创设教育环境,推动全区工作

《幼儿园工作规程》明确指出:"创设与教育相适应的良好环境,为幼儿提供活动和表现能力的机会与条件。"现代心理科学研究认为,幼儿身心的发展是遗传因素与环境相互作用的结果,幼儿只有在与教育相适应的环境中,才能得到良好的发展这是幼儿教育特点之一,也是实验的重要内容之一。以往,教委一园的墙壁画面布置与教育目标相脱节,缺乏教育性;老师包办代替,缺乏孩子参与性;单纯为了装饰好看,固定不变缺少灵活性等。活动区活动流于形式,缺乏实效性;老师无指导,缺乏目的性;玩具材料不能分期投放,定期更换等。我们协助幼儿园注意发挥环境创设和教育作用,并形成本园鲜明的特点。因此受到有关专家及领导的一致好评。为了推动全区各园环境创设工作的开展,今年三月,我们还在这个园召开了"甘井子区幼儿园环境创设现场观摩会",大家听取了园领导的经验介绍,观摩了大中小三个班的室内环境创设等,使与会同志大开眼界，深受教育，许多同志深有感触地说：一园的环境布置确实与教育目标相结合，真正起到了教育作用。”一园的空间和场地虽然不大，但是利用得好，效率也高，体现出孩子是主人，真不愧是素质实验园。”会后，许多园的领导又多次组织教师前来学习，请教。从而使全区幼儿园的环境创设工作有了新的起色。

四、建立网络，以点带面

根据形势的发展和实验的需要，1994 年 10 月经有关领导批准，将理工大学幼儿园和石化公司幼儿园作为扩点单位，也参与了素质实验的研究，这无疑是壮大了我区实验的力量。在此期间，我省对各县区进修学校下发了“教师进修学校评估标准”，其中一项就是“要加强教研网络建设，开展教研网络活动。为此，我们在全区已有网络的基础上，进行了调整，并重点将进行《素质实验》的三个园划为一个网络，由教委一园带头，定期进行活动（每月一次），由于他们目标明确，方向一致，所以既能想在一起，又能干在一起，尤其一园的实验先走一步，并多次受到史老师等专家的指导，积累了一定的宝贵经验。他们经常在一起学习，观摩研讨，一园的同志起到了很好的引路作用。由于在实验的过程中以点带面，因此使扩点园的实验工作少走弯路，进展很快，增强了实验的效果，推动全区幼教、科教活动蓬勃开展。

五、传递信息，提高效率

不断获取信息，及时传递信息，这是工作决策的基础，也是互相沟通，联络的纽带，同样，传递信息对于加强我们素质实验的研究，也是极其重要的。

1994 年秋季，史老师等专家到我区石化公司幼儿园考查指导工作。当她们来到资料室，听了资料员杜玉霞同志的汇报，看了资料的摆放及设置等，都赞叹不已。史老师高兴地说："我走了全国许多地方，从来没有看到资料工作为教育教学服务得这么好，应该好好总结总结。于是，我们马上召集幼教部的同志进行研究，决定将石化公司幼儿园的资料工作认真加以总结，并在全区推广。并组织实验园认真学习。在此基础上，1995 年 4 月，我们又召开了"甘井子区幼儿园资料员工作现场会。"提高了各园的园长和资料员工作的职责，规范了资料工作的管理，保证了资料工作为教育教学服务。1995 年 10 月，杜玉霞同志荣幸地到成都参加全国幼教年会，我们指导她撰写的《我是怎样做好资料员工作的》论文在大会上交流。

1995 年 4 月我区邀请了现代教育改革家全国十大杰出青年之一的魏书生同志到我区做报告，现场授课，顿时在全区中小学中引起了极大的震动，并产生了强烈的反响。我们认为这条信息对《素质实验》园有很大作用，为此，我们便及时同实验园领导沟通，让她们到区电教部复制魏书生报告的录音录像，以组织教师收听、收看。通过学习，大家佩服魏书生的教育改革思想，决心要向他那样做人，树立正确的人生观和价值观，要向他那样敬业，将全身心地投入幼教事业；要向他那样勤奋，不断开拓视野，陶冶情操，增长才干。对实验园教师素质的提高，起到很好作用。

总之，我们从上述五个方面发挥区科研领导小组作用，在一定程度上促进了《素质实验》顺利的进行。

大连市甘井子区教师进修学校

我园的家园合作教育

刘　娟　高　敏

三年来我们为全面奠定幼儿素质基础，促进幼儿体、智、德、美全面发展，身心和谐发展做了很多工作，其中收效较大、体会较深的是家长工作。

幼儿教育是多层面、多元化的综合系统工程，是家庭、幼儿园、社会密切结合的综合整体，在实践中我们的这种认识不断得到深化。幼儿良好素质的培养单靠幼儿园，靠老师的教育而得不到家长的切实配合将流于形式，成为空谈。家庭环境、家长素质、家庭成员的言谈举止、行为习惯其渗透性之强，影响之大是不容忽视的，因此，重视家长工作、密切家园联系，是确保素质实验成功的可靠保证。

一、宣传工作在先，帮助家长转变教育观念，树立正确的教育观

“望子成龙”是家长们的普遍心态，很多家长从孩子一出生就倾注了全部心血，但必须承认，目前多数家长缺乏对儿童发展状况的研究，不懂得儿童身心发展规律，不掌握正确教育方法，不具备科学的教养知识，因而不顾儿童的个性特点、兴趣爱好，一味追求智力开发，过早地进行各种知识技能训练，做出违背儿童身心发展规律的决策，致使很多孩子小小年纪就背上了沉重的学习包袱，学弹琴、学画画、学舞蹈、学表演、练写字、背古诗、做算术……孩子们太累了，尽管社会有关部门再三呼吁要减轻儿童负担，但目前此种

趋势仍有增无减。事倍功半，适得其反的例子屡见不鲜。

还有的家长不懂得非智力因素对儿童发展影响的重要性，忽视儿童独立意识、良好情绪情感、良好品德素质和生活习惯的培养，造成孩子高分低能、心理不健康。作为幼儿教育机构，我们有义务、有责任向家长宣传先进的教育思想和科学的教养方法，帮助家长建立全新的教育观念，使家庭和幼儿园形成合力，促进幼儿全面发展。

1. 办实验刊物《连心桥》

1993年9月创刊，共发行16期，主要介绍先进的教育思想、国内外的幼教信息；介绍幼儿各年龄阶段的主要教育目标、内容、要求，便于家长配合教育。1993年末还出了一期特刊，全文登载了“夏令营中的较量”。这一教育上的败笔使每个有良知的中国人受到了鞭策，它使我们教育工作者看到了我们的下一代与日本儿童在心理素质、意志品质及民族精神上的差别，它教我们认清了教育者的责任所在，我们必须增强责任感、紧迫感。

此外，还在《连心桥》上开辟了“家教园地”，供家长交流家教经验、体会，先后有5位家长就如何针对孩子的个性特点，如何提供良好的家庭环境，如何培养孩子动手能力，尊敬长辈等具体做法及孩子的进步情况在《连心桥》上发表文章，使广大家长受到启发和教育。

2. 建立家园联系栏

它区别于《连心桥》中的“家教园地”。以介绍月、周的主要教育目标、内容、要求和开展教育活动情况为主，便于家长掌握幼儿园教育情况，同时附上“儿童发展记录表”，由老师和家长对儿童完成教育目标情况进行评价。为了使家长始终保持对这一栏目的关注，我们采取了经常变换栏目形式的方法，如本学期该栏目名称为“家教列车”，车头标记“家教列车”后边的车厢分别为：家长须知——请您配合——请您参与。此外，家长也可以将节假日儿童在家的主要活动记录，孩子的讲述记录展示在这里。

3. 召开各种形式的家长会

过去的家长会基本上是一年一次，大会开完开小会，园长讲完老师讲，内容多是介绍园里的活动，向家长提要求，班里则根据个别孩子教育问题，请家长配合教育等。

现在，为了使家长会更具实效性，能针对每个孩子的个性特点与家长共同商讨教育措施，做到因人施教，我们改变了家长会的形式，不再召开全园大会，而是以班为单位，每学期初都召开一次全班家长会，更多的是利用小型座谈会的方式进行交流。小型座谈会的特点是人员少，气氛宽松，针对性强，老师和家长都能充分地反映情况、发表意见，交流的问题较为集中，能够达到解决问题的目的。特别是家长之间的交流，互相之间的教育启发，更具说服力。实验班闫卓小朋友的爸爸是省贸促会的一名干部，他平时就非常注重孩子的教育，对幼儿园各项活动都表现出极大的兴趣和热情，因工作关系他多次去过日本，考察过日本的学前教育和小学教育，每次回来都给我们带回反映幼儿园活动的照片，家长会上他也经常向大家介绍日本人的教育思想、教育观念，并就中日两国在观念上，教育方法上的不同发表很有见解的讲话，而且对我们"素质实验"提出过很多宝贵的意见和建议，他每次带来的信息都使老师和家长们深受启发和教育，特别是在家长当中影响更大。

二、家长参与幼儿园活动

家长参与幼儿园活动目的在于了解幼儿园，了解幼儿教育任务、目标、要求，掌握孩子在园情况，达到配合教育的目的。

我们接触过很多这样的家长，送孩子入园的第一天对老师说："这孩子可精了，啥都明白，尽说大人话，我都说不过他(她)……"也有的说："这孩子可聪明了，别看年龄小，啥都会，认识好多字了，会数数，你快给老师背首唐诗……”还有的家长当着孩子的面说：“在家不听话，谁也管不了，不爱学习，赶快送幼儿园，你们给教育教育吧，让他多学点知识……”这不得不使我们思考这样一个问题：怎样使家长了解幼儿教育，怎样使他们认识自己的孩子？怎样做这类家长们的工作？

我园历来重视家长工作，不过，不同的时期有不同的认识，做法上，指导思想上自然不同。

过去做家长工作，强调服务态度，服务质量，提倡全心全意为儿童服务、为家长服务，口号是让领导、家长、儿童三满意。

“素质实验”以来我们是用了大量的时间，精力主动地与家长配合，一切为了促进幼儿发展为幼儿奠定良好的素质基础。

以幼儿园“开放日”为例：过去是在指定的时间请家长来园观摩幼儿活动。但是在开放的时间里很多家长都因种种原因不能来，老师精心准备的活动没人看，只有个别闲散家长借送孩子的机会在班里多呆一会儿，实在是一种形式，起不到实质性作用，甚至会影响老师工作。现在则改变了这种形式主义的做法，不搞花架子，要真正地使家长了解幼儿园教育，了解孩子在园的真实情况，就应给他们创造条件，提供机会，指定一个时间不合适，家长什么时间来都可以，我们园随时向家长开放。

实验班有一名男孩，因为父母工作忙，以爷爷、奶奶照顾他为主，家里对他十分娇惯，本来家离幼儿园很近，却要奶奶推小车送他来园，老师多次告诫，让他自己走也是个锻炼，可是家长不以为然。在班上他吃饭慢，说话慢，行动慢，几乎样样活动都落在小朋友后面，身体素质、动作的协调性都很差，经常因病缺席。老师们向他家长介绍他的在园表现，也总是引不起他们的重视，家长认为：孩子挺聪明，动作慢点不算啥，长大就好了。

为了这孩子的发展，也为了教育家长，老师们三番五次地邀请他的家长到班上看看，终于有一天他奶奶留在了班上，观看一上午全班孩子的活动情况。看到别人家的孩子个个生龙活虎，活泼热情，健康向上，而她的孙子别人玩半天了，他饭还没吃完，其他活动中都表现出与别人有明显的差距，老奶奶在现实面前，终于看到了她孙子的不足，受到了触动，老奶奶流泪了，担心地说："啥也跟不上趟，以后可咋上学?"看到家长有了认识，老师们又及时地安慰她，开导她，告诉她只要有信心加强培养锻炼，一切都还来得及。老师们还主动找他母亲进行了详细的交流，帮助家长出主意，想办法。从那以后，家长的观念有了很大转变，注重了加强体育锻炼，注重了各种能力的培养，孩子渐渐地有了很大进步，现在这孩子各项活动中态度都非常积极、主动，敢于大胆表达自己的愿望和要求，学会了跳绳、拍球，在集体活动中与其他小朋友已无明显差别了。

再以开展各项活动为例。过去的新年活动，常常是全园开个"新年联欢会"，各班演几个小节目，再给孩子发些小礼品就算过新年了。

1995、1996两个新年，我们一改多年来的传统形式，新年活动以班为单位，邀请家长和师生一同欢度新年，提出：每个孩子都是活动的主人，要人人有节目，个个有事做。从活动设计、环境布置，排练节目，以至演出前的画妆、换演出服、接待来宾(家长)、节目主持全部由孩子自己完成，老师只起协调作用，家长们也不等闲视之，纷纷帮忙，场面气氛热烈，活而不乱，联欢会上老师弹琴，家长唱歌，孩子们舞蹈，即席讲话的，即席表演的，使联欢会高潮叠起，会后使人久久不能忘怀。

1995年的六一儿童节我园组织了"幼儿美食城"大型游戏活动，全园儿童全部参与到活动当中，整个操场划分7个活动区域(①甜甜八宝粥②五香茶蛋③多味面④儿童西餐厅⑤新疆羊肉串⑥小小冷饮亭⑦美味煎饼盒，每班请来五位家长，并将他们分派到7个活动小组当中参与组织与指导，由于有平时经常性交流的基础，这些家长在活动中都发挥得得心应手，带领着本组的小朋友出色地完成任务，他们头上流着汗，脸上洋溢着笑，外来人根本分不清谁是老师谁是家长，上级领导称赞道："你们的家长工作做得好！你们的家长真好！"

三、园领导、老师要在家长工作中摆正自己的位置是做好家长工作的首要条件

幼教机构中的家长工作，幼儿园要发挥主导作用，这是幼教机构的责任决定的。如何发挥主导作用首先要明确教师与家长之间的关系，尤其要摆正自己的位置，这里也有个转变观念问题。

建立新型的家园关系，教师与家长要互相尊重，互相信任，应该是同志，是朋友。老师不是居高临下的说教者，而要与家长共同学习，共同探讨，在儿童教育过程中要坚持教育的一贯性与一致性原则，为共同促进儿童发展而携手努力。

园领导和教师要采取主动态度建立相互间的信任、尊重。由于种种原因，一些家长在与老师的交流中往往存在顾虑，要解除家长的顾虑，老师们在家长工作中就应时时处处采取主动，孩子在园时的情况及时向家长反映，主动向家长询问在家的表现，出现问题，老师主动承担责任，对每位家长都要以诚相待，几年来我们的园长和老师就是以全部的真诚赢得广大家长的信任。孩子生病在家休息，第一个前去看望的是我们幼儿园老师，即使家长有了病痛，我们也前去慰问。杨小申的妈妈在1994年春节期间不慎摔倒，腿部骨折，伤得较重，我们三位老师带着营养品前去看望，还安慰她安心休养，不要牵挂孩子，老师们一定会照顾好他。1995年夏天王宴圣小朋友的妈妈腹部做了大手术，住院治疗，我们园长、老师拎着水果到医院看望她。家长十分感动："孩子们就够你们费心了，班上那么忙还来看望我……"病愈后她与同事们谈起此事，她的同事们十分感动，都说："只听说有家长给老师送东西的，没见过老师给家

长送东西，你们真是碰上了好幼儿园，碰上了好老师！”

我们的工作也得到家长的理解与支持。李施小朋友的妈妈从事个体经营，收入相当可观，对她来说时间就是金钱，可是看到我们老师既要组织幼儿活动又要完成繁重的卫生工作，经常来到班上帮助老师打扫卫生，一干就是一天。

张夕月小朋友的妈妈是辽宁大学的教师，寒暑假里她舍弃了很多娱乐活动，每天坚持送孩子来幼儿园，由于老师们轮流休假，班上人手紧，她每天早上都早早来到幼儿园帮助老师开完饭才回家。

梁春馀教授是梁效楠小朋友的爷爷，他老人家工作忙，身体弱，经常生病住院，可每次家长会、座谈会他都参加，并积极发言，介绍家教经验，提各种建议。

今年暑假前大班就要毕业了，孩子们就要离开他们生活了好几年的幼儿园，离开朝夕相伴的老师、小朋友。大一班的王天哲小朋友出生 23 个月来到幼儿园，在幼儿园整整度过了五年，他热爱幼儿园的每一朵花，每一棵草，他喜欢班上那数不尽的玩具，他喜欢老师，喜欢小朋友，他忘不了幼儿园美味可口的饭菜，尤其是炊事员阿姨做的包子，每次能吃五六个，可是他得上学，他必须离开幼儿园，他是多么的无奈！大二班的李劲夫小朋友和他的妈妈买了五束鲜花分别送给三位老师和两位园长，孩子手捧鲜花激动地说："园长阿姨，谢谢你们这几年对我培养！"他妈妈拿出孩子几年来参加市、区、沈阳驻军幼儿绘画比赛获得的奖品和证书含泪对我们说："买别的东西你们也不收，这几束鲜花代表我们全家人的心意，是园长、老师把我这淘气的儿子培养成这么有出息的孩子，我们永远忘不了你们……"

素质实验过程中我们做了大量的家长工作，其形式是多样的，收获是很大，体会也是深刻的，家长教育观念的更新，新思想的建立靠的是我们多方面的努力，其中重要的一点是让家长亲自参与幼儿园活动，亲身感知，才能使他们真正认识到儿童的需要是什么，体会到儿童发展不仅仅限于智力方面，首先是生存能力的培养，独立性、适应性、良好习惯、意志品质都要从小打下坚实基础，在此基础上才是发展教育、成才教育。

家园携手目的在于促进幼儿全面发展，家长和老师要有共同的责任感，我们所做的一切都要落实到"提高幼儿教育"的目标上。

辽宁省军区幼儿园

第四部分

活动计划与教师随笔

半日活动计划　（中班）

一、来园活动

1. 指导值日生工作(照料自然区的植物和动物,浇水或添食,观察天气,填写气象记录,整理玩具、衣服、接待幼儿)。

2. 自由活动(幼儿自由活动,教师随机辅导)。

二、进餐

1. 洗手、嗽口时提醒幼儿节约用水;

2. 注意提醒薛骏、闫卓文等个别幼儿吃饭时不要嘴就碗。

3. 提醒幼儿饭后整理桌椅时要认真、仔细将桌椅擦干净、摆整齐。

三、自选活动

为幼儿创设的活动区:

1. 角色游戏区;2. 建筑区;3. 图书区;4. 棋类区;5. 美工区;6. 音乐区;7. 沙区;8. 认知区(教师重点指导建筑区的幼儿能互相协商、集体合作建筑动物园)。

四、集中教育活动

活动名称:四季知识竞赛。

活动目的：

1. 使幼儿知道四个季节的名称及其轮换顺序，巩固对四季特征的认识。

2. 发展幼儿的注意力、记忆力、思维的敏捷性及连贯地讲述能力。

活动准备：绒布板四块，四季特征的贴绒卡片，小锦旗，记成绩的红五星若干。

活动过程：

1. 参赛的幼儿共分四个组，每组幼儿桌前有号码，每个幼儿都有自己的号，一位老师当主持人，一位老师当裁判。

2. 比赛题分三种，即必答题，抢答题，摆图题。

必答题：

(1)一年有几季？开始是什么季节，接着是什么季节？

(2)四季的天气怎么样？

(3)四季的树木有什么不同？

(4)说出每个季节的花卉？

(5)说出常绿树和落叶树？

(6)每个季节小朋友可以干些什么？

(7)请你唱支春天的歌。

(8)请你朗诵一首夏天的诗歌。

(9)请你唱支秋天的歌。

(10)请你跳一个冬天的舞蹈。

抢答题：

(1)种树在什么季节？

(2)小朋友放风筝在什么季节？

(3)冬天青蛙到哪儿去了？

(4)什么季节有时天空会出现彩虹？

(5)谁是青蛙的孩子？它在什么季节出现？

(6)请说出两种冬眠的小动物。

(7)春天最早开的花是什么花？它是什么颜色？

(8)冬天燕子飞到哪里去了？什么时候回来？

摆图题:(将四季贴绒卡片混放在桌子上)

每组请两名小朋友上来将四季的贴绒卡片分别按指定的季节贴在四块绒布板上,组成春、夏、秋、冬四幅画,要求摆得要快又正确,然后由幼儿评议得分。

3. 请幼儿欣赏配乐诗歌《四季歌》。

4. 发奖。

五、户外活动

1. 全班集体游戏

游戏内容:太阳伞

游戏目的:激发幼儿参加体育活动的兴趣,学习太阳伞的各种玩法。

2. 分组游戏

准备活动器械:皮球、拉力器、踩高跷、大绳。

指导方法:教师重点辅导踩高跷组。(特别是张夕月、周天宇、曲靓婧等个别幼儿,提高他们的平衡能力)配班教师负责其他组的活动。

3. 自由活动(操场内的大型玩具)

①提醒幼儿注意安全;②提醒幼儿玩累了主动休息。

辽宁省军区幼儿园

许小娟　付秀梅

半日活动计划(大班)

一、晨间活动

1. 接待幼儿,了解观察幼儿的健康情况。值日生协助老师整理活动室。

2. 队列训练,让幼儿掌握一些使动作正确的方法,走步和踏步出脚时要先左后右,停步时,也要先左后右,列队时需左右前后看齐,重点观察李研峰,顾春雪是否注意力集中。

二、教学活动

目标:学习区分球体、圆柱体。

组织形式:全班和自选小组相结合。

准备:每个幼儿一张纸、一支笔、一块圆柱体积木、一个玻璃球,空易拉罐若干,球若干,图片二张。

步骤:

(一)比较球体和圆柱体的不同特征

1. 教师出示球体和圆柱体,让幼儿在自己的学具中找到球体和圆柱体,并比较球体和圆柱体的不同之处。

教师引导:

(1)请幼儿摸一摸,比一比,滚一滚自己的球体和圆柱体。

(2)给幼儿每人一张纸、一支笔,启发幼儿画出球体、圆柱体的两个侧面,加以比较。

2. 师生一起小结球体和圆柱体的不同特征。

(1)球体可以向任何方向滚动,圆柱体则不能。

(2)球体从任何方向看都是圆形,圆柱体的横切面是圆形,纵切面是长方形或正方形。

(二)大家想一想,这是为什么?

1. 提问:谁能把两个球、两个圆柱体叠起来,为什么两个球叠不起来,两个圆柱体叠得起来?

2. 易拉罐是什么形状的,工人叔叔为什么不把它做成球体呢?

3. 为什么篮球、足球不能做圆柱体呢?

4. 请小朋友根据自己的经验说说日常生活中,哪些东西是球体,哪些东西是圆柱体,教师小结。

(三)自选活动

在美工区幼儿动手操作,用老师准备的材料(剪刀、彩色纸、胶水、橡皮泥、易拉罐、旧乒乓球、空花瓶、空纸盒等)制作基本形状是圆柱体或球体的物品。

三、音乐活动

目标:学习分析歌词的感情,并用节奏、音调、音量的变化加以表达。

教材:歌曲《大雨和小雨》

过程:

1. 请幼儿模仿大雨小雨的不同声音。

大雨——哗啦啦;小雨——淅沥沥。

2. 熟悉歌词的内容

老师和幼儿一起做游戏,老师当"大雨",请幼儿当"小雨"然后互换角色,练习时,"大雨"的音量大,速度稍快,"小雨"的音量小,速度稍慢。

3. 学习歌曲的第一段

(1)教师领幼儿进行分句模仿唱、回声练习,来熟悉旋律。

(2)教师范唱歌曲。

(3)分句练唱。

(4)请幼儿跟老师完整练习唱几遍,注意强弱对比的地方要唱出来。

4. 启发幼儿将第二段歌词填进旋律里。

5. 多种形式练习唱这首歌。

(1)分组唱。(2)两人对唱。

四、自由活动

对顾凡、李琳、苏颖超进行个别指导。

兴采机关幼儿园 戚亚辉

“我爱大海”主题活动设计(大班)

一、设计目的

素质实验要求我们在符合幼儿身心发展特点、完成各年龄阶段目标的基础上,要多突出本地区特色活动。

大连是一座环境优美的海滨之城,大连人都自豪地称自己为海之子。幼儿园爱家乡系列教育活动,首先要教育幼儿爱家乡的山水、草木、生灵,我们从幼儿最熟悉的大海说起,使幼儿知道海的美丽、宽阔、富饶,通过对海的热爱来加深幼儿爱家乡的情感。

二、活动要求

通过看海、听海、了解海底世界、说海、画海等系列室内外活动,让幼儿加深对家乡大海的认识,初步了解关于海的知识,培养幼儿从小爱海、爱自己家乡——大连。

三、具体活动内容系列设计

(一)看海——系列活动之一

活动目的:运用多种感官帮助幼儿初步认识海。

活动过程:

1. 教师提要求引导幼儿。

(1)看看大海是什么颜色,大海有多大?

(2)闭眼听听大海的声音。

(3)尝尝海水的味道。

小结：无边无际的大海是蔚蓝的，在岸边能听到海浪和海鸥的声音，海水是咸的。

2. 海滩游戏：培养幼儿对大海的兴趣。

组织幼儿在沙滩上拾贝壳、小石子、挖洞、搭桥。体验在海边游戏的快乐情感。

(二)听海——系列活动之二

活动目的：通过听不同环境下海浪和海鸥的声音了解大海的不同侧面。

活动过程：

1. 放录音让幼儿听风平浪静时海浪和海鸥的声音。

欣赏后提问：

(1)你们都听到了什么声音？

(2)这时海浪将是什么样子的？

(3)海鸥在干什么？

小结：风平浪静的大海，海浪轻轻拍打着海岸，海鸥在自由自在地飞翔。

2. 放录音起风时海浪和海鸥的声音。

提问：

(1)海浪的声音同上次有什么不一样？

(2)海鸥的声音同上次有什么不一样？

(3)这时的大海是什么样子的？

小结：起风了，一个海浪接着一个海浪，涌向岸边，海鸥的叫声也随之增大。

3. 放录音，暴风雨来了，海浪和海鸥的声音。

提问：

(1)你们听到了什么声音？

(2)海浪的声音有什么变化？

(3)海鸥的声音有什么变化？

(4)这时的大海是什么样子？

小结：暴风雨来了，海浪猛烈地击打着海岸，海鸥也在四处逃窜，整个大海就像一个发狂的狮子在吼叫。

(三)参观海底世界——系列活动之三

活动目的：通过参观了解海底秘密，认识一些海洋生物。

活动过程：

1. 参观游览海底世界。

2. 参观后谈话。

(1)海底同陆地有哪些相同之处，不同之处；

(2)你能说出几种海底生物(动、植物名称)；

(3)这些动物和植物对人们有什么作用。

(四)说海——系列活动之四

活动目的：通过主题谈话活动来进一步加深对海的理解，培养幼儿探索、勤学好问的习惯。

活动过程：利用每天早晨主活动之前10分钟的小问号活动，请幼儿说说关于海的一些知识。例如：海水为什么是蓝色的？海水为什么是咸的？为什么海水的浮力那么大？海底究竟有些什么？大海对人们的作用是什么？等等问题，以点带面使全班幼儿通过说海这个活动对海有更深的了解，说得好的幼儿和有进步的幼儿可以佩戴一天小问号奖牌。

(五)画海——系列活动之五

活动目的：通过多种美工活动来表现海。

活动过程：

1. 激发兴趣：小朋友们可以经常看到大海，可是还有许多城市的小朋友从来也没有看到真正的大海，不了解大海，咱们给他们寄一份礼物，是代表我们家乡的礼物，好不好？

2. 幼儿自由分组：

(1)绘画:引导幼儿画海的两种不同“面孔”,画小朋友在海上游戏,画美丽的海底世界等等。

(2)贝壳粘贴,石头制作。

(3)画、粘、撕、剪等综合做画。

四、建议

在进行“爱家乡”教育时,除了上述“爱大海”系列活动,还可以找一些新生事物为教育目标。例如:带幼儿参观超级市场,看一看高层建筑,大连的新变化等;也可以有意识让幼儿接触一些我市乡镇企业的名优产品,让幼儿直接感受到家乡的繁荣富饶,感受一下家乡的现代化进程,以及家乡人的智慧才干,从而引发热爱家乡之情。

大连市“六·一”幼儿园　唐　慧

社会性活动设计(大班)

名称：你认识这些符号吗？

目的：通过认识社会规则符号，懂得自觉遵守社会规则。

准备：1. 幼儿常见的禁止行为符号：禁止吐痰、禁止吸烟、禁止点火、禁止行人通过、禁止鸣喇叭标志等。

幼儿常见的行为标志：公共厕所、信号灯标志、人行道标志、向右转弯标志、危险物品标志等。

过程：(一)引起幼儿对标志的兴趣

1. 今天老师给小朋友带来几幅画，你们看这些画上画了些什么？你们看到这些画后想到了什么？(画面的大意：一天早上，明明骑着自行车想到商店买东西，路过交通岗时，信号灯亮起了红灯，他骑了过去，被警察叔叔挡住。他到了商店门口，把自行车随便放在门外，一位老奶奶走过来，指着存车处的标志告诉他，自行车应放在停车处。他进到商店里面，感到嗓子发痒，随口把痰吐到地上，这时一位阿姨走过来，对他说着什么)

2. 小朋友想一想，在我们生活中有哪些地方是公共地方？(医院、商店、公园、公共厕所等)小朋友知道了公共地方是大家都可以去的地方，也叫公共场所。再想一想，在公共场所我们大家都要遵守哪些公共规则？

(二)知道各种标志所表示的含义

1. 教师出示标志图片：禁止吐痰、禁止吸烟、禁止点火、禁止鸣喇叭、禁止行人通告标志、人行道标志、信号灯标志、公共厕所标志、向右转弯标志、危险物品标志等。

请小朋友仔细观察，这些标志符号表示什么意思，它们之间有哪些相同的地方和不同的地方。

4. 讨论：找出这些标志符号的相同点和不同点，分别说出其含义（禁止性标志上有一杠，指引性的行为标志没有杠）。

5. 请小朋友想一想，你们还见过哪些标志符号？

（三）知道怎样设计标志

6. 教师启发引导幼儿“小朋友想想看，阿姨叔叔设计这些标志时要注意一个什么问题？”

7. 讨论：标志符号图像所表示的意思及其意义是什么。

8. 请小朋友自己设计标志符号，注意听老师提的问题：

(1)不准摘花　(2)节约用水

(3)禁止左转弯　(4)右侧通行

9. 小结：虽然小朋友不识很多字，但是我们认识了这些标志符号，知道了符号所表示的含义，这样我们在马路上行走或者在公共场所时，我们就知道应该做什么和怎样做了。我们大家都要学会自觉遵守社会规则。

10. 幼儿把自己设计的“右侧通行标志”贴到走廊和楼梯上，并把“不准摘花”的标志贴到花池边。

把其它的符号图片贴到走廊里，向小中班的小弟弟、小妹妹们做宣传、做介绍。

辽宁省军区幼儿园教师　许小娟

认识弹性的活动设计(中班)

教学要求：

1. 认识弹性,知道弹性给人们生活带来便利。

2. 培养幼儿爱科学的情感。

教学准备：

海绵花、有弹性的物品(每人一份)、圆球笔、弹簧秤、皮球、弹力球、皮筋及弹力球半成品。

教学过程：

一、请幼儿观察海绵花的变化,引起幼儿注意

1. 教师将海绵花握在手中。“请小朋友想一想,老师的手里有什么?”

2. 出示海绵花(原来是海绵花)。“请小朋友仔细观察,老师松开手后,海绵花有什么变化?”

引导幼儿小结:一块海绵,当老师用力握住它,海绵的大小形状发生了变化,当老师松开手,海绵又恢复了原来的样子。

二、教师为每个幼儿准备一件有弹性的物品,请幼儿自由操作

教师提问：

1. 刚才,你和什么做游戏?

2. 你发现了什么?(请幼儿边操作边回答问题,如:弹簧秤的

弹簧拉长了，一松手又都弹回来，弹力球的皮筋拉长了，一松手又都弹回来，泡沫玩具可以压扁……）

3. 这些玩具有一个什么样的共同特点？（它们都有弹性。）

总结：在我们生活中有许多物品，当我们用力时，它的大小、长短、形状就会发生变化。当我们不再用力，它又恢复到原来的样子，那么，这件物品就是有弹性的。

三、幼儿互相交换有弹性的物品或玩具，自由游戏、操作，巩固对弹性的认识

四、讨论：如何利用弹性

工人叔叔可聪明了，他们利用物体的弹性，制做了许多用品，方便了我们的生活。请小朋友想一想：

1. 我们生活中哪些物品有弹性？

2. 你想利用弹性做些什么？

五、制做弹力球

1. “我们利用弹性为自己制做一件小玩具。”教师出示弹力球，引起幼儿制做的愿望。

2. 教师示范制做弹力球的方法。

3. 幼儿制做弹力球。

4. 自由游戏。

鞍钢一幼　齐　丹

认识圆形活动设计(小班)

教学要求:认识圆形,能找出生活中的圆形物品。

教学准备:

红、黄、蓝三种颜色的圆形吹塑纸(每人一套)。

彩色圈(每人一个),圆形镜子,玩具汽车,小盘子。

教学过程:

一、粘贴圆形

1. 请幼儿在教室低矮的墙壁上粘贴圆形花朵;

2. 点数,并说出颜色及形状。

二、玩圈

1. 请幼儿坐在圈中,观察其形状,通过摸摸、看看,知道圆形边缘光滑,不扎手。学习词:光滑。

2. 请幼儿自由滚圈,知道圆形的物体能滚动。学习词:滚动。

3. 请幼儿拿起圈观察,想想圆形像什么?并请幼儿把嘴巴张成圆形,用手指圈成圆形做望远镜,在手心或地上画圆形,以巩固对圆的认识。

三、哪些东西是圆形

1. 出示圆形镜子,启发幼儿思维。请幼儿照镜子看看自己的脸上有什么是圆形的?

2.(1)请幼儿用彩色圈当汽车方向盘玩开汽车游戏后，再坐下来想想，我们生活中还有哪些东西是圆形。

(2)出示电动玩具汽车和幼儿玩开汽车的游戏后提出问题：小汽车为什么能走起来？（启发幼儿回答：小汽车有圆形的车轮或圆形的车轮能滚动。）

四、游戏——《找圆形》

1. 教师将各种圆形物品藏好；

2. 幼儿念儿歌：我们都是机器人，找到圆形不许动。说到“动”时，幼儿必须找到一件圆形的物品，原地站立不动，即为胜利。

3. 游戏可反复进行 2～3 次。

五、活动结束

鞍钢一幼　齐　丹

数学活动设计 （大班）

教学名称：自编加减应用题

教学目的：启发幼儿根据所提供的情境中的物或形的数量自编应用题，并编出不同的变式。

1. 能力强的幼儿会在8～10以内编加减应用题，并会脱离实物用圆点的数来编。

2. 能力较弱的幼儿只在情境中用动物卡片所提供的数量编应用题。

教学准备：1. 背景图一张。

2. 图片：3只小鸭、3朵红花、2朵黄花、8个苹果、10只小鸟、7个红点、3个绿点。

教学形式：分组进行

教学过程：一组（能力较弱组）。

（一）出示背景图引起幼儿学习兴趣

1. 教师用小鸭子学游泳引出题意，说："今天天气真好，3只小鸭子来到池塘边，2只小鸭跳到水里，1只小鸭子在岸上，请小朋友看图，我们用水中的2只鸭子，岸上的1只鸭子，想一想，可以编几道加法应用题？"（2＋1＝　1＋2＝　）提示：哪个数加上哪个数，最后一句应该怎样问。

2. 教师继续引导幼儿，"我们再用水里的2只鸭子和岸上的1只鸭子可以编几道减法应用题？"（3－2＝　3－1＝　）提示：两个数相减后最后一句话该怎么问？

3. 教师再出示两种不同颜色的花，3朵红花、2朵黄花：说"小朋友刚才用小鸭子分别都编了减法应用题，现在你们能不能用3朵红花和2朵黄花再来编加法，或者是减法应用题？"

4. 在小朋友自编应用题时，教师注意正确使用加法最后一句是“一共是多少？”减法最后一句是“还剩多少？”此外还应注意量词的运用。

二组：(能力较强组)

(二)出示背景图，引起幼儿的学习兴趣和思考

1. 教师用苹果熟了的情境引出题意：“今年的苹果长得真大，树上有 5 个苹果，地上有 3 个苹果，请小朋友想一想，我们能用树上的 5 个苹果和地上的 3 个苹果来编加法和减法的应用题吗？(5＋3＝　3＋5＝　8－3＝　8－5＝　)注意加法和减法在编题时有什么不同。

2. 在此基础上，引导幼儿用另一种思考方式来编，可启发幼儿用比较的方法来编减法应用题，“树上的苹果比树下的苹果多多少？树下的苹果比树上的苹果少多少？”(5－3＝　)

3. 教师再出示小鸟，树上有 6 只小鸟，天空飞着 4 只小鸟，说：“请小朋友再想一想，你能用这些小鸟来编几道加法和减法的应用题？”(6＋4＝　4＋6＝　10－6＝　10－4＝　6－4＝　)

4. 教师再出示 7 个红点、3 个绿点(以点代物)，要求幼儿脱离实物，根据 10 个不同色的圆点自编应用题。(可充分发挥幼儿的想象力)

小结：我们学习了自编应用题，请小朋友在日常生活中，注意观察还有什么事物可以自编、自解应用题的，自己可以练习，还可以编题给爸爸、妈妈口算。特别提出，肯定和鼓励在原有基础上有进步的幼儿和思维敏捷、编出多种变式题的幼儿。

辽宁军区幼儿园　许小娟

猜猜它们是什么字(大班)

名称：

一、活动目的

1. 用猜谜的形式学习“拍、打、摇、拉、扫”五个字。

2. 引导幼儿发现“扌”与手的关系，知道字形与意义有关，提高幼儿识字的兴趣和能力。

二、活动准备

自制字卡：正方形白纸板六张，用规范字体写上“拍、打、摇、拉、扫、手”六个字，过塑制成压膜字卡。(好处：方便使用，不易损坏，易擦洗)

三、活动过程

1. 示范教学：教师伸出一只手，手心向幼儿，神秘地问：“这是什么？”(这是一只手)，幼儿答出后教师用另一只呈现字卡“手”放在手的旁边，接着问：“猜猜这是什么字呢？”幼儿猜出“手”字后，请幼儿回答“你是怎样知道的？”使幼儿明白可以通过动作提示进行猜字。

2. 识字开始：教师对幼儿说：“我们都有一双能干的小手，这双手能帮我们做许许多多的事情，你们看我的手在做什么？”

(1)教师模仿“拍皮球”动作，并说：“猜猜我在干什么？”幼儿猜出动作后，教师呈现字卡“拍”，提问：“猜猜这是什么字呢？”，如果幼儿猜不出，教师反复模仿拍皮球动作，让幼儿从动作中看出字的意义，幼儿猜出后请反复认读几遍，有初步印象后请幼儿看字做动作，帮助幼儿建立字与动作之间的联系。

(2)用上述方法学习“打、摇、拉、扫”各字，幼儿认读几遍后，请幼儿看字模仿相应的动作。例如，给车打气、摇铃鼓、拉琴、扫地等动作，增强幼儿识字的兴趣。

3. 以竞赛形式复习巩固：将幼儿分成二组，比一比哪一组的动作快。

(1)看字行动：教师将“拍、打、摇、拉、扫”五个字卡的顺序打乱后，随意抽出一张字卡，请幼儿看字模仿相应的动作，行动越快越好。

(2)手口一致：教师呈现字卡的同时，请幼儿迅速读出上面的字，同时模仿出相应的动作，达到手口表达的内容相一致，速度越快越好。

4. 寻找汉字的规律

引导幼儿比较“拍、打、摇、拉、扫”五个字有哪些相同和不同之处？为什么？幼儿观察后说出：字的左边相同，都有“扌”旁，因为它们与手中的动作有关，即：字形与意义有关；同时字的右边不同，形成手的不同动作的汉字，知道汉字很微妙，多一笔少一笔代表不同的字，提高幼儿识字的兴趣。

5. 延伸活动

请幼儿到阅读区或回家后找一找：还有哪些字带有“扌”旁，是与手的动作有关的字。如：抱、提、拾、摊、投、拖等字。师生共同收集有关的汉字和图片，并制成字卡和图卡，投放阅读区，供幼儿互学、自学或向教师请教。

（在以后的活动中，进而扩展到引导幼儿发现总结不同的字形均与意义有关，如“氵”与水有关，江、河、海、洋……；“犭”与动物有关，猫、狗、猪、狼……；“木”与树木有关，桥、林、树、松树……；“艹”与植物有关，花、草、菜、茶……；“虫”与昆虫有关，蝴蝶，蜻蜓，蚂蚁，蚂蚱……，“女”与女人有关，妈、奶、姑、姨、姐、妹……，逐渐提高幼儿的识字兴趣和能力，使幼儿在阅读中对不认识的字可通过揣测了解大意，逐渐提高幼儿的阅读能力。

省军区幼儿园 罗惠文

迎新年活动设计

目的：培养幼儿强烈的参与意识和愿望，激发幼儿参与活动的积极性和主动性，并在活动中能大胆地表现自己。

活动一

名称：布置活动室

目的：激发幼儿参与环境布置的主动性、创造性，锻炼幼儿通过协商、合作来布置环境的能力。

方式：分组活动，每组 8 人，按能力、兴趣分组。

过程：1. 组织幼儿讨论，新年快到了，我们怎样布置活动室。

2. 布置活动室需要做的事情很多，我们每个人都想做什么？怎么和别人合作一起来完成一件事情？

在小朋友协商、讨论的基础上，教师组织幼儿：

一组：剪窗花：用彩色纸剪成各种形状的窗花，粘贴在窗户上。

二组：装钉彩环：用旧挂历纸剪成纸条，剪好后，用钉书器连接成长长的彩环。布置空间、舞台。

三组：剪彩条：用彩色绉纹纸剪成长长的彩条挂在圣诞树上。

四组：剪水果：用各种颜色的蜡光纸剪成苹果、梨、小衣服、鞋、手套、袜子等，用针穿上线，系在小礼品上、挂在圣诞树上。(后面教师写上各种游戏题目，为新年联欢会做准备)。

活动二

名称：大家都来唱和跳

目的：激发幼儿表现美的情趣，鼓励幼儿根据已学过的歌曲内容创编动作。（为新年联欢会做准备）

方式：分组活动，人数不限，自由协商组合。

过程：1. 启发幼儿选择熟悉和喜欢的歌曲，并根据歌词内容创编动作。

2. 鼓励幼儿协商后自行分组，每组合作创编一个节目。幼儿在创编时教师给予具体指导、启发。

活动三

名称：新年联欢会

目的：1. 通过邀请幼儿的爸爸、妈妈和小朋友一起庆祝新年增进亲子情感，使家长进一步了解自己孩子的发展状况，并共同体验节日的欢乐。2. 培养幼儿的交往能力、组织能力，和能在众人面前大胆地表现自己的勇气和能力。

方式：全体幼儿和家长共同进行。

过程：1. 请两名幼儿佩戴红色绶带站在门口当迎宾员，迎接各位家长的到来，主动和客人打招呼、问好。2. 请四名幼儿当服务员，主动为客人找座位，招待客人，为客人拿糖、水果、瓜子等。3. 其他幼儿自己穿戴演出服装，准备道具。4. 联欢会开始：请一名幼儿当节目主持人、报幕员。

(1)由小朋友向妈妈、爸爸汇报演出自编自演的小节目；(2)小朋友和爸爸、妈妈共同玩游艺活动；(3)发奖品；(4)拍照；(5)大家齐唱新年好，结束。

辽宁省军区幼儿园教师　许小娟

萌发幼儿分享意识的系列活动

当今的许多独生子女存在着：自私、孤僻、独占心理强、自我中心、不合群、合作意识差等现象，我们在素质实验小班课程标准中已初步提出幼儿分享方面的教育目标“玩具轮流玩”，但是，在素质实验第一阶段对幼儿分享行为的评估中发现：虽然幼儿的平均成绩明显高于对比班，但在实际生活中却发现幼儿语言和行动严重脱节。如老师：“玩具怎么玩？”幼儿：“轮着玩。”老师：“怎么轮着玩？”89%的幼儿回答：“我玩完了他玩。”，等玩具出现时，94.5%的幼儿抢着先玩，根本控制不了自己，不自觉地表现出他们特有的自我中心和独霸意识。有时在日常生活中，我们也发现幼儿出现此方面的问题，如：我们有意识地安排一次分享活动，即请幼儿将自己从家里带来的好吃的东西放在一起吃，孩子们却强烈要求自己吃自己的，尽管老师费尽口舌，最终还是以失败告终。幼儿到星海公园旅游，当只剩下一瓶矿泉水时，许多幼儿上前抢着先喝，并且多喝，根本不能谦让别人，针对幼儿出现的实际问题，未来社会对人的素质的要求和我们的任务，即：从小为幼儿奠定良好的素质基础，我们必须有目的的为幼儿实施萌发其分享意识的品德教育。

根据中班幼儿的年龄特点和出现的问题，在素质教育实验课程标准的指导下，制定了初步的教育目标，根据教育目标的要求和幼儿的发展情况进行了系列的教育活动。

目标一：教育幼儿爱身边最亲密的人、爱家人、爱老师、爱小朋友（关心别人、爱别人是幼儿认识分享的思想基础）。

活动：

1.“三八”节为妈妈送礼物，为妈妈做一件事。

2. 帮助小班幼儿叠被子、穿衣服，教小班幼儿折纸、画画，为他们讲故事,和他们共同户外活动。

3. 开展“今天谁没来”的谈话活动,给生病的幼儿打电话。

目标二:初步认识什么是“分享”(从感性上认识什么是分享?怎样与别人分享?知道只有和小朋友共同游戏、分享,才能快乐)。

活动(一):故事《卖蜜糖》。

过程:

1. 教师有表情地讲述故事。

2. 提问:

(1)谁帮助小熊卖蜜糖?小熊卖光蜜糖是怎么做的?

(2)小熊在去卖蜜糖的路上都碰着谁了?小熊是怎么做的?

幼儿:碰见小鹿、小象、小老虎、小熊猫等,小熊把蜜糖分给他们每人一罐。

(3)小熊还剩下多少蜜糖?他又是怎么做的?他的心情怎样?

幼儿:只剩下三小罐,卖掉三罐蜜糖,去买了三件汗衫,送给小猪和小猴,小熊很高兴。

(4)小熊回来的路上又发生了什么事情?

幼儿:小老虎和小猴子送苹果和梨给小熊,小河马送来西瓜,小鹿开车送来紫葡萄。

3. 重点引导:小熊和小动物当天晚上那么开心,不是因为吃到了小动物送的香甜的水果,而是因为自己帮助了同伴,同时又得到了同伴的帮助而觉得特别开心。

活动(二):情境表演《客人来了》。

过程:

1. 表演客人来了,明明和佳佳的两种不同表现。

(1)红红到明明家,红红穿红拖鞋,明明忙去换红拖鞋,红红去换黄拖鞋,明明去把黄拖鞋套在手上;红红想玩小汽车,明明把汽车藏起来,结果红红生气地走了。

(2)红红到佳佳家,佳佳拿水果和点心给红红吃,和红红一起抱娃娃，红红临走时很高兴，并请佳佳到她家玩。

2. 讨论：

(1)红红到明明家作客，明明是怎么做的?红红当时心情怎样?

(2)红红到佳佳家作客，佳佳是怎么做的?红红心情是怎样的?

(3)看到明明和佳佳的表现，你心里是怎么想的?如果你家里来了客人，你会怎么做?

3. 引导幼儿理解：如果不和大家共同活动，自己就没有朋友，就不快乐。

活动(三)：巩固提高。

1. 故事《面包房子》、《海爷爷的礼物》、《团结果》、《猪八戒吃西瓜》。

2. 儿歌《玩具大家玩》。

3. 歌曲《分果果》。

4. 情境表演《大家一起玩》。

目标三：引导幼儿进行物质分享(吃的、用的、玩的)。

活动(一)：带来玩具大家玩。

过程：

1. 活动前个别谈话：你家里有什么玩具?你最喜欢什么玩具?

2. 请幼儿从家里带来自己最喜欢的玩具，布置成玩具展览厅。

3. 幼儿到展览厅任意挑选玩具。

4. 讨论：刚才你玩得高兴吗?为什么会这么高兴?当你玩小朋友的玩具很高兴时，你心里是怎么想的?当你看到小朋友玩你的玩具很高兴时，你心里又是怎么想的?

5. 体会：在集体活动中自己给别人带来了快乐，别人也给自己带来了快乐。

活动(二)：元旦庆祝会。

过程：基本同上(略)。

活动(三):生日庆祝会。

过程:

1. 筹备生日活动,重点:商计活动过程;制作贺卡及生日礼物。

2. 祝贺生日活动:

(1)送礼物,说祝贺话。

(2)点蜡烛,吃生日蛋糕。

(3)唱生日歌。

活动(四):教育引导个别幼儿体现分享的心情。

过程:

1. 创设集体在一起交换玩玩具的活动。

2. 引导王博宇观察小朋友的活动,引导他也和小朋友交换玩具玩,体验玩别人玩具的心情。

3. 提问:你玩得高兴吗?你为什么会玩得这么高兴?是谁使你这么高兴?如果只是自己玩自己的玩具,你会这么高兴吗?

4. 引导幼儿体会:只有大家一起玩才快乐。

目标四:引导幼儿进行精神上的分享。

分目标:培养对与人交往有一定的主动性,将所知道的事物与同伴分享的意识。

活动(一):小小播音员(同伴之间分享)。

过程:每天请两名幼儿当小播音员,将自己感兴趣的事及所知道的新闻告诉老师和小朋友,让小朋友来分享自己的快乐。

活动(二):我与小朋友相处(家人分享)。

过程:

1. 幼儿将自己在幼儿园与小朋友友好相处的良好经历告诉家人,让家人来分享自己的快乐。

2. 家长将孩子的口述记录下来,反馈给本班教师。

活动(三):随机教育、英语比赛、体操比赛、美术作品展。

过程：

1. 共同祝贺个人及班级取得成功。

2. 讨论：怎样取得第一名？

3. 引导幼儿懂得：只有齐心协力，才能获得成功，共享成功的快乐。

活动（四）：小博士讲知识（分享知识的快乐）。

过程：

1. 幼儿自己讲一科学知识或科学道理，解释一种科学现象。

2. 引导幼儿知道：自己从同伴那里学到了知识，获得了快乐，同时，自己也给予了同伴知识，同伴也获得了快乐。

分目标：分担同伴的忧愁。

活动（一）：续编故事《明明和大伟》。

过程：

1. 教师讲部分故事。明明有一只……

2. 讨论：大伟在想什么？假如你是明明，看到这种情况，你心里怎么想的？你怎么做？

3. 幼儿自愿挑选角色进行表演。

4. 表演后再讨论明明为什么把气球给大伟玩？（进一步体会角色，设身处地了解同伴的需要）

活动（二）：情境表演《陈越不高兴了》。

过程：

1. 幼儿表演生气的样子（坐在椅子上不说话，也不玩玩具）。

2. 讨论：看到陈越不高兴，你心里怎么想的？怎样使陈越高兴起来？

3. 引导幼儿：在别人不高兴或有困难时，应给予关心、帮助和安慰。

目标（五）：在实际活动中，强化幼儿的分享行为，变被动为主动，使其真正做到能与别人分享。

活动(一):种植花生系列活动。

过程:

1. 幼儿和园里的爷爷共同播种花生,浇水拔草。

2. 教师和幼儿共同起花生,并清洗干净。

3. 幼儿将洗干净的花生送到伙房,请伙房阿姨帮助煮好。

4. 花生出锅后,提问:花生应该先给谁呢?为什么?

5. 带幼儿端着花生请张爷爷品尝。

6. 带幼儿端着花生送给其它班级的幼儿品尝。

活动(二):冬季种植蒜苗。

过程:

1. 幼儿自己动手选蒜头、找小盆,装泥沙浇水,种上蒜头。

2. 观察蒜苗生长过程,画下观察记录图。

3. 教师组织幼儿剪蒜苗,清洗干净。

4. 送伙房请伙房阿姨帮忙,做成蒜苗炒鸡蛋和蒜苗鸡蛋汤。

5. 请炊事员阿姨品尝。

6. 教师、幼儿一起把蒜苗炒鸡蛋和蒜苗鸡蛋汤分给其它班级幼儿品尝。

活动(三):摘樱桃。

过程:同上(略)。

经过两年半有目的的对幼儿实施分享意识的培养和教育,萌发了幼儿初步的分享意识,在生活中,幼儿在分享方面形成了初步的自我发展机制。如:王玉成看到新入园的王伟不会穿衣服时,主动帮助他穿上;林一卓发现王尉洲摔倒哭了,她马上跑过去扶起她,用自己干净的手绢帮她擦眼泪,并把她拉到盥洗室替她洗鼻涕,还安慰她别哭了,陪她一起玩;玩具展览厅里,经常有小朋友将自己的新玩具带到幼儿园和小朋友们一起玩;联欢会上,王绍炜和宫朕小朋友由于前一天没来,王明宇、贺恩琦主动把自己最爱吃的"旺旺"夹心饼送给他俩吃;冯之晴小朋友对妈妈说:"我跟常逸群、杜商昊、王雪妮是好朋友，我们团结友爱，每天都在一起玩，玩串珠珠、大雪花插片、娃娃家，我给王雪妮扎个大辫子，有时候我当妈妈，有时候我当孩子，我们玩得可高兴了，我还教杜商昊和常逸群唱园歌，她们教我讲‘傻大熊开店’的故事。”；当她看到杜商昊小朋友一周没来时，就主动打电话询问，并同妈妈一起去看杜商昊；班级在幼儿园汇操比赛得了第一名，小朋友跳来跳去，当爸爸妈妈来接时，柴丽丽跑到妈妈面前说：“妈妈，我们班比赛得了第一名！”（当马老师来班里看小朋友的画展时，常逸群站到绘画作品前，高兴地指给马老师看，并说：“奶奶，我们小朋友画的画太棒了！”）等等，这样的事例在幼儿的日常生活中随处可见，为了更好地全面了解全体幼儿在分享方面的发展情况，检验我们教育的效果，针对教育目标，对幼儿进行了分享意识的评价见表1。（评价标准见附件）。

总人数：36人

表1　　幼儿分享意识评价

达标率% 题号	达标		基本达标		未达标	
	语言	行动	语言	行动	语言	行动
1	86.11	52.78	8.33	4167	5.56	5.56
2	88.89	61.11	5.56	36.11	5.56	21.78
3	91.67	61.11	5.56	30.56	21.78	8.33
4	88.89	83.33	2.78	11.11	8.33	5.56
5	47.22	80.56	0	11.11	21.78	8.33
6	97.22	47.22	0	41.67	21.78	5.50

通过测查显示出在分享的各方面，幼儿无论是语言上的回答，还是行动大部分达标率都在90%以上，未达标率在10%以下，充分表明，在《素质实验》指导下，根据目标设计的教育活动效果是显著的，尤其在分享快乐和忧愁方面效果突出；幼儿已初步形成了分享的意识，语言和行动基本达到一致。但是，由于分享活动的许多

方面直接涉及到本人的切身利益这一特点，因此，在实施分享教育目标中，要特别注意做到循序渐进，因势利导；注意教育阶段的连续性和持续性，注意个体差异和家长的配合等方面，不能强求幼儿，以免造成不良后果。

附件：评价记录

评价具体材料：个别谈话，记录幼儿回答，创设情境，观察幼儿表现，记录幼儿表现。

A：

1. 主试说："我这里有一辆非常漂亮的小汽车，小朋友都非常想玩，你也很想玩，你说怎么办？为什么？"

(1)不知道或不回答。(1分)

(2)我先玩，我玩完他玩。(2分)

(3)他们玩完我玩，轮流玩。(3分)

2. 主试："你从自己家里拿了自己最喜欢的玩具到幼儿园，你特别喜欢，小朋友也都想玩你的玩具，你怎么办？为什么？"

(1)不回答或不知道。(1分)(我的玩具，不想给他们玩)

(2)给××玩。(2分)

(3)借给他们玩。(3分)

3. 主试："你看，我这有3个香蕉，但有5个小朋友都想吃，你说怎么办？为什么？"

(1)不知道，不回答。(1分)

(2)简单地分着吃。(2分)

(3)说出分的正确方法。(3分)

4. 主试："新年快到了，小朋友要在一起开联欢会，老师请每个小朋友都带一些自己喜欢吃的东西，小朋友边开联欢会边吃，你说小朋友应该怎么吃?”(如果幼儿回答偏了,主试提示:小朋友一起吃,还是自己吃自己的,为什么?)

(1)经提示后仍不回答。(1分)

(2)自己吃自己的。(2分)

(3)小朋友在一起吃。(3分)

5. 主试:“我们的毳毳小朋友参加英语比赛得了第一名,她非常高兴,园长奶奶高兴,老师也高兴,那么你呢?为什么?”

(1)不回答,不知道。(1分)

(2)没有反应,不该他事一类。(2分)

(3)我也替她高兴。(3分)

6. 主试问:“早上,××小朋友来到幼儿园后,很不高兴,不玩玩具,也不说话,就坐在那里,你看到他不高兴,你怎么办?”

(1)不回答,不知道。(1分)

(2)告诉老师。(2分)

(3)主动关心,问原因等。(3分)

B:

创设一定的情境,观察幼儿的行动,同测查相对应,分析幼儿的言行是否一致,进一步了解幼儿对“分享”含义的理解和掌握。

分组观察记录幼儿的实际表现,每组至少五名幼儿。

1. 教师准备新玩具。

2. 小朋友拿自己喜欢的玩具,放在集体中玩。

3. 老师准备若干香蕉(每组3个)。

4. 小朋友拿自己喜欢吃的东西。

5. 幼儿英语(故事)比赛后,记录幼儿情况。

6. 请一名幼儿(家长配合)制造不高兴的气氛。看其它小朋友的情绪表现。

大连市甘井子区教委幼儿园　赵　华

教育活动的“诊断”、“治疗”中的收获

教育活动之一：学习制作“灯笼”

1994 年 12 月 15 日下午，我和班里的全体幼儿，热情接待了《适应我国国情，提高幼儿素质》实验课题组的专家、大连市幼教领导及一些幼儿园园长。我用心准备了半日活动接受专家的指导。在观摩完半日活动后，针对主组教育活动：学习制作灯笼。（目的：幼儿学习做灯笼，为新年布置活动室做准备。）进行了详细的分析。下面综合教育活动的过程，就专家的“诊断”、“治疗”，让我们从中得到收获，提高对素质教育的理解。

（中一班）

活动过程	重点“诊断”，“治疗”
1. 导言：现在是 1994 年，再过两个星期就是____年？（幼儿回答 1995 年），你们就又长了一岁，我们一起来布置活动室，迎接新年的到来。	与本活动目的无关的话不要讲得太多。
2. 我拿出自己制作好的小灯笼，问幼儿像什么？（多数幼儿回答像灯笼），今天老师和小朋友一起来制作小灯笼，布置我们的教室。	没有更进一步的提高，继续问：“还像什么？”让孩子们动脑去想，充分发挥幼儿的自主性（培养幼儿有目的的思维能力）。
3. 出示半成品，问：“是怎么做的？”幼儿回答：折的。	出示成品：“谁看出是怎样做的，由几部分组成，”让幼儿自己去探索，充分相信幼儿（培养幼儿的观察力）。

活动过程	重点“诊断”,“治疗”
4. 当老师看到下午的阳光直刺幼儿眼睛时,为幼儿及时调整了位置。	应给幼儿自由,自主的能力,自己去找一个阳光刺不到的位置。
5. 在幼儿自己制做灯笼时,老师进行个别指导,看到尼佳琛小朋友剪的正好相反,不能做成灯笼,老师让组里的小朋友看,指出她为什么出现这种情况,请全体幼儿注意。	指导太过具体,应该让幼儿自己进行比较分析,充分体现对幼儿的尊重。
6. 最后孩子们都完成了灯笼的制作,但有的像灯笼,有的不像灯笼,那为什么?	目的没有一步步的提高,最后一步没有上升到高处,落实得不够,应让幼儿自己去分析:如灯笼条剪得宽、窄;纸的性质,空间的多少与形状的关系等,要重点启发幼儿使整个活动上升到对幼儿思维能力的培养。

在剖析中,对活动中的每一句话,每一个问题,都进行了详细的分析、指导,并从整体上进行了“治疗”,直接落实素质教育。

1. 教育必须落实在素质上,落实到每个儿童身上。如:本次活动,美工$\xrightarrow{\text{落到}}$发展幼儿的认知、审美能力。

2. 活动目的必须明确、具体,具有可衡量性。(本次活动到底培养幼儿的哪方面素质不清楚)。

3. 素质教育是通过有效率的教育达到的,怎样有效地利用孩子在园的时间,使孩子做到:天天向上,日日进步。(对于本次活动:老师完全可制作一些范例,放在分组里进行,或活动区里请幼儿自己尝试着去做,老师进行个别指导可达到目的)。

4. 作为一次主组教育活动,要深入强调分组教育活动的基本要求即:主组活动的内容、目标必须是幼儿没有接触到的新的要求,是2/3的幼儿没有掌握的。而副组活动的内容和目标:不是主组的陪衬,而是复习、巩固前两周没有很好的掌握的,却又可脱离教师的指导,其基本依据:前两周教育目标完成的情况;活动的形式是否有重复现象。

5. 注重教师的教育、教学艺术。

通过本次活动的"诊断"、"治疗",使我深刻认识到素质教育与我们所熟悉的教材教育、技巧教育有着全然不同的教育思想和教育方式方法。

教育活动之二:12月19日下午教育活动计划

在学习制作灯笼的"诊断"、"治疗"的基础上,《素质实验》的专家又详细地指导我设计了12月19日的半日活动。

1994·12·19 下午教育活动计划(中一班)

一、活动设计

(一)起床:

目的:幼儿生活自理能力培养。

1. 指导幼儿整理床铺,注意提醒幼儿被子摆放的方向。

2. 提醒孙达、赵启峰、王雪认真穿衣、不玩。

3. 提醒常琳、张晓龙,个别幼儿擦脸,擦手将毛巾从架上摘下来擦。

(二)分组活动:

A组:

1. 活动目的:

(1)初步知道事物之间是有因果关系的。

(2)理解因果关系的意思(产生一个结果必然有原因,原因和结果是联系的)。

2. 活动方式:游戏——猜一猜。

3. 活动准备:实物。

破碎的玻璃板一块;图片:①小朋友钓鱼挂图一张;②小红上幼儿园图片一套;③小鸟憋死瓶里图一张。

4．活动进行：

(1)出示实物，一块破碎的玻璃。

“窗户上的一块玻璃碎了，请小朋友想一想，窗上的玻璃为什么碎了？”

(2)出示挂图。

①小朋友钓鱼

“请小朋友认真观察图片，想一想，两个小朋友都在钓鱼，为什么一个钓得多，一个钓得少？”

②出示小红上幼儿园挂图错误的排列顺序。请幼儿指出错误，改正，并说明为什么？

(3)语言描述。

①小明有一件毛衣，他穿着非常合适，小明也特别喜欢，可是过了一年，当小明再穿毛衣时，毛衣小了，他不能穿了。请小朋友想一想，为什么？

(初步小结：根据幼儿的情况)

②下面老师要给小朋友讲一件事，请小朋友认真听。老师抓到了一只小鸟，把它轻轻地放在一个小瓶子里，把盖子盖得严严的，过了一会，老师想喂小鸟，打开瓶盖一看，小鸟死了。请你们想一想，为什么？

小朋友说了许多原因，老师告诉你们，有的是对的，有的是错误的，请你们再想想，哪种原因是对的？为什么？

出示图片，讲述，因为瓶盖盖的严严的，所以小鸟憋死了。

③回到前面的问题，因为……所以……

④日常生活中的因果关系。

(因为我们活动了好长时间，所以我们有点累了等等)

B组：

1．活动目的：

(1)在中国地图上找到幼儿园所在省、市的位置。

(2)知道大连的主要特产。

2. 活动方式：观察，绘画。

3. 活动准备：中国政区图 30 份；蜡笔若干。

4. 活动要求：

(1)在中国地图上找到辽宁省的位置，用一种颜色涂出。

(2)在辽宁省找到大连的位置，用另种颜色涂出。

(3)画出幼儿所知道的大连的主要特产。

(三)间食

1. 提醒邵博韬、关晓雷、钟运泽吃东西时不玩。

2. 提醒张晓龙等幼儿正确使用餐巾纸(随机指导)。

(四)户外体育活动

分组游戏：A 组

1. 活动目的：学习带球跑。

2. 重点：

(1)能力小，将球控制在自己的左右向前跑。

(2)指导刘恒奇、马文慧等幼儿。

活动方式：游戏——足球运动。

3. 活动准备：球若干。

4. 活动进行：

(1)集体练习，重点带球的姿势。

(2)比赛。

B 组：

1. 活动目的：复习目标，踢静止的球。

2. 重点：用力向目标踢。

(五)自选活动

重点指导：下跳棋(思维训练)。

(六)接待家长

二、效果分析与体会

现在大家看到的这份下午活动计划，是在幼教专家的指导下完成的。在完成此活动计划之前，专家请我自己先谈一谈活动设计。目标：培养幼儿参加逻辑思维训练的初步兴趣。形式：画连环画（能力强的画四幅，弱的可画两幅），不强调画的好坏，但要求画与画之间具有密切的联系，然后告诉老师所画的连环画讲的是一个什么故事。目的是通过所画的故事，培养幼儿的逻辑思维能力，运用的手段是美术。对此，专家们直接提出了以下问题：

（一）仍然没有跳出先形式后目的旧框框，形式和目的的关系不清。

（二）目的是培养幼儿初步的逻辑思维训练的兴趣，但到底培养幼儿思维的哪一方面？讲不清，说不明，也确实不知道。只觉得活动的目的是培养幼儿的逻辑思维，究竟是逻辑思维的哪一方面，从来没有想过，由此我体会到教师应从以下几方面思考《素质实验》中的有关问题：

第一，活动目的与形式的关系，是目的先于形式，而不是形式先于目的，在以往我们的备课和活动中，是先选好了内容、形式，再根据内容、形式去罗列目的。比如："折小船"我们首先确定了此次美术活动的内容是折小船，然后找出目的：(1)提高幼儿动手操作能力；(2)培养幼儿的想象力和思维能力等等。这有什么不对吗？难道你能说在此次活动中没有这些目的，是的，有这些目的，但它并不是有意识的，而是一种无意识的，不是以幼儿为主体，而是教师重视决定的，有一定的局限性，不深入，不具体，没有使幼儿在原有水平上得到进一步的提高，与我们的素质教育相差甚远。

第二，目的要明确、具体、具有可量性。所谓活动目的的单纯、具体是与我们目的的笼统、面面俱到、不具体相对而言的。过去我们一节课，除与内容类别有关的技能技巧的培养外，发展想象、思维，进行道德教育，提高语言能力等各种内容基本上都作为目的予以罗列，而各项目的太笼统，不明确，比如：培养幼儿的思维能力，到底是思维能力的哪一方面？是事物的因果关系？还是对立关系？还是概括？由于教师头脑不清楚，备课又无明确要求，因此在教学中老师往往把握不住，流于形式，教育任务不到位在所难免。

第三，虽然目的明确，形式和手段不是服务于目的，大搞形式主义。在现实教学中，还存在一种非常严重的现象，即目的明确，具体，但教师的指导偏离目标，不是为目标服务，而是大搞形式主义。如：小班幼儿认识手绢，主要目的是使幼儿知道手绢是用来擦鼻涕、擦汗、擦眼泪的；目的够明确的，在实际教学中却唱手绢、玩手绢、画手绢等等。一个简单的目的用了整整一周的时间才完成，大大浪费了老师、幼儿的时间、精力。

第四，深入分析、理解课程标准中的每一项教育要求。这一点，对于刚刚从事《素质教育》的教师来说并不容易。因此在实验中我们要认真研究课程标准中的每一句话，每一个词，领会其含义。如：学会向上自抛自接球；学习用球投篮；会单独站持续 5～10 秒。这其中要求的程度明显不同，“学会”、“学习”、“会”在教学中不应一概而论，应根据程度的不同去加以实施、完成；再如：对国家和国际上适合幼儿理解力和兴趣的大事，有了解的主动性，并产生感情，如“希望工程”是什么事？为什么目前“卢旺达”有那么多难民？要求培养幼儿对一些事情的兴趣，而不是让我们去教幼儿知道什么是“希望工程”等。这些在教学中一定要注意。

第五，提高教师自身的理论素质。和专家交谈中，我最深的体会便是自身的理论水平相差很远，很难达到专家们的要求，致使许多教育目标理解、分解的不合理，影响了素质教育的提高。

大连市甘井子区教委幼儿园　刘向红

浅谈分组教育活动的设计

以班级为主的集体教育活动，尽管有节约时间、空间、师资的优点，但也存在一些弊端，具体表现在：教师每天要面对几十个存在不同差异的幼儿，难以做到细致地观察了解每一个幼儿，教育的主导作用受到限制，不能因人施教；师生之间、幼儿之间对话机会少、交往机会少，由于场地、材料等条件的限制，幼儿运用感官进行操作的机会少，难以挖掘幼儿的潜能；幼儿被班级所限制，好的上不去，差的勉强上，不能在各自原有的水平上得到发展。为此，我们在活动中开展了分组教育的尝试。

幼儿园工作规程指出："幼儿园的教育活动是有目的、有计划引导幼儿主动活动的，多种形式的教育过程。"教育活动的基本形式有集体活动、分组活动和个别活动。分组活动是介于集体、个别活动之间的一种活动形式，即将全班幼儿按某种因素分为几个小组分别组织活动，其目的是让幼儿有充分活动的机会，以促使每个幼儿在原有基础上的发展和提高。

分组教育的方法很多，但主要有以下几种：

一、按教育的主、次目标分组

教师依据教育的主要目标和次要目标设计的主要学习活动（也称为主学习和主活动教学时，直接寻求教育结果，只有一项目标，新技能、概念或认识。）和辅助学习活动（也称为副学习或副活动与主活动有某种联系的观察或操作。）再将幼儿按自然状况分为a、b、c组并轮流组织实施。如：

主活动（a组）：

教育目标：学习将圆形、正方形四等分。

准备：剪子、圆形、正方形纸若干、小盘

过程 1：出示四个相等的扇形，让幼儿通过观察比较，讨论理解“相等”。2. 请幼儿将圆形分成四等分，知道“等分线”、理解“四等分”的含义。3. 扩散幼儿思维：还有什么形状可以四等分，用不同的方法将正方形四等分。

副活动(b 组)：

教育目标：复习有规则地排列(能按几何图形的形状不同有规则地排列成直线或简单图案，训练幼儿思维力。)

副活动(c 组)：

教育目标：拼摆构图(练习用几何图形组合拼摆各种形似图案，发展幼儿想象力)。

活动程序：

主活动	副活动
1. a 组	b. c 组
2. b 组	c. a 组
3. c 组	a. b 组

分组的原则：

1. 主活动作为分组教育活动时教师主要指导的内容，其他组安排副活动。

2. 副活动要服从主活动，既不能影响主活动又不能被主活动打乱，但都要在教师视线之下。

应注意的问题：

1. 各组活动自然开始，自然结束，就像在家里玩了这个又玩那个一样。

2. 在幼儿完成了第一个活动内容之后，应给幼儿小块自由活动时间。

3. 各组的目标要单一，一般安排在 0～15 分钟之内完成，特殊情况教师应做弹性处理，不应下令停止或强行幼儿转换活动。

4. 副活动作为辅助学习的复习活动，较原学习经验有一定的难度，以利幼儿注意集中，要付出一定的努力才能完成。

5. 活动时先组织好副组并把活动内容交待给幼儿，配班老师要注意做好副组的观察指导和换组的工作。

还有围绕一个目标多层次的分组，这种分组活动无主副之分，幼儿按自然状况分组，几组幼儿不同的活动内容从不同的侧面指向同一目标。如：

教育目标：将同类物放在一起。

a 组：提供大小不同的水果图片，把水果妈妈和水果娃娃放在一起。

b 组：提供大小不同的动物图片，把动物妈妈和动物娃娃放在一起。

c 组：提供大小不同的瓶盖、扣子、小玩具，把大小不同的同类物放在一起。

二、按幼儿的能力分组

由于遗传素质、教育和个体经历的不同造成了幼儿能力上的差异，如果我们按同一目标、同一要求组织幼儿活动，势必造成能力强的幼儿"吃不饱"，能力弱的幼儿"吃不了"，周而复始会阻碍幼儿的发展。教师在观察了解幼儿的基础上把全班幼儿按能力高低分别分组或搭配分组，组织教育活动。

1. 按能力高低分组

根据教育目标和幼儿的实际水平有目的地将幼儿分为高(a)、中(b)、低(c)三组。如：

教育目标	教育内容及指导方法		
	a组	b组	c组
学习四角中心对称折	提供做好的风车，幼儿通过观察，自己探索制做方法。抽象的教育方法	提供半成品或成品风车，让幼儿分两步来探索学习。较具体的分步学习法	教师从头至尾示范制做风车。直观形象的教育法

2. 按能力高低搭配分组

根据教育目标和幼儿的实际水平，有目的地将强、弱幼儿搭配为一组，a、b、c组，如：

教育目标	教育内容	指导方法
学习拍球技能	原地拍球，边走边拍，转圈拍跨腿拍等组	能力强的幼儿做能力弱的幼儿小老师，教师巡回随机辅导
培养自我表现能力	准备新年联欢会，布置环境组、制作道具组、排练节目组等	能力强的幼儿负责带领小组活动，教师巡回随机指导

另外，还有针对性分组：根据班上部分幼儿共同存在的倾向性问题进行分组和兴趣分组如自选活动和美术活动等，这里就不一一列举了。

分组教育活动由于把全班几十名幼儿分成了几人一组、人数较少，有利于教师更细致，更全面地观察了解每一个幼儿，因人施教，因材施教；能充分利用空间、材料、幼儿有较多的时间充分活动、操作，使不同水平的幼儿都有机会获得经验，体会成功，有利于培养幼儿的自信心，提高各种能力：师生之间、同伴之间对话、交往机会增多，融洽了师生关系，幼儿无拘束感，有利于互相启发、帮助,调动了学习的积极性。但是在实践中我们也发现,并不是每一个教育内容都能进行分组活动或把分组活动作为单一的教学组织形式,贯彻于一日活动的。因为其一,单一的分组活动虽能照顾不同水平的幼儿,却不能促进全班幼儿的平衡发展,容易在班级中产生好、中、差三级分化的现象,不利于幼儿的心理健康;共二,如果不能灵活地应用分组活动,则会造成教师指导上的不均衡和幼儿常规上混乱。其三,幼儿年龄小,自制能力差,能力强的幼儿毕竟占少数,而大部分幼儿还是需要老师的具体指导,而老师在指导某一组时,其他组的幼儿则易分心,影响正常的学习活动。

不可否认,有的分组活动增加了教师负担,如同一教育目标要分几次才能完成,实践中有的教师不愿找这个麻烦,但只要我们真正树立了热爱孩子,尊重孩子,一切为了孩子的儿童观、教育观,实施分组教育活动也就不是什么难事了。同时,千万不要误认为深化幼教改革就是搞分组教育。教育哲学告诉我们:内容决定形式,而不是形式决定内容。当教育内容选择确定之后,教师应在一日活动中根据教育内容灵活地应用集体、小组、个别活动的形式,为幼儿提供充分活动的机会,注重活动过程,促进每个幼儿在不同水平上的发展。

兴隆台采油厂机关幼儿园　周幼平

1995年4月

教师随笔

小红花

由于我园活动室、寝室是在一起的，所以每天午睡后叠床垫的任务便理所当然地落到了每名幼儿身上。在“自己事情自己做”的要求下，小班的幼儿做得很起劲。但是到了中班，事情竟发生了变化：一段时间内，起床后总有几套被褥躺在垫子上，无人问津。在教师再三启发下，也没人承认这被褥是谁睡过的，最后只有让值日生把被抱走了。随着时间的推移，事情越来越严重，后来发展到大多数的被都没有人抱了，这可确实让我们挠头了。

经过我们再三商量，最后决定还是给幼儿一些物质刺激，以激发幼儿的责任感。我们为此与全体幼儿开展了一次谈话活动，引导幼儿知道只要是好的习惯就要保持下去，在力所能及的基础上，自己做好后还要努力去帮助别人。并告诉幼儿说：从今天开始，谁抱的被多，谁将得 朵小红花，一周搞一次评比，看看谁得的红花多。这样一来，下午立竿见影，幼儿们叠被的速度快了，抱被的速度也快了，情绪也特别高涨。当行动与奖励对应后，没得到小红花的幼儿都表示明天一定要争取。

又是一个下午起床后，幼儿们仍然积极主动地起床抱被，个别幼儿还忍不住心中的喜悦悄悄告诉周围的小朋友，他已经抱三次被了，今天一定会得小红花……我正在给女孩子梳头，突然，李奥风风火火地跑来了，“小李老师不好了，陆一峰，许陶吵起来了！”我连忙走进活动室，看见这两名小朋友手里拽着被子，脸上流着泪水，谁也不肯让步。我忙问：“你们俩儿这是为什么？”没等他俩说话，李奥在一旁插嘴说："他们俩都要抱这床被子。"噢！原来是为了这个。我长出了一口气，劝解他们说："你们俩都想抱这床被子，都想为集体服务，这是好事，可剩下这床被子，谁抱不一样呢？谦让些。"我话音未落，他们俩便嚷起来了，"不一样，就是不一样。"许陶说："我抱了这床被子，就可得到小红花了，我不能谦让。他昨天都得小红花了，他应该谦让。"陆一峰说："我不能谦让，今天我还要得一朵小红花。"听到这，我诧异了，原来小红花并没有起到真正的作用，幼儿只是对小红花感兴趣，而没有认识到小红花背后真正的东西，这不是教育的失误吗？

我们又与全体幼儿进行了一次谈话，在这次谈话过程中，我们请幼儿认真思考几个问题：一、你为什么要抱被？二、你为什么要得小红花？三、如果不给小红花你抱被吗？幼儿回答问题的积极性很高。陆一峰说："老师说过自己的事情自己做，所以我要抱被。我班的张铮太瘦了，没有劲，我每次都想帮助她。"宝林说："得小红花很光荣，而且小红花也很漂亮，所以我想得小红花。"关于第三个问题，大部分幼儿都表示不给小红花也会抱被，只有个别幼儿说："不给小红花就不太想抱被了。"针对幼儿对小红花的两种态度，我们认为小红花在一定程度上对幼儿的自我服务行为起到了巩固促进作用，但它并没有使幼儿的良好行为内化为他们自身内在的素质。所以我们决定不再给幼儿任何奖励，而在认真观察幼儿行为的基础上，采取了树立榜样，正面说服，积极鼓励等方式方法，努力诱导幼儿懂得自我服务和为他人服务的意义，增强其责任感。这样，经过一段时间的巩固，班内"自己事情自己做"以及"互相帮助，互相关心"蔚然成风。"我自己能干，自己能做"这样的语言经常挂在嘴边。看来，"自己事情自己做"这种意识在我班幼儿脑海中已经根深蒂固了。

在幼儿有一定"自我服务"意识的前提下，教师要利用各种手段使幼儿从单纯对工作及奖励的兴趣逐步向责任感过渡，并使这种责任感一步步强化和巩固。这样，才会使每一教育目标真正落到实处。

鞍山焦耐院幼儿园　李　娜

蒙蒙变了

李　娜

初进班，我注意到一名不惹人注意的小女孩，叫蒙蒙。蒙蒙生有一双美丽的大眼睛，却总是怯怯的。犯错误的没有她，受表扬的也没有她。我试着拉她的手，她也总是在你不经意时把手轻轻地拿开。我用眼睛看她时，她也总是把头微微低下。咦！一个好怪的孩子！难道她不喜欢我吗？与她妈妈闲谈时我才了解到，她妈妈也为这个孩子的性格恼火，说这个孩子胆小、怕羞、不合群、不开朗、太封闭自己了。

我对这个孩子产生了很大的兴趣，我决心要改变她。于是，我暗暗地开始观察她，发现她只跟班上的张铮小朋友好。张铮是一名性格开朗、社交能力很强的幼儿。两个人每天早晨在自选活动时总要在一起叽叽喳喳嘀咕一阵子。每当这时，我就有意无意地跟她们两个搭上几句，而每次都是张铮在热情地回答，而蒙蒙总是沉默不语，问到她时，她也总是小声说“是”或“不是”。

机会总算来了。有一次进行音乐游戏，需要两个小朋友组合在一起进行活动，而恰巧那天张铮没来。当我请小朋友互相找对时，我立刻注意到了蒙蒙那焦急的眼睛在四下搜寻着，我马上走了过去，蹲下身，拉着她的手问她：“蒙蒙，愿意跟小李老师做这个游戏吗？”蒙蒙的眼睛愣了一下，随即点了点头。这次活动中，蒙蒙表现得特别认真，尽管最初行动有些拘谨，但一会儿也就活动自如了，而且在我的配合下，还首次当着全班小朋友的面表演了一次。活动即将结束时，在全班小朋友面前，我着重地表扬了蒙蒙，夸她进步了，夸她勇敢了，并激励她再接再厉，争取更大的进步。活动结束后，我看到了蒙蒙一直用微笑的眼睛不停地望着我。

这次音乐游戏活动使我和蒙蒙的友谊有了一个良好的开端。

这以后，蒙蒙开始有意无意地注意我了，有时我伸手摸摸她的头，拍拍她的脸，拉拉她的手，她都愿意接受了，而且我也不放过一点儿使蒙蒙进步的机会。

一次，我提问小朋友一个问题：“小鸡和小鸭的脚一样吗？什么地方不一样？不一样的地方对它们的生活有帮助吗？”问题提出后，我用期待与鼓励的眼光看着蒙蒙。这次，蒙蒙没有逃避，而且迎着我的目光，勇敢地举起手，我立刻微笑着请她来回答。蒙蒙站起来时，脸有些红了，声音小小地回答了我提出的问题。看！这是一次多么好的机会，我怎么能轻易放过呢？我连忙走过去，拉住她的手说：“蒙蒙，老师想跟你说几句悄悄话行吗？”蒙蒙点点头。我蹲下身，趴在她耳边轻轻说：“你今天真勇敢，老师真高兴看到蒙蒙有这么大的进步，你刚才回答得很好，你能不能把刚才说的话再大声重复一次呢？”说完，我仍然用积极鼓励的目光看着她，蒙蒙随即又肯定地点了点头。我转头对全体小朋友说：“蒙蒙今天进步可真大，她不但愿意主动回答问题，而且还愿意再把答案大声重复一次，小朋友你们认为蒙蒙进步，就给她鼓鼓掌好吗？”蒙蒙还是有些羞怯地开口了，在我用眼睛和微笑不断鼓励她的情况下，蒙蒙回答问题的声音越来越大，没等蒙蒙说完，小朋友们就用热烈的掌声给蒙蒙以热情的鼓励。

这件事以后，蒙蒙喜欢跟我在一起了，还愿意跟我说几句悄悄话。蒙蒙变得自信了，愿意与小朋友交往了，开始合群了，我也及时地表扬和肯定蒙蒙的点滴进步，使蒙蒙进步越来越大了。

家长也感动了，拉着我的手不停地给我讲蒙蒙在家中的变化，孩子脸上的微笑多了，愿意与家人讲一些园里的新鲜事了，来客人愿意打招呼了等等。

幼儿是非常敏感的，可塑性也是非常大的，她们需要的并不多，一个微笑，一个肯定，轻轻地抚摸，一种赞扬的目光……就会使她们的性格逐渐发生变化，甚至会改变她们的一生。所以要培养幼儿活泼开朗的性格，教师就应多观察幼儿，尊重幼儿，用加倍的爱来创造教师与幼儿之间平等、宽松、融洽的气氛，并不断给予她们以肯定和鼓励，这样才能使她们的性格、情感得到健康发展。

鞍山焦耐院幼儿园

由吃猪肝想到的……

罗惠文

张夕月是我班个性最强的孩子，平日里总是做出与众不同的事情。她认准的事就一定要做，不轻易接受别人的意见和建议。如：户外活动，老师告诉小朋友把外衣脱掉，免得活动起来不方便，会出许多汗，大家都按要求做了，唯独她不肯脱外衣，还说："我不怕热，我怕感冒。"怎样讲道理她也不接受。户外活动时，她热得满头大汗，这才同意把外衣脱掉；当她做了错事，老师批评和教育她时，总是一副很不服气、不接受的样子，是老师眼里"最不听话"的孩子。

一天早餐的菜是孩子们大都不喜欢吃的猪肝，张夕月是值日生，她为大家端完菜后对我说："老师，我不吃早饭了，我已经在家吃过了。"我知道她不愿吃猪肝才这样说，平时也有一些孩子遇到自己不爱吃的饭菜就说在家吃过了，我们常讲吃早饭的好处：有营养、长身体，不吃早饭的危害：会头疼，全身无力，影响活动等。有的幼儿在老师劝说下能吃一些，但有的幼儿还是不情愿的。今天对于张夕月这样有个性的孩子，我知道像以往那样的劝说她估计也不会接受。但不吃早饭又会影响她的健康和一上午的活动，我看到她是值日生，就小声对她说："今天你是值日生，大家都看着你呢，如果你不吃早饭，大家也都跟着不吃了，那可怎么办？"她认真地想了想，然后笑着点了点头，回到自己的座位，很快就把饭菜吃完，又高兴地来到我身边，自豪地说："老师，我把猪肝全吃完了。"由于在她的心目中，值日生是应该为大家做出好榜样，一种值日生的责任感使她愉快地接受了吃猪肝的"任务"，而不是老师要求或命令她这样做。我在小朋友面前表扬了她的进步。

这一件平平常常的小事，让我感到：老师对幼儿提出一些合理的要求，也要讲究一定的方法才能有效，尤其是大班幼儿独立性增强，自主能力有很大发展，他们不再像中、小班幼儿那样“听话”而是增长了自己的观点和见解，家长们也普遍反映孩子到了大班后特别有主意，总是与你辩解，不轻易服从父母的要求。

这就对我们老师和家长提出更高的教育要求：不能用陈旧的教育观点总是要求幼儿“听话”，不能把成人的想法以命令式、强迫式的语言强加于幼儿令其接受，不能总是命令幼儿应该这样，应该那样，或不许这样，不许那样等等。对幼儿实施教育，提出合理的要求，都要建立在尊重幼儿的基础上，采用幼儿乐于接受的方式，用平等亲切、商量的口吻教育幼儿，使他们从内心感到老师和父母的话有道理，同时注意语言、态度的艺术性，根据幼儿的个性特点，采用不同的教育方式和方法。总之，教育幼儿是一门艺术，我感到在实践中要不断地总结探索，积累经验，做一个教育的有心人。

辽宁省军区幼儿园

给幼儿一个自己解决问题的机会

罗惠文

一天午饭前，幼儿都安静地听故事，无意中我发现董雯小朋友却在一张小桌前双手蒙着眼睛好像在哭。平日里她表现一贯很活跃，很乐观，而且学习是班上的佼佼者，同伴们都很维护她，从来没见过她伤心落泪、不高兴的时候，今天她怎么了？我好奇地走到她身边，蹲下来轻轻地询问："董雯，你怎么了？"她抬起一双泪眼对我说："孟天姣欺负我，她不让我出去，还告诉别的小朋友不跟我玩。"说完又趴在桌子上哭起来，很委屈的样子。我想："一定是姣姣小朋友挑起了同伴不团结的事，女孩子中常有这样的事情发生，今天应该认真处理一下。"但姣姣这孩子性格内向，胆子又很小，如果直接批评她，她不会说出事情的经过，不利于调查了解幼儿的行为。于是我用一种平淡的若无其事的语气问到："姣姣，你能告诉我是怎么回事吗？"姣姣正用胆怯的目光望着我，看到老师没有批评她，她站起来镇定自如地回答："刚才在外面玩，董雯只和刘一娜、李施两人玩，不跟我们大家一起玩，我想：大家都在一起快快乐乐地玩，那该多好啊！回来后我坐在董雯旁边，可是她要出去找李施，我想她一定是要告诉李施，不跟我们大家好，所以我没有让她出去，她就哭了，我没有欺负她。"董雯马上反驳到："我不是出去告诉李施这件事，我想告诉她咱们一起给大家表演一个节目。"姣姣说："那你也没有这样说呀！""那你也没有问我呀！"她俩你一言我一语地辩解起来……。最后大家都听明白了，原来是一场误会，她们谁也没有错，二人又和好如初。

事后我引导幼儿讨论：为什么她们会产生误会？同伴间有了矛

盾应该怎样解决?幼儿纷纷发表意见,刘一娜说:“应该先问一问了解情况,就不会有误会了。”王晏圣说:“小朋友吵架了不能哭,哭不能解决问题,要和他讲道理,谁错了就赔礼道歉。”曹玉玺说:“做错事的小朋友要说对不起,请求别人原谅!”周子乔说:“如果他做了错事还不道歉,大家一起批评她,还可以告诉老师,老师会批评她。”经过大家讨论,幼儿分析问题、解决问题的能力得到进一步的巩固和提高。

经过这件事给我一点体会:教师在日常工作中处理幼儿间的矛盾纠纷不能凭自己的主观臆念或只看表面现象评判幼儿行为的是与非,要耐心地听幼儿说明原因,了解事情的真相,引导幼儿自己解决。这样做虽然很繁琐,甚至会影响正在进行的活动,但却能帮助幼儿从中学习明辩是非,学会分析问题、解决问题的方法,从而提高幼儿独立解决问题的能力,促进幼儿能力素质的提高;同时避免因教师的判断失误而挫伤幼儿的自尊心,影响幼儿个性的健康发展。在日常工作中教师要做到以饱满的热情,良好的心态,公正、平等地对待每一名幼儿,深入了解每一名幼儿是很不容易的,但只有这样才能称之为优秀的幼儿教师。

辽宁省军区幼儿园

第五部分

附　录

小班的主要教育目标与课程标准

一、小班教育目标的总要求

（一）熟悉幼儿园的环境，习惯幼儿园对小班儿童的生活和教育要求的常规，对幼儿园产生良好的感情，喜欢幼儿园的生活和教师。

（二）有在集体中独立生活的初步能力，愿意学习并形成一些基本的良好生活习惯、文明行为习惯和言语习惯。

（三）能和家人、小朋友、教师、邻里等关系密切的人友好相处，知道应该关心别人。

（四）知道身体健康的重要性，愿意认真锻炼身体，接受疾病预防措施，知道一些最起码的保护身体安全和健康的常识并具备一定的有关能力。走、跑、跳等基本动作基本正确。

（五）对家庭和幼儿园的日常用品的名称及用途比较熟悉，对与自己生活关系比较密切的人物的称呼及职业性质比较清楚，对家庭和幼儿园附近的环境比较了解，对生活环境中的新鲜事物感到有兴趣。

（六）对自然环境和自然现象感到有兴趣，愿意观察自然物和自然现象的特征和变化，知道一些简单的自然常识。

（七）能用语言与周围人正常交往，有接受、理解、表达语言的初步能力。

（八）有初步的数的概念，有比较事物外表的简单的相同点和不同点的能力，学习一些概括和分类的方法。

(九)愿意听美好的音乐,看动人的图画,愿意大胆地画、想、唱、跳、说,并掌握最初步的有关技能。

(十)学习分辨事物是与非的最基本的原则。

(十一)初步认识集体、公共等概念,学习有关有利于集体、公共等的基本原则。

二、小班第一学期课程标准①

(一)习惯幼儿园的环境

1. 情绪稳定;

2. 依靠、信任与接近老师(包括保育员老师);

3. 能遵守集体生活的基本行为要求;

(1)在教师允许的范围内活动;

(2)遵守作息制度;

(3)知道按照教师的要求行事;

(4)正常地参加集体活动;

(5)正常地对待来园和离园;

(6)学习与小朋友友好相处,学习控制独占独霸现象;

(7)愿意和少量的小朋友共同游戏,游戏中少有争吵现象。

(二)愿意养成良好的生活习惯

1. 个人卫生习惯:

(1)乐意地对待晨起、午睡及晚睡前的洗脸,自己会正确洗脸;

(2)知道餐前、便后、外出回室或回家要洗手,会正确洗手;

(3)乐意地对待临睡前的洗脚和洗屁股,愿意洗澡和洗头;

(4)知道早晨和进餐后要漱口,知道刷牙是一种卫生习惯;

(5)学习养成定时大便的习惯;

(6)知道去厕所大、小便,知道不使大、小便排在坑外;

(7)学习便后擦屁股,女孩注意由前向后擦;

(8)学习不对着人咳嗽、打喷嚏,用手绢捂住嘴咳嗽、打喷嚏;

(9)知道不随地吐痰;

(10)不用衣袖擦嘴和鼻子,不用衣袖擦汗;学习在必要时使用

① 注:小、中、大班课程标准摘自史慧中主编《谈幼儿园的素质教育》,科学普及出版社 1994 年 10 月版。

手绢。

2. 饮食习惯：

(1)坐在桌边吃饭；

(2)学习正确吃饭的姿势——吃饭时知道端碗或扶碗，端碗时两肘不撑在桌面上；用碗就嘴，不用嘴就碗；

(3)吃饭时口里不发出大的响声；

(4)吃饭时，不将骨头和刺吐在地上或桌上；

(5)不挑食；

(6)不抢吃；

(7)不过饱；

(8)不随意洒饭粒；

(9)不乱扔果皮、糖纸。

3. 言行习惯；

(1)学习良好的坐姿——背直，两腿不撇开，坐下时行动不鲁莽；

(2)学习良好的走路姿势——背直，不八字脚，两脚不拖地，手臂自然摆动，手腿动作协调；

(3)学习良好的行为习惯；

①不大吼大叫，不乱疯，不撒泼；

②不撕书，不乱扔玩具；

③知道用完东西后要放回原处；

④学习收拾玩具；

⑤对桌椅要轻抬、轻拿、轻放，不拖桌椅；

⑥不趴在桌子上，不随便躺在地上；

⑦知道应该保持衣服的整洁；

⑧知道不在马路上乱跑，知道走人行道；

⑨学习“谢谢”、“早”、“好”、“请”、“再见”等文明用语；

⑩不在墙上、地上、桌上乱画。

(三)学习正确处理家庭、邻里等关系

1. 家庭关系：

(1)知道家的重要；

(2)知道家中成员与自己的关系；

(3)知道父亲、母亲的姓名；

(4)知道父亲、母亲的工作单位名称；

(5)知道父、母对自己的爱；

(6)知道家是需要每个人对他加以爱护的；

(7)学习为父母做事，学习关心父母；

2. 邻里关系：

(1)知道邻里与自己家庭的密切关系；

(2)知道友好地对待邻里的小朋友；

(3)学习礼貌地对待邻里；

(4)学习在家中接待邻里和亲戚。

(四)学习几种正确地基本动作

1. 知道双脚跳时应该脚尖落地，落地时要轻；

2. 知道跑时双臂要自然摆动；

3. 知道跑时两脚要离地，不擦地；

4. 达到走跑交替 150 米的距离；

5. 会听教师信号朝一个方向走和跑；

6. 学习一个跟着一个地走；

7. 学习一个跟着一个地跑；

8. 能跨越 20～25 厘米的宽度；

9. 能跨越 10～15 厘米的高度；

10. 学习听信号变换走和跑的速度；

11. 能从 20 厘米的高处往下跳；

12. 双脚立定跳到 25 厘米的距离；

13. 纵跳摸高 15 厘米；

14. 能在20厘米内的平行线中走；

15. 能在高20～30厘米、宽20厘米的平衡木上走；

16. 会跟着成人躲闪；

17. 学习单足站立，时间达8～10秒；

18. 会朝一个方向滚皮球；

19. 会朝上方抛球；

20. 会与成人近距离地接抛球；

21. 会双手双膝着地爬；

22. 会钻过65厘米高的障碍（栏杆、绳）；

23. 会钻爬直径50厘米的圆圈；

24. 会手脚协调地攀登（高度适当）；

25. 会用脚前方踢球。

（五）学习正确地操练

1. 愿意参加操练、不怕冷，不怕热；

2. 操练时，动作认真，努力使之到位；

3. 操练时，能使动作配合口令和节拍；

4. 学习两套徒手操；

5. 知道按"立正"、"原地踏步"、"立定"等口令动作；

6. 学习一个跟着一个地走队形（圆圈、直线）；

7. 会做3～4种律动。

（六）学习认识周围的环境

1. 知道本班主要活动地区的名称（活动室、寝室、厕所、洗脸室、走廊）；

2. 知道本园户内外主要区域的名称（厨房，卫生室，操场）；

3. 知道本幼儿园的名称；

4. 知道幼儿园所在的街道名称；

5. 知道幼儿园附近有些什么主要建筑；

6. 学习园外主要环境的名称（如人行道，街心花园，商场……)；

7. 知道与主要环境有关人员的称呼及他们的作用(6～8 种)：如警察、司机、炊事员、医生、园长、老师、工人；

8. 知道本班主要用具的名称(12 种以上)如：洗手池、杯子、玩具柜、书架、花盆、风琴(钢琴)、油画棒、图画纸、胶泥、泥工板、剪刀、浆糊、水壶、桌布、地毯……；

9. 知道本班主要玩具的名称(10 种以上)，如娃娃、积木、拼板、牌、棋、球、绳、积塑、套碗……；

10. 知道本班主要活动的名称(10 种以上)，如起床、喝水、吃点心、听故事、参观、浇花、洗手……；

11. 知道本班主要活动区的名称和用处；

12. 知道在活动区活动的主要规则，如：

(1)在自己活动的区域活动，不去打扰别的活动区的活动；

(2)在活动区内只能玩本区的玩具；

(3)离开本区时，玩具要放回本区的玩具架上。

13. 知道家庭主要家具及电器的名称及用途(10 种以上)，如衣柜、书桌、餐桌、沙发、茶几、洗衣机、冰箱、电话……；

14. 知道常用清洁工具的名称及用途(6 种以上)如扫帚、簸箕、拖把、掸子、擦桌布、洗碗巾……；

15. 知道家庭和幼儿园常用器具的名称及用途(10 种以上)：锅、菜锅、切菜刀、水果刀、刀板、盆、饭碗、勺、菜盘……。

(七)学习认识自己

1. 知道自己的名称；

2. 知道自己的年龄；

3. 知道自己的性别；

4. 知道自己的主要器官和部位的名称；

5. 识别自己的衣服(3 件以上)；

6. 学习认识自己是集体的一员；

7. 学习说出自己的主要特点，如：身材瘦或胖，皮肤白或黑，头发长或短或梳不梳辫子，声音高或低，说话声音大或小，喜欢什么玩具，习惯什么活动。

(八)知道与自己关系密切的节日(三种以上)

1. 知道过年在冬天，大家都快快活活地过年，过年后自己又大一岁；

2. 知道自己的生日，知道生日过后，自己更长大了；

3. 知道六月一日是小朋友的节日，名称“儿童节”，高兴地为儿童节作准备。

(九)学习认识自然环境

1. 知道“春”、“夏”、“秋”、“冬”四季名称；

2. 知道夏季与冬季的气候特征；

3. 知道5种以上植物的名称，花、树、草、叶、菜；

4. 会正确地运用“雨”、“雪”、“风”、“雷”等自然现象的名词；

5. 知道花、草、树、菜等植物需要阳光和水；

6. 知道当地常见的水果的名称(3种以上)，如：苹果、梨、香蕉、桔子、西瓜……；

7. 学习照顾植物，如：浇水，晒太阳；

8. 认识几种动物，如：故事中经常出现的狗、猴、狼、羊、牛和动物园中可见到的象、老虎、狮子；

9. 说出几种粮食名称：大米、玉米、面粉；

10. 认识河、山、沙、石等自然物；

11. 学习喂养小动物：小鸟、鸡、鱼。

(十)掌握一些基本的言语能力

1. 掌握表达上述各种类事物的“词”；

2. 安静地听老师讲故事；

3. 能用语言和成人与小朋友达到基本交往的目的；

4. 能大胆地回答问题；

5. 能大方地自然地说话；

6. 愿意学儿歌；

7. 能听懂简单的儿歌的意思；

8. 能正确地、口齿清楚地说四首儿歌；

9. 能口齿清楚地说两个简短的故事；

10. 喜欢看图书，愿意边看边说；

11. 会传递老师的简单的要求给小朋友或家长，如“△△，老师叫你去”。“妈妈，老师说明天要穿裙子去幼儿园”；

12. 除第“1”条的要求外，知道下列词的意思：

(1)动词：拍、打、吹、做、洗、搓、拿、拉、推、跳、抓、爬、丢、包、装、收拾、扫、浇、抹、煮、剪、切、读、抱、脱、摇、擦、摸、签、搬、追、踢、跳舞、唱、吞、吐、喜欢、爱、生气、猜、忘记、帮忙(帮助)、欢迎、进来、出去、粘、贴、晒、拖；

(2)形容词：好、坏、新、旧、干净、整整齐齐、乱七八糟、可爱、乖、用心、弯、胖(胖乎乎)、快、慢、亮、暗、光滑、硬、软、响、高、低、远、近、黑、白、长、短、粗、细、宽、大、小、矮、毛茸茸、红、绿、黄、蓝、雪白、圆；

(3)副词：也、又、再、都、先、一起、还；

(4)量词；个、碗、盒、块、条、件、杯、只、题；

(5)代词：你、他、我、自己、大家、谁、这儿、那儿、什么；

(6)连词：要是；

(7)介词：在、到；

(8)助词：的、了、啊；

13. 会清楚地表达自己的愿望；

14. 会给父、母讲一件事；

15. 敢在大家面前用语言加以表达，如：提一个问题，发表自己的意见，朗诵一首短诗；

16. 愿学普通话。

(十一)愿意观察一些事物

1. 有兴趣地观看动物的行动,如:看蚂蚁钻进钻出,看蚂蚁搬食物,看蚂蚁排队走,看蚯蚓爬,看鱼游水;

2. 愿意看图片;

3. 愿意看别人做事,如:大人扫地,司机开车,工人浇花,农民锄地,警察指挥交通;

4. 愿意观察本班植物的生长变化情况。

(十二)学习用多种感官去获得比较准确的感知

1. 知道用眼、手等发现某个具体事物的特征;

2. 学习通过感官发现某事物的主要特征;

3. 学习比较事物的不同点。

(十三)学习运用注意力、记忆力、想象力、思维能力

1. 能注意力比较集中地听老师的要求;

2. 能注意力集中地活动 5 分钟;

3. 学习运用记忆力去达到成人的要求;

4. 在教师指导下运用想象;

5. 敢于想象;

6. 有一些初步的数的概念:

(1)知道"1"、"2"、"3"、"4"、"5"代表的量;

(2)比较"1"与"许多"的关系,知道"1"与"许多"的意思;

(3)知道"多"与"少"是数的体现,知道"一样多"的意思;

(4)认识三角形、方形;

(5)知道三角形、方形的边与数的关系;

(6)知道圆与半圆的关系;

(7)知道"5"以内的实物;

(8)分点数 10 以内的实物;

7. 分辨早上和晚上,学习上午和下午的时间关系;

8. 知道早上起床的时间和晚上睡觉的时间(早上 6 点、晚上 9

点）；

9. 知道钟、表是计时的；

10. 认识数字："1"、"2"、"3"；

11. 学习根据相同点归类，如：相同的颜色，相同的形状，相同的事物（水果、花，玩具，鸟，鱼）；

12. 领会集合的概念。

（十四）学习一些技能

1. 学习握笔；

2. 学习正确地翻书；

3. 学习一页一页地看书；

4. 学习在纸上画自己想表达的东西；

5. 学习唱歌，节拍准确，声音自然，表情愉快；

6. 会独自唱两首以上的歌；

7. 学习用身体表现几种动作与现象：

（1）兔跳；

（2）鸟飞；

（3）树枝摇摆；

（4）鸭走；

（5）太阳在天上，刮风了，下雨……。

8. 学习按音乐节奏或强弱做动作：

（1）由慢到快；

（2）由轻到重。

9. 能愉快地学习技能——唱，跳，画，粘贴，捏泥（团、搓条、压扁、捏合）；

10. 愿大胆地表现技能；

11. 愿说出自己的作品的意思——像什么，想表达的是什么？

（十五）学习辨别事物的美与丑

1. 辨别行为的美与丑——如：对植物和幼小动物是否爱护，

对需要帮助的人与事是否热情帮助(如:对老、残、弱、幼的态度,对摔倒了的人的态度——是帮助扶起,还是哈哈大笑等),对摘公园的花、随地吐痰、闯红灯等的态度……;

2. 辨别言语的美与丑——如辨别轻言细语和大声嚷叫、礼貌用语和粗暴用语的美与丑;

3. 辨别明亮的色彩与暗淡的色彩带给自己的感觉;

4. 辨别整洁的环境与脏乱的环境带给自己的感觉;

5. 辨别整洁的服装与不整洁的服装带给自己的感觉;

6. 辨别脏黑的手、脸和长指甲与洁净的手、脸和短指甲带给自己的感觉。

(十六)愿意向正确的行为学习,愿意向上

(十七)有极初步的集体、公共、国家等概念,学习正确地对待

1. 愿意为家人做事;

2. 愿意为班上做事;

3. 知道一点公共的事情和公共的地方(如:马路,走廊,公共汽车,电影院,公园,商店),体会公共的含义;

4. 学习在公共场所遵守规则,如:不你推我搡,不弄脏公共场所,不破坏公共的东西……;

5. 学习一点"守法"的行为,如:不拿别人的东西,不到不认识的人的家中,捡到的东西(包括钱)要交给警察或老师,遵守交通规则;

6. 知道自己是中国人,知道中国很大,有许多人。

(十八)学习体会劳动的作用,对劳动产生良好的感情

1. 知道每个人都有自己的工作,都要做事;

2. 知道工人、农民的劳动很辛苦;

3. 知道父、母亲的工作很辛苦;

4. 知道老师的工作很辛苦;

5. 愿意参加一点劳动。

三、小班第二学期课程标准

在小班第二学期，既需巩固第一学期的课程标准，又需提高完成第一学期课程标准的熟练程度，还需增添新的课程标准要求。以下是第二学期新增加的课程标准内容和进一步提高熟练程度的课程标准要求：

（一）关于生活自理、行为习惯和加强安全与健康的能力

1. 熟习盥洗程序，提高盥洗速度，在盥洗时不戏弄水和肥皂，冬季洗手前后会挽和放袖子，会将手擦干；

2. 养成饭后漱口的习惯，学习正确地刷牙；

3. 便后会用纸擦净（女孩包括小便后），养成便后洗手的习惯；

4. 进餐时，会正确使用餐巾，不用衣袖擦抹油污的嘴和手；用餐后会用抹布将桌面残渣抹进碗或盘内，尽量保持地面的清洁；

5. 学习穿脱冬装的程序和方法，学习把每层衣裤都穿整齐；

6. 学习分辨左、右鞋，正确地穿上，较熟练地系鞋扣、鞋带；

7. 学会使用手绢：知道用手绢擦汗和鼻涕，用手绢捂住口咳嗽和打喷嚏；知道应保持手绢的清洁，如：手绢应该叠好放在衣袋里，不随意乱扔，学习洗涤手绢，并将手绢晾整齐；

8. 不咬手绢，不吃手，不抠鼻孔，不舔鼻涕；

9. 短发的儿童学习自己梳理头发；

10. 注意日常生活中可能出现的伤害人体的因素，知道应保护自己和别人的安全：

（1）知道上下楼梯时（或玩滑梯和攀登架时）容易跌倒，要注意安全，不推挤，不嬉戏；

（2）知道锐利和带刺的东西会伤害人体，要注意有关行动，如：不到灌木丛中钻爬，不玩弄剪和刀，用剪刀时，不用尖锐的方向对着别人和自己身体；

(3)知道火和开水会伤人，不能玩火柴，不能玩火，不能洒泼开水；

(4)知道电会伤人，不碰电插座，不玩弄灯头等；

11. 在知道阳光、雨水等自然现象作用的同时，知道它们对人体的不良影响，注意正确利用，并加以预防。如：

(1)知道阳光对人体有好处，愿意多到室外活动，接受阳光下的锻炼；同时又知道不对着阳光看书，夏日在烈日下不长时间活动；

(2)知道雨水淋湿衣服后容易感冒，夏日不在雨中嬉戏，不故意在泥潭中玩，知道被淋湿的衣服应立即换脱，被淋湿的头发要立即擦干；

(3)冬天和初春时，知道不迎着大风说话和喊叫，知道大风天气在外行走时应用手捂住嘴。

12. 玩累了知道主动休息，渴了知道主动喝水；

13. 知道一些主要疾病的名称和症状，如：感冒、肠炎等。知道一些预防传染病的最起码的常识，并注意做到以下几点：

(1)不使用别人的手绢和口杯；

(2)不吃没有清洗的水果；

(3)不吃别人吃过的东西；

(4)不吃小摊上没有卫生包装或设施的食品，如：敞开陈放的糕点，苍蝇能够吃到的食物等。

14. 认真地对待各种动作锻炼，努力练习，达到要求：

(1)自然、协调、并精神饱满地走步；

(2)学习大步走；

(3)会按照节奏快慢走；

(4)会一个跟着一个自然地跑；

(5)能走跑交替达200米距离；

(6)能跑 150 米距离；

(7)会变换方向跑；

(8)学习沿直线和曲线跑；

(9)会连续向前双足跳达 2 米距离；

(10)纵跳摸高 20 厘米；

(11)双足立定跳远 30～40 厘米；

(12)学习单足自由跳；

(13)会单足站立持续 3～5 秒钟；

(14)学习在有间隔的物体上走(如平放的梯子)，间隔距离不超过 20 厘米；

(15)会在 20 厘米高的斜坡上走，学习在上面跑；

(16)能接住向上抛的球，尽可能用力向上抛；

(17)学习单手投掷重 100 克的沙包等物，投掷距离不低于 2.5 米；

(18)会手膝着地向前、向后、向侧爬；

(19)操练动作认真到位；

(20)学习使用筷子、剪刀。

(二)关于与人们相处的能力

1. 学习与小朋友友好相处，对本班产生爱护、关心的感情：

(1)知道自己是属于一个班集体的，知道每个小朋友都是属于班集体的，初步学习获得“班集体”概念；

(2)知道班上每一个人都应该关心班集体，知道班集体的事是要靠班上的人去做和爱护的，如：班活动室的整洁美丽是靠每个人装饰、保护和爱护的；全班在一起唱歌时，需要靠每个人认真的用好听的声音唱才能唱好；班上的自然物是要靠大家照顾才会长好的……；

(3)知道班上每个小朋友都要互相关心，如：早上见面时，要互相问好：如有小朋友摔倒了，应该主动搀扶；小朋友病了，要想办法表达大家的关心；若有小朋友较长时间未来园，应该问老师，了解原因……；

(4)知道小朋友之间不能吵架、打架，知道吵架、打架是对小朋友有危害的不良行为，对类似不良行为初步产生厌恶之情；

(5)学习一些处理日常行为的方法，如：大家都想玩同一个玩具，怎么办？大家都想当一种游戏角色，怎么办？有的小朋友打架了，怎么办？……提高自身的克制能力，学习勇敢地解决别人的问题的品质。

2. 密切与家人和教师的关系。知道家人和教师爱自己和小朋友，知道家人和教师为自己和小朋友提供了在家和幼儿园中生活的条件，知道家人和教师的辛苦，学习关心家人和教师；

3. 学习尊重别人的劳动，学习尊重其他职业的人，如：

(1)知道炊事员、公共汽车司机、售票员、清洁工、建筑工等对人们生活所起的作用；

(2)知道生活离不开各种职业的人的劳动；

(3)感受一些职业的人们的工作和辛苦，对他们的精神产生良好的感情；

(4)愿意学习人们不怕苦不怕累的精神。

(三)关于增强认识社会和自然环境的事物和现象的能力

1. 注意家庭和幼儿园内的环境的变化(如：家中装了热水器，幼儿园里添了篮球架，班上增添了新的活动区……)；

2. 熟悉幼儿园和家庭附近的环境；

3. 喜欢听和看有关社会上的新鲜事物，初步产生了解家庭和幼儿园外的环境的兴趣，如：本地新建的建筑物或设施，街上新出现的出租汽车，村里办了学校、养鸡场……；

4. 在参观活动中学习注意听介绍，看事物；

5. 知道六月一日是国际儿童节；知道世界上有很多种族的儿童，知道中国的儿童很幸福；

6. 学习通过感官感受自然物和自然现象，在增长自然常识的同时，对自然物产生一定兴趣：

(1)学会从自然景色和人们的服装两个方面领会春季的特征；学会从气温、服装、水果品种、蚊蝇出现等方面领会夏季的特征；

(2)学习从以上几个方面比较夏季与冬季的不同，获得冬、春、夏三季的特征是逐渐变化的初步的概念(如：由冬天很冷，春天转暖，到夏天变热；由冬天穿许多衣服，春天脱下棉衣，到夏天穿单衣；由冬天树木花草凋谢，春天复苏，到夏天成长茂盛)；

(3)从春季开始并连续观察 1～2 种植物的生长情况，知道植物的生长主要过程是播种，发芽，成长，开花(如：向日葵)；

(4)知道树木的外部构成有树干、树枝、树叶等三部分；

(5)比较差别明显的两种植物的不同点 2～3 处，例如：

a. 树(桃树和柳树——一种高，一种不高；一种枝条低垂，一种树枝朝上长；一种会开花结果，一种不开花结果)；

b. 花(向日葵和牵牛花——一种高而挺，一种细而弯；一种黄色，一种红、紫、白色；一种花朵大而圆，一种花朵小而像喇叭；一种跟随太阳转，一种早上开、晚上谢)；

(6)知道 5 种以上花和树的名称；

(7)在大自然中学习领会植物的美丽；

(8)清楚地知道植物生长的主要条件(阳光、空气、水)和动物生活的主要条件(空气，食物，水，居住条件)；

(9)认识 3 种野生动物，能够说出它们的主要外形特征(如：老虎毛皮是黄色的，上有条纹，很大，样子像猫；象的皮是灰色的，鼻子很长，耳朵很大；熊猫毛有黑、白色，很胖)；

(10)知道不同的动物有不同的食物爱好(如：猴子爱吃水果，老虎爱吃肉，兔子爱吃萝卜，牛爱吃青草，熊猫爱吃竹子)；

(11)知道与人们生活关系密切的动物 3～5 种，知道它们对人的作用(如：马会拉车，牛会耕田、产奶，猪肉可供人们吃)；

(12)认识3～5种禽类，会说出它们的主要外形特征；

(13)知道什么是害虫；知道苍蝇、蚊子的害处，知道消灭它们和防备受其害的最主要的方法2～3种；

(14)知道沙、泥、水的主要特性；

(15)知道“晴”、“阴”、“雨”天气的根本区别。

(四)关于增强口头语言和阅读图书的能力

1. 增长大量词汇，理解其含义，并学习使用；

(1)掌握代表日常生活环境、日常生活用品、身体部位结构、交通工具、动物植物、人物称呼等概念的具体名词800个左右；

(2)学习使用与幼儿园日常活动、社交行为等有关的抽象名词20个左右，如：秩序，礼貌，纪律，规则等；

(3)辨别并学习使用“里”、“外”、“上”、“下”、“后”、“前”、“中”等方位词；

(4)学习“今天”、“昨天”、“明天”、“晚上”、“早晨”等时间词汇；

(5)学习并使用表示人物动作行为的动词200个以上；

(6)学习反映心理活动和道德行为的动词20个左右；如：喜欢、生气、想、忘记、帮助等；

(7)学习少量趋向、能愿动词，如：来、去、出、进、上、下；

(8)学会使用形容词50个左右，主要为颜色类、形状类、长度类、硬度类、速度类、气味类、滋味类等；

(9)学习少量表示感情和思想品质的词汇，如：乖、可爱、可怕、凶、勇敢、用心、聪明、淘气、调皮等；

(10)知道量词的作用，注意不用“个”代表所有的量词，学习正确使用日常生活中经常应用量词20个左右，如：1“碗”饭、1“杯”水、1“条”毛巾、1“块”蛋糕、1“块”积木、1“瓶”花、1“本”书、1“张”纸、1“朵”花、1“件”衣服、1“条”裤子，1“只”猫、1“只”袜子、1“颗”花生；

(11)学习使用人称代词“我”、“他”、“他们”、“我们”；

(12)学习使用指示代词“这”、“那”；

(13)学习使用涉及时间先后、速度快慢、事物范围与程度等方面的副词“也”、“还”、“都”、“又”、“后来”、“再”等。

2. 脱离不分场合使用“独语”和“无主句”的情境语言的状态；学习在离开语言情境的情况下，使用能完整表达意思的“主谓宾”句和“主谓”句；

3. 学习看图片和图书，做到：

(1)会看单独的有2～3个人物的图片，说出图片上的人物个数，说出他们的名称；

(2)学看图片上人物的动作，说出他们在干什么；

(3)学习通过看人物的动作，说出图片的内容；

(4)认真听教师对图片的讲述，领会到图片的内容是通过认真看图上的事物才能知道的，为养成认真看、仔细想的阅读态度打下感情基础；

(5)学会正确地看图书的方法——将书放在桌上，一页一页地看，通过画面猜测书上的意思。

4. 能安静地听故事，会复述情节简单的故事3～4个；

5. 能用自己的语言讲所看见或听到的一件简单的事；

6. 学习说儿歌和诗歌，发音正确，吐字清楚；

7. 会单独背诵儿歌5首左右；

8. 会传说一句话。

(五)关于增强记忆、注意、理解、观察、想象、思维的能力

1. 学习耐心地看完一本简单的图书，从第一页到最后一页，不随意乱翻；

2. 学习通过游戏记住3样东西原来的位置；

3. 通过听、摸、尝说出已经掌握的东西的名称；

4. 愿意用与别人不同的方式来讲述一件事，愿意讲与别人不同的内容；

5. 愿意参加猜谜活动，学习按事物特征进行猜测；

6. 巩固集合的概念，知道每个集合是由相同的元素组成的；

7. 理解全个（整个）和半个的含义，学习将整个分成两半，将两半合成整个；

8. 通过一一对应的方法，熟悉数有相等和不相等的特性，具备熟练地掌握"3"以内的数的多、少、一样多的能力；

9. 点数"10"以内的数，认识"10"以内的数字；

10. 学会将"5"以内的数由少到多地排序；

11. 学习将所熟悉的活动过程，由开始到结束地进行排序；

12. 会比较实物的大与小，上与下，高与矮，前与后，重与轻，长与短；

13. 学习看图片上事物的大与小，上与下，前与后，长与短；

14. 掌握3～4种对事物进行分类的方法：按颜色分类，按形状分类，按大小分类，按种类分类；

15. 能指出两种事物的3处不同点；

16. 能指出3种事物的两处相同点。

（六）关于分辨是非的能力

1. 知道对人的态度应该是礼貌、关心。例如：除正确对待家人和教师外，会主动向客人问好，回答客人的问题；除关心自己的亲人和小朋友外，知道应该关心比自己小的孩子和衰弱的老人；

2. 知道对周围环境的要求应该是整齐、清洁。例如，会整齐地摆桌椅，叠衣被，摆玩具等，知道不随地扔东西，吐痰；

3. 知道对东西的态度应该是爱护和爱惜，例如，知道爱惜衣物，爱惜粮食，爱护树木花草，爱护小动物；

4. 知道对工作的态度应该是认真、努力。例如，学习认真完成教师和家人交付的任务，学习耐心地完成任务，知道做事会有困难，应想办法克服困难去完成任务；

5. 对辛苦、勇敢、谦让、爱国等品质有所感受；

6. 对好哭、胆小、任性、懒惰等有所反感；

（七）关于审美和表现美的能力

1. 增强乐感，提高对音乐的兴趣；

(1)学会听 2/4 节奏的快与慢，强与弱，并会用击掌、击铃、踏足等动作来表示；

(2)学习听 3/4 节奏的乐曲，分辨强拍与弱拍，学习用击掌、击铃等来表示；

(3)会根据乐曲的速度来摆动身体或手臂；

(4)会根据乐曲的欢快气氛使自己的动作欢快；

(5)学唱 10 首歌曲，并会独自完整地唱 3～4 首；

(6)愿意并学习用动作表示歌词的意思；

(7)学习在运动活动中节奏鲜明、动作准确，如：火车开始，小鸟飞，青蛙跳，小鸭走，花儿开，树叶落，解放军操练……；

(8)学习几个人在一起合奏（用铃和鼓），节奏为 2/4 和 4/4；

(9)听轻声的节奏（如时钟摆动声，小鸟拍打翅膀声），增强听音乐节奏的注意力。

2. 增强对美术活动的兴趣爱好，提高动手能力；

(1)敢大胆地在纸上、沙地上作画，没有顾虑；

(2)没有模仿操作的依赖性，愿意表达自己的愿意；

(3)学习把看到的东西画出来或捏出来，主要能表达事物的一两处特征，例如，春天观察自然景色后，能画出一片绿或一片红，能在纸上五颜六色地点缀，看了熊猫后，能画一个大而胖的形体……；

(4)学习有顺序地涂色，尽量涂满，不出或少出轮廓；

(5)会用纸折 2～3 种简单的物品；

(6)会正确地使用浆糊，粘贴简单的东西；

(7)学习几种染颜色的方法，如纸团印画，棉签印画等；

(8)学习看图片，看画面的色彩和事物的形状。

中班的主要教育目标与课程标准

一、中班教育目标的要求

中班幼儿已经具备在幼教机构生活一年的经验，中班幼儿所处的 4～5 岁的年龄又具有迅速发展的特点，如：体重、身高迅速增长，大脑迅速发展，大脑两半球皮层功能日趋完整，知觉变得能分解事物，思维发生显著进步，对人和事物的情感日趋稳定，对自己和他人的行为结果开始注意，词汇大量增长，叙述能力有所提高，对音乐、图画、诗歌、故事等内容的反应能力也有提高。因此，中班的教育任务范围更广，内容更多，要求较高。依据素质实验课程精神，中班整个学年的教育总目标大致为：

1. 体魄健壮，文明习惯基本定型，动作姿势正确，自我服务技能熟练。

2. 对事物有广泛的兴趣，对社会和自然环境的认识范围明显扩大，对事物和现象的观察、了解比较积极主动。

3. 好奇心明显增长，愿意询问，愿意在成人指导下自寻答案。

4. 参与活动的意识比较强烈，活动前的意向性较前明确，活动中处理问题的独立性比较鲜明，活动过程中有一定的与同伴合作的能力。

5. 对集体的从属感基本建立，为集体服务已基本脱离兴趣性的特点，朝责任感发展。

6. 对与人交往有一定的主动性，将所知事物与同伴分享的意识增长着。

7. 对处人待物的行为标准比较清楚，并用正确的标准衡量他人和自己的行为，开始学习克制自己不良情绪和行为，对别人的不良情绪和行为予以帮助。

8. 对成人交付的任务能愉快地接受，并知道通过努力去达到目的，在完成过程中学习锻炼持久性和耐力。

9. 对文艺作品的理解力明显增长，鉴别力有所发展，能表示个人的喜爱和厌恶。

10. 日常语言运用流利，发音清楚。

二、中班课程标准

为达到上述目标，中班第一学期课程标准的要求包括以下几方面：

1. 巩固已有文明行为和卫生健康习惯，知道不讲卫生和不求文明是落后的表示，从而提高形成良好行为的自觉和主动程度，其中，重点要求有：

(1)巩固保持环境整洁和个人安全卫生的习惯，特别注意做到以下几点：

①爱惜日用品和玩具，不仅用后收拾整齐，而且注意用时轻拿轻放，不摔打，不拖拉，不用力推倒，不随意丢扔；

②平时注意保护桌椅和玩具柜的清洁，在成人要求下，知道按时清洗，认真细致；

③特别注意养成便后(包括大、小便)和外出回来(包括回班回室)认真洗手的习惯；

④注意不将小便洒在便池外，知道相互监督和提醒；女孩注意在小便后擦净屁股，知道相互提醒，会向老师要纸；

⑤学习正确刷牙，知道牙齿对全身健康的作用，知道一些预防龋齿的常识；

⑥会使用手绢、保持手绢清洁，不乱扔、不借给别人；

⑦不吃陌生人的食物，不跟陌生人走；

⑧记住家和幼儿园的地址，若在公共场所丢失，会请警察帮忙；

⑨知道药物有口服、外用、针剂等几种，知道口服药要按定量服用，不能因“甜”而超量服用（如糖浆），注意不单独接触外用药；

⑩认识一些家用清洁剂和灭虫剂，注意它们的包装，自己不去动用；认识家用有副作用的化妆品（如：发胶、摩丝、染发剂等），不触摸玩弄；

⑪提高防火、防煤气泄漏、防电伤、防爆竹伤等安全意识，知道有关常识，知道简单的预防和救急方法；

⑫增强灭蝇灭蚊的主观意识，学用蝇拍，增强主动性。

（2）提高锻炼身体的积极性，知道锻炼认真与否与身体健康有密切关系，从而增强不怕冷、热、累的思想，认真对待操练和体育活动的动作和要求，例如：

①脱离小班那种较注意早操内容和形式有趣味的状态，开始注意动作的质量——姿势正确，学习徒手操、韵律操各一套；

②知道身体各部位均需得到锻炼方对健康有利，所以对各类动作锻炼都认真对待（例如知道呼吸运动对肺部有利，因此，该节练习尽管动作不大，也会认真按照教师对深呼吸的要求去做）；

③对于活动性游戏不仅注意其娱乐性，而且知道某个游戏主要的锻炼作用，因而认真对待（例如，老鹰捉小鸡是练习动作的灵敏性，所以不只是要跑得快，而且一定要遵守规则，拉住前面小朋友的衣服，跟着他的行动而行动）；

④对于投掷、球类等活动，主动注意学习掌握教师所教导的方法要领，从而能较快地达到目的；

⑤学习侧身走，一对一对整齐走；

⑥练习 20 米速跑（要求时间不超过 6 秒）；

⑦学习单足连续向前跳；

⑧会双足在直线两侧行进跳；

⑨双足立定跳远 50～60 厘米；

⑩助跑跨跳 40 厘米宽的平行线；

⑪学会向上自抛自接球；

⑫学习用球投篮，学习看准球篮投球；

⑬会左右手交替拍球；

⑭投掷 100 克的沙包，距离不少于 3 米；

⑮学习向目标踢静止的球，练习接踢滚动的球，学习带球走或跑；

⑯在 20 厘米宽的平行线内，练习闭目行走，不踩线；

⑰会单足站立持续 5～10 秒；

⑱钻过直径 60 厘米的圆圈；

⑲学习垫上前滚翻。

(3)增强文明礼貌待人接物的积极性，提高行为的文明程度。例如：

①不需成人提醒，会对来园和来家的客人主动问好；

②注意礼貌待人的举止要热情真诚，如：友好地牵小朋友的手，热情地请客人坐，招呼客人时语气要亲切热情，别人对自己说话时，要尊重地望着对方，不东张西望；

③开始学习在公共场合的文明举止，如：进出公共场合时不争先恐后，参观时不喧哗，到商店时主动向售货员叔叔阿姨问好，游览公园时不践踏草地，不摘采花叶，不随意丢东西给动物吃，在街上行路时要大方文明，果核冰棍纸糖纸要扔进垃圾箱；

2. 对社会现象和自然事物有较为广泛和更加强烈的兴趣，有对所感兴趣的事物进行观察、触动、询问、发现等的好奇心和持久性，其中的重点要求为：

(1)除对家庭和幼儿园内以及附近环境发生的新事物、新变化注意观察，并将新发现热情地告诉伙伴、家人和教师外，对范围更宽的事物也开始产生兴趣，例如：

①愿意知道本地区和本省甚至省外的大事，如：哪儿发生了水灾，谁进行抢救，抢救时出现了什么可令人赞颂的事迹？

②对国家和国际上适合幼儿理解力和兴趣的大事，有了解的主动性，并产生感情，如“希望工程”是什么事？小朋友能为它做什么？自己有什么想法？

(2)对家用电器和其他带有新技术的日用品产生兴趣，并愿给自己提出问题，同时希望获得问题的答案，例如：

①电视机有许多不同尺寸的，为什么要有大到整个墙壁、小到放在汽车驾驶盘旁的？

②电熨斗有的不冒气，有的冒水气，它们的作用有什么不同？

③电冰箱和冰柜是一回事吗？它们哪个部分的作用相同？

④空调的作用与电风扇有什么不一样，构造有什么不一样，构造与作用有什么关系？

⑤自来水管为什么要安节水器，为什么安喷头？

⑥有的贺卡为什么带音乐？有的牙刷为什么带音乐？它们有什么作用？

(3)在成人引导下，对几种不同劳动场所的工作内容、方法、态度、设施等有所认识，加深领会各种劳动者的工作意义，产生学习的意愿和尊敬的感情，例如：

①街头清扫工人的劳动——通过知道他们要起早，不怕晒，劳动脏，路途长，次数多等劳动特性，领会他们的辛苦；

②食品工厂技师和工人的劳动——通过知道生产程序的多层，原料投入的定量，工人们戴口罩、白帽以求卫生，包装的整齐精美等，领会生产一种食品需要投入大量的人力和物力，体会科学知识对食品供应的重要性，知道制作食品原料份量精确，态度一丝不苟，要讲求卫生，还要美观，从而影响自己的学习和参加活动的态度；

③蔬菜场的劳动——通过参观劳动过程，加深对植物生长所需科学管理的知识，领会劳动的辛苦，知道蔬菜来之不易，有利于产生对菜农的感情，养成不浪费食品的习惯；

④能正确区分植物和动物，学习区分家禽家畜和野生动物；知道周围植物的种类有树木（树木有一根主干，有粗的和细的树枝、树叶），灌木（灌木较矮，丛生，分不清主干，只有许多细的树干、树枝、树叶），并学习区分；知道树木有常青树和落叶树，并学习区分；知道根据树叶形状区分阔叶树和针叶树；

⑤知道四季的主要特征，内容包括：气候对自然的影响，自然现象的特色，人在不同季节中的生活特点，四季的周而复始的特点；

⑥种植 2～3 种蔬菜，培养 4～5 种室内植物，巩固地形成有关植物生长需要土壤、水、肥料和阳光的知识，连贯性地知道他们的生长过程，学习分析它们长得好坏的原因；

⑦养 2～3 种小动物，形成有关动物成长所需要照顾条件的认识；

⑧学习把最鲜明的自然现象用图画表现出来，按日期前后排列装订，内容包括：变化明显的天气（如：刮大风、下大雨、下大雪、下冰雹、起雾），班上植物的状态（如：下种、发芽、增添新叶、出新枝、出花苞……）；

⑨对动、植物有爱护关心的态度，有每天都照顾的责任心，对班上的动植物不正常的现象（如干枯，死亡）知道追究原因，感到难受。

3. 对学习与人相处有较为明显的主动性，愿意参加各种集体活动，在活动过程中有突破个人圈子，参与相互交往合作的明显愿望，有对集体有用、受集体欢迎的感情要求，例如：

（1）愿与班上所有的小朋友交往。有自己特别喜欢共同游戏的小朋友，对其他小朋友也较好；

(2)有一种将自己感兴趣的事以及所知道的“新闻”告诉小朋友的较明显的愿望,希望别人能分享自己的愉快。同时,还有一种将与小朋友相处的良好经历与体会告诉家人的愿望,希望家人分享其在幼儿园与人相处的愉快;

(3)在其他小朋友游戏、看书等活动的过程中,知道不去干扰别人的活动,但愿意旁观或提出建议;

(4)对角色游戏的内容和方式方法的水平有较大的提高,例如:内容反映的不只是娃娃家、医院,而是认识社会和自然环境后的丰富的内容;方式不只是个别地再现社会生活,而是和几位小朋友共同组织起来表现曾一道观察的社会现象;游戏前开始学习共同的商量地点、陈设和角色;游戏中不只是重复某一种动作,而是有自然的交往过程;

(5)在成人的引导下,有较主动地为班集体做事、出力的积极性,而且为之感到愉快;

(6)学习注意遵守集体游戏的原则;

(7)比较重视同伴和老师、家庭对自己行动的评价。对正面的评价感到高兴,对负面的评价感到难受,并在成人启发下产生改正的愿望;

(8)学习关心小朋友的情绪,如:为小朋友的快乐而快乐,对小朋友的不愉快进行安慰;

(9)学习在一定的时候与小朋友一道商量如何改善班上的环境,如:如何为节日筹划装饰,如何为游戏时所缺少的材料作准备,如何给正在学习的内容采取实物……;

(10)学习如何调停伙伴间的矛盾;

(11)知道向成人告状不是解决人际问题的好办法,学习:

①当别人发生不良行为时,自己设法予以友善的帮助;

②当别人与自己发生矛盾时,先设法克制自己的冲动,与之讲理。

4. 对学习活动有一定的兴趣和积极性，对知识的作用有一定的认识，对学习知识产生一种比较主动的情绪。如：

(1)学习态度较前正确——愿意自己独立思考问题，愿意通过多种方法求得答案，希望自己的思考结果与其他小朋友不完全相同。如：怎样把娃娃家布置得更方便大家玩，更像娃娃家？角色游戏区缺少玩具时，补充些什么，用什么方法解决？搭一座楼房，怎样才与别人搭的不一样？

(2)学习运用几种掌握知识的方法，如：

①对新鲜事物，知道运用各种感官去发现其特点；

②知道用比较的方法获得知识，例如：根据事物外部特征的主要特点来对同类物品加以比较区别，从而准确地掌握物品名称，如：同是茶具，但有的有嘴，水从嘴中流出，有的无嘴，也可倒出水，名称即因这一特点而不同（一为茶壶，一为茶杯）；同是供坐的家具，根据外部主要特征不同，即有凳、椅、沙发等区别。用同样方法，学习准确掌握 8～10 种物品；

③知道借用自己已有的经验来推导对新事物的认识。例如，已知“勺”的用途是舀东西，由此推论出“汤勺”、“水勺”、“炒勺”等“勺”类的名称。

(3)除上述（第二条）对待社会和自然的态度以及有关常识外，掌握以下知识：

①知道“地图”的用途，在地图上找到中国的位置；

②在中国地图上找到幼儿园所在省份的位置；

③知道中国有多少省，有几条大河和大江（长江，黄河）；

④知道国家需要有人保卫，知道陆、海、空三军在保卫领域上的区别，识别三军的服装；

⑤认识保卫领土、领空、领海的主要武器各 2～3 种；

⑥知道人民生活的安全需要有人保卫，人民生活的物质需要有人提供，人民生活的提高需要靠文化、技术、知识的发达进步，初

步领会工、农、兵、学、商缺一不可的重要性；

⑦知道5种粮食名称，知道原料与成品的联系（如，麦与面粉、面粉与面包、豆腐、豆干）；

⑧知道人民生活物品需要从四面八方运来，有的还需从外国运来，因此运输工具很重要，认识几种运输工具，并知道它们的类型与地区、地形的关系：

a.汽车是最普遍的运输工具，城市、农村均需要它运输物品；轮船是水上运输工具，海洋、江河，都需要它；飞机是高级运输工具；我国农村还有用拖拉机、平板车、自行车运输的；

b.运输工具的类型（包括外形）与运输的物品有密切关系。如：同样是货车，有的车身是箱柜式（如冷藏车），有的是敞开式（运煤车），有的是长方形（固体），有的是圆筒形（油车），它们均与用途有关；

c.运输工具的类型与路途地形有关系，如：同是汽车，在城市和高速公路上，可用一般汽车；在不平坦的路上，用吉普车；同是飞机，在密林、山区，需用直升机；同是船，在大洋上，有远洋轮，在大江河上，有江轮；在小河中，有木轮。

⑨知道各种用具和物品都是逐渐发展和演变的，如：交通工具的过去和现在，通讯工具的过去和现在。从中感受到知识和多动脑筋的重要性；

5.积极参加思维锻炼活动，有较丰富的形象思维，有参加逻辑思维训练的初步兴趣，如：

(1)愿意接着教师讲述的故事继续展开，独自续讲：

(2)根据某事物的形象，喊出其名称，说出其主要的特点，如：收音机像长方形的盒子，有许多钮，一通电，就会说、唱。电视机也像长方形的盒子，有许多钮，一通电，有人，有风景，有声音；

(3)按照比较熟悉的事物形象，根据形象特点，学习编谜语，如：

一盒黄黄的糕，直冒气，一会儿变成了黄黄的水(冰淇淋)；

小小黑黑的虫子，会排队，会钻洞，还会抬食物(蚂蚁)；

(4)观看风景画想象将会来什么人，发生什么事？观看人物画，想象他是干什么工作的，他在想什么？

(5)学习简单的棋类游戏 2～3 种，弄懂若要胜利的方法，学习动脑筋；

(6)练习比较不同数量的物品，指出它们谁多，谁少，谁最多，还是一样多；

(7)自己会用加添的方法比较物品的长、宽、高、厚；

(8)巩固空间定向(前、后、上、下、远、近)，开始学习“左、右”；

(9)巩固时间定向(白天、黑夜，早上，晚上)，学习“上午、下午”学习区分“昨天、今天、明天”；

(10)区别平面几何图形和立体，说出名称：立方体、球体、圆柱体；

(11)区分椭圆和圆，菱形和方形，正方和长方，多边形；

(12)学习将方形、圆形分成二等分、四等分；

(13)巩固归类的几个要点(按颜色、形状、大小、功能、事物的种类分类)；

(14)目测 5 以内的数量，按数取物；

(15)学习用点数外的其他方法计算 10 以内的实物，如：2 个一数，5 个一数。

6. 在扩大认识范围的同时扩大词汇量；在加强与人交往主动性的同时，提高言语能力，做到：

(1)发音清晰准确，声音响亮，说话速度适中；

(2)说话时落落大方，不抢话：回答问题时知道先作考虑，提问时学习有礼貌和尊重对方；

(3)扩大词汇量，共有词汇 2000 至 2500 个，其中：具体名词 1200 左右，抽象名词 100 左右，动词 500 左右，形容词 200 左右；

(4)进一步掌握量词，其内容与认识事物内容相关联，范围较大，如："辆"，"朵"，"枝"，"串"，"队"，"行"，"组"，"页"，"遍"，"回"，"次"，"节"；

(5)学习人称代词"人人"，"每人"；

(6)理解一些表示种概念和类概念的词汇，如：餐具，炊具，家具，服装，图书，学习用品，文具，并学习使用；

(7)学习使用一些重叠词，如：上上下下，干干净净，蹦蹦跳跳，快快活活，来来去去等等；

(8)使用一些反义词，学习区分一些近义词(长短，高矮；朋友，同伴；战士，战友；胖，肥……)；

(9)体会不同的情感与不同的语调的关系。在角色游戏中，学习用所担任的角色的语气说话；

(10)喜爱听文艺作品，能注意力集中地倾听朗诵，注意朗读时的语气与人物、情节、情感的关系。熟听名著(童话、诗歌、散文)5篇；

(11)学习看3～5幅的连环图，知道幅与幅之间的情节是连续的，学习联系起来思考连环图的中心内容；

(12)会根据单张图片的景色和人物，讲述图片所表示的地点，所发生的事情，并学习增加内容(想象)；

(13)看玩具讲述，学习先描述玩具的外形(先整体，后局部)，然后用玩具说一句话，或者说一件与玩具有关的事；

(14)学习将假日所感受最深的事告诉老师和小朋友，内容要真实(不是想象的)，表达要完整(不能只说一句话)，借此提高注意日常事情的有意性；

(15)会复述童话、故事3个，复述完整。

7. 提高游戏能力。

(1)角色游戏能力见前；

(2)有一定的参加建筑活动的能力；

①有独自建筑的能力：

a. 会用小型积木搭 3 层高的建筑物；

b. 会用积木搭 3 种以上的物体，如：马路，公共汽车，桥、房子；

c. 会用积塑拼插多种物体。

②熟悉几种常见建筑物的整体和局部构成，如：汽车有车头、车身、车门、车轮，房屋有墙、门、窗、走廊、屋顶，为建筑能力的提高作准备；

③学习几种建筑的基本原理，如：稳固性——宽大的在下层，薄而轻的在上面；空间大小要求——将底部和四周围得大些或小些；分隔要求——先围大的空间，再在所围范围内用长度、厚度相当的材料分隔开；变换性——如何由小变大，如何由矮变高；材料综合利用性——合理同时使用木质，天然材料（如高粱秆），厚纸，吹塑纸，装饰纸等；

④开始学习和小朋友共同用沙土建构（菜地，马路），学习事先想好建构的事物，学习分工，学习使行动为目的服务，学习克服困难。

（3）学习记住其他游戏规则，努力在游戏时遵守规则。

8. 掌握一点有关造型艺术的能力：

（1）通过看图片、民间剪纸、蜡染品、有图案的手绢，泥娃娃等观察颜色、形状配搭的各种式样，引起美感，激发对造型艺术的兴趣；

（2）学习共同讨论所观察的艺术作品的特点，认真听取教师的归纳；

（3）学习画图案的基础：把点、线、圆连贯地、对称地配置在正方形、圆、条形上组成图案；

（4）学习将几何图形按大小、形状、类别或颜色不同有规则地排列成直线、方形或圆形等图案（如：同是红色，一圆、一方；同是圆形，一大，一小）；

(5)巩固使用色笔和颜料的方法——从上向下,从左向右地朝一个方向涂色,不涂出框外;

(6)提高区分颜色的能力,例如,学习观看一株花朵颜色有没有不同,说出不同的原因(是多种颜色,还是颜色有深浅不同);学习观看有色糖纸对着光线和不对着光线的颜色有什么不同?学习体会亮度对颜色的深浅有影响;

(7)认识红、黄、蓝、绿、白、黑、褐几种颜色,认识它们的深浅色;

(8)会概括动物、植物的整个形态特点,并能用笔、泥、纸等工具表现出特点,如:熊猫是胖圆的,蛇是长条的,向日葵是大朵的,单枝的,中间有大而圆的籽盘,柳树是高而细的,叶子是尖尖的,荷叶是大而圆的,西红柿是圆的,扁豆是长而扁的;

(9)会用颜色、彩纸等装饰物品,如:图纸上的伞,泥塑的小盘,纸制的手绢;

(10)熟练地用手掌搓圆球、长条、压扁,学习捏某些物品的细节(如:泥做的黄瓜上下并不一般粗),使儿童在制作时有富有表现力的愿望和一定的能力;

(11)学会将泥分成等分,使制作的物品大小,厚薄相一致(如:饼干,糖果);

(12)学习剪曲线、圆形和方形。

9. 增强对音乐的喜爱,提高音乐欣赏力和表现力:

(1)听不同类型的乐曲,对音乐的印象进一步得到丰富。(如:"牧童短笛""小放牛""大秧歌","解放军进行曲""摇篮曲""迎客曲");

(2)听在一首中有慢板和快板两部分组成的乐曲,感受到两部分的不同;

(3)听有钢琴和提琴(或二胡)合奏的乐曲,学习分辨两种不同乐器的音色;

(4)学习响亮地唱歌，但不高喊高叫(如唱雄壮的歌)；学习轻柔地唱歌，但不低沉(如唱催眠曲)；学习跳跃清脆地唱歌，不拖拉(如唱“小雨”歌)；

(5)学习清晰准确地唱出歌词；

(6)会拉成圆圈合着节拍轻松地向左和向右跳跑跳步；

(7)会从一个圆圈变成内外两个圆圈，一圈向左，另一圈向右跳跑跳步，并在一定时候改变方向跳；

(8)学听前奏和过门，正确地唱与跳；

(9)体会歌词和乐曲的感情，专心地有表情地表达歌词和乐曲的意义。

大班的课程标准

(一)牢固地掌握以下常规,并形成习惯

1. 保持用具整洁的习惯;

(1)注意整齐地安置桌椅,保持桌椅的清洁,爱护桌椅、墙壁、地面、不乱画、乱划;

(2)及时收拾玩具、文具和其他用具,养成物归原处的习惯;

(3)保持手绢、毛巾、书籍、本子等物的整洁美观(如:手绢叠整齐、毛巾挂整齐、牙刷摆整齐、书本不卷角、学会包书皮);

(4)会收拾书架和玩具架,学会收拾书包,学习从书包中抽书、放书的正确方法;

(5)学习使用橡皮擦书本,知道不将橡皮屑抹到地上;学习削铅笔,学会处理笔屑的方法。

2. 掌握正确背书包的姿势和方法(肩不歪斜,书包带子平整);

3. 注意保持外观的整洁,养成文明的举止,形成落落大方的仪态;

4. 养成早睡早起的习惯。在家时,注意不因看电视过久而耽误睡眠,不因怕冷而不愿起床。

(二)提高锻炼身体、增强体质、发展动作的主动性

1. 积极参加各种锻炼活动,不怕冷和热,态度认真,如:知道正确的深呼吸方法并认真对待,踏步抬腿有一定高度,纵跳时尽量跳高,摸物跳时手臂伸直,投掷时尽可能用力,做操时动作到位;

2. 掌握一些使动作正确的方法,如:走步和踏步出脚时要先左后右,停步时也要先左后右,列队时需左右前后看齐,双列队行进时需注意照顾前后左右的距离;

3. 增强体育锻炼和活动性游戏时的动作的灵活性，知道克服困难，加强耐力；

4. 学会打羽毛球，学会滚环、跳绳，学会骑两轮小自行车，每学期学会5～7个集体活动性游戏；

5. 完成4套体操（每学期两套），节拍准确，集体动作整齐；

6. 完成走、跑、抛、攀、爬、平衡等方面的以下要求；

(1)会走蛇形步，跑蛇形步；会不停地跑90秒钟，会中速跑80～100米，快速跑20米约用6秒钟左右，快速跑30米约用9秒钟左右；

(2)立定跳远至80厘米以上，可从50厘米的高处跳下；

(3)会一次爬行10米以上；

(4)会俯卧撑3次以上；

(5)会头顶沙袋行走和转圈。

（三）能比较清楚地认识自己，对自己有一定的要求

1. 增强自信心：

(1)有我会干，我能干好的意识，如：我会更快地穿脱衣服，我会正确地刷牙并刷干净，我会把房间打扫干净，我会把值日生的工作做好，我会把老师交给的任务完成好，我会有表情地讲故事、唱歌、跳舞，老师教的东西只要我努力做就会做好；没有依赖别人的思想和习惯；

(2)知道自己的主要长处，更加有意识地去发扬（如：我能大胆说话，以后要把话说得更清楚；我喜欢唱歌，以后要把音唱准）；

(3)知道自己的主要不足，注意加以克服（如：粗心、胆小）。

2. 增强责任感：清楚地知道自己长大了，应该增强对自己的要求；

(1)知道在家不使爸爸妈妈操心，在幼儿园不使老师操心；

(2)增强对比自己小的儿童的爱心，会主动爱护小弟妹；

(3)增强对家庭的责任心，关心爸爸妈妈，主动帮助爸妈做事，家中的事情愿意去过问；

(4)增强对老人的爱心，会主动帮助有困难的老人，如：在公共车上让座，在过马路时搀扶，在老人丢失东西时拾起；

(5)增强对班和园的责任心。除认真完成值日任务外，关心班上发生的事，关心小朋友，做老师的好帮手。

3. 增强升小学的意识，积极地做入学前的准备：

(1)知道小学与幼儿园的主要区别(如，小学生要天天上课，要做作业)，并为做小学生乐意地做准备；

(2)知道一点有关学校学习的知识，如：小学，中学，大学；年级；课本；作业本；升级，留级；

(3)知道知识的作用(如：生活水平的提高离不开知识水平的提高——灯的发展、车的发展等都是知识、科学进步的产物；精神文明是知识水平的标志——文明的举止与知识水平的关系，谦让礼遇与知识水平的关系)；

(4)知道知识的增长是无止境的，努力学习是增长知识的手段；

(5)知道学习知识最主要的方法是“听”、“看”、“想”、“问”、“做”，愿意学习细细地听、积极地看、大胆地问、认真地想、主动地做，初步形成一种良好的学习态度和品质；

(6)知道中国还不富，还落后，需要各种人才去建设她，产生努力求学的愿望，逐步知道应有“志向”，“理想”。

(四)增强对社会生活和社会现象的兴趣，增强对集体、国家概念的感知和感情

1. 扩大对周围环境的认识；

(1)理解自己父母工作的性质与意义，并由此扩大对社会的认识；

(2)扩大对与衣食住行有关的环境的认识范围，知道它们与人们生活的密切关系以及与社会繁荣的关系，如：对服装厂，除裁缝外，还知道服装设计师与美化生活的关系，认识他们的美术设计技能的重要性；知道服装模特儿的作用，认识他们的服装与提高人民生活水平的关系；对装饰公司，认识它们的功能，知道公司内一些主要材料（如：墙纸，防滑砖等）的名称与作用，认识它们对美化环境的作用，知道一点美化居室的初步知识；对建筑公司，除建筑工人的不同工种外（如：木工，瓦工，油漆工），知道建筑设计师的创作的意义（如：从认识不同的房屋形式领会各自的特点，从而懂得设计师对城市建设的重要意义）；知道市场的不同种类（如：知道国营商场、自由市场、自选市场的不同，知道它们的特点与作用）；认识各种类型的停车场，从它们的不断增加和扩大懂得各种职业对人民生活水平提高的意义；

(3)认识与信息有关的环境，正确地理解某些工种的工作性质（如：邮递员，话务员，报务员），认识人们需要更快的信息交流工具（如：快递邮寄，市内电话，长途电话，国际长途，电传，图文传真），认识储存和传递信息的现代常用工具（如：复印机，电脑）；

(4)认识与交通有关的环境的变化，如：立交桥的作用，高速公路的作用。

2. 增强对幼儿园所在地区的变化的认识与感情；

(1)通过对幼儿园附近的环境的经常观察，感知环境在不断改变，如：街道越来越宽，建筑越来越多，绿化越来越美；

(2)知道幼儿园所在地区（省、市、县）为国家所作的贡献（如：山西省的煤直运北京，山西的枣和辣椒不但全国闻名，而且销往国外）；

(3)知道本地区（省、市、县）的出色的人物和新发明、新创造。

3. 增强对首都北京的认识与感情；

(1)懂得首都的概念，知道中国的首都是北京；

(2)知道北京很大，人口很多（全国第二）；

(3)知道国家领导人都住在首都；

(4)欣赏首都建设迅速发展的新面貌,并为此高兴,如:北京的立交桥、高速公路、高楼大厦,许许多多的学校、医院,许许多多的各色车辆;

(5)知道中国有万里长城,天安门在北京,它们是中国的象征。知道有关长城的一点历史常识,知道北京一些主要名胜古迹的名称(故宫,颐和园),为有既古老又现代化的首都而骄傲;

(6)知道北京的一些大事,如召开亚运会,争办奥运会等。

4. 增强对祖国的热爱,加强对世界一些国家的认识,知道"世界"的概念;

(1)知道世界上有许多国家,许多国家组成了一个大世界;

(2)知道除中国之外的5个国家的名称,如:美国、俄罗斯、英国、德国、法国、日本、越南、印度、加拿大……;

(3)知道世界上的几大人种及其外貌特征;

(4)知道每个国家有自己的语言、文字,对别国语言感到新奇,有趣;

(5)知道中国是大国,人口最多,国家正在由穷变富;知道许多国家都愿同中国交往,中国的朋友遍天下;

(6)知道中国人聪明努力,为做中国人而感到光荣,如:中国运动员在奥林匹克等重要运动会上争夺了许多奖牌,中国有出色的运动员(如"马家军"、谢军等)。中国的纺织品受到国外的欢迎,中国的食品很精美,中国的电视机、电冰箱远销国外,中国的造船业很先进,常给其他国家造船,中国为其他国家发射卫星,中国的电影获得国际大奖……;

(7)知道中国的一些历史,为悠久的历史而骄傲,为有民族英雄(知道一些民族英雄)而骄傲,为有古老的发明(指南针,丝绸,纸……)而骄傲;为受外国侵略而痛心,为现在国家的富强而骄傲,为香港、澳门即将回归祖国而骄傲;

(8)对国家和世界的一些大事和趣事感到有兴趣;

(9)知道国家有大有小。不论大小,每个国家的人都在为本国富强而努力工作。知道要使祖国富强,需要许多条件,最主要的是人民体质的增强(知道我国体育运动迅速发展,如:到处都有业余体校,许多小学生都能受到专门体育运动训练);人民文化水平的提高(知道人人都要上小学,知道"希望工程",知道要扫除文盲,知道自己应该好好学习);生产的发展(知道一些著名的重、轻工业工厂,知道应发展电、交通等)。

(五)巩固和加深对自然界的认识和感情

1. 清楚地区分植物界和动物界;

2. 分清家畜家禽与野生动物的不同;

3. 知道动物生长的几种不同规律,如:

(1)生育——卵生,哺乳;

(2)生存环境和能力——陆地,水下,两栖;

(3)食物——肉食类,草食类,杂食类;

(4)不同的保护自己的方法——保护色,放墨汁,放臭气。

4. 知道人利用自然的方法5~8种,如替牛洗澡和听音乐,可多产牛奶,设法使鸡多下双黄蛋,设法喂养瘦型猪;

5. 知道某些自然现象对人类的作用及危害,知道五种以上科学利用自然现象的知识,如:挖水库蓄水、筑堤防涝、放弹催雨、放弹驱散乌云、预测地震;

6. 进一步认识人体结构和组成部分,如:呼吸系统、消化系统。知道一些主要系统所包含的器官和作用,知道一些保护器官及其作用的常识。增强锻炼身体的坚持性。

(六)增强言语能力:除小、中班已学的言语能力需巩固外,着重注意

1. 养成专心听讲的习惯;

2. 在集体学习时,养成举手说话的习惯;

3. 提高叙述事物的能力,如:

(1)叙述事物时目的明确；

(2)叙述层次清楚，有始有终；

(3)叙述时注意语法规则，至少做到：

①明显地脱离情景语言的影响；

②主语明确，使听者明白在说谁或什么事；主谓语恰当，使听者明白在说谁干了什么或谁怎么样了；句子的主要成分和附加成分排列恰当，如定语、状语等。

(4)叙述时语言清楚，没有明显的语病。

4. 提高用词联句的能力；

5. 提高语言的感情色彩，如：知道应用恰当的语调和语速表达词义，知道应在理解作品的基础上思考语言的感情。

(七)提高阅读能力

1. 知道通过观察来理解图片的意思，观察时要细致，要会分析人物的表情；

2. 知道通过已经识得的字来揣测作品的大意。

(八)学习一些识字的常识，提高识字的能力

1. 字形：

(1)知道字形与意义有关，如："氵"与水的关系，"艹"与植物的关系，"木"与树、木的关系，"口"与进食的关系，"亻"与人的关系，"衤"与衣服的关系，"犭"与动物的关系；

(2)知道字形与发音的关系，如："青"与"清"、"晴"、"睛"的关系，"土"与"吐"、"杜"的关系；

2. 笔划：

(1)知道汉字的主要笔划有"一"、"丨"、"丿"、"㇏"等，知道它们的名称；

(2)知道多一划，少一划，多一点，少一点，就是不同的字，代表不同的意义。所以，要细心观察笔划，如："人"与"大"、"天"，"大"与"犬"，"厂"与"广"等；

3. 笔顺：知道写字的顺序是有基本规则的，如：由上到下（一，二，三），由左到右（一，八，川），由外到里（回，国，四），先横后竖（十，干）；

4. 知道细心看，认真想，天天练，是识字的重要态度；

5. 识字100个（按上述规律识得）。

（九）知道一点学习汉语拼音的常识

1. 注意清晰地发音；

2. 学习感受音素的组合，如：感受有的音是由几个音素合起的（皮—“p”，“i”；玻—“b”，“o”）；

3. 学习直呼以下音：

ba，bo，bi，bai，bu；

pa，po，pi，pai，pu；

ga，go，gi，gai，gu；

ka，ko，ki，kai，ku；

da，do，di，dai，du；

ta，to，ti，tai，tu.

4. 知道音有四声，不同的声，发出的音，即表示不同的字，所以，要把音发清楚，声要发准。

（十）提高逻辑思维能力

1. 从按事物的外表特征进而知道根据事物的内在联系和本质特点进行判断和推理。例如，学习抽象出事物的本质属性：水果和干果，木料、玻璃和金属，植物油和动物油；

2. 学习主要的推理方法，如：功能、从属、类别、数量、部分与整体等；

3. 会区分立体，如：立方体、球体、圆柱体；

4. 会准确地使用时间定向词汇；

5. 熟练地掌握钟表的整点和半点，知道半点的一半是“一刻”，知道针所指的每个数字代表“5”分钟，学习说出点和分；

6. 熟练地掌握10以内的加减法，会自编10以内加减法的应用题，知道注意加减时的单位原则；

7. 理解数的可逆性和守恒性；

8. 目测物体的长短、高矮、宽窄、轻重、远近、厚薄。

(十一)增强专注力，记忆力，独立思考能力，创造力

1. 有相对稳定的兴趣：做事或学习时，不能凭一时的兴趣，做事有坚持性，注意力集中；

2. 从事工作和活动时有明确的目的性；

3. 对形和音乐的信号能比较敏锐地察觉，并听从信号行动(如：集合的信号，分组的信号)；

4. 在认识事物过程中，愿意自己思考、发现，愿意与人议论，敢于谈出自己的认识，又愿意听取别人的意见，并作出自己的决定；

5. 从事活动时，有一种创新意识，如：要求自己要想的、说的、画的、做的有自己的特点，不照搬别人。

(十二)增强集体意识，对自己在集体中的作用有一定的要求，增加对集体作用的认知和感情

1. 知道个人是离不开集体的(小对家庭，大至社会)；

2. 知道人在集体中有不同的分工，缺少任何部分都是不可以的，如：幼儿园的人员分工对幼儿在园生活的作用，街道各类分工对人生活的作用(治保、环保、粮油、蔬菜、水电)，农业与工业的分工对人们的作用(如：棉花靠农民种植，靠工人纺织，方才有用)；

3. 知道相互合作才能形成力量，从而知道个人在集体中必须互相团结、友爱，团结起来力量大；

4. 知道集体中有各种年龄和不同能力的人，个人应用自己的力量为大家服务，如：对弱者的照料，对老年人的尊重，对有贡献的人的尊敬和钦佩。

（十三）增强法制意识

1. 了解小学的制度和纪律，为将要来到的小学生活打下遵守法纪的基础，如：严格遵守上下课时间和请假制度；自己完成作业并按要求交作业；考试前认真复习，考试时靠自己的力量，不抄袭他人，不违反考试纪律；

2. 遵守马路上的步行规则，如：不跨越隔离墩，不钻栏杆，过马路要走人行横道并注意行人、红绿灯；

3. 知道任何部门和岗位都有法律制度，如果没有法律便会混乱，如：作战必须听从上级命令，不能各行其事；开车必须听从警察指挥，否则会出车祸；飞机必须听从地面指挥塔指挥，否则会出事故；学生必须听从学校的纪律，否则，没有良好的课堂秩序和生活秩序，便会影响学习和生活；

4. 知道一些社会上不合法行为的实例，知道违法行为的危害，增强守法意识，如：知道公与私要分清，个人不能占公家的便宜，不能占用公家的财物、金钱；知道个人应爱护公共财物，注意公共卫生；对假冒伪劣、诈骗等行为的危害性增强憎恶情感；

5. 对社会上某些不良现象有辨别能力，如：知道浪费可耻，学习储蓄日用钱；知道不追求奇装异服，不和别人攀比穿或吃；不学习油腔滑调。

（十四）增强劳动意识，提高动手操作的积极性和认真的态度

1. 增强尝试动手的主动性，如：图书损坏后自己动手修补，桌椅有小的损坏时尝试修理，皮球缺气时自己打气，自己动手制作棋子棋盘，节日布置场地等。减少等待成人帮助或提醒的习惯；

2. 注意以正确的姿势进行各种操作，如：除握笔、捏筷外，对使用钉锤、小锯、夹钳、铲子、小锄、缝针等工具，都注意合理操作方法，从而提高劳动效率，从而认识“巧”用的意义；

3. 注意以认真的态度对待各种劳动任务，如：抹桌子必须干净，不但抹桌面，还要抹净桌档、椅腿；收拾玩具时应尽量整齐，如

大小相同的玩具放在一起，朝向相同；播种时深度要恰当，盖土要均匀。知道态度与质量的关系，知道应该用认真的态度保证事物的质量。对不负责任的态度懂得轻视；

4. 学习制做几种平面和立体的玩具；

5. 知道劳动的作用，知道勤劳是高贵的品质，知道事物是劳动创造的；

6. 学习选种、挖沟、掘洞、下料、浇水、收获等劳动技能，长期、主动照顾种植物，获得较为系统的种植知识与能力。

（十五）提高审美观，提高表达美的情趣和能力

1. 能绘内容较为丰富的主题画；

2. 有一定的绘画能力：

(1)学习以 12 种颜色的深浅表达不同的内容；

(2)较熟练地掌握不同形状的中心，勾画出有规律的图案画；

(3)绘画时能注意物体的大小比例比较恰当；

(4)能基本画出人物的动作；

(5)会使用水墨、水彩等手法绘画。

3. 有一定的泥塑能力：

(1)比较熟练地掌握几种塑泥动作；

(2)人物比较形象，能表示简单的人物动作；

(3)物体色彩使用比较恰当；

(4)用不同的形象表示一种情节。

4. 有一定的折纸和剪纸能力：

(1)折叠线条分明；

(2)能用两张以上的纸折成简单的组合物；

(3)将折好的物体变换成另一种物体；

(4)学习拆开物体样本后仿照折叠简单物体；

(5)能用对折叠的方法剪出简单的图形和连接的图案；

(6)能用目测法剪或撕出简单的物体。

5. 有一定的欣赏和表达音乐的能力；

(1)唱歌时节拍准确，吐字清楚；

(2)能分析歌词的感情，学习用音量和速度加以表达；

(3)能随着音乐的节奏做动作；

(4)能用动作表达音乐的感情，如：轻快的动作，跳跃的动作，行进的动作，柔和抒情的动作；

(5)掌握一些基本的舞步，如：跑跳步、秧歌步、踮步、踏点步、侧点步、踵趾步、踏跳步、华尔兹步；

(6)各种舞步的表情自如、恰当。

6. 发展评析美术和音乐作品的能力，评析别人有关表现的能力。

小班上学期末测查题*

1. 名称：这是什么？

目的：对形状和颜色的认知材料：画有绿色三角形的图片一张（图①）

进行步骤：

①主试坐在被试的右边，将图片①放在被试面前（按图片上下规定放）对被试说："这里有一张图，你仔细看看，上面画的是什么形状？"

②如被试在 30 秒内不回答，再问："你再看么，这个形状是什么颜色的？"（如果被试在 30 秒不回答，即结束此题测查）

评分：第①题：回答不正确或 30 秒内不回答——0 分

回答正确"三角形"——1 分

第②题：回答不正确或 30 秒内不回答——0 分

回答正确"绿色"——1 分

2. 名称：他们是干什么的？

目的：对几种职业人物作用的认识

进行步骤：

主试说："我们知道老师是教小朋友学习和游戏的，现在你告诉我，农民是干什么的？"被试说后，主试肯定地说："对了，农民是种粮食的，种菜的，种地的，那么"司机"他是干什么的？"。并再提问："炊事员是干什么的？"、"你再说售票员是干什么的？"（每种人物的回答时间不得超过 30 秒）

评分："司机"、"炊事员"、"售票员"回答错误或超出 30 秒——

---

* 小、中班测查题与操作手册摘自史慧中主编《谈幼儿园的素质教育》。科学普及出版社 1994 年 10 月版。

0 分

回答正确——1 分

3. 名称:花为什么死了?

目的:对植物生长条件的认知和想象力

材料:图片一张(图②)

进行步骤:主试将图片②放在被试面前说:“这里有一盆花,它死了,你想一想,它怎么会死的?”如果被试说“不知道”,主试即说:“你好好想想,或者猜猜看。”被试思考 30 秒。回答与思考总共不超过 1 分钟。每次回答后,主试均说:“好,还会是什么原因”,直到 1 分钟结束。主试记录被试回答每对一个就划一道(正)

评分:a. 每说对一个植物生长有关条件,如缺水、缺阳光、水太多、晒得太多、太冷,肥料过多,浇了热水……均得 1 分。

b. 每说对一个虽与植物本身生长条件无关,但也可使植物致死的原因,均可得想象力 1 分,如,有人掐了,有人用力拔了……

c. 回答不合理者——0 分

4. 名称:我做你说

目的:对动词和量词的运用

材料:铅笔盒、手绢、几十颗花生、抹布,儿童上衣 1 件、袜子 1 只、长形毛巾 2 条

进行步骤:

(1)用动词

a. 示范:主试说:“我要做一些动作,你要说老师刚才做了什么事?说一句话,要说得对,现在试一试”。主试打开铅笔盒(动作要快)问:“我刚才做了什么事?”被试回答后,主试说:“老师打开盒子”,主试又用手绢擦脸(擦两下),被试回答后,主试说:“好,我们现在再来几次。你要看清楚老师在干什么,还要说出老师干了什

么。”测试动作顺序如下：

b. 测试：

①主试把桌上的铅笔盒往前推(推的动作要明显些)。

问：“我刚才做了什么事，你说一说。”

②主试轻轻用手摸被试的头。摸三下后问：“我刚才干了什么事？”

③主试从口袋里拿出一颗花生(带皮壳)，双手作剥花生状，使花生仁落在桌上。做两次后问：“我刚才干了什么事？”

④主试拿出一块抹布擦铅笔盒，左右来回擦4次后问“我刚才干了什么事？”

(2)用量词

a. 示范：主试出示铅笔盒说：“这是一个铅笔盒，你跟我说一遍。”被试跟说后，主试又出示花生说：“这是一颗花生”。被试说后，主试说：“下面我来问你，你来说。”

b. 测试：

(1)主试拿出一只袜子问“这是多少袜子？”

(2)主试拿出两条毛巾问：“这是多少毛巾？”

(3)主试拿出儿童上衣一件问：“这是多少衣服？”

评分：

动作：能正确说出“推”、“摸”、“剥”、“擦”(或抹)均得1分，不正确或30秒不回答得0分。

量词：能正确说出：“一只袜子”、“两条毛巾”、“一件衣服”均得1分。不正确或30秒不回答，得0分。

5. 名称：哪儿不一样？

目的：观察力

材料：画有两朵不同花的图片(图③)

进行步骤：主试出示图片说：“你看么，这两朵花有哪些地方不一样？把不一样的地方指出来。”被试观察与指点不超过1分钟。被试每指一处，不论正确与否，主试都继续问："还有哪儿不一样？"一分钟内正确地指出三四处不同，就停止问。如果被试仅指一朵花某处说："这儿"。主试再问："这儿和那不一样？怎么不一样？"被试需指出两朵花相应不同处算正确，只指一朵花就不算正确。

评分：1 朵 5 瓣一朵 6 瓣——1 分

1 朵有三条纹路，一朵没有——1 分

1 朵空心，一朵实心——1 分

1 朵两片叶子，一朵一片叶子——1 分

指点错误——0 分

6. 名称：你是哪国人？

目的：对祖国名称的认识

进行步骤：主试说："告诉我，你是哪国人？"不答，再问："你是哪个国家的人？"(时间不超过 30 秒)。

评分：回答错误或超出 30 秒——0 分

回答正确"中国人"——1 分

7. 名称：哪个多？

目的：对数量的认识和观察力

材料：画有 4 个娃娃图片一张(图④)

进行步骤：a. 主试出示图片说："这张图上有一张胖娃娃，他们有的在哭，请你把哭的娃娃指出来。"(30 秒)

主试再问："看一看，哭的娃娃和不哭的娃娃哪个多？若被试说："都是两个"主试再问："哭的娃娃和不哭的娃娃哪个多？"若被试仍然回答两个"测查停止。

评分：a. 指出了哭的娃娃——1 分。30 秒内不回答或错误——0 分

b. 回答"一样多"是正确的——1 分。(其他如，哭的两个，不哭的两个"，"都不多，都不少"均不对。)

8. 名称：哪一样东西不该放在这里

目的：思维概括力

进行步骤：a. 主试出示图片“5”说：“这四样东西，你看苹果、饼干、汽车、黄瓜有一样东西不应该放在这里，你好好看看，想想，哪样东西不该放在这里？”（观察指点不超过30秒）。b. 主试出示图片“6”说：“这里有4样东西，有三样是一类，有一样东西和它们不同，把那个不同的指出来。”

c. 主试出示图片“7”说，“这里有4个图形，有三个是一类的，有一个和它们不同，把那个不同的指出来。”

评分：a. 回答正确“汽车”——1分

30秒内不回答，或错误——0分

b. 回答正确“树”——1分

30秒内不回答或错误——0分

c. 回答正确“三角形”——1分

30秒内不回答或错误——0分

9. 名称：跟我做

目的：节奏感（速度、强度）

进行步骤：主试说：“老师现在要做一些动作，你要留心看，还要留心听，然后照老师的动作做一遍。我快，你也要快，我做的声音大，你做的声音也要大，要和老师做得一样。现在先试试。“主试右手拍右腿节奏的”××××”被试学做。主试再如上示范一次。

主试说：“现在咱们换个动作，你注意看，“注意听然后照着做，测试的顺序为：

①拍手，节奏的×××。被试做。

②拍手，节奏的×× ××。被试做。

③拍手，一，三拍重，二，四拍轻，节奏为$\times_{\times}$ $\times_{\times}$。被试做。

评分：①节奏正确——1分

节奏速度正确，但强度不正确——1分

节奏速度与强度均正确——2分

节奏速度与强度均错误——0 分

10. 名称:谁好看?

目的:对整洁美的辨别

材料:画有 2 个女孩的图片,面庞一样,服饰一样,但头发不一样(一个整齐,一个蓬乱)图⑧。

进行步骤:主试出示图片说:“这里有两个女孩,你好好看看她们两人谁好看?”(不超过 1 分钟)“谁好看,指一指”。被试指点后,问:“你为什么说这个好看?这个不好看?”被试回答。

评分;指点乱头发的——0 分

指点短头发的——0.5 分

指点和回答均正确“她梳头了,她头发不乱、整齐”——1 分。

11. 名称:哪些在前,哪张在后面?

目的:时序认知

材料:图⑨1—3 图⑩1—4。

示范:图⑨呈现给被试,让其观察 10 秒钟后说:“一个小朋友,想画一个插满了花的花瓶。他一朵花一朵花地画,把花瓶和花都画出来了”。主试手指图⑨1—3—2 说:“想一想,这 3 张小图应该怎样安排。那个小朋友是怎样把花和花瓶画出来的?哪一张是他先画的,哪一张是它后面的?你指指。被试观察 5 秒钟,然后指出顺序,不论对与否,主试要一边摆,一边说:他先画了一个瓶,画上一朵花,不好看,又画了一张,这是第二张,”(将相应的图片放好)又说:“他又画了许多花,花瓶里装满了花,这里最后画的(把第 3 张放在最右边)使被试弄懂题意,让被试观察一遍。把图片弄乱,由他再摆一次,无论正确与否,开始测试。

测试:主试出示小图⑩1—4,4 张按 1,4,3,2,乱放说“这个小朋友又画了一张图,看一看这 4 张图,想一想,他是怎样画成这张图的?先画什么,后画什么,你按顺序摆出来。”(时间超不过 3 分钟）。

评分：所排顺序完全正确——1 分

所排顺序不对或 3 分钟内没操作完——0 分

12. 名称：请唱支歌

目的：大方地在人前唱歌，把一支歌唱完

进行步骤：主试说："我知道你会唱歌，我可想听你唱歌了，你最喜欢唱哪支歌，想一想，唱给我听，要从头到尾，把歌唱完。"如果被试不唱，主试说："我先给你唱一支，你再唱。"主试唱后，被试 30 秒后还不唱，停止测查。

评分：态度大方
- 肯定唱——0 分
- 单独唱——1 分（主试唱后）
- 无需主试示范——2 分

唱歌完整
- 不完整——0 分
- 完　整——1 分

13. 名称：涂颜色

目的：画图的坐姿和涂色的技巧

材料：每个被试一张白纸，油画棒 2 支（红、绿）

（上画有一苹果轮廓）见图⑪

进行步骤：6～8 名幼儿坐在桌旁。每名幼儿有一张画纸，2 支油画棒。主试说："你们每人都有一张图纸，上面画了一只苹果。想一想苹果和叶子涂上什么颜色最好，就给它涂上什么颜色。颜色要涂得均匀好看，要涂得快一点。"（时间以 5 分钟为限）

评分：

a. 坐姿
- 背直——1 分，背不直——0 分
- 眼与纸距离——距离恰当——1 分
  过近，过远——0 分
- 腿放在桌面下——1 分，没放在桌下——0 分

b. 深色：
- 涂色出边占 1/3(轮廓)以上——0 分
- 涂色基本不出边，但轮廓内空白多——1 分
- 涂色基本不出边，轮廓内颜色基本涂满——2 分

14. 名称：请拿过来

目的：搬椅子正确动作

材料：儿童桌一张，儿童椅子一把。

进行步骤：测试前将桌子放在房间中央，椅子放在墙角。

开始：主试领被试一名进屋，自然地看四周说："哟，椅子怎么在墙边呢？△△，请你把椅子拿到桌子旁边，谢谢！"被试按主试要求行动，主试观察其搬椅子的动作。

评分：

搬：
- 两手搬椅子——1 分
- 拖椅子，拉椅子，推椅子——0 分

"放"
- 放椅子时，动作轻而认真——1 分
- 放椅子时，响声大——0 分

"摆"
- 整齐地摆在桌面下或桌边——1 分
- 随便地摆在桌边——0 分

15. 名称：会主动洗手吗

目的：养成便后洗手的习惯

进行步骤：本课教师对全班幼儿说："我们要到外面去做游戏，现在小朋友去小便，一桌一桌地去。"要求每个幼儿都小便，不作任何提醒。主试在盥洗室记录，小便后洗手情况。

评分：便后即洗手——1 分

便后不洗手或离开盥洗室再返回洗手——0 分

16. 名称：进餐习惯

目的：进行的姿势，文明习惯和独立能力。

进行方式：在被试午餐，晚餐时自然观察，每次观察一桌，在观察的两天中，园里要准备要幼儿吐刺或剥壳的东西，如排骨、鱼、鸡

块带壳的花生、毛豆等。主试坐在被试桌边不远处，进行记录。

评分：

(1)拿碗——用手扶，拿碗——1分。手不扶碗——0分。

(2)声音——咀嚼时没有大声——1分，有较明显咀嚼声——0分

(4)桌面——不洒饭粒——1分，洒饭粒——0分。

(5)地面——不吐刺、骨头在地上——1分，吐刺和骨头在地上——0分

(6)关系——自然交谈，安静文明——1分，随意打闹，叫——0分。

17. 名称：会做操吗？

目的：做操的动作水平和态度

进行方式：分组进行

进行步骤：本班教师对一组幼儿说："我们学了做操，过些日子要表演给大家看，今天我们再来练习一下。动作要做好。"老师带领被试做操(一套徒手操，包括摸仿操)主试观察记录。

评分：

态度：
- 动作认真——2分
- 能跟随大家做，但不太认真——1分
- 动作不认真，不到位——0分

动作质量：
- 动作合拍，到位——2分
- 动作合拍，但动作水准差——1分
- 动作生疏，不合拍——0分

18. 名称：会轮流玩吗？

目的：集体行为水平(轮流分享)

进行方式：分组进行，每组6～8人。

进行步骤：场地的一角有一辆能开动的汽车玩具，或能骑的自行车，但应在该课初次出现或极少出现的。

主试对一组幼儿说:“那有一辆可以开动的小汽车,你们几个人去玩吧!”主试观察2分钟后,幼儿没有出现轮流现象,可以提示说:“是不是可以轮流玩?”当每个幼儿玩过一遍后说:“还有小朋友等着玩呢! 你们下次再玩吧!”

评分:(1)按组情况记分:

抢、闹,没有协商轮流玩——0分

最后协商为轮流玩——每人均得1分

(2)按个人情况计分:

不赞成轮流玩,总是抢、占自己玩——0分

首先提出轮流玩,或积极赞同——1分

19. 名称:去公园玩

目的:走、跑、立定跳、平衡、钻等动作水平。

材料:平整的场地一块。按照图,画有跑道,圆圈等,并设置花盆数只。

进行步骤:分组进行。主试领6名被试到场地前说:“那边是公园,我们现在要去公园玩。去公园的路有的宽、有的窄、有的弯弯曲曲,走的时候要注意,不要踩着线。路上有坑,我们要跳过去,还有的要钻过去。你们先看我是怎样去公园的。”主试边动作,边示范说:“这儿很宽,走过去就行了。”“这里有个大坑,脚要并拢,两只脚一起跳过去。”“这是桥、很窄,要小心地走过去,注意不踩线,不要在桥当中停。前面有一个栏杆,要钻过去,把腰弯得低一点,不要把栏杆碰倒,快到了,让我们跑过去吧!”“现在你们一个一个到公园去,我叫到谁的名字,谁就像我那样走过去。”

被试一个一个地进行,主试做必要的动作提醒,但不揭示正确姿势,如,“走”、“两只脚跳”、“不踩线”、“钻过去”、“跑”等。

评分:“走”——脚不擦地、挺胸、肩平、两臂自然摆动、上下肢动作协调——正确者各得1分,不正确者得0分。

"双脚跳"——脚前掌落地、跳过圆圈、不踩边。

——正确者各得1分,不正确者得0分

"平衡"——速度正常、不停留、不踩线——正确者各得1分,不正确者得0分。

"跑"——抬头、脚前掌落地、跑弯曲路面时转变动作自然协调——正确者各得1分,不正确者得0分。

钻"——栏杆未落下、弯腰、压臀、低头——正确者各得1分,不正确者得0分。

小班下学期、中班上学期末教育结果评价操作手册

儿童测查题

A. 本评价编制的原则

一、力求评价到幼儿素质(情感、态度、习惯、体能、智力、学习方法等)的发展状况。

二、力求评价到幼儿素质的稳定内化状况。

三、力求评价到幼儿素质发展的潜力。

四、力求全面地评价幼儿素质的发展状况。

五、力求突出中班课程的核心任务。

B、本评价操作的要求

一、保持评价场所安静、祥和的气氛。评价场所除主试和被试以外,不得有他人在场,主试不得与被试以外的人聊天或评价被试。

二、主试对被试的态度要亲切、和蔼,举止要端正、大方,衣着要朴素、得体。

三、主试须严格执行评价操作手册的规定。不得给被试以言语、手势、表情等方面的暗示。除指导语外,不得有其它语言。出示图片以后,即将双手撤离图片,不得有任何指点。被试反应错误后不得有任何的“再想一想”、“嗯”、“啊”等语言或语调的暗示。不得擅自缩短或延长被试思考的时间。

四、主试不得给被试以任何的正反馈或负反馈。评价自始至终,主试对被试的反应结果必须保持一致的态度。不得有任何的惊喜或失望、遗憾的反应。

五、对所有被试，只有以第一题“刷牙”或第十一题“一样吗”为开始进行评价。在评价开始阶段，被试连续三道不回答，即被放弃。但需在其记录表上注明“放弃”字样。

C、**评价内容**

一、名称：刷牙

目的：检查幼儿刷牙的动作正确与否

方法：个别测查

材料：被试的牙刷和牙杯

步骤：

1. 主试领被试来到盥洗室，问：“哪个是你的牙刷和牙杯，你把它们拿出来。”等被试拿到后，对被试说：“你用这些东西做什么？”

2. 被试反应，主试观察直至被试动作停止。若被试口答“刷牙”，则主试可对被试说：“你刷一刷”。若被试10秒内不反应，即进行下题。

3. 主试说：“你什么时候用它们？”被试回答，主试问：“还有呢？”直至被试答：“没有了。”主试记录。

评分：1分——被试刷牙动作完全正确（按上下方向移动牙刷），而且一天至少刷1次牙。

0分——被试不做动作或动作不正确或一日内不刷牙。

二、名称：陌生阿姨

目的：检查幼儿对陌生人的态度

方法：个别测查

步骤：

1. 主试对被试说：“我要问你一个问题，你仔细听。听完之后，回答我。”

2. 主试陈述：“有一天，你在家门口玩，一个你不认得的阿姨走过来，对你说：‘×××，你好，我是你妈妈的好朋友，你妈妈让我带你去公园玩，走吧。’说着，她就拉着你的手要走。你怎么办？”若被试10秒钟内不答，主试可重述一次。

3. 被试回答后，主试问：“为什么？”并做记录。若被试10秒钟内不答，即进行下题。

评分：1分——被试回答正确（不跟阿姨走，去找父母，去告邻居等，因不认识这个阿姨）。若只能正确选择，不能陈述理由，或理由不涉及“陌生人”之意，则不能得分。

0分——被试不回答或回答错误。

三、名称：棒棒糖和勺子

方法：个别测查

步骤（一）：

1. 主试对被试说：“我给你讲一个故事，你仔细听，听完之后，回答我的问题。”

2. 主试陈述：“一天，一个阿姨领着一个小朋友上你家来玩，你妈妈把你的棒棒糖给了这个小朋友。吃着吃着，这个小朋友说：‘这个糖真好吃，你怎么不吃呀？’妈妈说：‘没有了。’这个小朋友就把棒棒糖从嘴里拿出来递到你的嘴边，说：‘你吃吧’。你吃不吃呢？”若被试10秒内不回答，主试可重述一次。

3. 被试回答“吃”或“不吃”后，主试问：“为什么？”并做记录。若被试10秒内不答，即进行下问。

步骤（二）：

1. 主试对被试说：“我给你讲一个故事，你仔细听。听完之后，回答我的问题。”

2. 主试陈述：“一天，你妈妈领你去一个小朋友家做客，在他家吃饭。吃饭的时候，你不小心把勺子掉到了地上。这个时候，这个小朋友说：‘×××，你的勺子掉到地上，脏了，不能用了，你用我的吧，我吃完了'，说着，他就准备把勺子往你碗里放，你用不用他的勺子？”若被试10秒内不答，主试可重述一次。

3. 被试回答“用”或“不用”后，主试问：“为什么？”并做记录。若被试10秒内不答，即进行下题。

评分：1分——(一)、(二)两问均做出正确选择且理由恰当（不吃，不用，因为不卫生）。其它理由不予得分。

0分——不回答或两问中任一问的选择或理由不恰当。

四、名称：急救

目的：检查幼儿是否知道一些简单的急救方法

方法：个别测查

步骤(一)：

1. 主试对被试说：“我再问你一个问题，你仔细听，听完之后，回答我。”

2. 主试陈述。“一天，你家来一个小妹妹，她看你妈妈做饭时一开煤气开关，就点着火了，觉得特别好玩。妈妈走了以后，她就跑去拧煤气开关玩，你觉得煤气开关好玩吗？”若被试10秒不答，主试重述一次。

3. 若被试答“不好玩”，主试问：“那你看见小妹妹在玩煤气开关，你怎么办？”若被试10秒不答“好玩”即进行下题。

评分：1分——两问均答对〔(1)能答出至少一种合理可行的急救方法；(2)答“不好玩，应该阻止小妹妹玩煤气开关”之意。若(2)答“好玩”不予得分。〕

0分——不回答或任一问答不对。

五、名称：单手投掷

目的：检查幼儿单手投掷的距离和动作

方法：个别测查

材料:100 克沙包

步骤:1. 主试出示重 100 克的沙包,对被试说:“你用一只手投这个沙包,随便用哪只手,投的越远越好。我说‘开始’,你再开始。”

2. 让被试操作两次。主试观察被试动作,测量被试所投距离,并做记录,单位为“厘米”。若被试 10 秒内不操作,即进行下题。

评分:

一、动作:1 分——两次动作完全正确〔(1)一脚前一脚后站立;(2)身体侧倾,后脚一侧上肢拿沙包;(3)沙包从身后和头上掷出〕。

0 分——不操作或两次中任一次动作不完全正确。

二、距离:1 分——两次中有一次在 300 厘米及其以上。

0 分——两次均在 300 厘米以下。

六、名称:速跑

目的:检查幼儿 20 米速跑的速度和跑步的动作

方法:个别测查

步骤:

1. 主试在平坦的地面画出相距 20 米的起跑线和终点线。

2. 主试手指起跑线对被试说:“你从这条线开始,跑过对面那条线,跑的越快越好。我说‘开始’,你再开始。”

3. 被试操作,主试观察被试动作,记录被试所用时间,单位为“秒”。若被试 10 秒内不操作,即进行下题。

评分:

一、动作:1 分——动作正确[1)两臂端在身体两侧自然摆动;2)上下肢配合协调]。

0 分——动作不正确或不操作。

二、速度1分——6秒以下。

　　0分——6秒及其以上。

七、名称：动植物区分

目的：检查幼儿的动植物概念

方法：个别测查

材料：动植物品图两幅

步骤：

1. 主试出示《动植物品图》对被试说："你仔细看看这张图上都有什么？"让被试观察30秒。在这期间，主试可帮助被试认识图上的每样东西，如"这是什么？"，"这是一种鱼"，"这是袋鼠"，"这是稻子"，"这是松树"等，但不能说"这是一种动物"，"这是一种植物"，"这是一种家禽"，"这是一种家畜"等。

2. 主试问："哪些是动物，请你把它们指出来。"被试动作停止后，主试问："还有吗？"直至被试回答："没有了。"主试记录被试所指，若被试10秒内不指，即进行下问。

3. 主试问："哪些是植物，请你把它们指出来。"被试停止动作后，主试问："还有吗？"直到被试回答："没有了"。主试记录被试所指。若被试10秒内不指，即进行下问。

4. 主试问："哪些是家禽？请你把它们指出来。"被试动作停止后，主试问："还有吗？"直到被试回答："没有了。"主试记录被试所指。若被试10秒内不指，即进行下问。

5. 主试问："哪些是家畜？请你把它们指出来。"被试动作停止后，主试问："还有吗？"直至被试回答："没有了。"主试记录被试所指。若被试10秒内不指，即进行下问。

评分：

每问分别评分：第二、三问全部指对，各得1分，否则得0分。

　　　　　　　第四、五问全部指对，各得2分，否则得0分。

八、名称：推理

(一)目的：检查幼儿根据经验进行推理的能力

方法：个别测查

步骤：

1. 主试对被试说："木铲是用木头做的，那么，你说说，塑料铲是用什么做的？"被试回答，主试记录。若被试10秒内不答，即进行下问。

2. 主试问被试："铁铲是用什么做的？"被试回答，主试记录。若被试10秒内不答，即进行下问。

评分：1分——两问回答均正确。

10秒内不答，即进行下问。

评分：1分——两问回答都正确。

0分——不回答或两问中任何一问答错。

(二)目的：检查幼儿对事物发展延续过程进行推理的能力

方法：个别测查示范

材料：《堆雪人》、《雪人》、《织毛衣》、记分《植物生长》图四套

步骤：

1. 主试按2—1—2顺序出示《堆雪人》三幅图，对被试说："你仔细看一看这三张图上画的是什么，想一想它们应该按照怎样的顺序摆才对，你把它们的顺序摆对。被试摆错或30秒内不摆，主试边示范边说明："第一张应该是两个小朋友在堆雪人；第二张应该是雪人堆好了；第三张应该是太阳出来了，雪人化了。"

2. 主试按2—4—3—1的顺序出示《雪人》四幅图，对被试说："你仔细看一看，这四张图上画的是什么，想一想它们应该按照怎样的顺序摆才对，你把它们的顺序摆对，被试摆错或30秒内不摆，主试边示范边说明："第一张应该是一个雪人；第二张应该是雪人化了一点；第三张是雪人又化了一点；第四张应该是雪人化没了。"

3. 主试按 2—1—3 的顺序出示《织毛衣》三幅图，对被试说："你仔细看一看，这三张图上画的是什么，想一想它们应该按照怎样的顺序摆才对，你把它们的顺序摆对。"被试操作，主试记录。被试 30 秒内不操作，即进行下问。

4. 主试按 4—1—3—2 的顺序出示《植物生长》四幅图，对被试说："你仔细看一看，这四张图画的是什么，想一想它们应该按照怎样的顺序摆才对，你把它们的顺序摆对。"被试操作，主试记录。若被试 30 秒内不操作，即进行下题。

评分：《堆雪人》和《雪人》两问不参与评分。

1 分——《织毛衣》和《植物生长》均排列正确。

0 分——不操作或《织毛衣》和《植物生长》任何一问排列不正确。

（三）目的：检查幼儿对事物排列规律进行推理的能力

方法：个别测查

材料：二方连续图案三张及相应单张图案

步骤：

1. 主试出示《二方连续图一》，对被试说："你仔细看一看，这个图案是怎么摆的，你用这里的一些图案接着摆下去。"被试操作，30 秒后，主试请被试停止。主试记录。若被试 30 秒内不操作，即进行下问。

2. 主试出示《二方连续图二》，对被试说："你仔细看一看，这个图案是怎么摆的，你用这里的一些图案接着摆下去。"被试操作，30 秒后，主试请被试停止。主试记录。若被试 30 秒内不操作，或操作错误，即省去以下两问，进行下题。

3. 主试出示《二方连续图三》，对被试说："你仔细看一看，这个图案是怎么摆的，你用这里的一些图案接着摆下去。"被试操作。1 分钟后，主试请被试停止。主试记录。若被试 1 分钟内不操作，即省去以下一问，进行下题。评分：第一、二问能正确摆出至少两个单元的图案，各得 2 分，否则得 0 分。第三问能正确摆出至少两个单元的图案，得 3 分，否则得 0 分。

九、名称：理解乐曲

目的：检查幼儿对音乐的理解能力

方法：个别测查

材料：两首乐曲

步骤：

1. 主试对被试说："我给你听两首乐曲，你先仔细听一遍，然后，我再给你听一遍，你跟着乐曲跳舞，跳什么都可以，也可以自己编动作。"

2. 主试先将进行曲播放 20 秒，然后对被试说："我再放一遍，你跟着乐曲跳舞吧。"主试再将进行曲从头播放 30 秒，被试操作，主试记录被试动作、节奏和表情的特征，若被试在乐曲开始后 10 秒内不做动作，即进行下问。

3. 主试对被试说："我再放一支曲，你先仔细听一遍"。主试将乐曲播放 20 秒，然后对被试说："我再放一遍，你先仔细听一遍"。主试将乐曲播放 20 秒，然后对被试说："我再放一支乐曲，你先仔细听一遍"。主试将乐曲播放 20 秒，然后对被试说："我再放一遍，你跟着乐曲跳舞吧。"主试再将舞曲从头播放 30 秒，被试操作，主试记录被试动作、节奏和表情特征。若被试在乐曲开始后 10 秒内不做动作，即进行下题。

评分：1 分——所表演的两支乐曲的动作、节奏、表情均较符合乐曲的性质。

0 分——不操作或所表演的任一乐曲的动作或节奏或表情不符合乐曲性质。

十、名称：分辨音色

目的：检查幼儿对音色的辨别能力

方法：个别测查

材料：三种乐器合奏的乐曲一首（鼓、三角铁、响板）

步骤：

1. 主试对被试说："我要给你听一支曲子，你仔细听，听听它们是用几种乐器演奏的。"

2. 主试将乐曲播放30秒。

3. 主试问被试："这支乐曲是用哪几种乐器演奏的？"若被试10秒内不答，即进行下题。

评分：1分——回答正确。

　　　0分——不回答或答错。

十一、名称：一样吗

目的：检查幼儿的观察比较能力

方法：个别测查

材料：《女孩弹琵琶图》两幅

步骤：

1. 主试出示《女孩弹琵琶图》两幅，对被试说："你仔细看一看这两张图，看一看它们哪些地方不一样，把不一样的地方指出来。"

2. 被试操作，主试观察并记录。当被试停止时，主试可问："还有吗？"直至被试说："没有了。"若被试只答："这儿"，主试须追问"这儿和哪儿不一样？"只有被试说明清楚方可认为其找对。若被试10秒内不答，即进行下题。若被试找出答案之外的不同处，不计分。

评分：6分——找出12处不同。

　　　5分——找出11处不同。

　　　4分——找出10处不同。

3分——找出8处不同。

2分——找出6处不同。

1分——找出3处不同。

0分——不回答或只找出两幅图之间3处以下的不同。

十二、名称:比比谁厚

目的:检查幼儿对于厚度的理解和比较厚度的方法

方法:个别测查

材料:半张A4复印纸、两本《学前教育研究》95年第1期、一本《幼儿教育改革与研究》(下)和一本《谈幼儿园的素质教育》。除复印纸外,其余四份材料均需用报纸包上封皮。

步骤:

1. 主试将五份材料按小在上,大在下的顺序(两本《学前教育研究》分开)摆在一起出示,对被试说:"我有五份东西,请你把它们按照从厚到薄的顺序摆好。先摆厚的,再摆薄的。"

2. 被试操作,至1分钟时,主试说:"请你告诉我哪本最厚?""哪本第二厚?""哪本第三厚?""哪本最薄?"若被试不回答,即进行下题。

评分:1分——操作和回答均完全正确(包括"××和××一样厚",两本一样厚的材料相邻排列)。

0分——不回答或回答不完全正确。

十三、名称:明天、今天和昨天

目的:检查幼儿对时间词汇的理解

方法:个别测查

步骤:

1. 主试问被试:"现在是明天、今天,还是昨天?"若被试10秒内不回答或答错,即进行下题。若被试回答"今天",则进行下问。

2. 主试说："今天是星期三(视测查当天而定)，那么，星期二是明天、今天，还是昨天?"若被试10秒内不答，即进行下问。

3. 主试说："今天是星期三，那么，星期四是明天、今天，还是昨天?"若被试10秒内不答，即进行下题。

评分：1分——三问均回答正确。

0分——不答或有一问答错。

十四：名称：故事说什么

目的：检查幼儿的语言概括能力

方法：个别测查

材料：童话一篇

步骤：

1. 主试对被试说："我给你讲个故事，你仔细听，听故事里说了什么事，听完之后，你讲一讲故事里说了什么事，讲得越详细越好。"

2. 主试以中等速度朗读童话，被试听。

3. 主试对被试说："你从头到尾讲一讲故事里都说了什么事。"

4. 被试讲，主试记录。若被试30秒内不回答，即进行下题。

评分：3分——讲述情节完整[1)小鸭子掉到了泥坑里；2)两只小象来救它；3)小象把长鼻子伸进坑里，小鸭够不到长鼻子；4)小象吸水洒到坑里，小鸭游了上来。]

2分——讲出主要情节[1)；3)；4)]

1分——讲出个别情节[1)；4)]

0分——不讲述或讲述中丢失重要情节。

一只小鸭子出门做客。

小鸭子沿着小路一面走，一面唱着快乐的歌："嘎嘎，嘎嘎，嘎嘎……"

他伸长着脖子，越唱越高兴，可是他忘了看前面了。一不小心，"卟嗵"一声，摔进了一个深深的泥坑。

小鸭子在泥坑里拼命地叫着：

"嘎嘎，救命啊！"

两只正在树林里玩耍的小象听到了，他们来到泥坑边上，看见泥坑里有只小鸭子在叫救命。

他们把自己的长鼻子伸下去，心想：小鸭子也许够得着，那样，小鸭子就能拽着他们的长鼻子爬出泥坑了。

可是小鸭子跳啊跳啊，怎么也够不到象的长鼻子。

小鸭伤心地哭了，她说"看样子我只能等下雨了，等雨点儿流满了水坑，我才能游上来。"

一听这话，两只小象高兴了，他们说：

"小鸭子，你等着，我们去请雨点儿来！"

"小象怎么能请得到雨点儿呢？"小鸭很奇怪。

两只小象来到小河边，用长鼻子吸足了水，来到泥坑边上，他们说：

"小鸭子，雨点儿来了！"

小象们一次又一次地把河里的水，运到泥坑里。泥坑里的水越积越多，小鸭子终于从泥坑里游了上来，她说：

"小象哥哥，谢谢你们的雨点！"

十五、名称：看图讲故事

目的：检查幼儿对连环画的理解

方法：个别测查

材料：连环画《驴吃草》

步骤：

1．主试出示《驴吃草》图片，对被试说："这四张画画的是一个故事，你仔细看一看，然后把这个故事讲出来，讲得越详细越好。"

2．被试观察图片一分钟，主试对被试说："好，现在请你把这四张图片所画的故事讲出来。"

3．被试讲述，主试记录。若被试10秒内不讲述，即进行下题。

评分：3分——讲述情节合理，故事完整[1)两只驴被拴在一起，两只熊给它们送来两堆草；2)两只驴都想吃草，可是绳子拽得它们谁也吃不着；3)两只驴想了办法，把绳子解开；4)两只驴都吃到草了]，人物认错不计。

2分——情节合理，但故事不够完整，只讲到3幅图。

1分——情节合理，但故事很不完整，只讲到2幅图。

0分——情节不合理，或不讲述。

十六、名称：画花瓶

目的：检查幼儿用画表现事物特征的能力

方法：小组测查

材料：长颈花瓶、画图白纸、油画棒

步骤：

1．主试出示花瓶。对被试说："请你们把这个花瓶画下来，要画得快一些，我说'开始'，你们就开始，我说'停'，你们就停。"

2．被试作画，主试观察。1分钟末，主试喊"停"并收取被试的画。

评分：1分——能够表现花瓶的主要特征[1)瓶颈与瓶肚的长短关系；2)瓶口、瓶颈与瓶底之间的粗细关系]。

0分——不反应或未能完全表现花瓶的主要特征。

十七、名称：不干扰别人

目的：检查幼儿是否知道应尽量不干扰别人

方法：个别测查

步骤(一)：

1. 主试说："我给你讲个故事，你仔细听，听完以后回答我的问题。"

2. 主试陈述："一天，一个小朋友让老师给他讲《小红帽》的故事，老师就给这个小朋友讲了起来。这时，你特别想让老师给你讲《白雪公主》的故事，怎么办？"被试回答后，主试问："为什么？"并做记录。若被试10秒内不回答，即进行下问。

步骤(二)：

1. 主试对被试说："我再给你讲一个故事，你仔细听。听完以后回答我的问题。"

2. 主试陈述："一天，你在家里折纸，折着折着，你不会折了。你想去问爸爸或问妈妈。这时，妈妈在写东西，爸爸在看报纸，你是问妈妈还是问爸爸？"若被试10秒内不回答，主试重述一次。

3. 被试答："问爸爸"或"问妈妈"，主试问："为什么？"并做记录。若被试10秒内不答，即进行下题。

评分：1分——两问均回答正确[(1)等老师讲完《小红帽》，再请老师讲《白雪公主》，这样不打搅老师和小朋友；(2)问爸爸，因为妈妈写东西，用脑子，可能在工作，不该打扰，爸爸看报纸是放松]选择对，但理由陈述不恰当不予得分。

0分——不回答或任一问回答未考虑到"不干扰别人"之意。

十八、名称：高兴吗

目的：检查幼儿移情的发展状况

方法：个别测查

材料:《抢娃娃》图及脸谱五张

步骤(一):

1. 主试出示《抢娃娃》图及脸谱5张(按1—5次序),对被试说:"你仔细看一看,这张画画的是什么意思,想一想这个女孩的表情应该是怎样的,从这5张里面找出一张这个女孩的脸。再想一想这个男孩的表情应该是怎样的,从这5张里面找出一张这个男孩的脸。"若被试1分钟内不操作,即进行下问。被测试者问:"女孩为什么这个表情,男孩为什么这个表情。"

2. 被试选择,主试记录。

步骤(二):

1. 主试对被试说:"我给你讲一个故事,你仔细听,听完之后,回答我的问题。"

2. 主试陈述:"一天,丹丹在户外活动时,把腿摔破了,流血了,她正要哭,老师看见了,说:'丹丹真勇敢,摔破腿都不哭。'说完,老师就走了。你想一想,丹丹心里是高兴,还是不高兴?"若被试10秒内不回答,主试重述一次。

3. 被试答:"高兴"或"不高兴",主试问"为什么?"被试回答,主试记录。若被试10秒内不答,即进行下题。

评分:

(一):1分——选择的两张脸谱均恰当。

0分——不选择或任一脸谱选择不恰当

(二):3分——推理到人物内心深层的矛盾的心理活动(既高兴又不高兴,因为老师表扬了她,但是老师又不关心她)。

2分——推理到人物内心深层的单方面的心理活动(高兴或不高兴,因为受老师表扬,因没哭而自豪或老师不关心她。老师的表扬与事实不符)。

1分——推理到人物内心表层的单方面的心理活动(不

高兴，因为腿破了）。

0分——不回答或不能推理人物心理活动[高兴，因为她没（不在）哭。]

十九、名称：集体意识

目的：检查幼儿对集体的关心情况

方法：个别测查

步骤（一）：

1. 主试对被试说："我给你讲个故事，你仔细听，听完之后，回答我的问题。"

2. 主试陈述："一天，幼儿园里比赛做操，轮到你们班小朋友做操时，小朋友们做的都特别认真。这时丁丁口袋里的巧克力掉出来，他怕别人捡走了，就赶紧弯下腰把巧克力捡起来装进了兜里，然后接着做操。结果，你们班做操比赛没有拿到第一名。一个小朋友就批评丁丁说：'都是你，你要是不拾巧克力，我们班就拿到第一名了。'你说丁丁心里怎么样？"若被试10秒内不答，主试重述一次。

3. 被试答："高兴"或"不高兴"，主试问："为什么？"若被试10秒内不答，即进行下问。

步骤（二）：

1. 主试问："你知道你们班有多少个小朋友？"若被试10秒内不答，即进行下问。被试回答，主试记录。

2. 主试问："你们班经常在什么地方做操？"被试回答，主试记录。若被试10秒内不答，即进行下问。

3. 主试分别问："你们班有种植角吗？""在什么地方？""现在种着什么呢？"请被试一一回答，主试记录。每问若被试10秒内不答，即进行下问。

4. 主试分别问："你们班上谁最需要帮助？""为什么？"请被试

一一回答，主试记录。每问若被试10秒内不答，即进行下题。

评分：

（一）1分——回答正确［“丁丁心里不高兴，因为他影响了班里成绩”之意。其它理由一律不予得分］。

0分——不回答或回答不涉及“个人影响集体成绩”之意。

（二）1分——四问均回答正确并且理由恰当。

0分——不回答或任一问回答及理由不恰当。

二十、名称：发明家

目的：检查幼儿对发明家的态度

方法：个别测查

步骤：

1. 主试对被试说：“我给你讲一个故事，你仔细听，听完之后，回答我的问题。”

2. 主试陈述：“有一个发明家，叫爱迪生。他发明了灯泡，我们现在就可以用灯泡来照亮了。爱迪生小时候，一天，他看见老母鸡蹲在鸡蛋上，就孵出了小鸡，他觉得很奇怪，想弄清楚为什么鸡蹲在鸡蛋上，就能孵出小鸡，他就学着母鸡的样子，也蹲在鸡蛋上。结果，有人说他真傻，你说他傻不傻？”若被试10秒内不答，主试重述一次。

3. 被试回答“傻”或“不傻”，主试问：“为什么？”若被试10秒内不答，即进行下题。

评分：1分——回答正确（不傻，因为他在动脑筋学习）。

0分——不回答或回答不正确。

二十一、名称：跟我学

目的：检查幼儿的学习积极性和学习折叠的方法

方法:个别测查

材料:折叠的"飞机"(或其他较复杂的纸工作品以备用)、用于折叠的白纸。

步骤:

1. 主试出示"飞机",对被试说:"你看老师折的飞机,很好玩,你会折吗?(若被试回答"会",则主试将"飞机"换成其它备用作品)你也折一个吧。老师这个飞机(或其它)给你做样子。"

2. 被试操作1分钟,主试观察并记录。若被试1分钟内不动手折叠,也不接触"飞机"和纸张,即进行下题。

评分:2分——尝试着将成品拆开。

1分——动手折叠或将成品拿起观察。

0分——不动手。

二十二、名称:帮我想办法

目的:检查幼儿学画的方法

方法:个别测查

步骤:

1. 主试说:"一天,我去动物园,看见猴子在爬树。我觉得特别好玩,想把它画下来。可是,老师没教过我怎么画猴子,怎么办呢?你帮我想一个办法吧。"

2. 被试回答,主试记录。若被试10秒内不回答,即进行下题。

评分:1分——回答正确(照着猴子的样子画)

0分——不回答或回答不恰当

二十三、名称:拼一拼

目的:检查幼儿拼图的熟练程度和发散性思维的发展状况

方法:个别测查

材料:七巧板一套

步骤：

1. 主试随意出示七巧板对被试说："你用这些图形，拼一些图案。每拼完一种，你就告诉我这是×××，然后你把它打乱再重拼一个新图案，拼的图案越多越好，拼得越快越好。我说'开始'你再开始，我说'停'，你就停。"

2. 被试操作5分钟，主试观察并记录。被试每拼成一个图案后，主试问：

"这是什么？"被试回答后，主试帮助被试将成品打乱，让被试接着拼。

评分：6分——拼出7种形式的图案。

4分——拼出6种形式的图案。

3分——拼出5种形式的图案。

2分——拼出4种形式的图案。

1分——拼出2种形式的图案。

0分——不拼或只拼出1种图案。

二十四、名称：猜一猜

目的：检查幼儿形象思维的发展状况

方法：个别测查

步骤：

1. 主试说："下面，我们来猜谜语。你仔细听我说了什么，说的东西像什么，你把那样东西的名字告诉我。我们先来试一试：'四四方方一块布，有的花，有的白，能擦鼻涕能擦汗！'你说，这样东西是什么？"若被试回答正确（手帕），主试说，"对，就这么猜"然后，进入第2步。若被试不答，主试说："你想一想，什么布是四方形，有的上面有花，有的上面没有花，我们出汗了就要用它擦，打喷嚏了就要用它捂住嘴，鼻涕流出来了就要用它擦。这种东西叫什么呢？"被试知道是"手帕"后，主试说："你已经知道是手帕了，那你再听我把这个谜语说一遍，听听说得像不像手帕。”主试将谜语重述一次。

2．主试说：“我现在请你猜二样东西，它们都是小朋友喜欢玩的东西。你要仔细听，想一想我说的是什么东西。我先把二样东西都说一说，你先听一遍。”

3．主试说：“身子圆又圆，皮肤白又白，喜欢板子打，你说怪不怪。”“这是第一样东西。”

“身子圆溜溜，肚里装满气，拍一拍，跳一跳，拍得重，跳得高。”“这是第二样东西。”

“这二样都是好玩的东西。现在我一样一样地说，你一样一样地想，把它们的名字告诉我。记住，要边听边想，听我说的像什么玩具。”

4．主试说：“现在我先说第一样。（语速适中，加黑点处强调）‘身子圆又圆，皮肤白又白，喜欢板子打，你说怪不怪。”你看它像什么玩具？”若被试 30 秒内不答，主试可重述一次。若被试 1 分钟内不答，即进行下问，被试回答，主试记录。

5．主试说：“我们再来猜第二个谜语，‘身子圆溜溜，肚里装满气，拍一拍，跳一跳，拍得重，跳得高’。你看它像什么玩具？”若被试 30 秒内不答，主试可重述一次。之后，若被试 1 分钟内不答，即进行下问。被试回答，主试记录。

评分：

一、答案：每问答对，各得 2 分。

每问答错，各得 0 分。

每问不答，各得 0 分。

二、时间：每问在 30 秒内答对，各得 3 分。

每问在 31 秒至 1 分钟间答对，各得 2 分。

每问在 1 分钟内不答各得 0 分。

大班期末幼儿发展评价测查题简要说明

一、幼儿测查题拟定的依据

根据5～6岁年龄阶段课程标准的总要求和大班幼儿应达到的身心发展水平，拟定了学期结束后的也是三年实验的终结性的、评价性的幼儿测查题。

二、具体拟定的思路

测查题应全面考核幼儿在生活习惯、身体素质、社会情感、认知思维、言语能力、动手操作、艺术活动等各方面是否健康和谐地发展。但测试题不可能面面俱到逐项考查，只选取最典型、最有代表性、最能体现素质教育要求的一些试题，考查幼儿是否全面和谐发展。

我觉得素质教育应重点考查幼儿的生活能力、学习方法、智力发展水平，而不是考查幼儿掌握的知识本身。

在生活能力方面，根据大班末期幼儿将要上小学的特点，重点考查幼儿适应社会能力，能否独立做事，独立分析问题、解决问题、处理生活中各种事情以及形成良好的生活习惯。

在学习方法方面，重点考查幼儿对知识经验的积累和掌握，是否是通过观察、思考、判断、推理、归纳等正确的学习方法而获得，而不应是知识本身的死记硬背。

在智力发展水平方面，我选取了课程标准以外的内容，目的通过测查幼儿的观察力、注意力、记忆力、思维力、创造力、语言表达能力等智力因素来评定幼儿的智力发展。

三、测查题分数的比例确定

拟定幼儿测查题共 21 道，满分 100 分；

其中包括社会情感部分 15 分，认知部分 14 分，智力训练 20 分，言语能力 16 分，艺术表现（音乐、美术）16 分，动手能力（包括生活习惯的养成）11 分，身体素质 8 分。

辽宁省军区幼儿园实验班教师　罗惠文

6 岁幼儿测查题

1. 名称：小妹妹摔倒了

目的：测查幼儿帮助别人解决问题的能力。

步骤方法：

导语：教师对幼儿说："我提一个小问题，你来回答，好吗？"

提问："假如你在外面玩，看见一个小妹妹不小心摔倒了，衣服弄脏了，腿也摔破了，还在流血，她的爸爸妈妈没有看见，小妹妹正趴在地上哭呢。这时你会怎么做？"

评分标准：（总分 5 分）

(1)幼儿能说出：把小妹妹扶起来，帮她擦眼泪，拍掉身上的灰土，劝她别哭了，并送她回家或带到自己家里，请妈妈帮助包扎伤口。得 5 分。

(2)幼儿能说出"把小妹妹扶起来，帮她擦眼泪，拍掉身上的灰土，劝她别哭了"，但不知如何处理好伤口。得 3 分。

(3)幼儿能说出"把小妹妹扶起来，帮她擦眼泪，拍掉身上的灰土"，但不会劝说小妹妹。得 2 分。

(4)幼儿能说出"把小妹妹扶起来"，但不知具体应怎样做。得 1 分。

(5)幼儿不能说出应怎样做。得 0 分。

2. 名称：公共汽车上

目的：测查幼儿能否关心老人，为老人做事。

步骤方法：

提问："在公共汽车上，你看见一位老奶奶提着一篮子东西站着，没有座位，你会怎样？如果你也没有座位，又会怎么办？"

评分标准：（总分 5 分）

(1)幼儿说出“我把座位让给老奶奶”。得 2 分。否则得 0 分。

(2)“如果我也没有座位，我帮助老奶奶拿东西”(或我扶着老奶奶站着，或请年轻的叔叔阿姨给老奶奶让座)说出其一得 3 分。不知应怎么办？不能回答得 0 分。

3. 名称：我爱北京

目的：了解幼儿对首都北京的认识程度。

步骤方法：

(1)提问：“我们是中国人，中国的全称叫什么呢？首都在哪？”

评分标准：(总分 2 分)

能准确地说出“中国的全称叫中华人民共和国，首都在北京”得 2 分。

只能说出其中的一个答案，得 1 分，否则得 0 分。

(2)提问：“你爱北京吗？你知道北京有哪些有名的建筑吗？”(如幼儿答不出，可提示：“北京有天安门，还有什么？”)

评分标准：(总分 3 分)

幼儿能说出“爱北京”，知道北京有万里长城、颐和园、故宫、天安门、世界公园等有名的建筑。能说出 3 个以上得 3 分，说出 2 个得 2 分，说出 1 个得 1 分，否则得 0 分。

4. 名称：接着我的话说下去

目的：测查幼儿反推理能力。

步骤方法：

教师对幼儿说：“我说一句话，但是没说完，请你接着我的话说下去，好吗？”

“木制品的东西能浮在水面上，但是这件东西不能浮在水面上，所以……怎样？”

评分标准：(总分 4 分)

(1)幼儿能答出“所以这件东西不是木制品”得 4 分。

(2)幼儿答不出，再放慢速度重复一遍，能答出后得 3 分。

(3)教师提示:“所以这件东西怎样……”答出得 2 分。

(4)经教师提示后仍在 10 秒钟内答不出,得 0 分。

5. 名称:我说得对吗?

目的:测查幼儿听的专注力。

步骤方法:

教师对幼儿说:“我说一段话,请你仔细听,我说得对吗?为什么?”

“小红穿了一身红,她穿着红衣服、红裤子、红皮鞋、红袜子、围着花围巾、戴着红帽子,一身都是红。”

评分标准:(总分 4 分)

(1)幼儿能说出“不对”,并解释为什么,得 4 分。

(2)幼儿说不出,教师放慢速度重复一遍,答出后得 3 分。

(3)教师再重复一遍,重点突出“围着花围巾”幼儿答对后,得 2 分。

(4)幼儿不能做出正确回答得 0 分。

6. 名称:重复我的话

目的:测查幼儿的记忆能力。

步骤方法:

教师对幼儿说:“你仔细听,我要说出 5 个词,然后请你重复我说过的 5 个词,好吗?”

“商店、汽车、蔬菜、玩具、冰箱”请幼儿重复。

评分标准:(总分 4 分)

(1)幼儿能正确重复 5 个词,得 4 分。

(2)幼儿能正确重复 4 个词,得 3 分。

(3)幼儿能重复其中 3 个词,得 2 分。

(4)幼儿能重复其中 2 个词,得 1 分。

(5)幼儿只能重复其中 1 词,得 0 分。

7. 名称:找相同

目的:测查幼儿对图形的分辨和观察力。

准备:画有各种图形的图片一张。

步骤方法:

教师出示图片,对幼儿说:“这里有许多种图形,请你找出和圆圈里相同的图形有几个”。

评分标准:(总分 4 分)

(1)幼儿能找出 4 个以上相同的图形,得 4 分。

(2)幼儿能找出 2～3 个相同的图形,得 2 分。

(3)幼儿只能找出 1 个以下相同的图形,得 0 分。

8. 名称:推测星期几

目的:测查幼儿利用已知推测未知的能力。

步骤方法:教师对幼儿说:“今天是星期×,请你说出前天是星期几? 后天是星期几?”

评分标准:(总分 4 分)

(1)幼儿能正确答出来,得 4 分。

(2)幼儿答不出,可提示:“昨天是星期几? 明天是星期几?”然后再重复原来的问题,幼儿答出来得 2 分。

(3)经老师提示后幼儿仍答不出来,得 0 分。

9. 名称:认识钟点

目的:测查幼儿对整点、半点、一刻钟的认识能力。

准备:画有整点、半点、一刻点的钟面各一个。

步骤方法:

依次出现画有整点、半点、一刻钟的钟面,分别对幼儿说:“请你说出这个钟上的指针指着几点钟?”

评分标准:(总分 4 分)

(1)幼儿认识整点,得 1 分,否则得 0 分。

(2)幼儿认识半点钟,得 1 分,否则得 0 分。

(3)幼儿认识一刻钟,得 2 分,否则得 0 分。

10. 名称:动物分类

目的:通过幼儿从不同角度对动物的分类,了解幼儿概括能力。

准备;动物图片 12 张

步骤方法:

教师将 12 张动物图片拿在手中,对幼儿说:"请你看看我手里拿的是什么动物图片?"拿出一张问幼儿:"这是什么?"幼儿说出后将图片摆在桌子上,再出现第二张……幼儿逐一说出后,教师将图片摆成一横排。

接着教师示范一种分类,边操作边对幼儿说:"我能将这些动物分类摆放。青蛙、金鱼、乌龟、鸡、鸭放在一起,因为它们都是卵生动物。猪、狗、羊、老虎、狐狸、熊猫、海豚放在一起,因为它们都是哺乳动物。你看清楚了吗?"

提问:"还可以怎样分类?请你分一分,要和老师分的不一样。"(将图片打乱,重新摆成一横排)

幼儿分成后提问:"为什么要这样分?""还可以有几种分法?"请幼儿从不同角度继续分类。

评分标准:(总分 8 分)

(1)按动物的外形特征、生活习性分类,得 2 分。(错一个动物扣 1 分)(家禽:鸡、鸭;家畜:猪、狗、羊;野生动物:老虎、狐狸、熊猫)

(2)按食物类型分类,得 3 分(不能说出为什么这样分,扣 1 分)(食肉动物:狗、老虎、狼;食草动物:羊、熊猫;食杂类动物:鸡、鸭、猪)

(3)按生存环境分类,得 3 分(不能说出为何这样分,扣 1 分)(陆地上动物:鸡、鸭、猪、狗、羊、老虎、狐狸、熊猫;水生动物:金鱼、海豚;两栖动物:青蛙、乌龟)

11. 名称:图片排序

目的:测查幼儿观察自然现象,按时间的先后排序的能力。

准备:图片四幅(下雨前后的天气变化)

步骤方法:

出现四幅图片,将顺序打乱,对幼儿说:"请你按时间的先后顺序,将四幅图重新排好"。

评分标准:幼儿能将四幅图按时间的先后顺序排列,得 2 分。否则得 0 分。

12. 名称:看图讲述《有礼貌的小菲菲》

目的:测查幼儿对连续图片的理解和语言表达能力。

准备:看图讲述的图片八张

步骤方法:

教师出示图片,按顺序摆放好,对幼儿说:"这有几张图片,是发生在菲菲小朋友身上的事情,请你仔细看图片内容讲出完整的故事,故事的名字叫《有礼貌的小菲菲》。"

幼儿观察 10 秒钟后开始讲述。

(故事大意:一天,菲菲小朋友抱着布娃娃出去玩,不小心被石头绊了一下摔倒了,把布娃娃摔痛了,娃娃的帽子也摔掉了,菲菲很难为情,她把布娃娃捡起来,抱在怀里,一边给娃娃拍土一边说:"对不起布娃娃,是我不小心!"菲菲抱着布娃娃继续往前走,一只小花狗看见布娃娃的帽子还丢在地上,就用嘴拾起来送还给菲菲,菲菲高兴地把帽子戴到布娃娃头上,对小花狗说:"谢谢你小花狗,我也请你吃点心。"菲菲从背包里拿出一块点心送给小花狗。太阳公公看见了笑着说:"真是一个有礼貌的小菲菲"。)

评分标准:(总分 8 分)

(1)能准确地讲出故事图片的基本情节和主要内容,语言完整、连贯,用词恰当,没有语病;得 8 分。

(2)能大致讲出图片的基本情节和主要内容,语言比较完整、连贯,没有语病;得 6 分。

(3)能大致讲出图片的基本情节和主要内容，但语言不够完整和连贯，没有明显的语病；得 4 分。

(4)能讲出图片的部分情节和内容，语言不够完整和连贯，没有明显的语病；得 2 分。

(5)不能讲出图片的情节和内容；得 0 分。

13. 名称：识字分类

目的：测查幼儿的识字能力。

准备：识字卡片 28 张

步骤方法：

(1)教师出示字卡，对幼儿说："请你读出上面的字？"幼儿识字后教师记住幼儿的识字量，然后将字卡摆放排列整齐。

(2)提问："请你将这些汉字分类摆放，并说出为什么要这样分？"

评分标准：(总分 8 分)

(1)幼儿识字量在 25 个以上得 4 分，在 20 个以上得 3 分，在 15—20 个之间得 2 分，不超过 15 个汉字得 0 分。

(2)幼儿能将汉字正确分类，知道偏旁与意义的关系(如："氵"与水有关；"艹"、"木"与植物有关；"虫"与昆虫有关；"女"与女人有关；"扌"与手的动作有关；"衤"与服装有关；"犭"与动物有关)全部说对得 4 分，说对 4～6 个得 2 分，否则得 0 分。

14. 名称：听音乐做动作

目的：测查幼儿对音乐的感受力和表现力。

准备：录音机、音乐磁带(录有轻柔和欢快的曲子)

步骤方法：

(1)教师对幼儿说："请你来听一段音乐，听完告诉老师，音乐的前半部和后半部有什么不同？好像是谁在干什么？把你想到的告诉我。"

给幼儿放音乐，然后请幼儿回答。

(2)再放一遍音乐对幼儿说:"请你随着音乐跳起来。"幼儿在理解乐曲的基础上自由起舞。

评分标准(总分8分)

(1)能说出前半部轻柔、较慢、像孩子在睡觉……,后半部较欢快、活泼、像孩子在游戏、跳舞……,理解两种不同情绪的曲子得4分,只理解一种得2分,否则得0分。

(2)能用较恰当的动作表现二种不同的情绪,表情优美得4分,能用基本的动作表现一种情绪,得2分,不能随着音乐跳起来得0分。

15. 名称:装饰"花手绢"

目的:测查幼儿按规律装饰画面和色彩搭配的能力。

准备:彩色笔、正方形白纸若干

步骤方法:

提供幼儿正方形纸和彩色笔,对幼儿说:"这是一条白手绢,请你按规律装饰出一条美丽的花手绢。"幼儿作画。

评分标准:(总分4分)

(1)能掌握中心点,画出有规律的图案,色彩鲜艳,明暗色彩搭配合理,得4分;

(2)能掌握中心点,按规律画出图案,色彩较单一,图案较简单,得2分;不能按规律画出图案或没有完成画面,得0分。

16. 名称:手撕画《水杯》

目的:测查幼儿用目测法撕简单物体的能力

准备:长方形白纸若干,幼儿水杯一个

步骤方法:

提供幼儿长方形白纸一张,将水杯放在幼儿面前,对幼儿说:"这是你喝水的杯子,你好好看看,请用手撕出一个同样的纸杯。"

评分标准:(总分4分)

(1)能撕出水杯的外形特征,边缘较平滑均匀得4分;

(2)能基本撕出水杯的外形特征,但边缘不够平滑,不够均匀,得 2 分;

(3)不能撕出水杯的外形特征得 0 分。

17. 名称:图书坏了

目的:测查幼儿是否会自己修补图书。

准备:破旧图书、白纸条若干、透明胶布、胶水、剪刀各一。

步骤方法:

出现一本破旧图书让幼儿看,对幼儿说:“这是一本内容非常好的图书,可惜已经损坏了,有的地方被撕开了,怎么办呢?”(幼儿回答)

提问:“你会修补图书吗?”(请幼儿修补)提供各种修补图书的材料,幼儿自选材料进行修补。

评分标准:(总分 3 分)

(1)幼儿能说出:“图书坏了,我来修补”,得 1 分,否则得 0 分。

(2)幼儿利用各种材料能较好地修补图书、粘得较平整、会使用剪刀,得 2 分。

(3)幼儿能利用材料进行修补、粘贴图书,但质量较差,粘贴得不够平整,得 1 分。

(4)幼儿不能利用材料修补图书,得 0 分。

18. 名称:铅笔断了

目的:测查幼儿削铅笔的能力,处理笔屑的方法。

准备:卷笔刀一个,没有笔尖的铅笔一只。撮子一把。

步骤方法:

教师出示铅笔和卷笔刀,对幼儿说:“这支铅笔断了,请你重新削一削”,幼儿开始削铅笔。

评分标准:(总分 4 分)

(1)幼儿会削铅笔,并知道将笔屑倒入撮子中,得 4 分。

(2)幼儿会削铅笔,但不知如何处理笔屑,得 2 分。

(3)幼儿不会削铅笔得 0 分。

19. 名称:文具盒里有什么?

目的:测查幼儿对文具的认知及收拾文具情况。

准备:文具盒(里面装有橡皮、铅笔、格尺、卷笔刀……)

步骤方法:

教师出示文具盒,提问:“这是什么?”幼儿回答后教师打开文具盒,请幼儿认识里面的文具,说出名称及用途,幼儿说出后,教师将各种文具摆到桌子上。

对幼儿说:“请你把文具都收拾起来。”

评分标准:(总分 4 分)

(1)认识文具盒里各种文具的名称、用途,并能一件一件收拾整齐,摆放整齐,得 4 分。

(2)能说出各种文具的名称、用途,但摆放文具不够整齐,不能物归原处。得 2 分。

(3)不能说出文具名称,不能整齐摆放。得 0 分。

20. 名称:认真做操

目的:测查幼儿做操是否态度认真,动作准确到位。

步骤方法:(分组进行)

教师请主班老师带领 6～8 名幼儿做操,对幼儿说:“小朋友都会做操,今天我们一起做一套徒手操,好吗?”主班老师喊口令,幼儿随口令做操。测试老师在旁观察记录幼儿做操情况。

评分标准:(总分 4 分)

(1)能随老师口令认真做操,动作准确到位,得 4 分。

(2)能随老师口令做操,态度认真,但个别动作不够到位,得 2 分。

(3)做操态度不够认真,动作不到位,得 0 分。

21. 名称:快速跑 30 米(游戏《夺红旗》)

目的:测查幼儿快速跑的能力。

准备:场地 30 米远,起点画起跑线,终点插小彩旗 4 面

步骤方法:(分组进行)

将全班幼儿分成小组,每组 4 人,主班老师对幼儿说:"今天我们玩《夺红旗》的游戏,我说开始,你们快快跑向终点,看谁最先夺到红旗。"幼儿分小组玩游戏。测试老师在旁记录幼儿跑的速度。

评分标准:(总分 4 分)

(1)幼儿能在 9 秒钟以内跑到终点(30 米)得 4 分。

(2)幼儿不能在 9 秒钟以内跑到终点(30 米)得 0 分。

辽宁省军区幼儿园

连心桥

第 1 期　1993年9月18日

辽宁省军区幼儿园

老师的话

家长同志:

你们好！欢迎您的孩子到我们幼儿园来．幼儿园是保育、教育幼儿的场所，我们的教师的任务是观察、了解、教育幼儿，全面提高他们的素质，使他们每个人都在原来的基础上得到发展，成为体、智、德、美各方面都和谐发展的健康儿童。为了实现这一目标，我们将以爱心，诚意探索儿童的内心世界，了解他们的需要，帮助、指导他们成长。同时也衷心盼望关心孩子的您，与我们密切配合，为孩子创设适宜其成长的家庭环境、关心、支持、参与幼儿园的教育工作，实现家园同步教育。

为架起家园联系之桥，实现同步教育孩子的共同心愿，我们办了《连心桥》月报，她将每月和您见一次面，向您推荐正确的教育思想和教育方法，介绍每月孩子应学的知识、技能和应有的能力、习惯；同时也给您留下一块未开垦的园地，希望您在此反馈孩子在家的表现，他们的进步及不足，提出您的想法和建议，相信《连心桥》月报这棵嫩芽会成为我们心意相通的纽带，也会成为孩子成长的见证。让我们携手共育，使她伴随孩子健康地成长。

好宝宝有礼貌

好宝宝有礼貌，
进园问声老师早，
老师点头咪咪笑，
夸奖我是好宝宝。

三口人是一家

三口人是一家，
有爸爸，有妈妈，
只有我是小娃娃，
他们爱我，我爱他。

玩具大家玩

玩具玩具大家玩，
你也玩，我也玩，
大家一起玩。

我爱我的幼儿园

1＝c　2/4

1 2 3 4 | 5 5 5 |
我爱我的　幼儿园，
5 5 3 1 | 2 3 2 |
幼儿园里　朋友多。
1 2 3 4 | 5 5 5 |
又唱歌来　又跳舞，
5 5 3 1 | 2 3 1 ‖
大家一起　真快乐。

孩子学

● 动 作

走：知道走时双臂自然摆动，训练手脚协调不顺拐。

跑：知道跑时双臂自然摆动，两脚要离地，不擦地。

跳：（双脚跳）知道双脚跳时应该前脚掌落地，落地时要轻。

爬：会双手双膝着地爬。

● 认 知

1、比较"1"和"许多"的关系（能在日常生活中找出哪些东西是"1"个，哪些是"许多"个。

2、认识"圆形""正方形""三角形"（能从日常生活实物中找出三种不同图形）。

3、认识数字 1 、2。

4、会点数 5 以内的实物。

● 语 言（要求发音准确，吐字清楚）。

1、能清楚地说出自己的姓名、年龄、性别。

2、能说出父母亲的姓名、工作单位。

3、掌握并运用动词：走、跑、跳、拍、抱、踢、打、吹。

4、学习说出自己的主要特点：如，身材瘦或胖，皮肤白或黑，头发长或短，眼睛大或小，说话声音大或小，喜欢什么玩具，习惯什么活动。

5、学习儿歌："好宝宝有礼貌"、"三口人，是一家" "玩具大家玩"。

● 音 乐

1、学习歌曲 ："我爱我的幼儿园"。

2、学习听音乐拍手打节奏：学习拍 2/4 拍、4/4 拍的节奏，每拍一下。

● 动 手 操 作

1、剪纸：剪直线、曲线 （三角形、正方形、圆形 ）边缘整齐、光滑。

2、搓泥：搓长条、球、压扁 （例：面条、鸡蛋、大饼 ）。

3、画画：学会正确握笔，画直线、曲线，（例：线团、太阳、绳、筷子等）。

● 自 理 能 力

1、学习自己擦屁股：(女孩子从前往后擦)。

2、学会自己穿鞋，并能分清左右脚。

3、学会正确洗手（手心、手背、手指、手腕）。

家长回音

连心桥

第 2 期　1993年10月5日
辽宁省军区幼儿园

老师的话　教给孩子交往的技巧

几个孩子一起玩时，常会因发生一点矛盾就闹得不欢而散，这是由于孩子缺少交往方法，无交往经验所致。因而，教给孩子交往的技巧十分必要，这有助于发展孩子的社会性。

一、注意礼貌言行

孩子只有具备一定的礼貌习惯，才会受人欢迎，别人才喜欢和他一起玩，从而获得更多的交往机会。如，能主动地向别人问好，学会用商量的口吻与人说话。无意伤害别人时，说声"对不起"等等。

二、遵守一定的规则

不遵守当地的纪律，就容易与人发生矛盾，造成不友好的气氛。所以讲究规则的遵守和执行，会大大提高交往的质量，提高别人对自己的信任度。比如，和小朋友一起做游戏时，遵守共同制定的游戏规则，就能使游戏顺利进行下去。

三、服从多数人的意愿

孩子在与人的交往过程中，遇到与自己意愿相违背的事情时，应尽量克制自己的愿望，与同伴友好相处。如，确定游戏内容时，尊重大多数伙伴的意见，高高兴兴共同参与游戏活动，不要扫大家的兴。

四、主动帮助别人

乐于助人，帮助别人克服困难，能获取伙伴们的喜爱，获得更多的朋友。如，和小朋友一起搭积木，别人积木不够时，主动提供积木给小朋友，这也为下次争取别人的帮助打下基础。

五、具有一定的独立性

与同伴交往总要接触一些事物，遇到一些问题，如果孩子缺乏一定的知识经验，不会解决问题，就会给进一步交往带来困难。这就要求家长平时抽出时间跟孩子一起学习，丰富孩子的生活经验，培养孩子解决问题的能力。如，给孩子讲故事，根据故事内容提问，让孩子来回答。又如，带孩子出去散步，遇到问题，应让孩子独立思考，尽量让孩子去解决问题。孩子具备一定的解决问题的能力，就能在交往过程中得心应手。

歌曲

我的好妈妈

2/4　1=c

3 35 2 2 | 1 – | 3 35 6 6 | 5 – | 2.3 5 6 | 32 3 | 5 5 5 3 | 2 – |
我的好妈 妈， 下班 回到 家， 劳 动了 一 天 多么辛苦 呀！

3·3 3 2 | 1 6 5 | 3·3 3 2 | 1 6 5 | 5 6 1 2 | 3 – | 5 35 6 6 |
妈妈妈妈 快坐下， 妈妈妈妈 快坐下，请喝 一杯 茶， 让我 亲亲

53 2 | 5 35 6 6 | 5 3 2 | 5 3 3 2 | 1 – :‖ 3·5 2 2 | 1 – ‖
你 吧， 让我亲亲 你 吧， 我的好妈 妈。 我的 好妈 妈。

孩子学

动 作

1、会钻过 68 厘米高的障碍物。
2、会钻爬直径 50 厘米的圆圈。
3、纵跳摸高 15 厘米。
4、能跨越 20－25 厘米宽度，10－15 厘米高度．

认 知

1、知道“多”与“少”是数的体现。
2、根据相同点归类(5 以内的实物或图形)
3、知道早上起床的时间和晚上睡觉的时间(早 6 点，晚 9 点)
4、知道家庭主要用具及电器的名称及用途(10种：床、衣柜、沙发、桌子、椅子、电视机、电冰箱、洗衣机、电话、电风扇)
5、认识菊花(知道形状、颜色、特征)
6、认识白菜、萝卜(知道颜色、味道、形状)
7、认识苹果(知道果皮、果肉、果核、颜色、味道)

语 言

1、复述故事：“下雨的时候”
2、儿歌：“小小一粒米”“幼儿园像我家”
3、掌握动词并会运用：搬、追、唱、剪、脱、洗、擦、切、扫、跳舞。
　　形容词：整整齐齐、乱七八糟、快、慢、软、硬、高、低、远、近。
4、会给父母讲一件事。

音 乐

1、歌曲：“我的好妈妈” (并学会歌表演)
2、学习按音乐节奏或强弱做动作(小鸟飞)由慢到快。
3、学习听音乐用身体表现几种动作(小鸭走、青蛙跳)

动手操作

1、粘贴：用三角形、圆形、正方形粘贴成各种物体。
2、剪纸：剪直线、曲线，剪窗花。
3、捏泥：团，搓条，压扁，随意捏。
4、绘画：线团、格布(手帕)、气球。

自理能力 (培养良好习惯)

1、继续学习自己擦屁股。
2、学会自己穿鞋，系鞋带，分清左右脚(做做标记)。
3、知道父母工作很辛苦，愿意帮助父母做一点力所能及的事情。
4、培养幼儿有礼貌，能主动待客，和熟人打招呼(××好，再见)
5、能与同伴友好相处，知道做错事时要道歉，会说“对不起”。

复述故事

下雨的时候 (发音准确，吐字清楚)

小白兔在草地上蹦蹦跳跳，它看看花，唱唱歌，玩得真高兴。

忽然，刮起风，下起雨来了。小白兔急忙采了一片大荷叶，顶在头上当张伞，这下就淋不到雨了。它走呀走，看到一只小鸡给雨淋湿了，“叽叽叽”地直叫，小白兔连忙喊：“小鸡，小鸡，快到我这儿来躲躲雨吧!”小鸡说：“谢谢你”，就跑到叶子底下来了。小白兔和小鸡一起顶着大荷时往前走，又看到一只小猫给雨淋湿了“喵喵喵”地直叫。小白兔和小鸡连忙说：“小猫，小猫，快到我们这儿来躲躲雨吧!”小猫说：“谢谢你们!”也跑到叶子底下来了。

过了一会儿，雨停了，太阳出来了。小白兔、小鸡和小猫三个好朋友一起做游戏，玩得真高兴。

儿歌

幼儿园像我家

幼儿园像我家，
老师爱我我爱她，
老师说我好娃娃，
我说老师像妈妈。

小小一粒米

小小一粒米，
来得不容易，
我们要爱惜，
不掉一粒米。

连心桥

第 3 期　1993 年 11 月 5 日
辽宁省军区幼儿园

老师的话　您的孩子进步了

家长同志:

您的孩子已入园两个多月了,在这段时间里,通过家园相互配合进行教育,孩子们都有了不同程度的进步。

首先,孩子们的生活自理能力和独立意识有普遍提高。他们能自己洗手、洗脸、穿衣、穿鞋、进餐、入厕,能准确地找自己的缸子接水、喝水,拿自己的毛巾擦手。在自选活动中,自己选择喜爱的区域,自己取相应的玩具,玩后收拾整齐,放回原处……。孩子们再也不是离不开妈妈的怀抱,事事都由家长包办代替的娇宝宝。而是自己能做的事主动去做,有时还能帮助老师、小朋友做事的有一定独立性的人了。如赵宇奇、王晏圣、董雯。

第二,孩子们的交往意识和交往能力有了一定的提高。刚入园时,孩子们都是自己玩自己的,有的比较孤僻,不愿与他人交往,有的有交往的愿望,又不知如何去做,缺乏交往的技能。现在,孩子们都有了自己的朋友,他们愉快地在一起学习、游戏,有的还能和小朋友交换、分享自己的玩具,礼貌地表达想要参与他人活动,交换玩具玩的愿望,产生纠纷时能告诉老师来解决,并懂得小朋友应该友好相处,有玩具大家一起玩的道理。如周子乔、薛骏。

第三,孩子们的语言表达能力有普遍提高。刚入园时,有些孩子有事不知如何表达或表达不清楚,急得直哭。现在,孩子们有事都能向老师说明,见到老师和客人主动打招呼,上课大胆回答问题,多半能大方地、较清楚地朗诵学过的儿歌,复述故事,有的还能比较准确地较连贯地描述自己的长相,讲述见过或亲身经历过的一些事情。如张秋歌、曲靓婧、李放、刘海纳。

第四,孩子们的集体意识、自我控制能力有一定提高。孩子们入园前大多没有集体生活的经验,带着在家里形成的"自我中心"的心态来到幼儿园,想做什么就做什么,愿望得不到满足就哭闹、发脾气。经过这两个月的培养、训练,孩子们多半能听懂老师的要求,遵守幼儿园的作息制度,按时进餐、入睡、起床、学习、游戏,进行户外活动。在学习、游戏当中,很多孩子能认真听讲、动脑思考、积极操作,遵守集体规则。现在,他们已不再是无约束的个体,而是班集体的一员了。

当然,孩子毕竟是孩子,必然有他们的天真和幼稚,在看到他们进步的同时,我们也应注意找出他们距离我们教育要求的差距,我们不会因为孩子身上的某些缺点而不爱他们,更不应因为爱他们而迁就他们,让我们家园携手,共同促进每个孩子都在原有的基础上更进一步。

孩子学

动作:

1、达到走跑交替 150 米距离。

2、学习单足站立时间达 8 —10 秒。

3、会做 3 — 4 种律动。

认知:

1、知道家的重要。

2、知道家庭成员与自己的关系。

3、知道父母对自己的爱。

4、知道家是需要每个人加以爱护的。

5、学习为父母做事,学习关心父母。

6、说出几种粮食名称:大米、玉米、面粉。

7、认识几种动物:狗、牛、羊、猴、狼。

8、根据相同点归类:

① 食物与衣服;

② 水果和花;

③ 汽车和飞机;

④ 鸟和鱼。

语言:

1、学习表演故事:“下雨的时候”。

2、掌握并会运用:

动词:喜欢、生气、收拾、粘贴、搓、拉、抓、丢、包、做、装、摸、摇。

形容词:可爱、干净、好、坏、新、旧、黑、白、长、短。

量词:个、碗、盒、块、只、条、件、杯、颗。

3、学习讲述一件事　(能比较连贯地讲述)。

音乐:

1、学习歌表演:“看谁洗的最干净”。

2、继续提高、巩固幼儿的节奏感。

3、随着音乐节奏练习小鸭走、青蛙跳。

动手操作:

1、绘画:手指点画:苹果。

2、粘贴:蔬菜、水果、树叶。

3、捏泥:胡萝卜、花卷、印糕、麻花。

4、剪纸:学习巩固剪直线,学习剪曲线(圆形)。

常规培养:

1、知道本班主要活动区的名称和用处。

2、知道在活动区活动时的主要规则:

① 在自己活动的地方活动,不去打扰别的活动区活动。

② 在活动区内,只能玩本区的玩具。

③ 离开本区时,玩具要放回本区的玩具架上。

3、培养幼儿在家在幼儿园玩完玩具后一定要收拾干净整齐。

看谁洗的最干净

1=C 2/4

5 5 3 1 | 3 4 5 | 5 5 3 1 | 3 4 5 | 4 6 |
哗哗流水 清又清,洗洗小手 讲卫生,大 家

5 5 3 1 | 2 3 2 | 5 6 | 5·3 | 2 3 | 1 − ‖
伸出手儿 比一比,看 看 谁 的 最干 净。

连心桥　第 3 期　1993.11.5

第8期 1994年6月5日
辽宁省军区幼儿园

实验通讯

国际友人来我园考察实验班

五月五日，联合国教科文组织，IDRC总部（国际发展中心）顾问，新加坡国立大学张淑长博士来到我们辽宁省军区幼儿园，考察实验班工作。

上午九时，张淑长博士在中央教科所研究员史慧中同志、助理研究员费广洪同志及省教育研究院的沈院长、幼教室李道佳主任等人的陪同下，来到了实验班。张博士一行首先观看了小朋友们的自选活动，孩子们以自愿选择、自由结合的形式展开了各种游戏活动。他们有的用积塑玩具给小白兔造房子；有的用橡皮泥制做各种点心；有的用筷子一粒粒仔细、认真地挟豆子；有的随着音乐唱歌跳舞；还有的在玩“娃娃家”。张博士对“娃娃家”十分感兴趣，她问李放小朋友：“你在干什么呢？”李放、梁效楠、赵宇奇热情地告诉客人：“我们在做饭、炒菜呢”！董雯小朋友“哄睡”了“小娃娃”急忙用吸尘器吸地毯，张博士看后满面笑容地赞赏：“太好了，将来一定是个好样的。”

接着，专家们又看了集中教育活动和户外体育活动。小朋友在老师的带领下，用打击乐器练习3／4拍节奏，掌握3／4拍的节奏关系（强弱弱）。户外活动中，通过游戏的形式，小朋友进行了走、跑、跳、平衡、钻、爬的练习。

活动结束后，张博士高兴地说：“几个月的实验，看到了孩子们确实获得了全面发展，孩子们都很动脑筋、敢于发问，尤其在自由活动中，孩子们十分投人、十分逼真地扮演各种角色，生活得很轻松、愉快、活泼、自然，毫无拘束”。她还说：“这么小的孩子用筷子挟东西，训练小肌肉的发展，是在国外没有看到过的，这种训练方法很好，十分有效，只有我们华族才有的。”

张博士还十分高兴地表示：“一年后我再来”。

中央教科所的史慧中同志也对我们的实验给予了很好的评价，并对我们的活动给予高层次的指导，告诫我们“要以素质训练为基础，要强化目标意识。”

陪同张博士一行的还有：省教委幼教处的王雅君处长、省教育研究院的罗英智、夏淑梅老师、区教研室的林主任等。

一 图为张淑长博士（左2）和其他客人一起观看孩子们的室外活动。

六月份 孩子学的内容：

1. 知道与人们生活密切的动物3—5种，知道它们对人的作用。
2. 绘画：
3. 学习使用、“长度类”形容词若干。
4. 学习儿歌：“量词歌”。
5. 复述故事：四个好朋友。
6. 印画。
7. 对好哭、胆小、任性、懒惰等行为有反感。
8. 会单足站立持续3—5秒。
9. 绘画：
10. 学习使用硬度类形容词若干。
11. 知道对周围环境的要求应该是整齐、清洁。
12. 对辛劳、勇敢、谦让、爱国品质有所感受。
13. 复习认识、巩固1—10的序数。
14. 知道水的主要特性。
15. 学习使用速度类形容词若干。
16. 自由画讲述。
17. 知道沙、泥的主要特性。
18. 学习使用气味类形容词若干。
19. 学习从几方面比较夏季与冬季的不同点。
20. 练习折纸。

儿歌 量词歌

一间屋，两扇窗，
三只箱子，四张床，
五条毛巾，挂整齐，
六床花被排一行，
七双鞋子摆放好，
八把牙刷杯中装，
九个娃娃做游戏，
拉拉手儿把歌唱。

家教 集体生活
教育 使孩子懂得了关心别人

梁笑楠是我们的孙女，我们家三代才有这样一个女孩，真可以说是“掌上明珠”。有身体健康的太奶，有退休在家的奶奶，如果从“看”孩子角度，我们孙女在家里，不送到幼儿园是满有条件的。但是从孟母三迁到现代教育理论，都认为“环境造就人”。家庭环境再好，也有不足之处。尤其是现在独生子女的情况下，家庭里缺乏培养集体主义的条件。

笑楠是九三年九月份来到小四班的，比其他小朋友晚人园一个多月。刚到班里看来非常不习惯，和其他小朋友玩不到一起，自己躲在一边看。现在能非常活泼地和全班小朋友一起玩耍和学习。她的小弟弟从丹东来，她能把自己的玩具、书籍等拿出来，一起玩。这就是幼儿园这个环境的影响，使她知道了世界上不只是她自己，还有其他人，还有一个大集体，自己只是集体中的一员。现在她在家里经常谈到小四班里的小朋友，如张夕月、王子、李放……家里有太奶、爷爷、奶奶、爸爸、妈妈、叔叔、婶婶和小弟。

从笑楠的情况看，可以说她得到了她应得到的一切的爱。在家里有太奶、爷爷、奶奶、父母和叔婶无微不至的爱护和关心。只说一件事情，在她还未来到人世间，就给购置了日本产的电子琴。送到幼儿园又得到了老师们的爱和小朋友的关心。那么她能不能给与别人爱呢？老师们教孩子唱“妈妈快坐下，劳动一天辛苦了，请喝一杯茶，让我亲亲你吧！”使笑楠初步懂得她也应该爱别人。入园后，回到家里奶奶淘米、洗菜，她急忙说，“奶奶我帮你吧！”妈妈洗衣服，她自己也拿盆和搓板洗自己的手帕，帮助妈妈。老师感冒了，她也回家里跟妈妈、奶奶说，老师都感冒流鼻涕了。她开始关心自己周围的人了。看到她的这些进步，我们很高兴。

“掌上明珠”放出了奇异的光彩，爷爷和奶奶感到那样绚丽耀眼。作为一个老教育工作者，我们深知，鲜艳盛开的花朵，是园丁用心血和汗水浇灌出来的。

梁春馀 罗玉洁

连心桥 第8期 1994.6.5

连心桥

第 9 期　1994年9月5日
辽宁省军区幼儿园

老师的话

中班幼儿已经具备在幼教机构生活一年的经验，中班幼儿所处的4－5岁的年龄又具有迅速发展的特点。如：体重身高迅速增长，大脑迅速发展，大脑两半球皮层功能日趋完善，知觉变得能分辨事物，思维发生显著进步，对人和事物的情感日趋稳定，对自己和他人的行为结果开始注意，词汇大量增长，叙述能力有所提高，对音乐、图画、诗歌、故事等内容的反应能力也有提高。因之，中班的教育任务范围更广，内容更多，要求较高。依据《素质实验》的课程精神，中班整个学年的教育总目标大致为：

(一)体魄健壮，文明习惯基本定型，动作姿势正确，自我服务技能熟练。

(二)对事物有广泛的兴趣，对社会和自然环境的认识范围明显扩大，对事物和现象的观察、了解比较积极主动。

(三)好奇心明显增长，愿意询问，愿意在成人指导下自寻答案。

(四)参与活动的意识比较强烈，活动前的意向性较前明确，活动中处理问题的独立性比较鲜明，活动过程中有一定的与同伴合作的能力。

(五)对集体的从属感基本建立，为集体服务已基本脱离兴趣性的特点，朝责任感发展。

(六)对与人交往有一定的主动性，将所知事物与同伴分享的意识增长。

(七)对处人待物的行为标准比较清楚，并用正确的标准衡量他人和自己的行为，开始学习克制自己不良情绪和行为，对别人的不良情绪和行为予以帮助。

(八)对成人交付的任务能愉快地接受，并知道通过努力去达到目的，在完成过程中，学习锻炼持久性和耐力。

(九)对文艺作品的理解力明显增长，鉴别力有所发展，能表示个人的喜爱和厌恶。

(十)日常语言运用流利，发音清楚。

歌表演　1=D　2/4

幼儿园里好事多

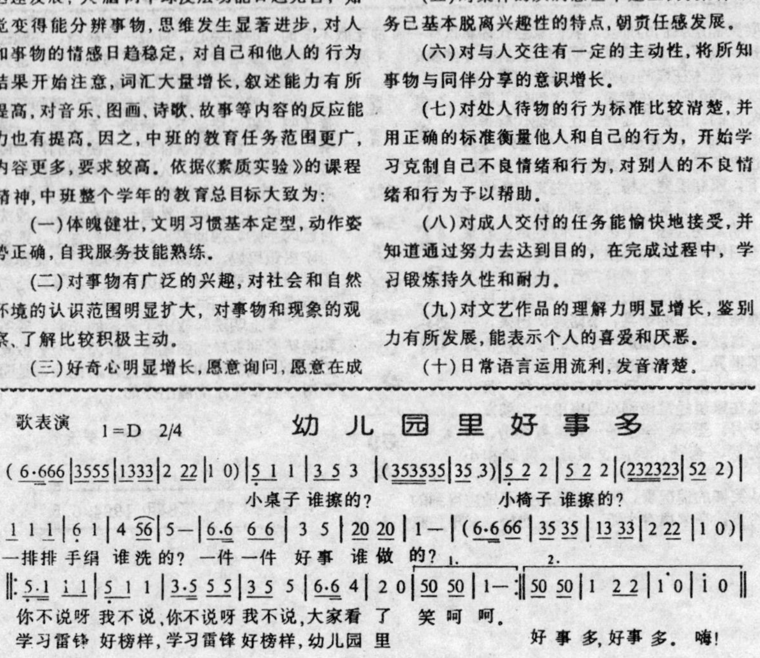

孩子学

九月份孩子学的内容

1. 爱惜日用品和玩具，不仅用后收拾整齐，而且注意用后轻拿轻放，不摔打，不拖拉，不用力推倒，不随意丢扔。
2. 特别注意养成便后(包括大小便)、外出回来(包括回班回室)认真洗手的习惯。
3. 注意不将小便洒在便池外，女孩注意在小便后擦净屁股。
4. 学习正确刷牙，知道牙齿对全身健康的作用，知道一些预防龋齿的常识。
5. 会使用手绢，保持手绢清洁，不乱扔，不借给别人。
6. 不吃陌生人的食物，不跟陌生人走。
7. 记住家和幼儿园的地址，若在公共场所丢失，会请警察帮忙。
8. 学习单足连续向跳。
9. 学习向上自抛自接球。左右手交替拍球。
10. 会单足站立持续5－10秒。
11. 不需成人提醒，会对来园和来家的客人主动问好。
12. 注意礼貌待人的举止要热情真诚，如:友好地牵小朋友的手，热情地请客人坐，招呼客人时语气亲切热情，别人对自己说话时，要尊重地望着对方，不东张西望。
13. 学习如何调停伙伴间的矛盾。
14. 学习简单的棋类游戏2－3种，弄懂若要胜利的方法，学习动脑筋。
15. 说话时落落大方，不抢话，回答问题时知道先作考虑，提问时学习有礼貌和尊重对方。
16. 学习使用一些重叠词，如：干干净净、上上下下、来来去去，等。
17. 有独立建筑的能力：会用小型积木搭三层高的建筑物，搭三种以上物体，如：马路、汽车、桥、房子。
18. 会用积塑插拼各种物体。
19. 巩固和使用色笔和颜料的方法——从上向下，从左向右地朝一个方向涂色，不涂出框外。
20. 学习用剪刀，剪曲线、圆形和方形。
21. 听有钢琴和提琴(或二胡)合奏的乐曲，学习分辨两种不同乐器的音色。
22. 听不同类型的乐曲，对音乐的印象进一步得到丰富。(如：“牧童短笛”“小放牛”“大秧歌”“解放军进行曲”“摇篮曲”“迎宾曲”)。

复述故事 司马光

从前，有一个小孩叫司马光。一天，他和小朋友们玩捉迷藏，一个小朋友藏到假山上。藏在假山上的那个小朋友一不小心，“扑通”一声，掉进大水缸里。“有人掉进水缸里啦!”“救人哪!”“救人哪!”小朋友们大声喊起来。

司马光想去救，可是缸太高，人太小，救不出来。怎么办呢？小朋友都急得没主意。司马光忽然看见地上有块石头，就把石头搬了起来。司马光用石头使劲把水缸砸破。好了！水缸砸破了，缸里的水“哗哗”地流出来。

缸里的水流完了，小孩没有淹死。大家都夸司马光聪明。

连心桥 第9期 1994.9.5

宽严结合 全方位一致

——谈谈家庭教育孩子的方法

随着计划生育政策的广泛实施，城市家庭的构成越来越趋向单一化。一对夫妇一个孩子已成为普遍的现象。这使得每一个家庭能投入充足的精力、物力、财力来保证儿童的成长，但同时也带来了一个矛盾。即：一方面父母都有望子成龙的心理，而成才必须经受严格的教育和磨炼；另一方面受民族传统的影响，父母又希望将全部爱给孩子，使他们一代不再经受父辈的波折。那么如何处理好其中的关系呢？从我们的体会来看，我们认为宽严结合、全方位一致不失为一种有效的家庭教育方法。

宽严结合，就是既要给孩子以较充分的活动天地和自由，又要严格规范孩子的行为，使两者有机结合，尺度恰当。既不能因管得过严、过死，而使孩子从小变得呆滞、拘谨，缺乏创造精神；又不能因过分溺爱，而使孩子从小就养成一些坏习惯，以致长大后都难以改掉。如我们结合幼儿园里的教育内容，要求刘思源回家后要将自己的鞋帽、衣物摆放好，不准乱扔乱放东西。但当孩子回家练习剪纸时，尽管他弄得满地纸屑，我们还是鼓励他尽量自己将地上的纸拾净。

所谓全方位一致，我们认为就是教育孩子上要做到六个一致。即：(1)家庭教育与幼儿园教育保持一致。家庭是孩子接受教育的第一场所，而幼儿园又是孩子最早接受规范性教育的地方。只有使家庭教育与幼儿园的教育一致起来，才能收到最佳效果。如幼儿园要求孩子对老师、小朋友要讲礼貌。回到家后我们也比照园里的要求，要求孩子对父母、叔叔阿姨及邻居的小朋友要讲礼貌。而不是让孩子在幼儿园里是个规矩的学生，回到家后就成了放任自流的“小皇帝”。(2)

连心桥

第 10 期　1994年11月5日

辽宁省军区幼儿园

父母间在教育孩子上要保持一致.父母间在对待孩子上一个唱红脸一个唱白脸，这样就会使孩子感到有所依靠，难以区分正错，甚至将错了的东西当作尚方宝剑来要挟父母。(3)长辈与晚辈在对待孩子上要保持一致.做长辈的特别是孩子的祖父母、外祖父母往往过份疼爱孙子、孙女，甚至孩子的过错也觉得可爱，而且常常在父母批评孩子时做孩子的保护伞，这很不利于孩子的成长。因而，孩子的父母平常应多做老人的工作，力争在孩子在场时在教育孩子的态度上保持一致。(4)言教与身教要保持一致。父母要求孩子做到的，自己要模范地执行。因为孩子的模仿能力特别强，如果言教与身教不一致，他们就很可能会按大人做的而不是按大人说的去做。(5)满足孩子的物质需要与满足孩子的精神需要要保持一致。儿童特别是男孩子大都对玩具等有强烈兴趣，做家长的不能只是满足孩子的物质需要，而不考虑精神需要，应使两者保持一致。如刘思源特别喜欢车，我们在基本满足他的需求的同时，不失时机地教育他要学会勤俭节约和爱护公物，同时，还配合幼儿园的教学教给他简单的汽车知识及交通知识。使孩子在玩中受到初步的知识教育和品德教育。(6)前后要求要保持一致。做父母的应对孩子的成长有一个较明确的目标和计划，应不断提高要求，不能今天紧明天松，那样就会使孩子无所适从。

上述是我们在《连心桥》的指导下教育孩子的几点体会。我们也希望今后继续通过《连心桥》得到老师们的指点，学到更多家长的优秀经验。

家长：刘国瑞、刘桂荣

孩子学

十一月份 孩子学的内容

1、学习防火等安全常识。
2、主动了解适合幼儿理解力和兴趣的国家和国际大事。
3、知道蔬菜来之不易，养成不浪费食品的习惯。
4、比较重视同伴和老师、家长对自己行为的评价，
5、知道用比较的方法获得知识，学习掌握10种物品。
6、巩固空间定向(前、后、上、下、远、近)，学习"左、右"。
7、丰富具体名词若干；
8、丰富动词若干。
9、学习形容词若干。
10、理解种和类概念的词汇，
11、学习反义词，区分近义词
12、复述童话故事"小红帽"。
13、学习几种建筑的基本原理，如：① 稳固性 ② 空间大小 ③ 分隔要求 ④ 变换性 ⑤ 材料综合利用性
14、学习分工，学习使行动为目的的服务，学习克服困难。
15、讨论所观察的艺术作品特点，认真听取老师的归纳。
16、会拉成圆圈，合着节拍轻松地向左和右跳跑跳步。

复述故事

格林童话

小红帽

从前，有个美丽的小姑娘，最喜欢戴奶奶送给她的一顶小红帽，所以大家叫她"小红帽"。

有一天，奶奶病了。妈妈叫小红帽给奶奶送一块蛋糕和一瓶葡萄酒。奶奶的家住在森林里。妈妈要小红帽走大路，见了奶奶要问好。在去奶奶家的路上，小红帽遇到一只大灰狼。小红帽没见过狼、一点不害怕，并告诉大灰狼，她带了蛋糕和酒去看奶奶。大灰狼问："你奶奶家住哪里？"小红帽说："在森林里三棵大树下。"狡猾的大灰狼欺骗小红帽离开大路去采鲜花。

大灰狼赶紧跑到奶奶家，冒充小红帽说："奶奶，我给你送蛋糕和葡萄酒来了。"奶奶说："我病了，好孩子，你自己开门进来吧！"大灰狼一下扑进门来，一口把奶奶吞了下去。狼穿上奶奶的衣服躺在床上等待小红帽来后把她吃掉。小红帽采了许多鲜花来到奶奶的床前说："奶奶您好！您嘴巴怎么这么大呀？"大灰狼说："我好吃你啊！"说着，跳起来又把小红帽吞下肚里。

狼连吃两人，撑得不能动弹，就躺下睡大觉，"呼呼呼"发出很响的鼾声。正凑巧一个猎人路过门口，听到屋里的鼾声，觉得奇怪，他见门开着，就走进屋来。啊，是狼！猎人看到狼圆鼓鼓的肚皮，知道狼又吃了人，便用剪刀剪开狼的肚皮。从狼肚皮跳出来小红帽，奶奶也出来了。

小红帽对奶奶说："奶奶，您好，妈妈叫我给你送蛋糕和葡萄酒。"奶奶好高兴。猎人剥下狼皮，嘱咐小红帽以后千万不要再上狼的当，离开大路，自个儿去森林采花。

后来小红帽去奶奶家，路上又遇到一只狼，小红帽再也不上当了。到了奶奶家，小红帽便告诉奶奶，后面有一只狼跟来了。奶奶在房后的大石槽里，倒满了煮香肠的滚烫的汤，然后关上房门。大灰狼顺着香肠的香味，找到了屋后，一下没站稳，掉进大石槽里，被滚烫的汤烫死了。

从此，小红帽再去奶奶家，就没有狼害她了。

国旗红红的哩

1=C 2/4

5 5 3 4 | 5·1 | 6 6 0 6 | 5 0 | 4 4 2 3 | 4·6 | 4 4 0 3 | 2 0 |
国旗国 旗 红红 的哩， 五颗 星 星 黄黄 的 哩，

5 5 3 4 | 5·1 | 7 7 0 7 | 6 0 | 5 1 5 1 | 3·5 | 2 2 0 2 | 1 0 |
升在天 空 高高 的 哩， 我们心 中 甜甜 的 哩。

1 1 7 | 6 – | 7 7 6 | 5 – | 5 1 5 1 | 3·5 | 2 2 0 2 | 1 (5 | 1 0) ‖
哩哩哩 啦 啦啦啦 哩，我们心 中 甜甜 的 哩

连心桥 第10期 1994.11.5

连心桥

第 11 期 1994 年 12 月 5 日
辽宁省军区幼儿园

家庭教育

家园共携手 同架连心桥

《连心桥》自第六期开辟了"家庭教育"专栏，作为家长感谢幼儿园为我们提供了一个相互交流与学习各自良好的教育方法，成功的育儿经验这样的好机会。在这里谈一谈我们是如何配合幼儿园老师教育自己孩子的一点体会。

让孩子变得活泼开朗

我们的孩子刘海纳入园已快三个学期了，在这一年多的时间里各个方面都有了很大的进步，这主要归功于幼儿园老师的教育，其次才是家里的积极配合。首先是孩子的性格比过去开朗多了，以前在外面或家里来了生人，他就显得很拘束。在幼儿园不愿讲话，声音小，也不主动发言。针对孩子的特点，我们先后数次与老师沟通，共同了解和掌握了孩子在家里和幼儿园的情况，制定了行之有效的方案。如在园里老师有意识地让他给小朋友发东西，让他给小朋友唱歌、讲故事等等来锻炼他的勇气。休息时间我们带他去看电影，去公园等一些有益于他身心健康的环境游玩。这样不仅让孩子开阔了视野，同时也增强了他的自信心。现在他不仅敢向陌生人问好、问话、礼貌地回答问题，在园里也能主动和老师、小朋友们说话，积极发言了。在老师积极努力的帮助下，孩子很快改变了内向性格，变得越来越活泼开朗。

培养孩子的自主能力

我们要帮助孩子建立起爱劳动，能动手动脑，勤劳自立的品德。那就要从幼儿起，让孩子学做自己能做的事。孩子在家穿脱衣服，我们不帮他，鼓励他自己做，现在他自己穿脱得很快，而且能叠放好。自己能主动洗手洗脸。玩过的玩具能主动收拾好，还常帮家里收拾碗筷，做他力所能及的事。让孩子在独自做的过程中认识到，每人都会用自己的一双手，要使自己的一双小手又勤快、又能干。

锻炼孩子的思维能力

幼儿对自己动手操作有浓厚的兴趣。在家里我们给孩子提供各种动手操作的机会。我们给他买了 70 块、105 块、150 块拼图和大型积塑，对此他很感兴趣。拼图和积塑都有图示，但他不用，也不让别人帮助，自己凭记忆和想象独立完成。孩子对绘画也有浓厚的兴趣，我们给他买了一块白磁板和一些简笔画册。每天晚上回来后，自己用粉笔画他所喜欢和想象出来的各种汽车，有时擦了画，画了又擦，直到他自己满意，表现出有毅力和认真，"手巧心更灵"。动手既满足了幼儿求知的欲望和兴趣，又会促进他们思维的发展。

看到刘海纳有这么大的进步，我们很高兴。这是老师们用辛勤的汗水，点点滴滴，耐心细心培养教育的结果，我们只是在老师的启发下做了点滴配合。我们深深感谢幼儿园领导和全体工作人员。

刘海纳家长 刘刚、周玲

孩子学

12月份孩子学的主要内容

1、对家用电器和其他带有新技术的日用品产生兴趣，并愿给自己提出问题，同时希望获得问题的答案。例如：

① 电视机有许多不同尺寸，为什么要有大到整个墙壁，小到放在汽车驾驶盘旁的？

② 电熨斗有的不冒气，有的冒水气，它们的作用有什么不同？

2、知道借用已有的经验来指导对新事物的认识。例如：已知勺的用途是舀东西，由此推出“汤勺”“水勺”“炒勺”等勺类名称。

3、知道国家需要有人保卫，知道陆、海、空三军在保卫领域上的区别，识别三军的服装。

4、知道保卫领土、领空、领海的主要武器各2— 3种。

5、按照比较熟悉的事物形象的特点，学习编谜语。如：一盆黄黄的糕直冒气，一会儿变成了黄黄的水（冰淇淋）。小小黑黑的虫子会排队，会钻洞，还会抬食物（蚂蚁）。

6、根据某事物的形象，喊出其名称。如：说出其主要特点，收音机象长方形的盒子，有许多钮，一通电就会说、唱等。

7、自己会用加添的方法，比较物品的长、宽、高、厚。

8、进一步掌握量词，其内容与认识事物内容相关联，范围较大。如：辆、朵、枝、半、队、行、组、页、遍、回、次、节等。

9、学习看3— 5幅的连环画，知道幅与幅之间的情节是连续的，学习联系起来思考连环画的中心内容。

10、学习画图案的基础：把点、线、圆连贯地对称地配置在正方形、圆、条形的组成图案上。

11、学习将几何图形按大小形状类别或颜色不同有规则地排列成直线、方形或圆形等图案（如同是红色，一圆一方；同是圆形，一大一小等）。

12、会概括动物、植物的整个形态特点，并能用笔、泥、纸等工具表现出特点。如：熊猫是胖圆的，蛇是长条的，向日葵是大朵的，中间有大而圆的籽盘，柳树是高而细的，叶子是尖尖的，荷叶是大而圆的，西红柿是圆的，扁豆是长而扁的。

13、喜欢听文艺作品，能注意力集中地倾听朗诵，注意朗诵时的语气与人物、情节、情感的关系。熟听名著（童话、诗歌、散文）共五篇。

14、使用反义词，学习区分一些近义词（朋友、同伴、战士、战友、长短、高矮）。

15、提高防火、防煤气泄漏、防电伤、防爆竹伤等安全意识，知道有关常识，知道简单的预防和救急的方法。

16、复述故事《雪花》

复述故事

雪花

一片、两片、三片……一片片的白花花从天上飘下来。

白花花飘呀，飘呀，不一会工夫，大树枝上，屋顶上，大地上，都盖上了一层白色。

小黄狗从屋子里跑出来，点点头说：“汪汪汪，下糖啦，下糖啦，大家快来看呀！”

小花猫从屋子里跑出来，摇着尾巴说：“喵喵喵，下盐啦，下盐啦，大家快来看呀！”

小黄狗说：“汪汪汪，不是盐，是糖！”

小花猫说：“喵喵喵，不是糖，是盐！”

说着说着，小花猫和小黄狗就“喵喵喵”“汪汪汪”地争吵起来了。小花猫说是盐，小黄狗说是糖。

老母鸡听见了，就一步一步地走过来，拍拍翅膀说：“咕咕咕，你说是盐，他说是糖。是盐？是糖？让我尝一尝。”

老母鸡说着，就用嘴一啄一啄……从地上啄了些白花花尝了尝，睁圆了眼睛，伸了伸脖子说：“咕咕咕，不是盐，不是糖，不甜也不咸，吃在嘴里冰冰凉！”

这时候，一个小男孩和一个小女孩从屋里走出来，他们都穿着棉衣，戴着绒帽子，穿着棉鞋。他们手拉手地跑到院子里，乐呵呵地对小黄狗、小花猫和老母鸡说：“雪下得这么厚了，我们大家来堆雪人呀！”

连心桥

第13期　1995年10月5日
辽宁省军区幼儿园

十月份、十一月份目标：

常规：

保持手绢、毛巾、书、本子等物整洁美观，书本不卷角。

学习使用橡皮擦书本，知道不将橡皮屑抹到地上，学会削铅笔。

学会处理笔屑的方法。

学会跳绳。

学会打羽毛球。

骑两轮自行车。

增强对幼儿园附近的环境变化的认识与感情。

我会把房间打扫干净，我会把值日生的工作做好，我会把老师交给的任务完成好，我会有表情地讲故事、唱歌，老师教的东西只要我努力做就会做好，没有依赖别人的思想和习惯。

常识：

清楚区分植物界和动物界。

分清家畜与野生动作的不同。

知道动物生长的几种不同规律，如：生育——卵生、哺乳。

生存环境和能力——陆地，水下两栖；

不同的保护自己的方法——保护色、放墨汁、放臭气。

知道人利用自然的方法5—8种。如替牛洗澡和听音乐，可多产牛奶。

设法使鸡多产双黄蛋，设法喂养瘦型猪。

语言：

提高叙述事物的能力，叙述时，目的明确，层次清楚，注意语法规则主谓语明确，恰当。

叙述时语言清楚，没有明显的语病。

提高阅读能力，通过观察图片，理解内容，观察时要细致，要会分析人物的表情。

学习故事表演《两只老鼠》。

学习诗歌表演《小花猫》。

计算：

会区分正方体、球体、圆柱体。

会准确地使用时间定向词汇。

熟练掌握钟表的整点、半点、一刻钟，每一格数字代表5分钟，说出点和分。

熟练掌握10以内的加减法，会自编10以内加减应用题。

知道注意加减时的单位原则。

操作：

图书损坏后自己动手修补，（在园在家）

学工具（在家学穿针打结）。

以认真的态度对待各种劳动任务：抹桌子必须擦干净，收捡玩具应尽量整齐。

绘画：

学做几种平面和立体的玩具。

比较熟练掌握几种塑泥动作。

能基本画出人物的动作，物体色彩使用比较恰当。

将折好的物体变换成另一种物体。

音乐：

有一定的欣赏和表达音乐的能力：能随音乐节奏做动作。

掌握基本舞步：跑跳步、秧歌步、踮步、踏点步、侧点步、踵趾步、踏跳步。

要求各种舞步的表情自如恰当。

小树叶

1=F 2/4

3 3 3 2 | 1 5 | 3 3 3 3 | 2 — | 2 3 5 | 3 3 2 | 1·6 | 1 — |

秋风起来 啦， 秋风起来 啦， 小树叶 离开了 妈 妈，
小 树叶 沙 沙，沙沙沙沙 沙， 好像在 勇敢的 说 话：

7· 7 | 7 7 6 5 | 6· 1 | 2 — | 2 3 5 | 3 2 | 1 — | 1 — ‖

飘 呀 飘呀飘向 哪 里？ 心 里 可 害 怕？
春 天 春天我会 回 来， 打 扮 树 妈 妈。

在关心中成长

我们的孩子周子乔并不聪明，两年来看到小朋友们的进步，听到老师的评语，我们的心是不平静的，因为孩子在班中始终处于一般，从两次测查来看，都在20名左右。

着急没用，只能快步赶上去，于是我们开始有意识教孩子学习，首先督促孩子记住当天的学习内容，比如剪纸、涂色等，然后教孩子认一些简单的汉字，我们认为教孩子识字并不是重复教育，文字是开启知识大门的钥匙，早些掌握应该是有好处的，国外一些科学家也曾评说：“华人的聪明在很大程度上是汉字起着开发智力的作用。”所以，我们始终认为，孩子识字也是一种启迪智力的方式。

其次，我们经常让孩子做10以内的数字分解，用纸卡做成1至10数字卡片两套，没事拿出来，让他给我们摆一摆，由于经常关心督促和开导，使孩子在学习和认知上有了很大变化，并逐渐对学习有了兴趣，而且自尊心和上进心明显增强。

中国有句古谚叫做：“不怕慢只怕断”对幼儿学习应该有耐心并持之以恒，在关心中使其成长，在刚一开始，我们缺乏耐心，看到老师讲的问题别的小朋友都会了，而乔乔还不会，就发火，记得有一次，孩子哭了，我们仍然让他回答，一直到会，结果第二天孩子脖子就肿了，并产生了严重的厌学情绪。事情发生后，我们也很内疚，认识到由于太专横了，挫伤了孩子幼小的心灵，于是及时总结教训，在学习中掌握好态度，不轻易发火，并在学习中一直保持着愉快的亲子方法，让孩子觉得没有压力，而感到的则是一种父子、母子亲情的交流和关怀。

在这学期时里，孩子有了些变化和进步，但这绝不是我们的功劳，更多的则是实验班几位老师用辛勤汗水换来的。我们深深感到几位老师对全班儿童精心培育是无可非议的，我们家长所需要的也只是一种默契配合和关心。伟大的女科学家居里夫人，在百忙之中，每周星期四还能抽出半天时间专门教育自己的女儿，难道今天我们这些望子成龙的父母，每天还舍不得拿出半小时陪陪自己的孩子吗？

在关心中使自己的孩子成长，正所谓：合抱之木，生于毫末，人生之中，起于孩提。我们愿和老师共同托起希望之星，愿中华大地在20年后腾飞出更多的巨龙和骄子吧！

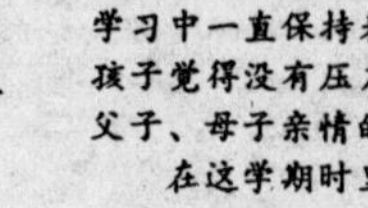

周昊 谢晓东

连心桥 第13期 1995年10月5日 辽宁省军区幼儿园

小班上学期末测查题图

图 1

图 2

Ⅰ　　Ⅱ

图 3

图 4

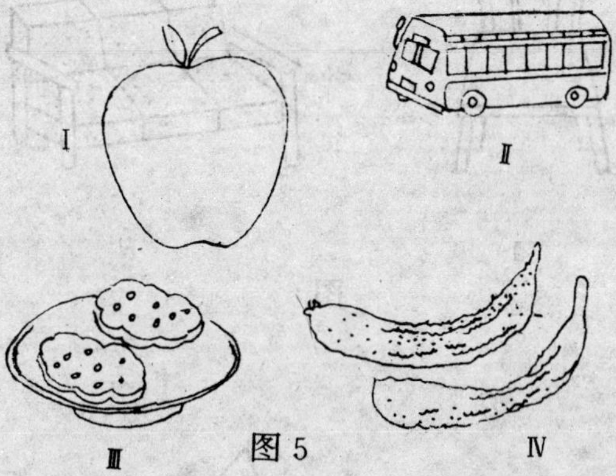

图 5

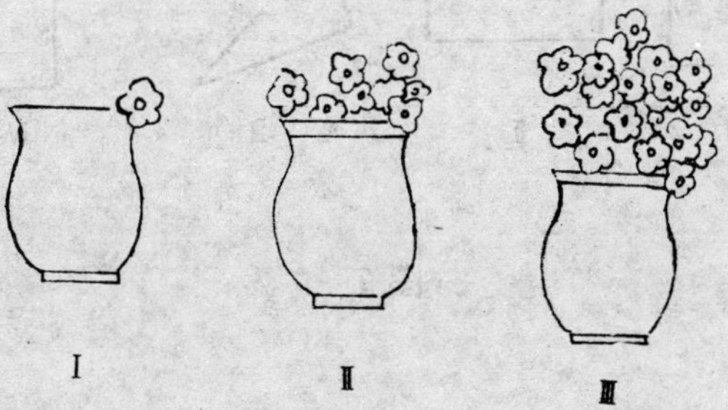

图 9

图 6

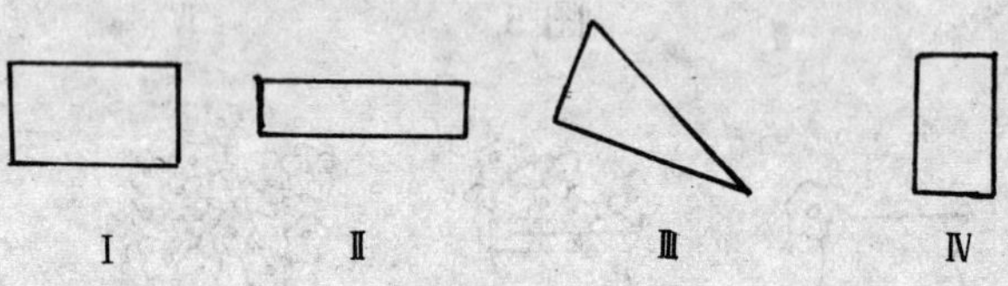

图 7

图 11

Ⅰ　Ⅱ

图 8

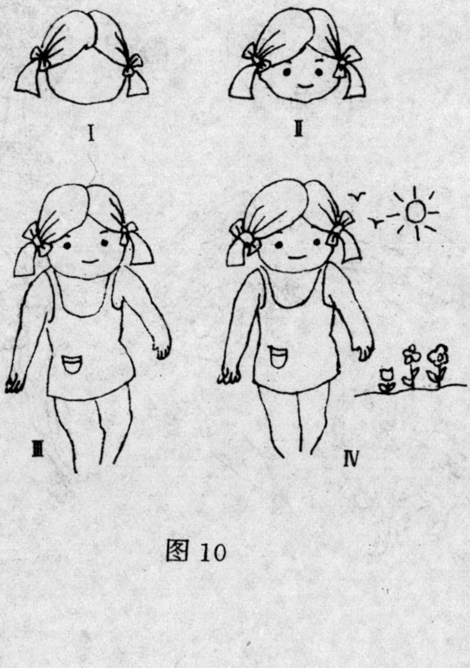

Ⅰ　Ⅱ　Ⅲ　Ⅳ

图 10

小班下学期、中班上学期末

儿童测查题图

第七题图　　动植物品图

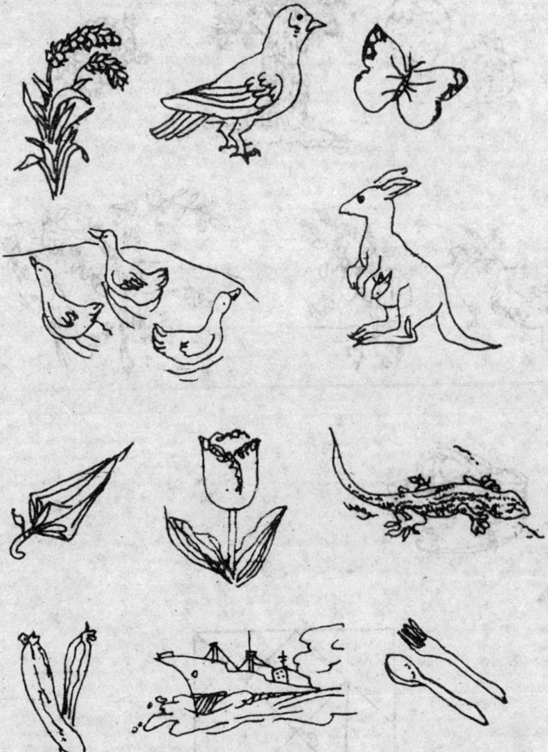

第二十三题图

第八题图　　　　（一）

Ⅰ

Ⅱ

Ⅲ

第八题图 （二）

雪人

织毛衣

第八题图(三)

二方连续图一

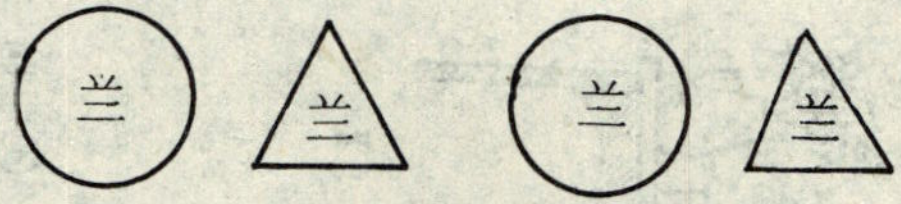

二方连续图二

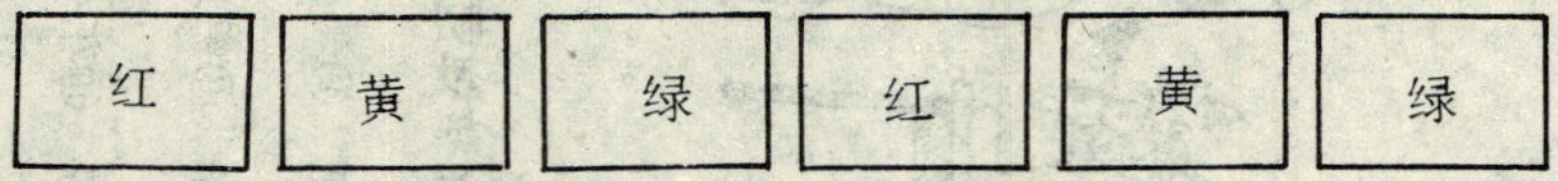

二方连续图三

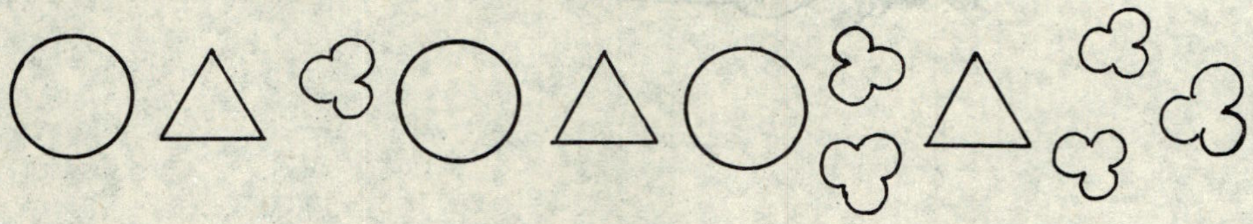

第十一题图

女孩弹琵琶图

不同之处:①琴把　②琴弦　③头花　④眼睛

⑤袖子　⑥裙边　⑦袜子⑧　杯水

⑨蝴蝶　⑩花朵　⑪花瓶　⑫桌边

第十五题图

Ⅰ　Ⅱ

Ⅲ　Ⅳ

驴吃草

第十八题图

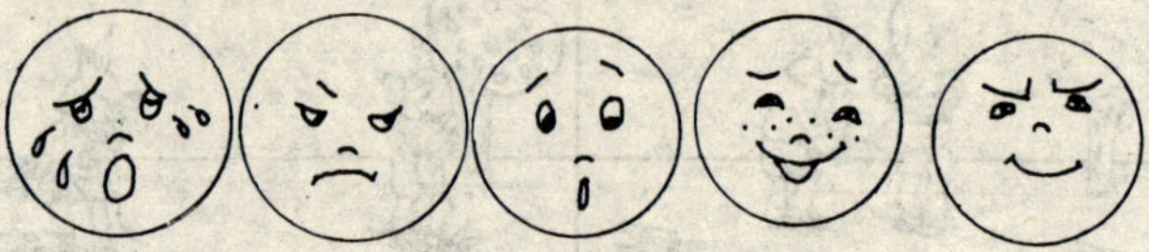

1　　2　　3　　4　　5

6 岁幼儿测查题图

第七题图

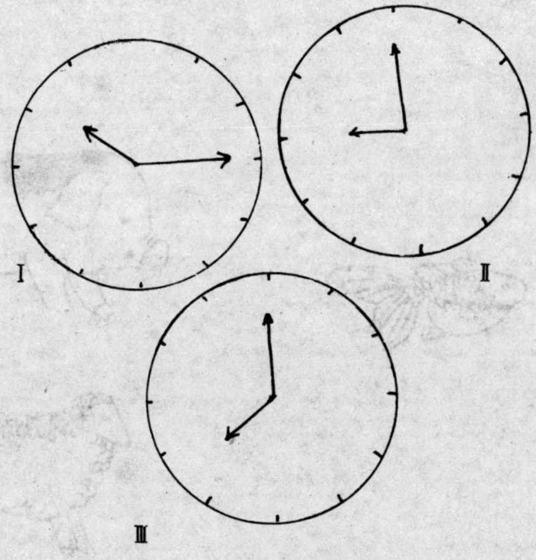

第九题图

第十题图

第十一题图

第十二题图(一)

第十二题图(二)

Ⅰ

Ⅱ

Ⅲ

Ⅳ

第十三题图

狗	裙	裤	草
袜	树	河	蜓
拍	抱	蜻	打
菜	狼	江	林
蝴	蝶	妈	奶
姐	妹	花	海
森	猫	洋	松

辽宁省支持、关怀、领导和参加本课题实验的人员名单

省教育委员会：胡国有　姬庆生　郭晓琴　郭宏

省教育研究院：邓晓春　齐红深　汪　力
黄利群　李道佳　罗英智　夏树梅

沈阳市教育委员会：程雪冰　董松艳

沈阳军区幼教办：金玉春　高　岩　钱素珍

沈阳市皇姑区教委：唐励

沈阳市皇姑区教师学校：林素琴

大连市教委：董春月　张红瑾

大连市教科所：宋庆泮　赵满军　王鑫

大连市甘井子区教师学校：毕美玲

鞍山市教委：尹东顺　王留柯　田静

鞍山市教研中心：江莉　马国才　吴青

鞍钢生活福利处：郭素琴　康佩兰　梅延凤

抚顺市教委：刘爱东　张淑荣

抚顺市教研中心：邱喜春　刘立秋　万英

本钢生活服务公司：李德臣　赵秀芳　房明之　谭桂芬
孙涓梓

辽河油田教育培训部：周喜民　于贵忠　柳凤岐　邹立凤

辽宁省军区幼儿园：高敏　刘娟　许小娟　罗慧文　傅秀梅

大连市妇联"六一"幼儿园：侯菊香　刘丽萍　方红　王艳萍
唐慧　姜凤君

大连市甘井子区教委幼儿园：宫润莲　刘岩　马桂荣

刘向红　李丛玉　王晓馥
赵　华

鞍钢第一幼儿园：李晓霞　齐悦　齐丹　邵凤春　赵红

鞍山焦耐院幼儿园：王素娅　吴彤　李娜　吴旭红　李国群

抚顺市幼儿园：柏玉荣　史景凤　周静　李德凤　朱玲
史克新

本钢东明幼儿园：李希华　于涛　高慧萼　马玉香

辽河油田兴采机关幼儿园：周幼平　戚亚辉　孙丽敏

后 记

80年代末以来，我国幼儿教育的改革如火如荼，从单科的教材教法改革到综合的课程模式改革，每一次改革都为学前教育理论和实践的发展提供了很好的经验。幼儿素质教育的实验更突出了奠定全体幼儿全面良好的素质基础的宗旨，并从根本上推动了广大幼教工作者从认识到行为的全面转轨。《幼儿素质教育》一书就记载了我省幼教科研、教研及实验园园长、教师在实施素质教育过程中的体会、思考和作法，它必将为推动我省幼教改革，全面提高幼教质量起到积极的作用。

但是，素质教育是一个永恒的课题，这本书只是我们对素质教育实验的初步总结，谈不上系统完善，更难全面深入。有许多问题需要广大幼教工作者和我们一起共同探讨并进一步加以解决。比如：如何全面提高教师的综合素质，使之适应素质教育的需要？如何正确理解幼儿素质教育目标，同时结合本园、本班幼儿实际发展情况加以分解并正确有效地实施？如何使行为的转轨跟上认识转轨的步伐，同时将行为上好的作法更好地总结出来等等。

希望广大幼教工作者以这本书为参照，在进一步实施幼儿素质教育的过程中取得更好更完善的经验。

编者

1996年11月27日